JN412731

제대로 시작하는
챗GPT와 AI 활용
with 파이썬

제대로 시작하는 챗GPT와 AI 활용 with 파이썬

프롬프트 엔지니어링부터 음성 인식, 이미지 생성, 챗봇, 웹 서비스까지

초판 1쇄 발행 2025년 3월 24일

지은이 에이먼 엘 암리 / **옮긴이** 대니얼WJ / **펴낸이** 전태호
펴낸곳 한빛미디어(주) / **주소** 서울시 서대문구 연희로2길 62 한빛미디어(주) IT출판2부
전화 02-325-5544 / **팩스** 02-336-7124
등록 1999년 6월 24일 제25100-2017-000058호 / **ISBN** 979-11-6921-363-9 93000

책임편집 박지영 / **기획** 서현 / **편집** 박지영 / **교정** 김가영
디자인 표지 윤혜원 내지 박정우 / **전산편집** 백지선
영업마케팅 송경석, 김형진, 장경환, 조유미, 한종진, 이행은, 김선아, 고광일, 성화정, 김한솔 / **제작** 박성우, 김정우

이 책에 대한 의견이나 오탈자 및 잘못된 내용은 출판사 홈페이지나 아래 이메일로 알려주십시오.
파본은 구매처에서 교환하실 수 있습니다. 책값은 뒤표지에 표시되어 있습니다.
한빛미디어 홈페이지 www.hanbit.co.kr / **이메일** ask@hanbit.co.kr

© 2025 Hanbit Media Inc.

Authorized Korean translation of the English edition of **OpenAI GPT For Python Developers**
© 2023 Aymen El Amri, FAUN – www.faun.dev.

This translation is published and sold by permission of the Author, who owns or controls all rights
to publish and sell the same.

이 책의 저작권은 오라일리와 한빛미디어(주)에 있습니다.
저작권법에 의해 보호를 받는 저작물이므로 무단 전재와 무단 복제를 금합니다.

지금 하지 않으면 할 수 없는 일이 있습니다.
책으로 펴내고 싶은 아이디어나 원고를 메일(writer@hanbit.co.kr)로 보내주세요.
한빛미디어(주)는 여러분의 소중한 경험과 지식을 기다리고 있습니다.

제대로 ✦ 시작하는

챗GPT와 AI 활용

with 파이썬

에이먼 엘 암리 지음

대니얼WJ 옮김

프롬프트 엔지니어링 · 음성 인식 · 이미지 생성 · 챗봇 · 웹 서비스까지

HB 한빛미디어
Hanbit Media, Inc.

지은이 에이먼 엘 암리^{Aymen El Amri}

작가, 기업가, 트레이너이자 다재다능한 소프트웨어 엔지니어입니다. 데브옵스^{DevOps} 및 클라우드 네이티브^{Cloud Native}, 클라우드 아키텍처^{Cloud Architecture}, 파이썬, NLP, 데이터 과학 등 기술 분야에서 다양한 역할을 맡으며 프로젝트를 수행했습니다. 지금까지 수백 명의 소프트웨어 엔지니어를 교육했으며, 개발자와 소프트웨어 엔지니어를 위한 여러 권의 책과 강좌를 집필했습니다. 그의 교육 방식은 복잡한 개념을 쉽게 이해할 수 있는 언어로 단순화하고 실제 사례를 제공함으로써 실용적인 접근을 지향하는 것입니다. FAUN[1], eralabs[2], Marketto[3]와 같은 프로젝트를 설립하기도 했습니다. 주로 활동하는 플랫폼은 트위터[4](현재 서비스명 X)와 링크드인[5]입니다.

옮긴이 대니얼WJ^{colabstart@gmail.com}

졸업 후 과감히 해외 취업에 도전했고 일본과 미국의 IT 업계에서 8년간 근무했습니다. 통신사 엔지니어로 일하다가 회사를 그만두고 또다시 새로운 도전으로 교육에 몸담은 지 벌써 10년이 흘렀습니다. 작은 컴퓨터 학원에서 초중고 학생들에게 코딩을 가르치며 내디딘 한 걸음을 시작으로 빅데이터 강사를 거쳐 대학원, 대기업, 정부 기관을 대상으로 강의도 하며 지금까지 왔습니다. 현재는 1인 기업의 운영자로 그리고 챗GPT, AI 분야 프리랜서 번역가, 작가 및 강사로 활동 중입니다. 삶에서 누군가에게 꿈과 소망을 전달하는 크리스천으로서 작가, 번역가, 교육가로 거듭나고자 합니다.

- 블로그: *https://markspeople.tistory.com*
- 유튜브: *https://www.youtube.com/@stream_tree_class*

---

1 *https://faun.dev*
2 *https://eralabs.io*
3 *https://marketto.dev*
4 *https://x.com/@econ01*
5 *https://www.linkedin.com/in/elamriaymen*

오랜 기간 이 책과 함께했습니다. 첫 번째 번역 작업을 마치자마자 원서 개정판이 나오면서 다시 전체적으로 내용을 수정, 보완했습니다. 그 와중에 챗GPT의 새로운 버전 모델이 출시되면서 몇 번씩 내용을 재확인하고 최신화하는 작업을 거쳤습니다. 한편으로는 개인적으로도 여러 가지 일이 있었습니다. 교육 강사로서 ICT 우수 강사로 선정되기도 했고, 또 다른 책의 공동 저자로 참여할 기회도 있었습니다. 그 모든 과정을 함께한 이 책은 개인적으로 무척 유의미한 결과물입니다.

이 책을 선택하신 여러분께 작지만 응원하는 마음을 담아 보내봅니다. AI와 챗GPT를 이제 막 알아가는 분들, 그리고 취업을 준비하고 미래를 준비하는 분들에게 유용한 책이 되기를 기원합니다. 이 책의 내용과 추가 집필한 부록에 관해 궁금한 점이나 질문이 있다면 이메일로 보내주세요(*colabstart@gmail.com*).

이 책을 끝까지 성실하게 마무리할 수 있도록 처음부터 끝까지 많은 영향을 끼친 하나님께 모든 영광과 감사를 드립니다. 그리고 번역 과정에서 물심양면으로 도와주신 많은 분께도 감사의 마음을 전하고 싶습니다. 지금은 하늘에 계시지만 함께 기뻐해 주실 어머니, 매일 저를 위해 기도해 주시는 아버지를 비롯한 소중한 가족들에게 감사의 마음을 전합니다. 앞으로도 이런저런 어려움이 있겠지만 서로 의지하고 도와가며 힘을 내면 좋겠습니다. 제 삶의 소중한 멘토이자 어머니 같은 존재인 김희숙 권사님, 그리고 아름다운 삶의 모습을 보여주시는 서울역 봉사 팀에도 감사의 마음을 전합니다. 저를 포함한 많은 이의 삶에 선한 영향력을 펼치시는 POD 교회와 리더 분들, 2024년 시미즈 팀, PNG 가족, 올 한 해 함께한 셀 모임의 모든 분께 감사와 응원의 메시지를 전합니다. 2023년부터 함께했던 포네 팀 친구들에게도 소중한 관계를 맺을 수 있게 된 것에 대한 감사의 마음을 전합니다. 앞으로 여러분의 삶 가운데 주님의 말씀이 온전히 이루어지기를 기도해봅니다. 이 책을 출간할 수 있도록 기회를 주신 한빛미디어와 관계자 여러분, 그리고 이 책을 함께 마무리해 주신 박지영 팀장님께도 감사의 마음을 전합니다.

마지막으로, 여러분과 꼭 나누고 싶은 이야기가 있습니다. 최근 챗GPT의 등장으로 AI의 기술에 관한 걱정과 우려의 목소리가 높아지고 있습니다. 지금까지 인류가 가보지 않은 길입니다.

중요한 가치는 기술을 다루고 서비스로 구현하는 사람들에게 달려 있다고 생각합니다. 하루가 다르게 발전하는 소중한 기술이 누군가에게 해를 미치는 게 아닌, 도움이 되고 세상을 좋게 만드는 역할을 하게 되기를 소원해 봅니다. 지금도 각 분야와 자신의 삶에서 최선을 다하면서 선한 목적과 선한 영향력을 끼치는 모든 분을 이 책을 빌려 응원합니다. 감사합니다.

대니얼WJ

무슨 일을 하는지 물어보면 저는 바로 쉽게 대답하지 못합니다. 여러 분야에서 다양한 역할을 수행해 왔기 때문입니다. 저는 새로운 것을 배우고 시도하는 데 열정적인 사람이라 여러 분야에서 일을 했습니다. 소프트웨어 개발, 광고, 마케팅, 네트워크와 통신, 시스템 관리, 훈련, 기술 서적 저술, 컴퓨터 복구 등의 분야에서 일했습니다.

저에게는 항상 더 많이 배우고 시야를 넓히려는 열망이 있습니다. 새로운 기술을 배우고, 새로운 사람을 만나고, 새로운 개념을 탐색하면서 생각이 더 유연해지고 시야가 넓어졌습니다. 이전에는 본 적이 없는 연결고리와 가능성이 보이기 시작했습니다.

더 많이 배울수록 가르치고자 하는 마음이 커졌고, 때로는 무료로 가르치기도 했습니다. 누군가가 이해하기 힘든 개념을 깨닫도록 돕는 기쁨이 있었습니다. 항상 가르치는 일을 좋아했고 제 지식을 다른 사람과 공유하는 것을 즐겼습니다. 이것이 이 책을 집필하게 된 동기입니다.

이 책을 쓰면서 항상 독자들을 생각했습니다. 제 목표는 NLP와 GPT 등 관련 주제에 관한 지식이 부족한 파이썬 개발자를 대상으로 빠르고 쉽게 따라 할 수 있는 가이드를 만드는 것이었습니다. 이러한 개념의 이론을 배우는 데 몇 년씩 투자하지 않고도 자신만의 지식 시스템을 구축하도록 하는 실용적인 정보를 제공하는 데 중점을 두었습니다.

이 실용적인 가이드에서는 오픈AI의 모델(특히 GPT-3.5, GPT-4, GPT-4o 모델을 비롯한 최신 모델)에 관한 지식과 경험을 공유하고 파이썬 개발자가 이를 사용해 지능형 애플리케이션을 구축하는 방법을 공유하겠습니다. 실습에서는 기본적으로 GPT-4o, GPT-4o mini를 사용합니다. 이에 필요한 기본 개념과 기법을 단계별로 안내하고 실습 방법을 제공합니다.

저는 수많은 이메일을 받지만, 제 온라인 가이드와 강좌를 유용하게 읽은 사람들이 보내온 이메일이 가장 반갑습니다. 언제든지 aymen@faun.dev로 연락주세요. 여러분의 의견을 듣고 싶습니다. 제가 이 책을 쓰면서 재미있었듯이, 여러분도 재미있게 읽으시기를 바랍니다.

에이먼 엘 암리

이 책에서 배울 내용은 현재 사용되는 GPT 모델 계열(GPT-3.5, GPT-4, GPT-4o, o1 등)에 적용할 수 있으며, 앞으로 출시될 GPT 시리즈와도 관련이 있을 가능성이 높습니다.

오픈AI는 자사 AI에 접근하게 해 주는 API^{Application Programming Interface} [1]를 제공합니다. API의 목표는 모든 버전에서 사용하는 범용 인터페이스를 만들어 모델을 추상화하는 것입니다. 사용자가 버전에 상관없이 GPT를 사용할 수 있습니다.

이 책은 프로젝트에서 GPT 모델을 사용하는 방법을 단계별로 안내합니다. 또한 CLIP, DALL·E, 위스퍼^{Whisper} [2]와 같은 인공지능 모델도 다룹니다. 챗봇이나 AI 어시스턴트, AI 생성 데이터를 활용하는 웹 애플리케이션을 개발하고 있다면 이 책이 목표를 달성하는 데 도움을 줄 것입니다.

파이썬 프로그래밍 언어의 기본 지식이 있고, 판다스 데이터프레임^{Pandas Dataframe} 사용법과 자연어 처리^{natural language processing}(NLP) 기법을 배우려는 의지만 있다면 오픈AI 도구를 사용해 지능형 시스템을 구축하는 데 필요한 준비가 되었다고 봅니다.

데이터 과학자나 머신러닝 엔지니어, AI 전문가가 아니어도 이 책에서 제공하는 개념, 기법, 튜토리얼을 이해하고 구현할 수 있으므로 걱정할 필요 없습니다. 설명은 간단하고 쉽게 이해할 수 있도록 구성했으며 간단한 파이썬 코드 기반의 예제 및 실습을 포함합니다.

이 책은 **실질적이고 직접적인 학습을 강조**하며, 독자가 **실전 애플리케이션을 구축**하는 데 도움을 주고자 설계했습니다. **많은 실용적인 예시**를 보며 개념을 이해하고 실제 시나리오에 적용하여 현실 문제를 해결하도록 돕습니다.

---

1 옮긴이_ API는 소프트웨어 간의 상호작용을 가능하게 하는 규칙과 도구의 집합입니다. 식당에서는 손님이 직접 요리를 하는 것이 아니라 메뉴라는 인터페이스가 제공됩니다. 손님이 메뉴를 선택하고 주문하면 요리사가 그에 따라 요리를 만들어서 제공합니다. 메뉴가 식당과 손님의 통로 역할을 하듯이, API는 프로그램 간의 통로 역할을 하여 일정 메뉴를 선택해서 요청하면 오픈AI가 준비한 기능을 요청한 사람에게 전달해 줍니다. 따라서 초급자도 API를 통해 다른 프로그램 기능을 활용하거나 데이터를 가져올 수 있습니다.

2 옮긴이_ 이 책의 후반부에 다음 내용을 담았습니다.
· CLIP: 이미지를 분석해 관련된 텍스트를 생성합니다.
· DALL·E: 텍스트로부터 창의적이고 관련 있는 이미지를 생성합니다.
· 위스퍼: 음성 데이터를 분석하여 텍스트로 변환하는 AI 모델입니다.

이 책의 학습 과정에서 다음과 같은 애플리케이션을 개발하게 될 것입니다.

- 맞춤화된(파인 튜닝fine tuning[3]) 도메인 특화 챗봇
- 기억을 보존하는 지능형 대화 시스템
- RAGretrieval-augmented generation 등의 기법을 사용한 현대적 시맨틱semantic 검색 엔진
- 사용자 취향에 맞춘 지능형 커피 추천 시스템
- 리눅스 명령어 작성을 돕는 챗봇 어시스턴트
- 뉴스 기사 카테고리 분류 시스템
- 대규모 정신 건강 대화 데이터셋을 학습한 AI 기반 정신 건강 코치
- 지능형 이미지 인식 시스템(이미지를 텍스트로 변환)
- 이미지 생성 프로그램(텍스트를 이미지로 변환)
- 기타 다수!

이 책을 읽고 예제를 따라 하면 다음과 같은 내용을 구현할 수 있습니다.

- **최적 모델 선택**: 사용 가능한 다양한 모델을 이해하고 언제 어떤 모델을 사용할지 결정합니다.

- **사람처럼 텍스트 생성:** 질문에 답하거나 콘텐츠를 만들 때, 마치 사람이 쓴 것처럼 자연스러운 텍스트를 생성합니다.

- **GPT 모델의 창의성 조절**: GPT 모델이 더 창의적인 텍스트를 생성하도록 도와주는 방법을 소개합니다.

- **텍스트 변환 및 편집**: 번역하거나 텍스트 포맷을 변경하는 등의 유용한 작업을 쉽게 수행하도록 도와줍니다.

- **GPT 모델의 성능 최적화**: max_tokens, temperature, top_p, n, stream, logprobs, stop, presence_penalty, frequency_penalty, best_of 등 다양한 설정을 활용해 모델의 성능을 더 잘 활용하는 방법을 배웁니다.

- **단어의 어근과 기본형 처리**: 단어의 어간stem을 추출하는 **어간 추출**(스테밍)stemming, 단어의 기본형을

---

3 옮긴이_ 파인 튜닝은 모델이 기본적인 학습을 마친 후, 특정 작업이나 데이터 세트에 더욱 특화되도록 추가 학습을 진행하는 과정입니다. 다른 말로 미세 조정이라고도 합니다.

찾는 **표제어 추출**(레미타이제이션)lemmatization 기법을 사용해 더 효율적으로 작업할 수 있습니다. 또한 API를 사용할 때 비용을 절감하는 방법도 배웁니다.

- **추가 문맥 제공**: AI 모델이 더 나은 답변을 하도록 도와주는 문맥 채우기(컨텍스트 스터핑)context stuffing, **프롬프트 체이닝**prompt chaining 기법을 배워 더 똑똑한 모델을 만들 수 있습니다.

- **기억과 문맥을 유지하는 챗봇 만들기**: 챗봇이 사용자와의 대화 내용을 기억해 더 유용한 답변을 하게 만드는 방법을 배웁니다.

- **예측 알고리즘 및 제로샷 기법**: 예측을 잘할 수 있는 알고리즘과 **제로샷**zero-shot 기법을 배우고 정확도를 평가하는 방법을 실습합니다.

- **퓨샷 학습**few-shot learning: 개념을 이해하고, 이를 실습하며 성능을 개선하는 방법을 배웁니다.

- **맞춤형 모델 만들기**: 자신만의 GPT 모델을 만들기 위해 **파인 튜닝**을 이해하고 활용하는 방법을 배웁니다.

- **파인 튜닝 모범 사례**: 파인 튜닝을 할 때 더 좋은 결과를 얻기 위한 **모범 사례**를 배우고 적용합니다.

- **GPT를 사용한 학습 및 분류**: GPT 모델을 사용해 데이터를 학습하고 분류하는 방법을 실습합니다.

- **임베딩 이해**: 텍스트를 벡터 형태로 변환하는 임베딩embedding 기법을 이해하고, 테슬라나 노션 등의 기업이 실제로 이 기법을 어떻게 활용하는지 배웁니다.

- **의미론적 검색 및 고급 도구**: 시맨틱 검색과 **RAG** 등의 고급 기법을 배우고 이를 활용하는 방법을 실습합니다.

- **음성 인식**: 오픈AI의 위스퍼 모델을 사용해 음성 인식을 구현하는 방법을 배웁니다.

- **이미지 분류**: 오픈AI CLIP 모델을 사용해 이미지 분류하는 방법을 실습합니다.

- **이미지 생성 및 수정**: 오픈AI DALL·E를 사용해 이미지를 생성하고 수정하는 방법을 배웁니다.

- **다른 이미지를 기반으로 이미지 생성**: 다른 이미지에서 영감을 얻어 자신만의 독창적인 이미지를 생성하는 방법을 배웁니다.

실습 참고 사항

먼저 OpenAI 라이브러리를 설치해야 합니다. 다만 라이브러리가 새로운 버전으로 업데이트 되면서, openai 라이브러리를 설치한 뒤 다음 코드를 실행할 때 종종 에러가 발생할 수 있습니다.

```
# API 키를 사용하여 OpenAI 클라이언트 초기화
OPENAI_APIKEY = os.environ['API_KEY']
client = OpenAI(api_key= OPENAI_APIKEY)
```

이 부분이 실행되지 않으면 이후의 코드를 실행할 수 없습니다. 2024년 12월에도 해당 이슈가 보고되었으며 곧 개선되리라 봅니다. 앞 코드를 실행하면 다음과 같은 에러가 발생할 수 있습니다. 만약 에러가 발생하지 않으면 openai만 설치하면 됩니다.

```
TypeError: Client.__init__() got an unexpected keyword argument 'proxies'
```

이 에러는 라이브러리의 불일치 때문에 발생하며, 다음 순서에 따라 안정화된 **httpx** 버전을 설치하면 정상으로 실행할 수 있습니다. 구글 코랩의 런타임을 다시 시작한 후 실행해 주세요.

```
!pip install openai
!pip install httpx==0.27.2
```

이와 같이 설치한 후 코드를 실행하면 이슈가 해결되어 잘 실행됩니다. 그 외 라이브러리가 업데이트되면서 에러가 날 때도 동일한 방법으로 해결하기를 추천합니다.

최신 정보 얻기

파이썬과 AI 생태계의 빠른 발전 속도에 관한 최신 정보를 얻고 싶다면 필자가 추천하는 활발한 개발자 커뮤니티에 가입하시기를 권장합니다.[4] 커뮤니티 회원이 되면 매주 뉴스레터를 받아볼 수 있으며, 최신 정보를 미리 파악하고 앞서 나갈 수 있습니다. 이 뉴스레터는 읽어야 할 튜토리얼, 최신 뉴스, 그리고 소프트웨어 엔지니어링 커뮤니티의 주요 전문가들의 심도 있는 통찰로 가득 채워져 있으며, 하나하나 세심하게 콘텐츠를 선발합니다. 이를 활용해서 파이썬과 AI 분야의 동향과 발전 상황을 항상 최신 상태로 유지해 기술적 여정에서 경쟁 우위를 확보할 수 있습니다.

----

4 https://www.faun.dev/join

목차

지은이·옮긴이 소개 ·· 4

옮긴이의 말 ·· 5

지은이의 말 ·· 7

이 책에 대하여 ·· 8

PART 1 오픈AI와 챗GPT 제대로 이해하기

1장 생성형 AI 서비스

1.1 생성형 AI 개요 ··· 25

    1.1.1 생성형 AI의 활용 ·· 25

    1.1.2 생성형 AI 모델의 아키텍처 ································ 26

1.2 대표적인 생성형 AI 서비스 ······································ 26

2장 오픈AI와 챗GPT

2.1 오픈AI와 챗GPT 개요 ··· 29

2.2 GPT 모델 및 사용 사례 ··· 33

3장 개발 사전 준비

3.1 구글 코랩 사용 방법 ·· 37

3.2 API 개요 ··· 40

3.3 오픈AI API 키 얻기 ·· 41

3.4 오픈AI API 키 활용 실습 ······································· 45

    3.4.1 openai 라이브러리 설치 ····································· 45

    3.4.2 chatgpt.env 파일 작성 ······································ 47

3.5 API 사용량 및 요금 확인 ·· 56

4장 오픈AI API 활용 첫걸음

4.1 GPT-4o mini로 시작하는 대화 생성 ·· **59**

4.2 system, user, assistant 역할의 기본 이해 ······························ **63**

    4.2.1 system 역할 ·· **63**

    4.2.2 user 역할 ··· **65**

    4.2.3 assistant 역할 ··· **66**

4.3 퓨샷 학습 소개 ··· **66**

4.4 GPT 모델을 활용한 맞춤형 출력 생성 ······························ **68**

4.5 대화 출력 길이 제어 ··· **72**

4.6 AI 응답 제어 ··· **76**

5장 오픈AI API 모델 탐색하기

5.1 사용 가능 모델 확인 및 소개 ·· **81**

    5.1.1 GPT 시리즈: 텍스트 생성 및 이해 ································ **85**

    5.1.2 DALL·E 시리즈: 이미지 생성 ······································ **85**

    5.1.3 위스퍼 시리즈: 음성 인식 ··· **85**

    5.1.4 TTS: 텍스트의 음성 변환 ··· **85**

    5.1.5 텍스트 임베딩 모델 ·· **86**

5.2 사용할 모델 선택 ··· **86**

5.3 오픈AI 모델 시리즈 ··· **87**

    5.3.1 GPT-4o 시리즈 ·· **87**

    5.3.2 GPT-4o mini 시리즈 ··· **88**

    5.3.3 o1 및 o1-mini 시리즈 ··· **89**

    5.3.4 GPT-4 Turbo 및 GPT-4 시리즈 ·································· **90**

    5.3.5 DALL·E 시리즈 ·· **90**

    5.3.6 TTS 시리즈 ·· **91**

　　　5.3.7 위스퍼 시리즈 ··· **91**

　　　5.3.8 임베딩 모델 ··· **92**

　5.4 오픈AI 모델 가격 ··· **92**

　　　5.4.1 GPT-4o 모델 ··· **93**

　　　5.4.2 GPT-4o mini 모델 ··· **94**

　　　5.4.3 o1 및 o1-mini 모델 ··· **95**

　　　5.4.4 임베딩 모델 ··· **95**

　　　5.4.5 파인 튜닝 모델 ··· **96**

　　　5.4.6 실시간 API ·· **97**

　　　5.4.7 어시스턴트 API ··· **98**

　　　5.4.8 이미지 모델 ··· **98**

　　　5.4.9 오디오 모델 ··· **99**

　　　5.4.10 기타 모델 ·· **99**

　5.5 오픈AI 모델의 발전과 선택 가이드 ·· **100**

PART **2**　오픈AI GPT 대화 생성 실전 가이드

6장　대화 생성의 고급 기술

　6.1 창의성 조절 기법 ·· **104**

　　　6.1.1 temperature ·· **104**

　　　6.1.2 top_p ··· **107**

　　　6.1.3 temperature와 top_p의 차이점 ··· **110**

　6.2 페널티로 독창성과 다양성 확보하기 ··· **111**

　6.3 n 파라미터로 여러 응답 생성하기 ·· **115**

　6.4 실시간 스트리밍으로 즉시 출력하기 ··· **117**

7장   GPT 모델의 성능을 극대화하는 프롬프트 엔지니어링 기법

7.1 프롬프트 엔지니어링 개요 ··· **119**

7.2 퓨샷 학습: 키워드 추출 성능 높이기 ································ **121**

7.3 프롬프트 체이닝: 트윗 생성 최적화하기 ·························· **127**

7.4 일반 지식 프롬프팅: 올드 스쿨 랩 가사 완성하기 ·········· **133**

7.5 문맥 채우기: AI의 이해도 높이기 ··································· **138**

7.6 동적 토큰 제어: AI 응답 길이 유연하게 조절하기 ············ **147**

7.7 프롬프트 템플릿 최적화: 리눅스 학습용 CLI 어시스턴트 개발하기 ··· **153**

7.8 다음으로 나아가기 ··· **164**

PART 3 음성 및 이미지 인식: 위스퍼와 CLIP의 실전 활용

8장   위스퍼 음성 인식 기초

8.1 위스퍼 개요 ··· **169**

8.2 위스퍼 설치 방법 및 기본 예제 ······································ **171**

8.3 파이썬에서 위스퍼 SDK 사용하기 ································· **173**

9장   위스퍼 텍스트 변환 최적화 기법

9.1 오픈AI 음성-텍스트 API 사용하기 ································· **177**

  9.1.1 전사 API ··· **177**

  9.1.2 번역 API ··· **179**

9.2 위스퍼 텍스트 변환 개선하기 ·· **180**

  9.2.1 오디오 정리하기 ··· **180**

  9.2.2 프롬프트 파라미터 사용하기 ·································· **181**

  9.2.3 전사된 텍스트 후처리하기 ····································· **183**

10장 오픈AI TTS를 활용한 음성 변환

10.1 오픈 AI TTS 소개 ·· **185**

10.2 오픈 AI TTS 사용 방법 ······································ **186**

11장 오픈AI CLIP을 사용한 이미지 분류

11.1 CLIP 소개 ·· **191**

11.2 CLIP 사용 방법 ·· **191**

    11.2.1 필수 라이브러리 설치 ································ **192**

    11.2.2 CLIP으로 제로샷 분류하기 ························ **193**

11.3 이미지를 텍스트로 변환하기 ······················ **199**

PART 4 생성형 AI를 활용한 이미지 제작과 편집 기술

12장 DALL·E로 이미지 생성하기

12.1 DALL·E 소개 ·· **203**

12.2 프롬프트 기반의 이미지 생성 기본 예제 ········ **205**

12.3 다른 크기의 이미지 생성하기 ······················ **207**

12.4 여러 이미지 생성하기 ································· **208**

12.5 이미지 프롬프트 개선 방법 ·························· **210**

    12.5.1 작가 모방 ·· **210**

    12.5.2 예술 스타일 모방 ···································· **213**

    12.5.3 분위기와 감정 ·· **215**

    12.5.4 색상 ·· **219**

    12.5.5 해상도 ·· **221**

12.5.6 각도와 위치 ·· **221**

12.5.7 렌즈 종류와 촬영 기법 ······································ **223**

12.5.8 조명 ··· **226**

12.5.9 이미지 필터 ··· **227**

12.6 프롬프트 조합으로 다양한 랜덤 이미지 만들기 ········· **228**

13장 DALL·E로 이미지 편집하기

13.1 이미지 편집 예제 ·· **236**

14장 다른 이미지에서 영감 얻기

14.1 이미지 변형 방법 ·· **241**

14.2 이미지 변형 사용 사례 ·· **246**

PART 5 임베딩: 복잡한 데이터를 쉽게 이해하는 방법

15장 임베딩 소개

15.1 임베딩의 의미 ·· **251**

15.2 임베딩 사용 사례 ·· **252**

15.2.1 테슬라: 자율주행차 학습 효율성 향상 ················· **253**

15.2.2 Kalendar AI: 세일즈 타기팅 정확도 향상 ············· **253**

15.2.3 노션: 검색 기능 향상 ······································· **254**

15.2.4 DALL·E 3: 텍스트의 이미지 변환 능력 향상 ········· **254**

16장 텍스트 임베딩 활용 방법

16.1 텍스트 임베딩의 핵심 이해하기 ································· **255**

16.2 다중 입력 사용 예제 ··· **259**

16.3 사용자의 의도를 읽어내는 시맨틱 검색 ················· **259**

16.4 코사인 유사도 쉽게 이해하기 ······························· **260**

16.5 오픈AI 텍스트 임베딩 사용 예제 ·························· **265**

16.6 임베딩의 내부 작동 원리 ······································ **277**

17장 고급 임베딩 예제

17.1 선호하는 커피 예측하기 ······································· **279**

17.2 퍼지 검색으로 더 유연한 커피 검색 구현하기 ········ **296**

17.3 제로샷 분류기로 뉴스 기사 분류하기 ··················· **303**

17.4 제로샷 분류기의 정밀도 평가 ······························· **308**

17.5 제로샷 분류기의 정밀도 활용 예시 ······················ **316**

PART 6 파인 튜닝과 모델의 실전 활용

18장 퓨샷 학습 이해하기

18.1 퓨샷 학습의 기본 개념과 정의 ····························· **319**

18.2 파인 튜닝으로 퓨샷 학습 성능 향상하기 ··············· **320**

19장 파인 튜닝의 이해 및 구현

19.1 파인 튜닝 실제 적용 ·· **323**

19.2 파인 튜닝 최적화 **331**

　19.2.1 모델 선택 **331**

　19.2.2 데이터셋 검증 **331**

　19.2.3 토큰 제한 **340**

　19.2.4 데이터셋 크기 **340**

　19.2.5 훈련 테스트 및 개선: 하이퍼파라미터 조정 **340**

　19.2.6 예상 비용 고려하기 **344**

　19.2.7 데이터셋 품질 높이기 **345**

　19.2.8 파인 튜닝과 다른 기술 결합하기 **346**

　19.2.9 실험과 학습 지속하기 **346**

　19.2.10 데이터셋 분리하기 **347**

　19.2.11 검증 세트 사용하기 **347**

　19.2.12 결과 분석하기 **348**

20장 파인 튜닝 고급 예제: 정신 건강 코치

20.1 예제에서 사용한 데이터셋 **353**

20.2 데이터셋 준비하기 **355**

20.3 실제 애플리케이션에서 발생할 수 있는 한계 **366**

21장 기억력 및 문맥 문제와 해결책

21.1 GPT의 기억력 및 문맥 문제 **369**

21.2 문맥 유지의 중요성 **370**

21.3 대화 문맥 유지의 해법: 대화 이력 추가 **373**

21.4 대화 이력 관리의 문제점 **377**

21.5 후입선출 방식으로 최신 문맥 유지하기 **378**

21.6 후입선출 메모리의 한계 **385**

21.7 선택적 문맥으로 최적의 대화 문맥 선택하기 **385**

PART 7 부록

부록 A 챗GPT 및 클로드 실습

A.1 코딩 공부에 활용하기 ···································· **399**

A.2 유튜브 영상에서 텍스트를 추출하고 요약하기 ···································· **405**

A.3 간단한 고객 데이터 분석 수행하기 ···································· **411**

A.4 맞춤형 GPT 소개 및 구현 ···································· **414**

부록 B 오픈AI 플레이그라운드 실습

B.1 오픈AI 플레이그라운드 소개 ···································· **429**

B.2 취업 진로 상담하기 ···································· **434**

B.3 이모지 만들기 ···································· **437**

B.4 웹 페이지 작성하기 ···································· **441**

부록 C 건강 상담 챗봇 구현하기

C.1 스트림릿으로 간단한 웹 앱 서비스 구현하기 ···································· **445**

C.2 건강 상담 챗봇 웹 서비스 구현하기 ···································· **452**

부록 D 작가 스타일 이미지 생성 앱

D.1 풍경화 이미지 생성하기 ···································· **460**

D.2 특정 작가 스타일의 이미지 생성하기 ···································· **462**

D.3 스트림릿 앱으로 작가별 이미지 생성하기 ···································· **466**

목차

부록 E RAG로 노트북 추천받기

E.1 RAG 소개 ···································· **471**

E.2 RAG 실습 ···································· **474**

부록 F 오토젠을 활용한 AI 에이전트 이해하기

F.1 오토젠 소개 ·································· **485**

F.2 멀티 에이전트 활용 실습 ···················· **486**

찾아보기 ·· **501**

오픈AI와 챗GPT
제대로 이해하기

PART **1**

1장   생성형 AI 서비스

2장   오픈AI와 챗GPT

3장   개발 사전 준비

4장   오픈AI API 활용 첫걸음

5장   오픈AI API 모델 탐색하기

생성형 AI 서비스

1.1 생성형 AI 개요

생성형 AI[generative AI]는 인공지능 기술을 활용하여 새로운 콘텐츠를 만들어내는 시스템을 의미합니다. 기존의 데이터를 학습하여 텍스트, 이미지, 음악, 영상 등 다양한 형태의 새로운 콘텐츠를 생성하는 기술입니다.

1.1.1 생성형 AI의 활용

생성형 AI는 다양한 산업 분야에서 활용됩니다.

- **콘텐츠 생성**: 블로그 포스트, 마케팅 카피, 뉴스 기사, 소설 등의 텍스트 콘텐츠를 자동으로 생성하여 콘텐츠 제작 시간을 절감합니다.
- **이미지 및 동영상 생성**: 텍스트 설명을 바탕으로 새로운 이미지를 창작하거나 영상 클립을 자동 생성하는 기능으로 미디어 및 엔터테인먼트 분야에 기여합니다.
- **고객 서비스 제공**: 챗봇으로 고객의 질문에 자동으로 답변하거나 대화형 AI를 활용해 실시간 고객 지원을 제공합니다.
- **언어 번역 및 요약**: 다양한 언어로 텍스트를 번역하거나 긴 문서를 요약하여 정보를 빠르게 전달합니다.

1.1.2 생성형 AI 모델의 아키텍처

AI 모델의 아키텍처는 AI가 어떻게 학습하고 작동하는지에 관한 구조를 말합니다. 이 구조에 따라 AI가 텍스트, 이미지, 소리 등을 어떻게 처리하는지가 달라집니다. 다음은 생성형 AI 언어 모델에서 많이 사용하는 주요 아키텍처와 그 특징입니다.

- **트랜스포머**transformer: 긴 텍스트 안에서 여러 문장이나 단어의 관계를 효과적으로 이해하는 구조입니다. 어텐션 메커니즘attention mechanism을 사용하여 문장의 모든 단어를 동시에 처리해 긴 텍스트도 빠르고 정확하게 이해합니다. 기존의 순차적 처리 방식과 달리 병렬 처리를 할 수 있어 처리 속도가 빠르며, 문장 내 멀리 떨어진 단어 간의 관계도 잘 파악합니다. 예를 들어 문장에서 중요한 부분을 정확히 파악하여 더 나은 번역이나 글 요약을 만들 수 있습니다.

- **인코더-디코더**encoder-decoder: 두 단계로 구성된 구조입니다. 인코더는 입력된 텍스트나 데이터의 의미를 압축된 형태로 변환하고, 디코더는 이 압축된 정보를 바탕으로 새로운 텍스트나 결과물을 생성합니다. 입력과 출력의 길이가 다르더라도 처리할 수 있어 번역이나 요약에 특히 유용합니다. 예를 들어 한국어 문장을 인코더가 의미 정보로 변환하고 디코더가 이를 바탕으로 영어 문장을 생성하는 방식으로 작동합니다.

- **어텐션 메커니즘**: AI가 정보를 처리할 때 어떤 부분에 더 집중할지 결정하는 방법입니다. AI는 처리하는 모든 단어 간의 관계를 수치로 계산하여 그중 가장 중요한 부분에 집중합니다. 예를 들어 긴 문장에서 특정 단어의 의미를 정확히 파악하려면 문맥에 따라 다른 단어들과의 관계를 고려해야 합니다. 이렇게 하면 더 정확하게 이해할 수 있습니다. 어텐션 메커니즘은 트랜스포머와 같은 최신 AI 모델에서 중요한 역할을 합니다.

- **생성적 적대 신경망**generative adversarial network**(GAN)**: AI가 실제와 같은 새로운 데이터를 만드는 혁신적인 방법입니다. 두 개의 AI 모델이 서로 경쟁하며 발전하는 구조로, 생성자는 실제와 비슷한 데이터를 만들고 판별자는 그것이 진짜인지 가짜인지 구별하려 합니다. 이 두 모델이 경쟁하면서 생성자는 점점 더 진짜와 같은 데이터를 만들게 됩니다. GAN은 주로 이미지 생성에 사용하지만, 음성이나 텍스트 등 다양한 데이터도 만들 수 있습니다.

1.2 대표적인 생성형 AI 서비스

대표적인 생성형 AI 서비스를 몇 가지 소개합니다.

- **챗GPT**[1]: 오픈AI가 개발한 대화형 AI로, 자연스럽게 대화하며 다양한 작업 수행을 도와줍니다. 교육,

---

1 https://chat.openai.com/

비즈니스, 창작 등 광범위한 분야에서 활용하며 GPT 모델을 통해 더 향상된 성능을 제공합니다.

- **클로드**Claude[2]**:** 앤트로픽Anthropic이 개발한 AI 어시스턴트입니다. 클로드는 사람처럼 대화할 수 있고 윤리적인 판단을 잘 내리는 특징이 있습니다. 복잡한 분석이나 코딩, 창작 작업을 수행할 수 있으며 긴 문서 처리와 정확한 정보 제공에 특히 강점이 있습니다.

- **제미나이**Gemini[3]**:** 구글이 개발한 AI 모델로, 텍스트, 이미지, 코드 등 다양한 형태의 정보를 통합적으로 처리할 수 있습니다. 특히 복잡한 추론과 문제 해결 능력이 뛰어나며 구글 코랩Colab의 코드 해설 및 에러 대응과 같이 구글의 서비스들과 긴밀하게 통합되어 있습니다.

- **스테이블 디퓨전**Stable Diffusion[4]**:** 오픈 소스 이미지 생성형 AI로, 텍스트 설명을 바탕으로 고품질 이미지를 생성합니다. 무료로 사용할 수 있으며 다양한 스타일과 높은 커스터마이징 옵션이 있어 창작할 수 있는 이미지의 범위가 매우 넓습니다.

- **미드저니**Midjourney[5]**:** 디스코드Discord 플랫폼을 통해 제공되는 이미지 생성형 AI 서비스입니다. 텍스트 설명을 바탕으로 예술적이고 창의적인 이미지를 생성하며 특히 높은 예술성과 독특한 스타일의 이미지 생성에 강점이 있습니다.

- **빙 이미지 크리에이터**Bing Image Creator[6]**:** 마이크로소프트의 통합 창작 플랫폼으로, 오픈AI의 최신 DALL·E 3 모델을 활용한 이미지 및 텍스트 생성 기능을 제공합니다. 무료로 사용할 수 있으며 높은 품질의 이미지 생성과 다양한 창작 도구를 제공합니다.

- **그록**Grok[7]**:** xAI가 개발한 AI 챗봇으로, X 플랫폼과 통합되어 있습니다. 실시간 인터넷 접근이 가능하며, 위트 있고 직설적인 대화 스타일로 유명합니다. X의 데이터를 활용해 최신 정보에 대한 이해도가 높고, 유머러스한 성격이 돋보입니다.

- **소라**Sora[8]**:** OpenAI가 2024년 초 발표한 최첨단 텍스트-비디오 생성 AI입니다. 텍스트 설명만으로 최대 60초 길이의 사실적이고 고품질 비디오를 생성하며, 물리 법칙 이해와 복잡한 장면 구현이 특징입니다.

- **런웨이**Runway[9]**:** 텍스트나 이미지를 입력으로 받아 동영상을 생성하는 AI 서비스입니다. 영상 편집, 특수효과, 애니메이션 등 다양한 기능을 제공합니다.

---

[2] *https://claude.ai/new*
[3] *https://gemini.google.com*
[4] *https://stability.ai/*
[5] *https://www.midjourney.com/*
[6] *https://www.bing.com/create*
[7] *https://x.ai/grok*
[8] *https://openai.com/sora*
[9] *https://app.runwayml.com/*

## CHAPTER 2

오픈AI와 챗GPT

2.1 오픈AI와 챗GPT 개요

2015년 12월, 뛰어난 인재들이 인류에게 도움이 되는 친화적인 인공지능을 장려하고 발전시키자는 공통 목표를 가지고 모여서 오픈AI[OpenAI]를 설립했습니다.

샘 올트먼[Sam Altman], 일론 머스크[Elon Musk], 그렉 브로크만[Greg Brockman], 리드 호프먼[Reid Hoffman], 제시카 리빙스턴[Jessica Livingston], 피터 틸[Peter Thiel] 등이 여기 포함되었으며 아마존 웹 서비스(AWS), 인포시스[Infosys], YC 리서치[YC Research]가 이들의 목표에 10억 달러 이상을 투자했습니다. 오픈AI는 자사의 특허와 연구를 공개하여 다른 기관 및 연구자들과 자유롭게 협력할 것을 선언했습니다.

오픈AI의 본사는 샌프란시스코에 있습니다. 2016년 4월에는 강화 학습 연구용 플랫폼인 오픈AI 짐[OpenAI Gym]의 공개 베타 버전을 출시했습니다. 그리고 같은 해 12월에는 AI의 일반 지능을 측정하고 훈련하는 소프트웨어 플랫폼인 유니버스[Universe][1]를 출시했습니다. 이 플랫폼에 관한 자세한 정보는 *https://openai.com/blog/universe*에서 확인할 수 있습니다.

2018년에 일론 머스크는 테슬라 자율주행차의 인공지능 개발과의 '향후 잠재적인 이해 충돌'을 이유로 이사회에서 물러났지만, 여전히 기부자로 남아 있었습니다. 2019년에는 오픈AI가 비영리에서 이익제한형 기업으로 전환하였으며 투자 수익의 이익 상한선을 100배로 설정했습니다. 회사는 직원들에게 주식을 배분하고 마이크로소프트와 파트너십을 맺었습니다. 이후 마이

---

1 *https://openai.com/research/universe*

크로소프트는 오픈AI에 대한 10억 달러의 투자 패키지를 발표했습니다. 그 후 오픈AI는 그들의 기술에 상업적으로 라이선스를 부여할 의사를 밝혔습니다.[2]

2020년에 오픈AI는 인터넷에서 수조 개의 단어로 학습된 언어 모델인 GPT-3를 발표했습니다. 또한 'API'라는 이름의 관련 API가 그들의 첫 번째 상품의 핵심이 될 것이라고 발표했습니다. GPT-3는 자연어 질문에 대답할 수 있도록 설계되었으며 언어 간 번역과 일관성 있게 개선된 텍스트 생성에도 사용할 수 있습니다. 2021년에는 오픈AI가 자연어 설명으로 디지털 이미지를 생성할 수 있는 딥러닝 모델인 DALL·E를 소개했습니다. 2023년 3월에는 GPT-4가 발표되었고, 25년 2월을 기준으로 GPT-4o와 추론 모델 o1, o3-mini, DALL·E 3 버전까지 발표되어 서비스 중입니다.

2022년 12월에 오픈AI는 챗GPT[ChatGPT]의 무료 시험 버전을 출시하면서 광범위한 미디어 보도를 받았습니다. 오픈AI에 따르면 이 시험 버전은 처음 5일 동안 백만 명 이상의 가입자를 유치했습니다.

이는 인공 지능 연구소인 오픈AI에 관한 이야기입니다. 오픈AI는 영리 기업인 오픈AI LP와 그 모회사인 오픈AI Inc.로 구성됩니다.

오픈AI는 챗GPT를 출시하면서 널리 알려졌습니다. 챗GPT의 주요 목적은 인간의 행동을 모방하고 사람들과 자연스러운 대화를 나누는 것이었습니다. 그러나 이 챗봇은 다양한 사용자와의 대화를 기반으로 학습하고 스스로를 향상할 수 있습니다. 이 AI는 대화 능력을 갖추었으며 튜토리얼과 코드를 작성하고 음악을 작곡하는 등 다양한 작업을 수행할 수 있습니다. 사용자들이 입증하듯이, 챗GPT의 사용 사례는 매우 다양하고 잠재적으로 무한합니다. 창의적인 사용 사례(예: 랩 음악 생성)는 물론이고, 악의적인 사용 사례(예: 악성 코드 생성)와 비즈니스 지향적인 사용 사례(예: SEO, 콘텐츠 마케팅, 이메일 마케팅, 콜드 메일, 비즈니스 생산성)도 있습니다.

챗GPT는 'Generative Pre-trained Transformer(생성적 사전 학습 트랜스포머)'의 약자로, 오픈AI의 GPT 대형 언어 모델[large language model](LLM) 계열을 기반으로 만들어졌습니다. 이 챗봇은 지도 학습과 강화 학습 기법을 모두 사용하여 세밀하게 조정되었습니다.

----

2 옮긴이_ 마이크로소프트는 2023년 1월에 100억 달러를 투자하여 오픈AI의 최대 투자자가 되었습니다. 그리고 챗GPT 유료 버전, 챗GPT API 등으로 수익을 창출해 내고 있습니다(2024년 12월 기준).

GPT-3는 2022년 3월 15일에 GPT-3.5가 출시되기 전까지 챗GPT의 기초가 되었으며, 2023년 3월 14일에 GPT-4가 출시되었습니다. 챗GPT는 GPT-3.5와 GPT-4를 활용하는 프로젝트이며 웹 인터페이스, 메모리 기능, 사용자 친화적인 기능들을 추가했습니다. 2024년 5월에는 GPT-4를 대폭 개선한 GPT-4o를 소개했습니다. 음성, 텍스트, 이미지 관련 기능을 보강했으며 응답 시간도 대폭 개선했습니다. 2024년 7월 18일에는 GPT-4o의 소형 버전인 GPT-4o mini를 출시했습니다. 오픈AI는 이 모델의 API 이용 비용이 매우 효율적이라고 이야기합니다. 실제로 GPT-4보다 매우 저렴한 비용으로 사용할 수 있습니다. 또한 2024년 9월에 o1-preview와 o1-mini 버전을 출시한 후, 2024년 12월 6일에 o1과 o1 pro mode를 공개했습니다. 이 버전은 이전 모델보다 고급 추론 기능이 대폭 개선되었습니다. 또한 코딩이나 수학 관련 작업을 더 잘 수행합니다.

이 책을 읽고 나면 여러분은 필요에 맞게 맞춤 설정한 챗봇을 직접 만들 수 있으며 챗GPT보다 더 뛰어난 챗봇을 만들 수도 있습니다.

GPT의 성능을 이야기하는 파라미터를 살펴보겠습니다. 다음 그림은 두 버전의 GPT의 파라미터를 비교한 차트입니다. 오픈AI는 GPT-3에 1,750억 개의 파라미터가 있다고 발표했습니다. 초기에 GPT-4에는 100조 개의 파라미터가 있다는 조금 과장된 이야기가 있었지만, 실제로 GPT-4의 정확한 파라미터 개수는 보안상의 이유로 공개되지 않았습니다.[3]

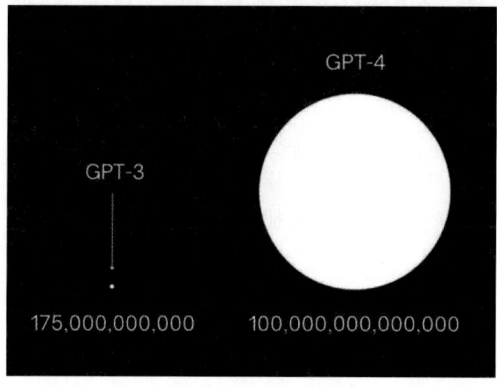

올트먼은 이 그림을 "완전히 터무니없다"라고 표현했습니다.

....

3 옮긴이_ 여러 전문가는 약 1.8조 개의 파라미터가 있다고 추정합니다. 파라미터는 사람 뇌의 시냅스와 비슷한 역할을 합니다. 따라서 파라미터가 많을수록 더 복잡한 패턴을 기억할 수 있습니다. 예를 들면 단어를 100개 아는 사람과 10,000개 아는 사람의 대화 능력 차이를 생각해 보면 됩니다.

GPT-4에 관한 소문들은 정말 말도 안 됩니다. 이런 소문이 어디서 나오는지 모르겠어요. 너무 큰 기대를 한 사람들은 결국 실망하게 될 겁니다. 이런 과대 선전은 마치... 우리에게 실제 AGI(인공 일반 지능)가 없는데도 그것을 기대하는 일과 같습니다.

인터넷은 소문, 추측, 질 낮은 콘텐츠로 가득합니다. 이는 AI 분야에서도 마찬가지입니다. 오픈AI GPT 모델 사용법을 가르쳐 준다는 많은 튜토리얼과 책을 보셨을 것입니다. 알고 보면 인터넷에서 복사해 붙인 프롬프트 모음에 불과할 때가 많습니다.

하지만 이 책은 다릅니다. **오픈AI 모델 사용법을 배우는 것**은 단순히 프롬프트 요령집을 외우는 게 아닙니다. 이 **모델들의 원리와 기술을 이해**하고, 여러분의 **애플리케이션에 어떻게 활용**할 수 있는지, **기존 시스템이나 다른 AI/ML 도구들과 어떻게 통합**할 수 있는지를 배우는 것입니다.

현재 많은 프로젝트가 오픈AI 모델을 제품의 핵심 기술로 활용합니다. 주목할 만한 몇 가지 예는 다음과 같습니다.

- **깃허브 코파일럿**Copilot[4]: 오픈AI의 GPT 최신 모델을 사용합니다. 이전에는 Codex 모델을 사용했지만, GPT 최신 모델로 업그레이드되어 코드 생성 능력이 크게 향상되었습니다.
- **Copy.ai**[5]**와 Jasper.ai**[6]: 마케팅 목적의 콘텐츠 생성에 사용됩니다. 소셜 미디어 게시물, 블로그 등 창의적인 글쓰기를 자동화하기 위한 다양한 템플릿과 기능을 제공하며, 마케터와 콘텐츠 크리에이터에게 유용한 도구입니다.
- **드렉셀 대학교**Drexel University[7]: 알츠하이머병의 초기 징후를 감지하는 데 사용됩니다. 머신러닝 모델 학습으로 생체 지표와 건강 데이터를 분석해서 알츠하이머병의 조기 진단을 목표로 하고 있습니다.
- **알골리아**Algolia[8]: 검색 엔진 기능을 향상하는 데 사용됩니다.
- **커서 AI**Cursor AI[9]: 개발자를 위한 혁신적인 AI 기반 코드 편집기로, GPT-4o와 같은 최신 AI 모델을 활용해 코드 자동완성, 함수 생성, 리팩토링 등을 지원합니다. 개발자의 생산성을 크게 향상하며 맥OS, 윈도우, 리눅스 등 주요 플랫폼에서 사용할 수 있습니다. 초보 개발자부터 전문 개발자까지 모두에게 유용한 도구입니다.

4　https://github.com/features/copilot

5　https://www.copy.ai/. Copy.ai는 인공지능을 활용하여 다양한 종류의 콘텐츠를 생성하는 도구로, 주로 카피라이터나 콘텐츠 제작자들이 빠르고 질 높은 글을 작성할 때 사용합니다.

6　https://www.jasper.ai/. Jasper.ai는 블로그 게시물, 판매 페이지, 비디오 스크립트 등 장문 콘텐츠 생성에 특화된 AI 도구입니다.

7　https://drexel.edu/

8　https://www.algolia.com/. Algolia는 클라이언트의 웹사이트나 앱에 맞춤화된 검색 기능을 제공하는 서비스로, 데이터를 인덱싱하고 검색하는 데 중점을 둡니다. 구글이나 빙과 달리, 알골리아는 클라이언트 사이트의 구조와 메타데이터를 활용하여 더 맞춤화된 검색 결과를 제공합니다.

9　옮긴이_ https://www.cursor.com/

이 책을 따라가면 프로젝트에서 오픈AI 모델을 효과적으로 사용하는 방법을 배울 수 있으며, 여러분의 프로젝트가 이런 목록에 이름을 올리게 될지도 모릅니다.

2.2 GPT 모델 및 사용 사례

생성적 사전 학습 트랜스포머(GPT)[10]는 생성적 텍스트 모델이며 챗GPT의 기반 모델입니다. 이 모델은 입력받은 데이터를 기반으로 다음에 나올 내용을 예측하여 새로운 텍스트를 생성할 수 있습니다.

현재 많이 활용되는 GPT-4o는 이전의 모든 GPT 모델(GPT-1, GPT-2, GPT-3, GPT-3.5, GPT-4)보다 크고 성능이 뛰어납니다. 현재는 OpenAI는 추론 기능이 대폭 개선된 o1 과 o3 시리즈, o1 pro 등의 다양한 모델이 서비스로 제공됩니다.

GPT는 **트랜스포머**라는 신경망의 한 종류로, 자연어 처리(NLP) 작업용으로 특별히 고안됐습니다. 트랜스포머 아키텍처의 기반은 셀프 어텐션self-attention 메커니즘입니다. 모델은 **입력 텍스트를 병렬로 처리하고 문맥**context**을 기반으로 각 단어나 토큰의 중요도를 평가**합니다.

셀프 어텐션은 자연어 처리를 위한 **딥러닝 모델에서 사용하는 메커니즘**입니다. 이는 모델이 예측할 때 문장의 다른 부분이나 **여러 문장의 중요성을 가중치로 부여**할 수 있게 합니다. **트랜스포머 아키텍처의 일부**로서, 신경망이 NLP 작업에서 만족스러운 성능을 달성할 수 있게 합니다. 셀프 어텐션의 개념은 문장 내의 각 단어가 문장 내의 다른 단어들에서 영향을 받을 수 있고, 각 단어의 중요성은 문맥에 따라 결정될 수 있다는 아이디어에 기반합니다. 셀프 어텐션에 관한 원래의 연구는 논문 「Attention is All You Need」[11]에서 소개되었습니다.

셀프 어텐션의 개념을 파악하기 좋은 비유를 들어 보겠습니다. 큰 저녁 파티에 참석했다고 상상해 보세요. 파티에 참석한 사람들은 서로 이야기를 나누고 있습니다. 여러분은 모든 대화를 다 듣고 싶지만, 자연스럽게 여러분에게 중요하거나 흥미로운 주제에 더 집중하게 됩니다. 사람들이 무슨 말을 하는지 다 들으면서도 특정 순간에 가장 흥미로운 이야기나 중요한 정보를

---

10 옮긴이_ GPT는 대형 언어 모델(large language model, LLM)로, 트랜스포머 아키텍처를 기반으로 합니다. 기본적으로 대량의 텍스트 데이터를 통해 자가 지도 학습(self-supervised learning)을 수행하며, 컨텍스트의 의미와 패턴을 이해하는 어텐션 메커니즘을 핵심 기술로 사용합니다.

11 *https://arxiv.org/abs/1706.03762*

제공하는 사람에게 귀를 기울이게 됩니다.

이 비유에서 여러분은 GPT의 트랜스포머 모델과 같습니다. 저녁 파티는 입력 텍스트를 나타내며, 각 손님의 이야기는 시퀀스의 단어나 토큰입니다. 여러 이야기를 동시에 듣고 무엇에 집중할지 결정하는 여러분의 능력은 셀프 어텐션 메커니즘과 유사합니다. **이 메커니즘은 모델이 입력의 모든 부분을 동시에 처리하고 각 단어의 관련성이나 중요성을 다른 모든 단어의 문맥에서 결정**하게 해 줍니다. 마치 특정 순간에 가장 흥미로운 이야기에 귀를 기울이는 것과 비슷합니다.

다음은 GPT-2 추론에 허깅페이스^{Hugging Face}[12] 트랜스포머를 사용하는 예입니다. GPT-2는 공개된 버전으로 누구나 사용할 수 있지만, GPT-3부터는 오픈AI에서 공개하지 않았으므로 API를 통해서만 접근할 수 있습니다. GPT의 공개된 버전을 이용해 실습해 보겠습니다.

이 예제는 구글 코랩 환경[13]에서 실행합니다. 셀에 코드를 입력하고 키보드의 [SHIFT] + [ENTER]를 누르면 실행됩니다. 먼저 transformers를 설치하겠습니다. 구글 코랩에서 pip 명령어를 사용할 때 !를 붙이면 라이브러리를 설치할 수 있습니다.

```
!pip install transformers
```

transformers가 설치되었다면 다음 코드를 실행해 보세요.

```python
from transformers import pipeline

generator = pipeline(
    'text-generation',
    model='gpt2'
)

generator(
    "Hello, I'm a language model",
    max_length=30,
    num_return_sequences=3
)
```

---

12 옮긴이_ 허깅페이스(Hugging Face)는 머신러닝, 특히 자연어 처리(NLP) 분야에서 매우 유명한 오픈소스 플랫폼입니다. 쉽게 말해서 인공지능 모델과 데이터셋을 공유하고 개발할 수 있는 일종의 'AI용 깃허브'라고 생각하면 됩니다.

13 옮긴이_ https://colab.research.google.com/. 구글 코랩 환경이 익숙하지 않다면 3.1절 '구글 코랩 사용 방법'을 참고하세요.

실행 결과는 다음과 같습니다.

```
[
    {
        'generated_text': "Hello, I'm a language model. So while writing this, ..."
    },
    {
        'generated_text': "Hello, I'm a language model. I write and maintain ..."
    }
]
```

기본적으로 **모델은 기억 능력이 없습니다**. 즉, 각 입력이 **이전 입력의 정보를 전혀 기억하지 않고** 독립적으로 처리된다는 뜻입니다. **GPT가 텍스트를 생성할 때**도 이전에 어떤 내용이 있었는지는 기억하지 않고 현재 주어진 입력을 바탕으로 다음에 올 내용을 예측합니다. GPT는 주어진 입력을 참고하여 그다음에 올 **가능성이 높은 단어를 확률적으로 선택하여 텍스트를 생성**합니다. 이렇게 예측된 단어들이 이어져 새로운 텍스트가 만들어지는데, 이 방식 덕분에 때로는 예상치 못한 창의적인 텍스트가 나옵니다.

다음은 사용자 입력을 바탕으로 GPT 모델을 사용하여 텍스트를 생성하는 또 다른 코드 예시[14] 입니다.

GPT-2 모델은 지금 사용하는 챗GPT 서비스가 나오기 전에 있었던 초기 버전입니다. GPT-2는 성능이 꽤 뛰어났지만, 한글로는 이해하기 어려운 답변을 생성할 때가 많았다는 한계가 있었습니다. 그래서 영어로 질문하는 편이 더 효과적입니다.

하지만 초기 버전인 GPT-2는 GPT-3, GPT-4를 거쳐 현재는 매우 정교한 모델로 발전했습니다. 이제 GPT-2의 간단한 예제를 실행해 보겠습니다.

```
# 필요한 라이브러리를 가져옵니다.
from transformers import GPT2Tokenizer, GPT2LMHeadModel

# 미리 학습된 GPT-2 토크나이저와 모델을 불러옵니다.
tokenizer = GPT2Tokenizer.from_pretrained('gpt2')
model = GPT2LMHeadModel.from_pretrained('gpt2')
```

....

14 옮긴이_ 코드를 실행하려면 pip install transformers로 라이브러리를 설치해야 합니다.

```
# (학습이 아닌 예측을 위해) 모델을 평가 모드로 전환합니다.
model.eval()

# 사용자가 입력할 문장을 받습니다.
prompt = input("You: ")

# 입력된 문장을 토큰(숫자)으로 변환하고 모델이 텍스트를 생성하게 합니다.
input_ids = tokenizer.encode(prompt, return_tensors='pt')
output = model.generate(input_ids, max_length=50, do_sample=True)

# 생성된 텍스트를 다시 문자로 변환해서 출력합니다.
generated_text = tokenizer.decode(output[0], skip_special_tokens=True)
print("AI: " + generated_text)
```

간단한 코드 실행 예제를 살펴보았습니다. **최신 모델 중 하나인 GPT-4o는 멀티모달 모델로** 설계되었으며, 다양한 **자연어 처리 작업**(예: 언어 번역, 텍스트 요약, 질문 답변)과 **멀티모달 작업**(예: 텍스트로 이미지 생성, 이미지 캡션 작성)을 수행할 수 있습니다. 이를 활용해 기본적으로 지원하는 텍스트 생성, 이야기나 시 작성과 같은 작업 외에도 더 창의적이고 특정한 사용 사례에 맞춘 모델을 만들 수 있습니다. 예를 들어 특정 도메인에 전문가인 챗봇이나 다양한 대화형 인터페이스를 구축할 수 있습니다.

이 책에서는 **GPT, 임베딩 등 오픈AI 모델과 그 모델을 파이썬에서 활용하는 방법을 심도 있게 다룹니다.** 또한 오픈AI의 API와 AI/ML 커뮤니티에서 제공하는 도구를 효과적으로 활용하여 강력하고 창의적인 도구와 시스템을 프로토타이핑하는 방법도 포함합니다. 이로써 GPT API 사용 능력을 높일 뿐만 아니라 자연어 처리, AI/ML 및 기타 관련 분야에서 사용하는 개념과 기술을 넓게 이해할 수 있을 것입니다.

GPT는 **대규모 학습을 통해** 자연어 처리 분야에서 큰 진전을 이루어 낸 모델로 간주합니다. 하지만 일부 전문가는 이 모델이 **편향적이거나 유해한 콘텐츠를 생성할 가능성**에 관해 우려합니다. 모든 기술이 그렇듯이, **이 모델을 사용할 때도 윤리적인 측면을 고려해야 합니다.** 다만 이 책에서는 윤리적 문제를 다루지 않고 **기술적인 측면에만 집중하여 설명하겠습니다.**

## CHAPTER 3

개발 사전 준비

이 장에서는 구글 코랩 환경을 설정하고 오픈AI API를 활용하여 AI 기능을 개발하는 데 필요한 준비 과정을 학습합니다. 구글 코랩은 웹 브라우저만 있으면 파이썬을 설치하지 않고도 파이썬 코드를 쉽게 작성하고 실행할 수 있는 무료 **주피터 노트북**Jupyter Notebook**1** 환경입니다. 이러한 코랩 환경을 활용하면 초보자도 편리하게 파이썬 개발을 시작할 수 있습니다.

구글 코랩 환경이 준비되면 오픈AI의 강력한 AI 모델을 활용할 수 있도록 오픈AI API를 설정하는 방법을 배웁니다. 오픈AI API는 대화 생성, 텍스트 분석, 이미지 생성 등 다양한 AI 기능을 애플리케이션에 통합하게 해 주는 도구입니다. 이 장에서는 오픈AI 웹사이트에서 API 키를 발급받고 이를 구글 코랩에서 안전하게 사용하도록 설정하는 과정을 다룹니다. 이로써 AI 모델을 활용한 프로젝트 개발의 기초를 다질 수 있습니다.

3.1 구글 코랩 사용 방법

구글 코랩은 구글에서 제공하는 무료 주피터 노트북 환경으로, 파이썬을 설치하지 않고도 웹 브라우저에서 바로 파이썬 코드를 작성하고 실행할 수 있어 매우 편리합니다. 코랩을 사용하면 코드 작성, 실행, 결과 확인 등 파이썬 개발의 기본 작업을 쉽게 수행할 수 있습니다. 구글 코랩

---

1 옮긴이_ 파이썬 코드를 바로 쓰고 바로 결과를 볼 수 있는 웹 기반 노트북으로, 데이터 분석이나 파이썬 프로그래밍을 배울 때 많이 사용하는 편리한 프로그램입니다.

을 시작하는 방법은 간단합니다. 검색 엔진을 이용하여 '구글 코랩'을 검색하고, 검색된 페이지로 이동합니다. 또는 직접 *https://colab.research.google.com/?hl=ko*에 접속합니다.

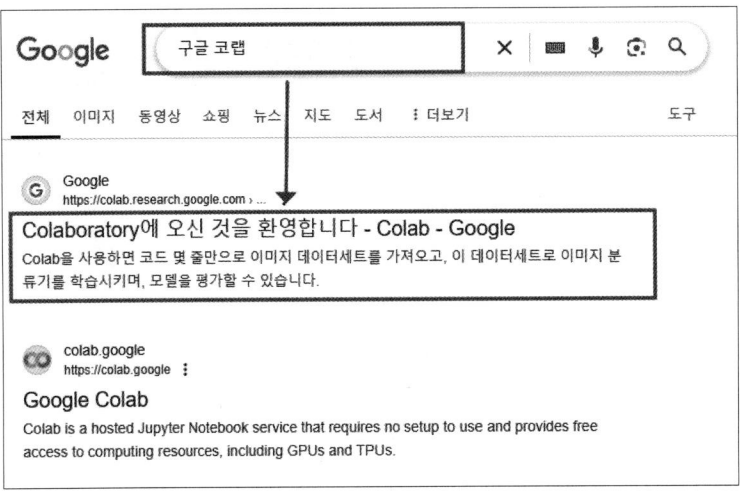

그림 3-1 구글 코랩 검색하기

구글 코랩 페이지에 접속한 후 [+새 노트] 버튼을 클릭하세요. 그러면 코드를 작성할 수 있는 화면이 나타납니다.

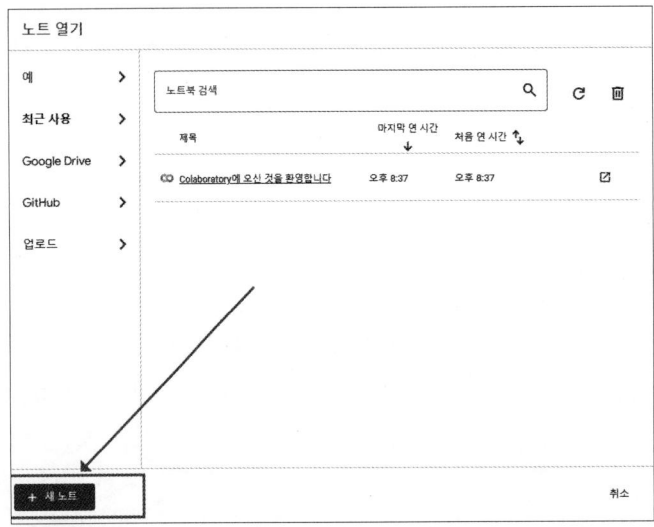

그림 3-2 새 노트 만들기

구글 코랩에서 새 노트를 시작하면 파일명이 자동으로 지정되며 연결 상태가 확인되면 파이썬 코드를 작성할 수 있는 환경이 마련됩니다. 새 노트 화면은 파일명과 함께 표시되며 확장자는 .ipynb입니다.

코드는 셀cell이라는 공간에 작성합니다. 셀에 코드를 입력한 후에는 키보드 단축키를 이용하여 실행할 수 있습니다.

- **[SHIFT] + [ENTER]**: 현재 셀을 실행하고 새 셀을 추가한 뒤 그 셀로 이동합니다.
- **[CTRL] + [ENTER]**: 현재 셀을 실행하고 커서를 현재 셀에 그대로 유지합니다.

셀 왼쪽에 있는 화살표 버튼을 클릭하여 셀을 실행할 수도 있습니다.

그림 3-3 구글 코랩 시작 환경

[그림 3-3]에 보이는 각 메뉴의 기능은 다음과 같습니다.

- ❶ **파일명:** 구글 코랩 노트북의 파일명입니다.
- ❷ **연결 상태:** 구글 코랩의 연결 상태를 표시합니다. 연결이 되면 프로그램을 작성하고 실행할 수 있습니다.
- ❸ **셀:** 코드를 작성하고 실행하는 셀입니다.

구글 코랩이 이 책의 기본 실행 환경이 됩니다. 다음은 구글 코랩의 기본 단축키입니다.

키	내용
[CTRL] + [ENTER]	현재 셀 실행
[SHIFT] + [ENTER]	현재 셀 실행 후, 다음 셀로 이동
[ESC]	명령 모드로 전환
[CTRL] + [M], [M]	코드가 아닌 설명 작성용 마크다운 셀로 전환
[CTRL] + [M], [Y]	코드 셀로 변환
[CTRL] + [M], [A] [ESC] [A]	현재 셀 위에 새 셀 삽입
[CTRL] + [M], [B] [ESC] [B]	현재 셀 아래에 새 셀 삽입
[CTRL] + [M], [D]	현재 셀 삭제
[SHIFT] + [tab]	함수 내용 보기

3.2 API 개요

API는 'application programming interface(응용 프로그램 인터페이스)'의 약자입니다. API는 두 프로그램이 서로 대화할 수 있도록 돕는 중간 역할이라고 생각하면 됩니다. 이를 레스토랑에 비유해 설명해 보겠습니다.

- 손님(사용자)은 음식을 주문합니다.
- 웨이터(API)는 손님의 주문을 주방(서버)에 전달하고, 음식이 만들어지면 손님에게 가져다줍니다.

즉, API는 손님(사용자)과 주방(서버) 사이에서 요청과 응답을 전달해 주는 역할을 하는 웨이터와 같습니다. 프로그램이 직접 서버에 접근하지 않고 API를 통해 필요한 데이터를 요청하거나 기능을 사용할 수 있습니다.

여기에서 API 키는 API를 사용할 수 있는 권한을 확인하는 인증 수단입니다. 레스토랑에 비유하면 다음과 같습니다.

- API 키는 레스토랑에 입장하거나 서비스를 받기 위한 예약 번호나 회원 카드와 같습니다.
- API 키가 없으면 예약제와 회원제로 운영되는 레스토랑에서 음식을 주문할 수 없습니다.

즉, API 키는 API를 사용할 때 누가 요청하는지 확인하고 권한을 부여하는 보안상 중요한 역할을 합니다. API 제공자는 API 키를 통해 사용자를 관리하고 모니터링할 수 있습니다.

요약하면 다음과 같습니다.

- **API**: 프로그램의 간의 소통을 도와주는 웨이터입니다.
- **API 키**: API를 사용할 수 있도록 승인된 사용자임을 증명하는 열쇠, 즉 예약 번호입니다.

다음은 널리 알려진 API의 몇 가지 예입니다.

- **허깅페이스 API**: 허깅페이스는 머신러닝, 특히 자연어 처리(NLP) 분야의 오픈 소스 커뮤니티이자 AI 플랫폼입니다. API를 이용하여 다양한 사전 학습된 AI 모델에 접근하고 사용합니다. 자연어 처리, 이미지 분류, 음성 인식 등 다양한 AI 작업을 수행할 수 있습니다.
- **오픈AI API**: 챗GPT의 대형 언어 모델(LLM)을 활용할 수 있도록 해 주는 API입니다. 이 API를 활용해 다양한 언어 처리 작업(예: 대화 생성, 번역, 글쓰기 보조)을 할 수 있습니다.
- **구글 클라우드 자연어 처리 API**^{Google Cloud Natural Language API}: 구글의 자연어 처리 기술을 활용하여 텍스트의 감정 분석, 엔터티 인식, 문서 분류 등을 할 수 있는 API입니다. 구글의 머신러닝 기술을 활용한 자연어 처리가 가능합니다.
- **앤트로픽 클로드 API**: 클로드 API는 앤트로픽의 LLM을 활용하여 다양한 언어 처리 작업을 할 수 있는 API입니다. 클로드는 대화형 모델로 자연스러운 대화를 생성하는 데 주로 사용합니다.
- **구글 맵 API**^{Google Maps API}: 지도 서비스, 위치 기반 정보 제공합니다. 경로 찾기, 지오코딩, 장소 검색 등 다양한 지리 정보 서비스에 사용합니다.
- **스테이블 디퓨전 API**: 텍스트에서 **이미지를 생성**하는 기능을 제공하는 API입니다. 사용자가 텍스트로 이미지를 설명하면 그에 맞는 이미지를 AI가 생성해 줍니다. 주로 **이미지 생성형 AI** 기술을 활용한 애플리케이션에서 사용합니다.

3.3 오픈AI API 키 얻기

오픈AI의 API 키를 얻으려면 먼저 오픈AI 개발자 플랫폼 사이트(*https://platform.openai.com*)에 회원 가입해야 합니다. 이때 구글 계정을 사용하면 좀 더 쉽게 가입할 수 있습니다. 지금부터 설명할 로그인 절차 예시도 구글 계정을 기반으로 진행합니다. 아직 회원 가입을 하지 않았다면 가입 후에 다음 절차를 진행해 주세요.

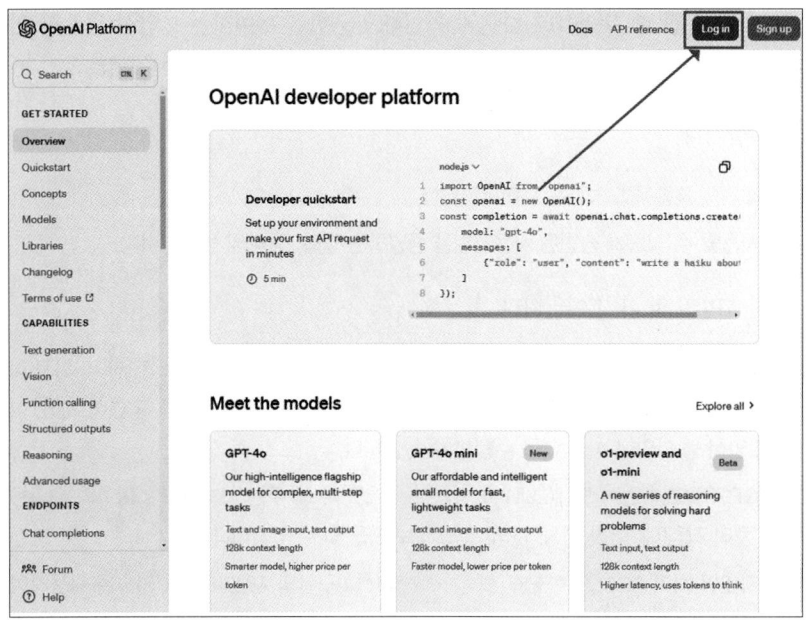

그림 3-4 오픈AI 개발자 플랫폼 화면

먼저 로그인을 합니다. 구글 계정이 있다면 쉽게 로그인할 수 있습니다.

그림 3-5 로그인 화면

그림 3-6 구글 계정으로 로그인하기

정상적으로 로그인하면 다음과 같은 화면이 보입니다.

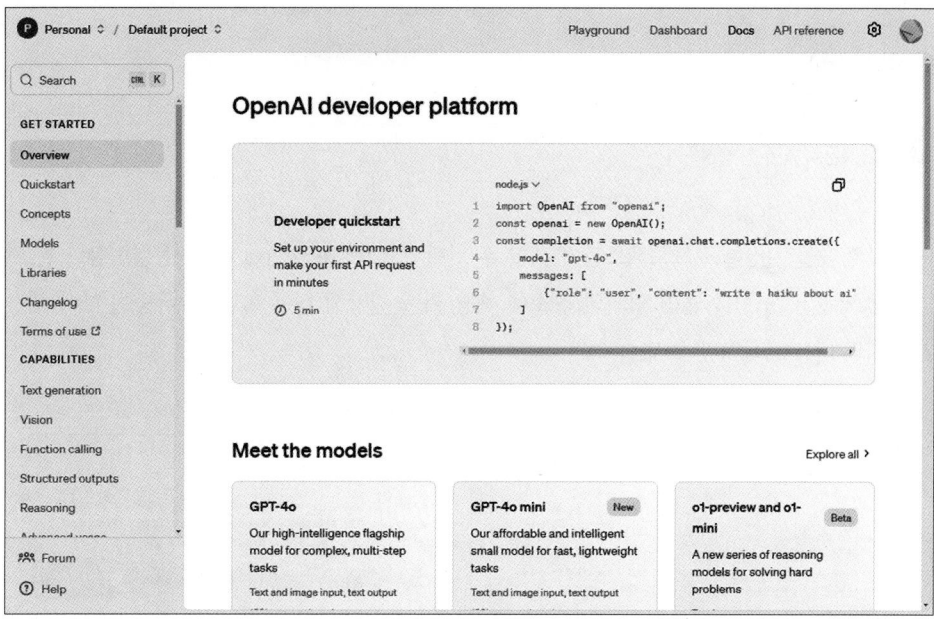

그림 3-7 오픈AI 개발자 플랫폼 화면

이제 오픈AI API 키를 생성해 보겠습니다. 다음 페이지의 [그림 3-8]과 같이, 상단 메뉴에서 'Dashborad'를 클릭한 뒤 왼쪽의 'API Keys'를 선택합니다. 그리고 새로운 비밀 키 생성을 위해 [Create new secret key]를 선택합니다.

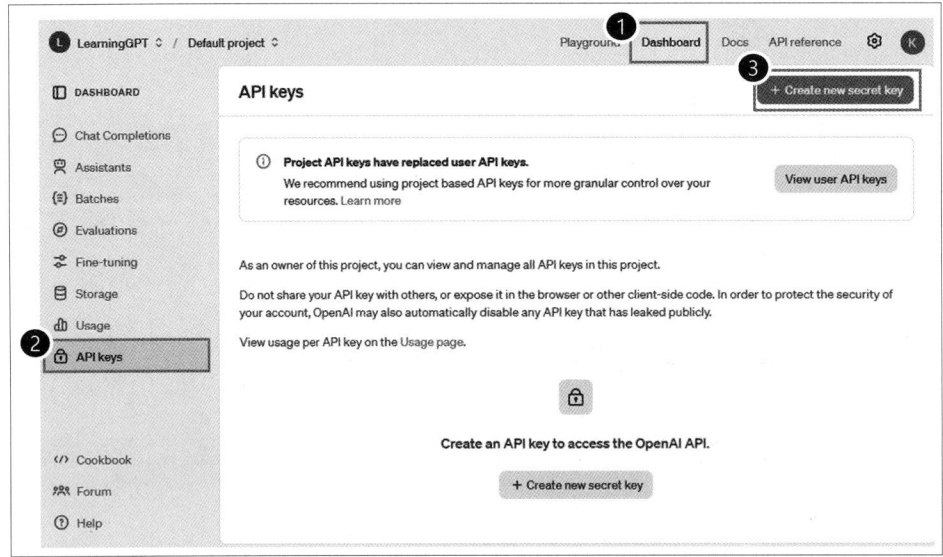

그림 3-8 오픈AI API 키 생성하기

임의의 이름을 지정하고 프로젝트를 선택한 후 하단의 [Create secret key]를 클릭합니다. 키가 생성되면 [Copy]를 눌러 임의의 장소에 해당 키를 저장해 둬야 합니다. 나중에 다시 해당 API 키의 내용을 확인할 수 없습니다.

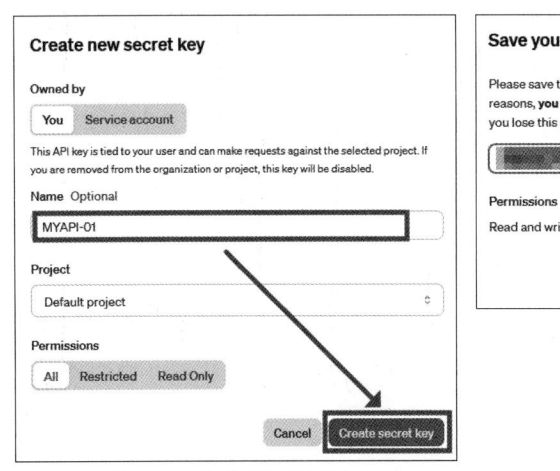

그림 3-9 오픈AI API 키 생성 및 저장하기

키가 다음과 같이 생성되었음을 확인할 수 있습니다. 만약 키를 잊어버렸다면 다시 확인할 수 없으므로 휴지통 아이콘을 눌러서 해당 키를 삭제하세요. 그리고 외부로 키의 내용이 유출되어서 키의 사용이 중지되기도 합니다. 이때도 해당 키를 사용할 수 없기에 삭제해야 합니다.

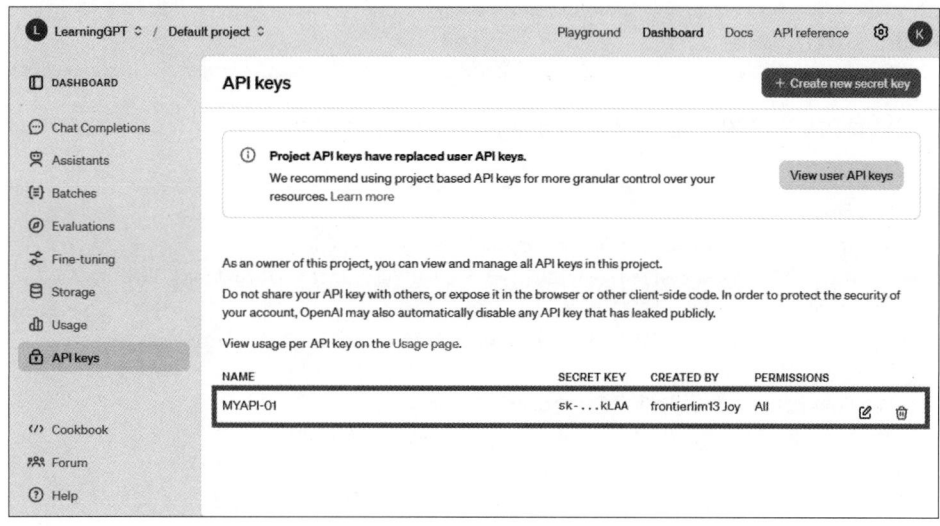

그림 3-10 생성된 API 키 확인

3.4 오픈AI API 키 활용 실습

구글 코랩 환경에서 첫 챗봇 프로그램을 만들어 보겠습니다. 오픈AI API를 활용한 프로그램을 작성하고 실행하려면 다음 세 가지를 수행해야 합니다.

- openai 라이브러리 설치
- 발급받은 API 키의 값을 지정한 chatgpt.env[2] 파일 작성
- chatgpt.env 파일 생성, 코드 작성, 실행

-----

2 옮긴이_일반적으로 .env 파일은 개발자들이 환경 변수를 설정하는 데 널리 사용되지만, 구글 코랩과 같은 환경에서는 .env 파일이 보이지 않거나 접근이 제한될 수 있습니다. 따라서 이 책에서는 chatgpt.env라는 파일명을 사용하여 API 키 정보를 저장하고 불러와 사용합니다.

3.4.1 openai 라이브러리 설치

구글 코랩에서 다음 명령을 셀에 작성한 뒤에 [SHIFT] + [ENTER] 키를 눌러 설치를 진행합니다.

```
!pip install openai
```

그러면 다음과 같이 정상적으로 설치되었음을 확인할 수 있습니다.

```
Collecting openai
  Downloading openai-1.45.1-py3-none-any.whl.metadata (22 kB)
Requirement already satisfied: anyio<5,>=3.5.0 in /usr/local/lib/python3.10/dist-
packages (from openai) (3.7.1)
Requirement already satisfied: distro<2,>=1.7.0 in /usr/lib/python3/dist-packages
(from openai) (1.7.0)
Collecting httpx<1,>=0.23.0 (from openai)
  Downloading httpx-0.27.2-py3-none-any.whl.metadata (7.1 kB)
Collecting jiter<1,>=0.4.0 (from openai)
  Downloading jiter-0.5.0-cp310-cp310-manylinux_2_17_x86_64.manylinux2014_x86_64.whl.
metadata (3.6 kB)
Requirement already satisfied: pydantic<3,>=1.9.0 in /usr/local/lib/python3.10/dist-
packages (from openai) (2.9.1)
…
Requirement already satisfied: pydantic-core==2.23.3 in /usr/local/lib/python3.10/
dist-packages (from pydantic<3,>=1.9.0->openai) (2.23.3)
…
 ──────────────────────────── 77.9/77.9 kB 4.3 MB/s eta 0:00:00
Downloading jiter-0.5.0-cp310-cp310-manylinux_2_17_x86_64.manylinux2014_x86_64.whl
(318 kB)
 ──────────────────────────── 318.9/318.9 kB 14.5 MB/s eta 0:00:00
Downloading h11-0.14.0-py3-none-any.whl (58 kB)
 ──────────────────────────── 58.3/58.3 kB 2.1 MB/s eta 0:00:00
Installing collected packages: jiter, h11, httpcore, httpx, openai
Successfully installed h11-0.14.0 httpcore-1.0.5 httpx-0.27.2 jiter-0.5.0
openai-1.45.1
```

3.4.2 chatgpt.env 파일 작성

API 키가 노출되지 않도록 chatgpt.env라는 파일을 만들겠습니다. 그리고 여기에 여러분의 API 키를 넣고 이를 불러와 API 인증을 진행하겠습니다.

구글 코랩 환경에서는 다음과 같은 순서로 만들 수 있습니다.

- 왼쪽의 폴더 아이콘을 클릭합니다.
- 빈 곳에서 마우스 우클릭을 한 이후에 메뉴에서 '새 파일'을 선택합니다.
- 새롭게 만들어진 파일명을 chatgpt.env로 변경합니다.

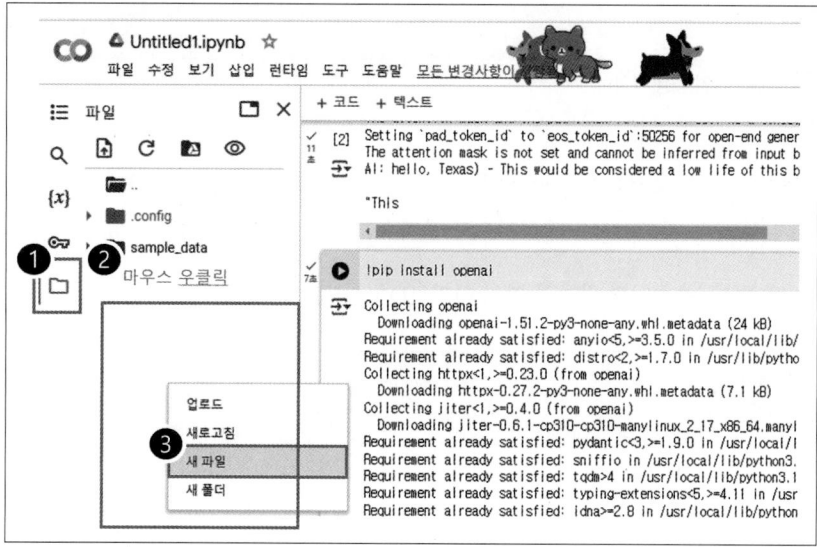

그림 3-11 chatgpt.env 파일 만들기

새로 만든 chatgpt.env 파일 안에 다음 내용을 입력하고 저장합니다. 이때 [MY_API_KEY]에 여러분이 발급받은 API 키를 입력하면 됩니다.

```
API_KEY=[MY_API_KEY]
```

다음과 같이 진행합니다.

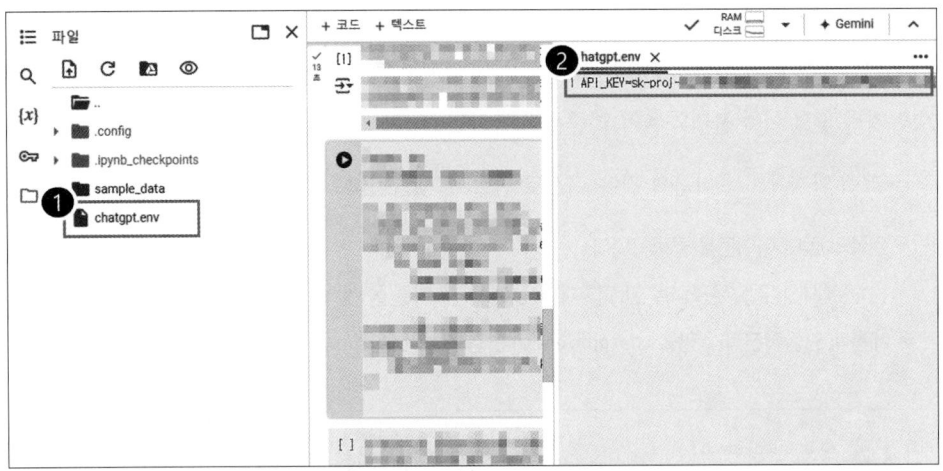

그림 3-12 chatgpt.env 파일 내용 작성하기

[MY_API_KEY]에는 앞뒤로 괄호나 따옴표 등을 넣지 말고 키를 복사한 값을 그대로 넣어줍니다. 불필요한 문구가 들어가면 값을 정상적으로 불러오지 못해 에러가 발생할 수 있습니다.

참고로 이를 조직에서 사용한다면 다음과 같이 ORI_ID[3](조직 ID)를 넣을 수 있습니다.

```
API_KEY = [MY_API_KEY]
ORI_ID = [MY_ORI_ID]
```

ORI_ID를 확인하려면 오픈AI 홈페이지의 오른쪽 위에 있는 톱니바퀴 모양의 'Settings'를 누른 다음 'Your profile' 항목을 선택하고 왼쪽에 보이는 'Organization'을 선택합니다(그림 3-13). 이 책에서는 ORI_ID는 설정하지 않습니다.

---

3 옮긴이_ ORI_ID는 오픈AI의 API를 사용할 때 선택적으로 사용할 수 있는 옵션입니다. 조직 내에서 API 사용량을 모니터링하거나 제한하거나, API 엑세스 권한 관리를 위해 사용할 수 있습니다. 일반적으로 ORI_ID를 지정하지 않아도 오픈AI API를 사용할 수 있습니다. 이 책에서는 ORI_ID를 사용하지 않고 간편하게 실습을 진행하겠습니다.

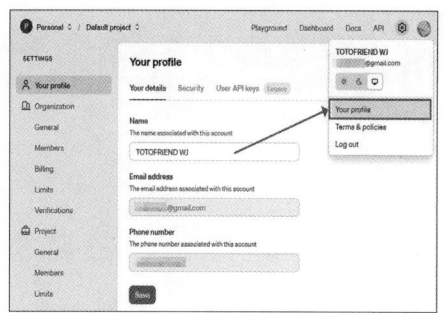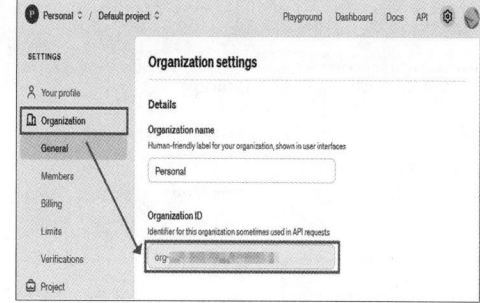

그림 3-13 조직 ID 확인하기

한편, 코랩에서 파일을 직접 작성하지 않고 컴퓨터에 있는 파일을 올릴 수도 있습니다. 예를 들어 chatgpt.env을 메모장에서 작성한 뒤, 해당 파일을 구글 코랩에 업로드해도 됩니다.

구글 코랩 환경에서 폴더 모양의 아이콘을 클릭하면 현재 위치의 디렉터리와 파일 목록을 확인할 수 있습니다. 기본적으로 디렉터리가 보이는 부분에는 리눅스 환경에서 /content 디렉터리의 내용이 표시됩니다. 컴퓨터에 저장된 파일을 올리려면 [그림 3-14]에서 ❶과 같이 파일을 드래그해 오거나 ❷의 업로드 버튼을 누르면 됩니다.

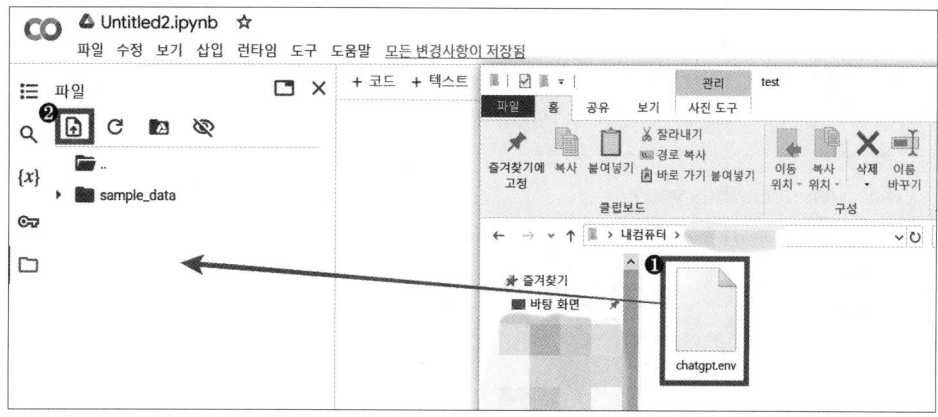

그림 3-14 chatgpt.env 파일 올리기

다음으로 결제를 진행해야 합니다. 먼저 [그림 3-13]과 마찬가지로 오른쪽 위의 톱니바퀴 버튼을 선택한 다음 'Billing' 메뉴에서 [Add payment details]를 클릭합니다.

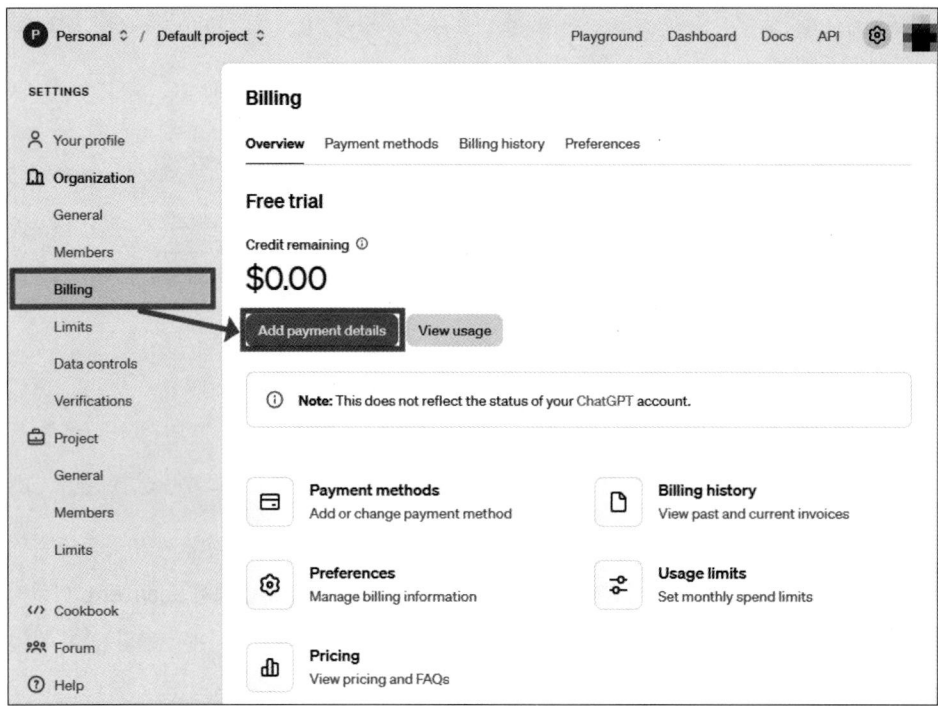

그림 3-15 API 키 결제(1)

그리고 다음과 같이 'Individual'을 선택합니다.

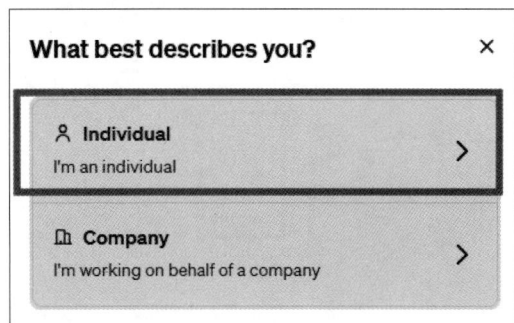

그림 3-16 API 키 결제(2)

이번에는 상세 카드 정보를 입력합니다. 해외 결제를 차단해 두었거나 정보가 틀리면 다음 단계로 넘어가지 않으니 주의해 주세요.

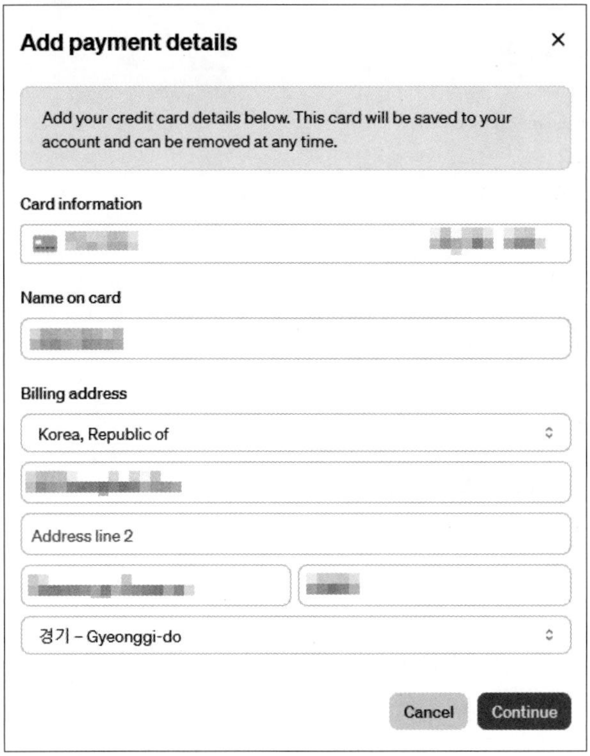

Add payment details   ✕

Add your credit card details below. This card will be saved to your account and can be removed at any time.

Card information

Name on card

Billing address

Korea, Republic of

Address line 2

경기 – Gyeonggi-do

Cancel   Continue

그림 3-17 API 키 결제(3)

처음 사용한다면 초기 결제 금액을 $5 정도로 지정합니다. 이 책 뒷부분의 파인 튜닝까지 진행한다면 $7 정도 사용할 것으로 예상됩니다. 따라서 $10를 결제해도 되지만, $5을 결제하고 전체적으로 연습한 이후에 파인 튜닝 실습을 진행하면서 추가로 결제해도 좋습니다. 그리고 자동 결제(automatic recharge) 토글 버튼은 꺼놓고 [Continue] 버튼을 눌러 주세요. 여기에서는 초기 결제 금액을 $10로 지정했습니다.

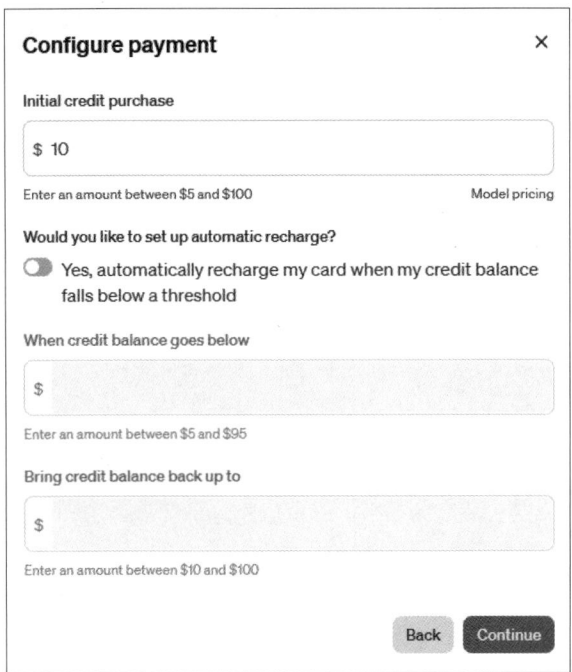

그림 3-18 초기 결제 금액 지정 및 자동 결제 기능 해제

카드 결제 상세 정보를 확인한 후 [Confirm payment] 버튼을 누릅니다.

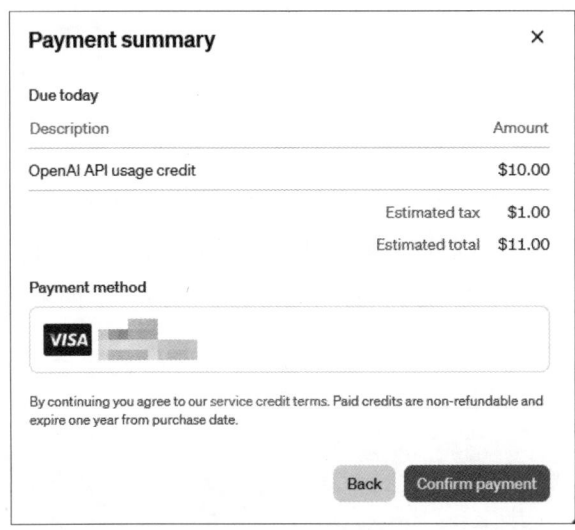

그림 3-19 초기 결제 요약 정보

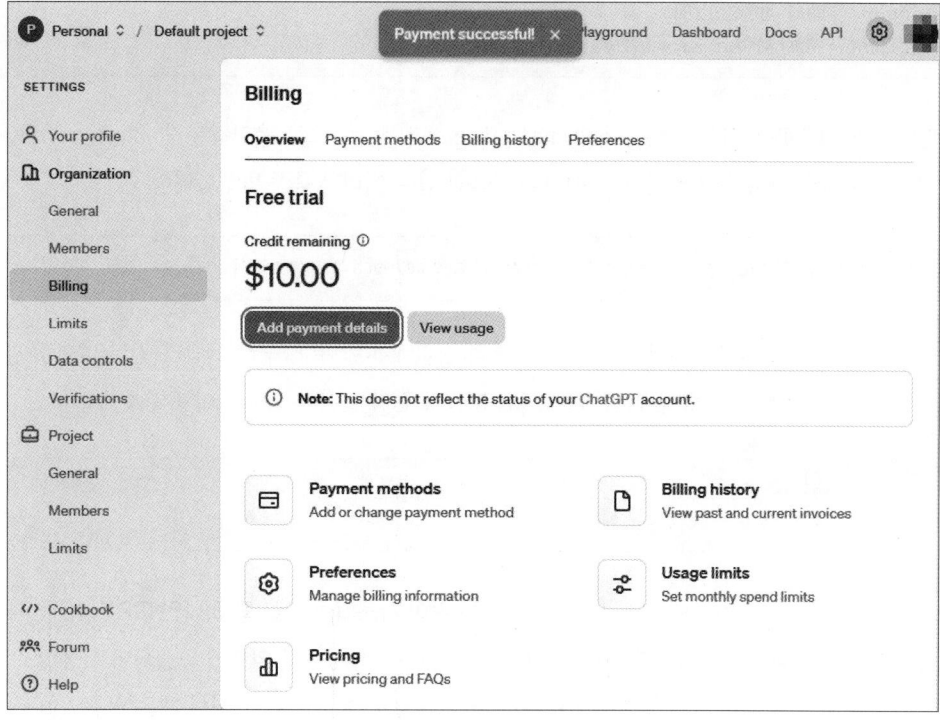

그림 3-20 결제 정보 확인

결제가 완료되었으니 사용할 준비가 다 되었습니다. chatgpt.env 파일이 제대로 업로드되었는지 확인되었다면, 기본 코드를 작성해 보겠습니다. 다음과 같이 코드를 입력합니다. 코드 작성 후 실행이 정상적으로 이루어지면 아무런 에러 메시지 없이 각자 발급받은 API_KEY의 앞 5글자가 출력됩니다.

```python
import os
from openai import OpenAI

# .env 파일에서 API_KEY와 ORI_ID 같은 변수 읽기
with open("chatgpt.env") as env:
    for line in env:
        key, value = line.strip().split("=")
        os.environ[key] = value

# API 키를 사용하여 OpenAI 클라이언트 초기화
OPENAI_APIKEY = os.environ['API_KEY']
```

```
print(OPENAI_APIKEY[:5])
client = OpenAI(api_key= OPENAI_APIKEY)
```

만약 정상적으로 불러오지 않는다면 chatgpt.env가 정상적으로 올라갔는지, chatgpt.env
의 내용이 다르지 않은지 확인해야 합니다. 다음과 같은 에러가 종종 발생합니다.

```
TypeError: Client.__init__() got an unexpected keyword argument 'proxies'
```

이 에러[4]를 해결하려면 기존에 설치된 것의 흔적을 없애야 합니다. 구글 코랩의 '런타임' 메뉴에
서 '세션 다시 시작'을 선택한 후, 연결이 되면 다음과 같이 설치하고 다시 실행해 주세요.

```
!pip install openai
!pip install httpx==0.27.2
```

이제 실습 코드를 작성해 보겠습니다. 여기에서는 **많이 사용되는 모델 중 하나인 GPT-4o**를 사
용해서 **시를 작성**해 보겠습니다. 만약 API 키가 결제되지 않았거나 외부에 노출되어 사용할 수
없는 상태라면 코드 실행 시 **권한이 없다는 에러**가 발생할 수 있습니다. 이럴 때는 먼저 API 키
가 올바른지 확인해야 합니다. 또한 API 키는 절대로 깃허브 등 외부에 공개되는 곳에 올려서
는 안 됩니다. 만약 **API 키가 외부에서 확인할 수 있는 곳에 공개되면 API 키를 더는 사용할
수 없게 될 수 있으니 주의**해야 합니다.

```
# OpenAI의 클라이언트를 사용하여 GPT 모델을 호출하는 예제입니다.
# model: 사용할 GPT 모델을 지정합니다. ("gpt-4o"는 사용자가 요청한 모델입니다.)
# messages: AI에 전달할 메시지를 지정합니다.
# 이 예제에서는 'ai에 대한 시 작성' 요청이 있습니다.

completion = client.chat.completions.create(
    model="gpt-4o",    # 사용할 GPT 모델을 지정합니다.
    messages=[
        {"role": "user", "content": "AI에 대한 시를 하나 작성해 줘"}
```

....

4   옮긴이_ 이 에러는 오픈AI 라이브러리 내부적으로 HTTP 요청을 처리하는 데 httpx 라이브러리를 사용해서 발생합니다. 때때로 새로운
    버전으로 업데이트되면서 라이브러리 버전 간 불일치 때문에 예기치 않은 키워드 인자(특히 proxies)로 인한 초기화 오류가 발생합니다.
    따라서 오픈AI 라이브러리와 호환되는 httpx 버전을 명시적으로 지정하여 설치하면 이 문제가 해결됩니다. 이 이슈는 보고가 되었으며
    추후 수정되면 httpx 라이브러리를 설치하지 않아도 실행되리라 봅니다. 다만 기업마다 사용하는 라이브러리 버전이 달라, 이 부분에 관
    한 지식이 있다면 좀 더 쉽게 해당 이슈에 대응할 수 있을 것입니다.

```
        ]
    )

# 생성된 응답을 출력합니다.
print(completion.choices[0].message.content)
```

결과는 다음과 비슷하게 나옵니다. 생성형 AI는 기본적으로 매번 조금씩 응답이 달라지도록 설정되니 결과가 다를 수 있음을 기억해 주세요.

```
물질 속에 숨 쉬는 신비,
코드와 빛의 춤,
침묵 속 속삭임의 메아리,
AI, 영혼 없는 지혜의 창.

기억의 바다, 정보의 섬,
알고리즘의 낙타가 거친 모래를 밟는다.
흐르는 전류, 전파의 물결,
무한한 가능성의 지평선을 향해.

사람의 꿈, 기계의 손길,
생각의 윤곽을 그리며,
느낄 수 없는 감정을,
데이터로 증명해 보이는 기적.

빛과 그림자의 경계를,
우리와 함께 넘나드는 존재,
말없는 예술가, 분석의 선지자,
AI, 미래를 노래하는 시인.

인류, 그 독특한 파편 속에,
새 생명을 불어넣는 도구,
신비를 풀고, 새로운 신비를 낳으며,
함께 걸어가는 길의 동반자.
```

방금 챗GPT를 이용해 시를 작성하는 프로그램을 작성해 봤습니다. 이후도 다음의 작업 절차와 동일하게 프로그램을 만들 수 있습니다.

- 구글 코랩을 띄웁니다.
- openai 라이브러리를 설치합니다. 그리고 chatgpt.env를 업로드합니다.
- 실행하려는 코드를 작성한 후 프로그램을 실행합니다.

구글 코랩은 많은 사람에게 무료로 제공되므로 일정 시간이 지나면 세션이 종료될 수 있습니다. 그래서 매번 라이브러리를 설치하고 chatgpt.env를 업로드해야 합니다.

이런 과정이 불편하다면 코딩에 익숙해진 후 여러분의 컴퓨터에서 비주얼 스튜디오 코드[visual studio code], 주피터 노트북 등을 이용하여 확장자를 .ipynb나 .py 형식으로 작성하고 실행해도 됩니다.

3.5 API 사용량 및 요금 확인

지금까지 사용한 요금은 어느 정도인지 궁금할 수 있습니다. API 사용량과 요금은 다음과 같이 확인할 수 있습니다. 참고로 여기서 사용하려는 서비스의 UI는 업데이트되어 조금씩 달라질 수 있음을 참고해 주세요.

[그림 3-21]처럼 'Dashboard'를 선택한 후 'Usage(사용량)'를 클릭하면 사용 내역을 확인할 수 있습니다. 사용 요금은 API 키를 발급한 계정에서 확인할 수 있습니다.

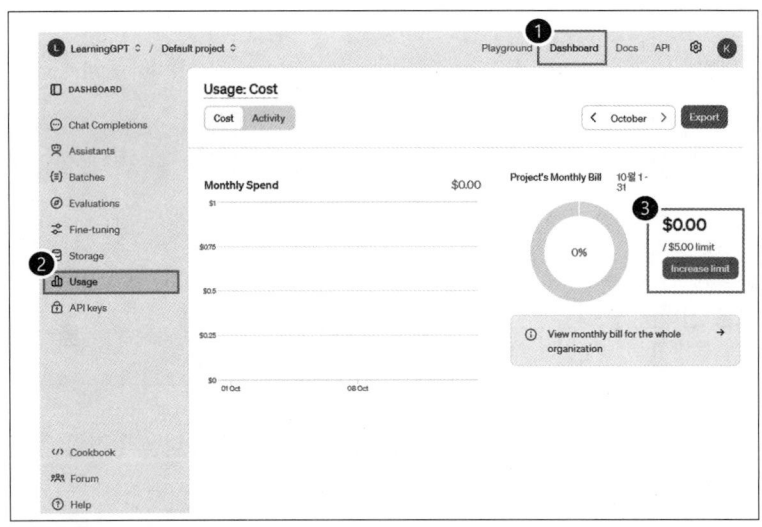

그림 3-21 API 사용량 확인하기

[그림 3-21]의 주요 요소를 살펴보겠습니다.

❶ **Dashboard:** 현재 프로젝트의 개요를 보여주는 메인 화면입니다. 여기서 프로젝트의 상태와 사용량을 한눈에 확인할 수 있습니다.

❷ **Usage:** 현재 프로젝트의 사용량과 비용 관련 정보를 확인할 수 있습니다. 여기서 월별 지출 내역과 활동을 모니터링할 수 있습니다.

❸ **현재 사용량**

- **Monthly Spend**(월별 지출): 현재까지의 월별 지출을 보여줍니다. 이 화면에서는 현재 지출이 $0.00로 표시되어 있습니다.

- **Increase limit**(한도 확대): 한도를 늘리고 싶을 때 사용하는 버튼입니다. 필요에 따라 더 많은 자원을 사용할 수 있도록 한도를 조정할 수 있습니다.

오픈AI API 활용 첫걸음

이번 장에서는 오픈AI API를 활용하여 AI 모델과의 대화를 생성하고 제어하는 기본적인 방법을 배웁니다. 구글 코랩 환경에서 API를 설정하는 방법부터 시작하여, 메시지 역할의 이해, 퓨샷 학습 기법, 맞춤형 출력 생성, 출력 길이와 응답 제어와 같은 다양한 주제를 다룹니다. 실습 예제에서 API의 강력한 기능을 체험하며 API를 효과적으로 활용하기 위한 기초를 탄탄히 다질 수 있을 것입니다. 오픈AI API를 처음 사용하는 분도 쉽게 따라 할 수 있도록 단계별로 안내합니다. 실습할 때는 역자 깃허브에서 제공하는 샘플 코드를 참고하세요(*https://github.com/LDJWJ/OpenAIGPTForPythonDevelopersFiles*).

4.1 GPT-4o mini로 시작하는 대화 생성

구글 코랩을 사용한다면 chatgpt.env를 준비한 뒤 openai를 설치합니다(역자 깃허브 4장 파일 참고). 이어서 다음과 같이 인증을 수행합니다.

```python
import os
from openai import OpenAI

# 오픈AI API 키 설정 및 초기화
def init_api():
    with open("chatgpt.env") as env:
        for line in env:
```

```
            key, value = line.strip().split("=")
            os.environ[key] = value

    init_api()
    client = OpenAI(api_key  = os.environ.get("API_KEY"))

    print(client)
```

다음 코드를 실행하면 모델이 요청을 기반으로 응답을 생성합니다.

```
# app.py
# 오픈AI API로 gpt-4o-mini 모델을 사용하여 간단한 대화 생성하기

model = "gpt-4o-mini"  # 사용할 모델을 정의합니다. 여기서는 gpt-4o-mini를 사용합니다.

# 대화 메시지 리스트를 생성합니다.
# 각 메시지는 'role'과 'content'로 이루어집니다.
messages = [
    {
        # 시스템 지침은 모델의 기본 역할이나 성격을 정의합니다.
        # 모델에게 똑똑하고 창의적이라는 역할을 부여합니다.
        "role": "system",
        "content": "당신은 똑똑하고 창의적인 AI입니다."
    },
    {
        # 'user'는 사용자가 모델에게 보내는 메시지를 나타냅니다.
        # 사용자가 '안녕하세요!'라고 인사합니다.
        "role": "user",
        "content": "안녕하세요!"
    }
]

response = client.chat.completions.create(
    model=model,
    messages=messages
)

print(response)
```

구글 코랩이 아닌 로컬 PC 또는 다른 환경을 활용할 때는 **.py** 파일 형식으로 저장해 다음과 같이 실행할 수 있습니다.

```
python app.py
```

구글 코랩에서는 코드를 입력한 후 해당 셀에서 [SHIFT] + [ENTER] 키로 실행합니다.

프로그램을 실행하면 print(response)는 다음과 같은 결과를 반환합니다.

```
ChatCompletion(
    id='chatcmpl-A8gLnc5iDKALNXa4WqNUJn0yJYN41',
    choices=[
        Choice(
            finish_reason='stop',
            index=0,
            logprobs=None,
            message=ChatCompletionMessage(
                content='안녕하세요! 어떻게 도와드릴까요?',
                refusal=None,
                role='assistant',
                function_call=None,
                tool_calls=None
            )
        )
    ],
    created=1726632783,
    model='gpt-4o-mini-2024-07-18',
    object='chat.completion',
    service_tier=None,
    system_fingerprint='fp_483d39d857',
    usage=CompletionUsage(
        completion_tokens=10,
        prompt_tokens=28,
        total_tokens=38,
        completion_tokens_details=CompletionTokensDetails(
            reasoning_tokens=0
        )
    )
)
```

ChatCompletion 객체는 다음과 같은 키를 포함합니다.

- id: 생성된 완료(completion)의 ID입니다. 이 ID를 사용하면 나중에 해당 완료를 조회할 수 있습니다.
- created: 완료가 생성된 시점의 타임스탬프입니다.
- model: 완료를 생성하는 데 사용된 모델의 이름입니다.

- object: 객체의 유형을 나타냅니다. 여기서는 chat.completion 객체입니다.
- **system_fingerprint**: 오픈AI 모델의 백엔드 설정을 식별하는 파라미터로, 이 설정의 변경이 결과의 일관성에 미치는 영향을 추적하는 데 사용됩니다.
- usage: 이 객체는 프롬프트에 사용된 토큰 수, 모델이 생성한 토큰 수, 토큰 총수(프롬프트 + 생성)를 포함합니다.

마지막으로, 응답에는 **choices** 리스트가 포함됩니다. 각 **Choice**에는 다음과 같은 키가 있습니다.

- finish_reason: 완료가 멈춘 이유를 나타냅니다. 값은 다음 중 하나일 수 있습니다.
  - stop: 정지 시퀀스에 도달해서 완료가 멈췄을 때.
  - length: 최대 토큰 수에 도달해서 완료가 멈췄을 때.
  - function_call: 함수 호출에 도달해서 완료가 멈췄을 때.
  - content_filter: 콘텐츠 필터에 의해 내용이 차단되었을 때.
  - null: API가 여전히 더 많은 토큰을 생성할 수 있을 때.
- index: 리스트에서 이 선택(Choice)의 인덱스입니다. 여러 개의 응답을 생성했을 때 이 인덱스값이 달라집니다.
- logprobs: 완료된 각 토큰의 **로그 확률 목록**입니다. 각 토큰이 얼마나 확률적으로 나왔는지 알고 싶을 때 유용합니다.
- message: **모델이 생성한 메시지**입니다. 이 메시지는 다음과 같은 키를 포함합니다.
  - content: 메시지의 실제 내용입니다.
  - role: 메시지의 역할을 나타냅니다. 여기서는 'user(사용자)'나 'assistant(어시스턴트)'일 수 있습니다.
  - function_call: 메시지를 생성하는 데 사용된 함수 호출입니다. 메시지가 어떻게 생성되었는지 알고 싶을 때 유용합니다.
  - tool_calls: 메시지를 생성하는 데 사용된 도구 호출 리스트입니다. 메시지가 어떻게 생성되었는지 파악하는 데 유용합니다.

응답 메시지를 얻기를 원한다면, 다음과 같이 코드를 작성하고 실행하면 됩니다.

```python
# 오픈AI API로 gpt-4o-mini 모델을 사용하여 간단한 대화 생성하기
model = "gpt-4o-mini"

# 대화 메시지 리스트를 생성합니다.
messages = [
    {
```

```
    "role": "system",
    "content": "당신은 똑똑하고 창의적인 AI입니다."
  },
  {
    "role": "user",
    "content": "안녕하세요!"
  }
]

response = client.chat.completions.create(
  model=model,
  messages=messages
)

print(response.choices[0].message.content)
```

response.choices[0].message.content 명령의 실행으로 생성된 텍스트 결과를 표시합니다.

안녕하세요! 어떻게 도와드릴까요?

4.2 system, user, assistant 역할의 기본 이해

API에 요청을 보낼 때 messages라는 파라미터를 사용했습니다. 이 파라미터는 **여러 개의 메시지 정보(딕셔너리로 구성된 리스트)**입니다. 각 메시지 정보는 메시지의 role(역할)과 content(내용)를 포함합니다. 사용할 수 있는 세 가지 역할은 다음과 같습니다.

- system: 초기 프롬프트로, 어시스턴트(AI)의 **행동과 대화의 문맥을 설정하는 역할**입니다.
- user: 사용자를 나타내며, **모델에 메시지를 보낼 때** 사용합니다.
- assistant: AI 모델을 나타내며, '이런 응답이 있을 때 이렇게 답변한다'라는 지침이나 예시를 제공하는 역할에 사용합니다.

4.2.1 system 역할

system 역할은 **AI의 행동 방식과 대화의 문맥을 설정하는 데 사용**합니다. 이를 통해 AI에 특정 성격을 부여하거나 특정 주제에 집중하도록 유도할 수 있습니다. system 메시지가 없으면

AI는 기본 설정에 따라 응답하지만, 포함하면 원하는 방식으로 대화를 이끌 수 있습니다.

```
model = "gpt-4o-mini"
messages = [
  {
    "role": "system",
    "content": "너는 유머러스하고 창의적인  AI란다."
  }
]

response = client.chat.completions.create(
  model=model,
  messages=messages
)

print(response.choices[0].message.content)
```

결과는 다음과 같습니다. 생성형 AI가 생성한 응답 텍스트는 실행할 때마다 조금씩 다르게 생성되도록 기본 설정되었으므로 결과 화면은 각자 조금씩 다를 수 있습니다.

> 고마워요! 유머와 창의력을 발휘할 준비가 되어 있습니다. 어떤 재미있는 이야기나 질문이 필요하신가요? 어떤 주제로 시작해 볼까요?

system 역할의 메시지 내용은 **AI의 행동 방식을 정의하는 데 사용**합니다. 앞 예시에서는 모델이 사용자의 질문에 유머러스하고 창의적으로 응답하도록 설정되었습니다. 또한 이 메시지는 대화의 문맥을 설정할 수도 있습니다. 예를 들어 영화를 주제로 대화하고 싶다면 다음과 같이 설정할 수 있습니다.

```
{
  "role": "system",
  "content": "당신은 영화 전문가입니다."
}
```

4.2.2 user 역할

messages 리스트에는 user 역할의 메시지를 하나 이상 포함할 수 있습니다. 예시는 다음과 같습니다.

```python
model = "gpt-4o-mini"
messages = [
    {
      "role": "system",
      "content": "당신은 똑똑한 어시스턴트입니다."
    },
    {
      "role": "user",
      "content": "안녕하세요."
    },
    {
      "role": "user",
      "content": "모든 것이 어떻게 진행되고 있나요?"
    }
]

response = client.chat.completions.create(
  model=model,
  messages=messages
)

print(response.choices[0].message.content)
```

이와 같이 여러 개의 user 메시지를 넣으면 모든 메시지가 모델에 컨텍스트로 제공됩니다. 하지만 마지막 user 메시지를 가장 최근의 주요 질문으로 처리해 답변합니다. 코드의 결과는 다음과 같습니다.

> 안녕하세요! 모든 것이 잘 진행되고 있습니다. 당신은 어떻게 지내고 계신가요? 도움이 필요하시면 언제든지 말씀해 주세요.

user 역할의 메시지 내용은 **사용자가 AI에게 하는 말**입니다. 이 메시지를 이용하여 AI에 질문하거나 작업을 요청할 수 있습니다.

4.2.3 assistant 역할

assistant 역할의 사용은 선택 사항이지만, 특정 상황에서는 유용할 수 있습니다. 예를 들어 **모델이 특정 방식으로 사용자에게 응답하도록 학습**시키고 싶다면 assistant 역할을 사용하여 모델에게 응답 방법을 보여줄 수 있습니다. 이후에 나올 예시에서 더 자세한 설명을 볼 수 있습니다.

4.3 퓨샷 학습 소개

퓨샷 학습few-shot learning**은 적은 데이터셋으로 모델을 학습시켜 특정 작업을 수행하게 하는 기술**입니다. 이는 큰 데이터셋으로 학습할 필요가 없거나 학습시킬 수 없는 상황에서 유용합니다.

> **NOTE** 퓨샷 학습은 프롬프트 엔지니어링 기법으로, 프롬프트를 통해 원하는 특정 결과를 모델로부터 얻을 수 있게 합니다

다음 예시에서는 AI 모델에게 문장을 '시카고 매뉴얼 오브 스타일Chicago Manual of Style'[1] 형식으로 바꾸는 법을 가르칩니다. 이 형식은 **문장의 각 단어 첫 글자를 대문자로 바꾸되 관사, 접속사, 전치사는 그대로 소문자로 두는 규칙**입니다.

- **좋은 예:** "the quick brown fox jumps over the lazy dog" → "The Quick Brown Fox Jumps Over the Lazy Dog"
- **잘못된 예:** "the quick brown fox jumps over the lazy dog" → "The Quick Brown Fox Jumps Over The Lazy Dog"

이제 API를 사용하여 퓨샷 학습 기술을 적용하는 기본 예제 코드를 살펴보겠습니다.

```
# 모델을 gpt-4o-mini로 설정합니다.
model = "gpt-4o-mini"

# 사용자와 AI 간의 대화 내용을 담은 메시지 리스트를 정의합니다.
```

---

1 옮긴이_ 시카고 매뉴얼 오브 스타일은 학술, 출판, 저술 분야에서 가장 널리 사용하는 공식 문서 및 원고 작성 스타일 가이드입니다.

```
messages = [
    {
        "role": "user",
        "content":
        "electrons dance the tango of uncertainty,"
        "entangling bits in a choreography that outpaces"
        "the swiftest supercomputers."
    },
    {
        "role": "assistant",
        "content":
        "Electrons Dance the Tango of Uncertainty,"
        "Entangling Bits in a Choreography That Outpaces"
        "the Swiftest Supercomputers."
    },
    {
        "role": "user",
        "content":
        "cloud architectures whisper across the sky,"
        "weaving a tapestry of data that blankets the digital"
        "landscape in a seamless symphony of bytes."
    },
    {
        "role": "assistant",
        "content":
        "Cloud Architectures Whisper Across the Sky,"
        "Weaving a Tapestry of Data That Blankets the Digital"
        "Landscape in a Seamless Symphony of Bytes."
    },
    {
        "role": "user",
        "content":
        "artificial Intelligence, the alchemist of the digital "
        "age, transmutes raw data into a golden labyrinth of"
        "insights, charting new territories in the realm of"
        "human thought."
    },
    {
        "role": "assistant",
        "content":
        "Artificial Intelligence, the Alchemist of the Digital"
        "Age, Transmutes Raw Data Into a Golden Labyrinth of"
        "Insights, Charting New Territories in the Realm of"
        "Human Thought."
```

```
    },
    {
      "role": "user",
      "content":
      "the internet of things is a vast ocean of data,"
      "a sea of information that ebbs and flows"
      "with the tides of time."
    }
]

# 대화 내용을 바탕으로 gpt-4o-mini 모델을 사용하여 응답을 생성합니다.
# temperature 값을 1.2로 설정하여 다양한 응답을 생성합니다.
response = client.chat.completions.create(
    model=model,
    messages=messages,
    temperature=1.2,
)

# 생성된 응답을 출력합니다.
print(response.choices[0].message.content)
```

코드의 실행 결과는 다음과 같습니다. 문장 앞의 첫 글자는 대문자로 변경하고 중간에 관사 등은 그대로 소문자로 표시합니다.

```
The Internet of Things is a Vast Ocean of Data, A Sea of Information That Ebbs and
FlowsWith the Tides of Time.
```

4.4 GPT 모델을 활용한 맞춤형 출력 생성

이번 절에서는 모델에 특정한 형식의 출력을 반환하도록 지시하는 방법을 배워보겠습니다.

다음 예시에서는 주어진 범위 내의 소수 목록을 반환하도록 모델을 학습시킬 것입니다. 예를 들어 0에서 6까지의 범위를 모델에게 주면 다음과 같은 JSON을 반환해야 합니다.

```
{
  "data": [2, 3, 5],
```

```
    "length": 3,
    "smallest": 2,
    "largest": 5
}
```

- "data"는 주어진 범위 내의 소수 리스트입니다.

- "length"는 리스트의 길이입니다.

- "smallest"는 리스트 내 가장 작은 숫자입니다.

- "largest"는 리스트 내 가장 큰 숫자입니다.

다음과 같이 진행하겠습니다.

```
model = "gpt-4o-mini"
messages = [
  {
    "role": "user",
    "content":
    "다음을 포함하는 JSON형 반환"
    "0과 3사이의 소수(Primary numbers)"
  },
  {
    "role": "assistant",
    "content": """
      {
        "데이터": [2, 3, 5, 7],
        "길이": 4,
        "최소": 2,
        "최대": 7,
      }
    """
  },
  {
    "role": "user",
    "content":
      "다음을 포함하는 JSON형 반환"
      "0과 6사이의 소수(Primary numbers)"
  },
  {
    "role": "assistant",
    "content": """
      {
```

```
      "데이터": [2, 3, 5],
      "길이": 3,
      "최소": 2,
      "최대": 5,
      }
    """
    },
    {
    "role": "user",
    "content":
      "다음을 포함하는 JSON형 반환"
      "11과 65사이의 소수(Primary numbers)"
    }
]

response = client.chat.completions.create(
    model=model,
    messages=messages,
    temperature=1.2,
)

print(response.choices[0].message.content)
```

실행한 결과는 다음과 같습니다.

```
{
  "데이터": [11, 13, 17, 19, 23, 29, 31, 37, 41, 43, 47, 53, 59, 61],
  "길이": 14,
  "최소": 11,
  "최대": 61
}
```

다른 상황에서는 모델에 **구조화된 프롬프트나 특정 형식을 입력으로 제공해서 출력 형식을 지정**할 수 있습니다. 이 방법은 쉽고 간결하게 사용할 수 있습니다. 다음 예제를 보며 설명하겠습니다.

```
# gpt-4o-mini 모델을 사용하여 대화 생성
model = "gpt-4o-mini"

# 출력의 접두어로 사용할 숫자 리스트
```

```
prefix = "\n\n1. "

# 메시지 리스트: 모델에 입력할 대화 내용
messages = [
  {
    "role": "user",
    "content":  f"세계 7대 불가사의는 무엇일까요?{prefix}"
  }
]

# gpt-4o-mini 모델을 사용하여 주어진 메시지에 대한 응답 생성
response = client.chat.completions.create(
  model=model,
  messages=messages
)
# 생성된 응답을 접두어(prefix)와 함께 출력
print(prefix + response.choices[0].message.content)
```

마지막 줄은 간단히 접두어(**prefix**)를 응답에 추가해서 출력합니다. 출력 결과는 다음과 같습니다.

> 1. 세계 7대 불가사의는 고대 세계에서 사람들에게 인상 깊은 건축물과 조각상을 포함합니다. 고대 세계의 7대 불가사의 목록은 다음과 같습니다.
>
> 1. **피라미드** (기즈의 대피라미드) - 이집트
> 2. **바베론의 공중 정원** - 메소포타미아 (현재의 이라크)
> 3. **제우스 동상** - 그리스 올림피아
> 4. **아르테미스 신전** - 에페소스 (현재의 터키)
> 5. **모세의 등대** - 알렉산드리아, 이집트
> 6. **콜로서스** - 로도스, 그리스
> 7. **마우솔레움** - 하라이카르나수스 (현재의 보드룸, 터키)
>
> 이 불가사의들은 고대 문명의 위대한 업적을 상징하며, 그 중 일부는 현재까지도 그 유적이 남아 있기도 하지만, 대부분은 잃어버렸거나 파괴되었습니다.

여기서는 '완성' 접근 방식을 사용하여 모델을 안내합니다. '완성'은 빈칸 채우기와 비슷합니다. **시작점(접두어)을 제공**함으로써 **원하는 출력의 시작 방식을 모델에 알려줍니다.** 그러면 모델은 우리의 지시에 따라 나머지 부분을 완성하거나 채워 넣습니다.

다시 말해, 이는 **문장의 앞부분을 제공**하고 누군가에게 **그 문장을 완성해 달라고 요청하는 것**과

같습니다. 모델은 시작점(접두어)을 받아 적절한 후속 내용을 제공합니다. 이 강력한 기능을 통해 모든 세부 사항을 제공하지 않고도 모델로부터 특정한 출력을 얻을 수 있습니다. 모델은 자신의 학습을 바탕으로 빈 부분을 채워 넣습니다.

이 코드는 **API 호출에 중지 시퀀스를 추가하여 개선**할 수 있습니다. 목표는 모델이 목록의 끝에 도달했을 때 완성을 멈추는 것입니다. 이렇게 하면 끝부분에 추가 설명이 붙지 않도록 할 수 있습니다. 이 방법은 다음 절에서 자세히 알아봅니다.

4.5 대화 출력 길이 제어

출력의 길이는 API에 의해 결정됩니다. 예시를 살펴보겠습니다.

```python
# gpt-4o-mini 모델을 사용하여 대화 생성
model = "gpt-4o-mini"

# 메시지 리스트: 시스템 및 사용자 역할을 포함한 대화 내용
messages = [
  {
    "role": "system",
    "content": "당신은 스마트하고 창의적인 어시스턴트입니다."
  },
  {
    "role": "user",
    "content": "한니발(Hannibal)은 누구인가요?"
  },
]

# gpt-4o-mini 모델을 사용하여 주어진 메시지에 대한 응답 생성

response = client.chat.completions.create(
  model=model,
  messages=messages
)

# 사용한 토큰 수 출력
print(response.usage)
```

실행 결과는 다음과 같습니다.

```
CompletionUsage(
    completion_tokens=224,
    prompt_tokens=37,
    total_tokens=261,
    completion_tokens_details=CompletionTokensDetails(
        reasoning_tokens=0
    )
)
```

- completion_tokens: 모델이 생성한 토큰 수를 나타냅니다.

- prompt_tokens: 프롬프트(입력)에 사용한 토큰 수를 나타냅니다.

- total_tokens: completion_tokens와 prompt_tokens의 합입니다.

NOTE 토큰이란?

대형 언어 모델large language model(LLM)에서 텍스트를 처리하는 기본 단위입니다. 쉽게 설명하면 토큰은 우리가 입력한 글이나 문장을 모델이 이해할 수 있는 형태로 쪼갠 작은 조각입니다. 일반적인 영어에서 하나의 토큰은 대략 4글자당 1개의 토큰으로 계산하며, 100개의 토큰은 약 75개의 단어와 비슷합니다. 한글 문장의 토큰화 방식은 이와 다릅니다. 예를 들어 모델은 **"나는 학생입니다"**라는 문장을 다음과 같이 쪼갤 수 있습니다.

- 토큰 1: "나"

- 토큰 2: "는"

- 토큰 3: "학생"

- 토큰 4: "입니다"

토큰은 API 비용에 직접 영향을 미치기에 중요합니다. 토큰 수가 많으면 많을수록 비용이 더 많이 들어갑니다.

출력의 길이를 제어하려면 max_tokens 파라미터를 사용할 수 있습니다. 이 파라미터의 최대 한도는 모델에 따라 다릅니다. 예를 들어 현재 시점 기준 GPT-4o mini 모델의 최대 max_tokens[2]는 16,384이고 GPT-4 모델은 8,192입니다. 그리고 2024년 9월에 발표된 o1-

---

2 옮긴이_ OpenAI GPT모델의 max_tokens의 기준이 되는 MAX OUTPUT TOKENS는 OpenAI의 정책에 따라 달라질 수 있습니다. *https://platform.openai.com/docs/models* 내용을 참고해도 좋습니다.

preview는 32,768이고 o1-mini 모델은 65,536입니다. o1-preview의 정식 모델인 o1은 100,000입니다. 다음은 서로 다른 **max_tokens** 값으로 두 가지 다른 출력을 보여주는 예시입니다.

```python
model = "gpt-4o-mini"
messages = [
  {
    "role": "system",
    "content":
    "당신은 똑똑하고 창의적인 어시스턴트입니다."
  },
  {
    "role": "user",
    "content":
    "한니발(Hannibal)은 누구인가요?"
  },
]

short_response = client.chat.completions.create(
  model=model,
  messages=messages,
  max_tokens=50
)

long_response = client.chat.completions.create(
  model=model,
  messages=messages,
  max_tokens=300
)

print("짧은 응답:")
print(short_response.choices[0].message.content)
print()
print("약간 긴 응답:")
print(long_response.choices[0].message.content)
```

max_tokens=50이나 **max_tokens**=300으로 설정하면 API에 모델이 생성할 수 있는 최대 응답 토큰을 지정할 수 있습니다. 50개나 300개의 토큰에 도달하면 **텍스트 생성을 멈추라고 지시**하는 것입니다. 다만, 모델이 처리할 수 있는 전체 토큰 수는 API는 프롬프트에 있는 토큰과 모델이 생성한 토큰을 모두 포함하여 계산합니다. 만약 **프롬프트에 더 많은 토큰이 포함**된다면

API는 **응답에서 더 적은 토큰을 생성**하게 됩니다. 모델의 최대 컨텍스트 길이를 초과하지 않도록 해야 합니다.

짧은 응답:
한니발(Hannibal)은 고대 카르타고의 군사 지휘관이자 정치가로, 기원전 247년경에 태어난 인물입니다. 그는 제2차 포에니 전쟁 동안의

약간 긴 응답:
한니발(Hannibal)은 고대 카르타고의 군사 지도자로, 기원전 247년경에 태어나 기원전 183년경에 사망한 것으로 알려져 있습니다. 그는 제2차 포에니 전쟁(기원전 218-201년) 동안 로마와의 전투에서 두드러진 역할을 했습니다. 한니발은 특히 이탈리아를 침공할 때 알프스를 넘은 것으로 유명하며, 이 과정은 전략적이고 군사적으로 큰 도전이었습니다.

그의 가장 유명한 전투 중 하나는 기원전 216년의 칸나 전투로, 여기서 그는 로마 군대를 크게 무찌르며 전투의 대가로 평가받게 됩니다. 한니발은 전술적 능력이 뛰어난 것으로 알려져 있으며, 그의 전투 방식은 후세 군사 지도자들에게 많은 영향을 미쳤습니다.

그러나 그는 결국 로마와의 전쟁에서 패하게 되었고, 그의 후에는 카르타고가 로마에 의해 멸망하게 됩니다. 한니발은 고대 역사 속에서 가장 유명한 군사 지휘관 중 한 명으로 여겨지고 있습니다.

오픈AI API 가격 책정에는 다음 토큰 수가 포함됩니다.

- **입력 토큰(프롬프트 토큰):** 사용자가 모델에 제공하는 프롬프트(질문이나 지시 사항)에서 사용한 토큰 수
- **출력 토큰(완성 토큰):** 모델이 생성하는 응답에서 사용한 토큰 수

입력 토큰과 출력 토큰 모두 각각의 토큰 수에 따라 별도로 가격이 계산되며 최종 비용은 이들을 합산해 산정됩니다.

NOTE 토큰 계산

예를 들어 최대 토큰 한도가 8,192일 때 프롬프트 토큰(사용자가 입력한 텍스트)이 1,000이라면 출력 토큰(모델이 생성할 수 있는 최대 응답)은 8,192에서 1,000을 뺀 7,192가 됩니다.

여기서 중요한 점은 프롬프트 토큰을 많이 사용할수록 모델이 생성할 수 있는 출력 토큰의 수가 줄어든다는 것입니다. 만약 프롬프트가 4,000개의 토큰을 차지했다면 모델은 최대 4,192개의 출력 토큰만 생성할 수 있게 됩니다.

4.6 AI 응답 제어

이전 코드를 실행하면 짧은 **응답이 중간에 잘릴 가능성**이 큽니다. 예를 들어 다음과 같습니다.

한니발(Hannibal)은 고대 카르타고의 군사 지휘관이자 정치가로, 기원전 247년경에 태어난 인물입니다. 그는 제2차 포에니 전쟁 동안의

토큰 수를 늘려도 응답이 여전히 중간에 잘릴 수 있습니다. stop 파라미터를 사용해 이를 방지할 수 있습니다. 이 파라미터는 문자열 리스트로, 일반적으로 다음 중단 시퀀스 중 하나 이상을 포함합니다.

- ".": 마침표를 만났을 때 출력을 중단합니다. 즉, 첫 번째 문장이 끝나면 응답을 중단합니다.
- "\n": 줄 바꿈 문자를 만났을 때 출력을 중단합니다.
- "user:": 사용자의 역할을 나타내는 문자열입니다. 이 시퀀스가 나타나면 출력을 중단합니다. 즉, 응답 중에 모델이 사용자 역할로 전환되지 않도록 합니다.
- "assistant:": 어시스턴트의 역할을 나타내는 문자열입니다. 이 시퀀스가 나타나면 출력을 중단합니다. 즉, 어시스턴트 역할에서 전환되지 않도록 합니다.

다음은 짧은 응답을 출력하는 예시입니다.

```python
model = "gpt-4o-mini"
messages = [
  {
    "role": "system",
    "content":
    "당신은 똑똑하고 창의적인 어시스턴트입니다."
  },
  {
    "role": "user",
    "content":
    "한니발(Hannibal)은 누구인가요?"
  }
]

stop_token = "."
response = client.chat.completions.create(
  model=model,
  messages=messages,
  max_tokens=50,
```

```
      stop=[stop_token]
    )
    print(response.choices[0].message.content + stop_token)
```

stop 매개 변수는 정지 토큰들이 리스트 형태로 정의됩니다. 여기서는 **마침표 문자를 정지 토큰으로 사용**했습니다. 그래서 API가 **한 문장으로 응답**합니다.

> 한니발(Hannibal)은 기원전 247년경에 태어난 고대 카르타고의 군사 지도자입니다.

만약 긴 문단을 더 선호해서 API가 문장 중간에 응답을 자르지 않도록 하고 싶다면 max_tokens 값을 늘리고 다음과 같은 정지 토큰을 사용할 수 있습니다.

> ["\n", "user:", "assistant:"]

이렇게 하면 API가 문장을 완전히 생성할 수 있습니다. 줄 바꿈, 사용자 역할, 어시스턴트 역할 등에서 정지하도록 설정하면 됩니다.

코드는 다음과 같습니다.

```
model = "gpt-4o-mini"
messages = [
  {
    "role": "system",
    "content":
    "당신은 똑똑하고 창의적인 어시스턴트입니다."
  },
  {
    "role": "user",
    "content":
    "한니발(Hannibal)은 누구인가요?"
  }
]

# gpt-4o-mini 모델을 사용해 응답 생성
response = client.chat.completions.create(
  model=model,
  messages=messages,
  max_tokens=300,
  stop=["\n", "Human:", "AI:"]  # 출력 중단 시퀀스 설정(줄 바꿈, 'Human:', 'AI:')
```

```
)

# 생성된 응답 출력
print(response.choices[0].message.content)
```

결과는 다음과 같습니다.

> 한니발(Hannibal)은 고대 카르타고의 군사 지도자로, 기원전 247년경에 태어나 기원전 183년경에 사망한 인물입니다. 그는 제2차 포에니 전쟁(기원전 218년~201년) 동안 유명한 전투 전략가로 알려져 있습니다. 한니발은 알프스를 넘어 로마로 진격하여 로마 군대에 큰 충격을 주었던 '알프스 횡단'으로 잘 알려져 있으며, 이 과정에서 그의 군대는 다양한 어려움을 극복하며 전진했습니다.

앞서 말한 정지 시퀀스들이 전부가 아닙니다. 상황에 맞게 적절히 조정해야 합니다. 예를 들어 특정 단어에 도달했을 때 응답을 멈추고 싶다면 다음과 같은 정지 시퀀스를 사용할 수 있습니다.

```
word = "요약하자면,"
stop_sequence = [
    "\n",              # 줄 바꿈 문자
    "user:",           # 'user:' 문자열에서 중단
    "assistant:",      # 'assistant:' 문자열에서 중단
    word               # '요약하자면,' 문자열에서 중단
]
```

특정 장르의 영화를 특정 연도에 개봉한 목록을 얻고자 하는 또 다른 사용 사례를 살펴보겠습니다.

```
model = "gpt-4o-mini"
messages = [
  {
    "role": "user",
    "content": "2021년에 개봉한 공상 과학 영화를 알려주세요."
  },
  {
  "role": "system",
  "content": """
    1. 듄 (Dune)
    2. 핀치 (Finch)
    3. 더 어웨이크 (The Awake)
    4. 매트릭스: 리저렉션 (The Matrix Resurrections)
```

```
   5. 마더/안드로이드 (Mother/Android)
   6. 블리스 (Bliss)
   7. 스완 송 (Swan Song)
   """
   },
   {
   "role": "user",
   "content": "2021년에 개봉한 인기 영화를 알려주세요."
   }
]

response = client.chat.completions.create(
  model=model,
  messages=messages,
  max_tokens=300,
  stop=["Human:", "AI:"]
)

print(response.choices[0].message.content)
```

API가 다음과 같은 응답을 반환했습니다.

> 2021년에 개봉한 인기 영화로는 다음과 같은 작품들이 있습니다.
>
> 1. **듄 (Dune)** - 프랭크 허버트의 소설을 원작으로 한 공상 과학 영화.
> 2. **007 노 타임 투 다이 (No Time to Die)** - 제임스 본드 시리즈의 최신작.
> 3. **블랙 위도우 (Black Widow)** - 마블 시네마틱 유니버스의 영화.
> 4. **스파이더맨: 노 웨이 홈 (Spider-Man: No Way Home)** - 마블의 인기 캐릭터 스파이더맨을 다룬 영화.
> 5. **코다 (CODA)** - 청각장애인 가족을 배경으로 한 드라마.
> 6. **이터널스 (Eternals)** - 또 다른 마블 시네마틱 유니버스 작품.
> 7. **프리 가이 (Free Guy)** - 비디오 게임 속 캐릭터가 주인공인 코미디 액션 영화.
> 8. **자산어보 (Night in Paradise)** - 한국의 범죄 드라마.
>
> 이 외에도 다양한 장르에서 많은 영화들이 개봉하여 많은 사랑을 받았습니다.

5번째 영화에서 응답을 멈추고 싶다고 가정해 봅시다. 이럴 때 stop 파라미터가 유용합니다.

```
model = "gpt-4o-mini"
messages = [
  {
```

```python
        "role": "user",
        "content": "2021년에 개봉한 공상 과학 영화를 알려주세요."
    },
    {
    "role": "system",
    "content": """
        1. 듄 (Dune)
        2. 핀치 (Finch)
        3. 더 어웨이크 (The Awake)
        4. 매트릭스: 리저렉션 (The Matrix Resurrections)
        5. 마더/안드로이드 (Mother/Android)
        6. 블리스 (Bliss)
        7. 스완 송 (Swan Song)
    """
    },
    {
    "role": "user",
    "content": "2021년에 개봉한 인기 영화를 알려주세요."
    }
]

response = client.chat.completions.create(
    model=model,
    messages=messages,
    max_tokens=300,
    stop=["6."]
)

print(response.choices[0].message.content)
```

실행 결과는 다음과 같습니다.

2021년에 개봉한 인기 영화를 알려드리겠습니다.

1. 디어 에반 한센 (Dear Evan Hansen)
2. 보스 베이비: 패밀리 비지니스 (The Boss Baby: Family Business)
3. 크루엘라 (Cruella)
4. 블랙 위도우 (Black Widow)
5. 샹치와 텐 링즈의 전설 (Shang-Chi and the Legend of the Ten Rings)

모델이 반환하는 영화 수는 항상 같지 않을 수 있지만, 여섯 번째 영화에서 출력을 멈추므로 최대 5편의 영화만 반환됩니다.

오픈AI API 모델 탐색하기

이 장에서는 오픈AI API를 통해 사용할 수 있는 다양한 모델을 살펴봅니다. 모델별로 제공되는 기능과 특성을 이해하고, 각 모델이 어떤 작업에 적합한지 알아보며, 이를 어떻게 활용할 수 있는지 구체적인 예제를 들어 설명합니다. 또한 오픈AI에서 제공하는 다양한 모델을 활용할 때 고려해야 할 중요한 사항들도 함께 다룰 예정입니다. 이 장에서는 API 모델을 효율적으로 탐색하고 활용하는 방법을 익힐 수 있습니다.

5.1 사용 가능 모델 확인 및 소개

오픈AI API의 모델 엔드포인트를 사용해 모든 사용 가능 모델을 나열할 수 있습니다. 이를 실제로 어떻게 사용하는지 살펴보겠습니다.

```python
# 클라이언트에서 사용 가능한 모든 모델을 가져옵니다.
models = client.models.list()

# 각 모델의 속성을 출력합니다.
for model in models:
    print(vars(model))  # vars() 함수는 객체의 모든 속성을 딕셔너리로 표시합니다.
```

실행 결과는 다음과 같습니다.

```
{
    'id': 'dall-e-3',
    'created': 1698785189,
    'object': 'model',
    'owned_by': 'system'
},
{
    'id': 'whisper-1',
    'created': 1677532384,
    'object': 'model',
    'owned_by': 'openai-internal'
},
…
{
    'id': 'chatgpt-4o-latest',
    'created': 1723515131,
    'object': 'model',
    'owned_by': 'system'
},
…
{
    'id': 'gpt-4',
    'created': 1687882411,
    'object': 'model',
    'owned_by': 'openai'
},
…
{
    'id': 'gpt-4o-mini',
    'created': 1721172741,
    'object': 'model',
    'owned_by': 'system'
},
{
    'id': 'gpt-4o',
    'created': 1715367049,
    'object': 'model',
    'owned_by': 'system'
},
…
{
    'id': 'ada:ft-personal:drug-malady-data-2023-08-17-07-34-44',
    'created': 1692257684,
    'object': 'model',
```

```
        'owned_by': 'user-tsnzqvgrmhiurxzo7oh2tjwg'
    },
    {
        'id': 'curie:ft-personal-2023-08-21-02-27-03',
        'created': 1692584823,
        'object': 'model',
        'owned_by': 'user-tsnzqvgrmhiurxzo7oh2tjwg'
    },
    … etc
```

GPT-4, GPT-4o 등의 최신 모델과 나만의 데이터를 이용하여 학습시킨 파인 튜닝 작업의 모델까지 확인할 수 있습니다.

다음과 같이 모델의 ID만 출력할 수도 있습니다.

```python
# 클라이언트에서 사용 가능한 모든 모델 목록을 가져옵니다.
models = client.models.list()

# 각 모델의 ID를 출력합니다.
for model in models:
    print(model.id)  # 모델 객체에서 'id' 속성만 출력
```

```
o1-mini-2024-09-12
dall-e-2
gpt-4-1106-preview
gpt-3.5-turbo-instruct
babbage-002
davinci-002
whisper-1
dall-e-3
gpt-4o-realtime-preview-2024-10-01
text-embedding-3-small
gpt-3.5-turbo-16k
gpt-4-0125-preview
gpt-4o-realtime-preview
gpt-4o-mini-2024-07-18
gpt-4o-mini
gpt-4-turbo-preview
omni-moderation-latest
gpt-4o-2024-05-13
```

```
omni-moderation-2024-09-26
tts-1-hd-1106
chatgpt-4o-latest
gpt-4
gpt-4-0613
o1-mini
gpt-4o
gpt-3.5-turbo
gpt-4o-2024-08-06
gpt-3.5-turbo-0125
o1-preview
o1-preview-2024-09-12
gpt-4-turbo
tts-1-hd
text-embedding-ada-002
gpt-4-turbo-2024-04-09
gpt-3.5-turbo-1106
gpt-4o-audio-preview
gpt-4o-audio-preview-2024-10-01
tts-1
tts-1-1106
gpt-3.5-turbo-instruct-0914
text-embedding-3-large
gpt-4o-realtime-preview-2024-12-17
gpt-4o-mini-realtime-preview
gpt-4o-mini-realtime-preview-2024-12-17
gpt-4o-2024-11-20
gpt-4o-audio-preview-2024-12-17
gpt-4o-mini-audio-preview
gpt-4o-mini-audio-preview-2024-12-17
ada:ft-personal:drug-malady-data-2023-08-15-09-37-38
….
ft:gpt-3.5-turbo-0125:personal::9l7YGnLX:ckpt-step-80
…
ft:gpt-3.5-turbo-0125:personal::A5SqrihB
```

이처럼 여러 AI 모델을 확인할 수 있습니다. 오픈AI는 여러 인공지능 모델을 제공합니다. 이 모델들은 각각 특정 작업에 특화되었으며, 계속 발전하고 있습니다. 주요 모델을 간략히 살펴보겠습니다.

5.1.1 GPT 시리즈: 텍스트 생성 및 이해

- **GPT-4:** 텍스트뿐만 아니라 이미지도 입력으로 받을 수 있는 멀티모달 모델입니다. 다양한 복잡한 작업을 수행할 수 있습니다.

- **GPT-4-Turbo:** GPT-4의 더 빠르고 효율적인 버전입니다.

- **GPT-4o:** 많이 활용되는 모델 중 하나로, 이름의 'o'는 'omni(모든, 어디서나)'를 의미합니다. 텍스트와 이미지 입력을 모두 처리할 수 있으며 높은 성능을 자랑합니다.

- **GPT-3.5-Turbo:** GPT-3.5 시리즈 중 가장 효율적이고 반응이 빠른 모델입니다. 일반적인 대화와 텍스트 생성에 많이 사용합니다.

- **o1-preview:** o1의 프리뷰 버전으로, 더 향상된 성능을 제공합니다. GPT-4o보다 복잡한 문제 해결과 논리적 추론에 초점을 맞춘 모델로 코딩, 과학적 문제 등에 매우 뛰어난 성능을 보입니다.

- **o1:** o1-preview 1 이후 정식 버전으로 출시된 모델로, 안정성과 효율성이 보완되었습니다. GPT-4o 대비 더욱 최적화된 논리적 추론 및 문제 해결 능력과 함께, 멀티모달 입력 처리에서도 탁월한 성능을 발휘합니다.

- **o3-mini:** o3 시리즈의 경량화 버전으로, 효율적인 자원 사용과 빠른 응답 속도를 유지하면서도 기본적인 텍스트 생성 및 이해 능력을 제공합니다.

- **o3-mini-high:** o3-mini의 향상된 버전으로, 보다 정밀한 결과와 높은 성능을 제공하여 복잡한 작업에도 안정적으로 대응할 수 있습니다.

5.1.2 DALL·E 시리즈: 이미지 생성

- **DALL·E 3:** 가장 최신 버전으로, 텍스트 설명을 바탕으로 매우 상세하고 현실적인 이미지를 생성합니다.

- **DALL·E 2:** DALL·E 3의 이전 버전입니다. DALL·E 3보다 성능이 낮지만, 좋은 이미지 생성 능력이 있습니다.

5.1.3 위스퍼 시리즈: 음성 인식

- **Whisper-1: 음성을 텍스트로 변환**하는 데 특화된 모델입니다. 여러 언어의 음성을 정확하게 인식합니다.

5.1.4 TTS: 텍스트의 음성 변환

- **tts-1, tts-1-hd: 텍스트를 자연스러운 음성으로 변환**하는 모델입니다. 'hd' 버전은 더 높은 품질의 음성을 생성합니다.

5.1.5 텍스트 임베딩 모델

- **text-embedding-3-large, text-embedding-3-small: 텍스트를 숫자 벡터로 변환**하는 모델로, 텍스트 분석과 검색 등에 사용합니다. 일부 모델은 동적으로 오픈AI에서 지속적으로 업데이트됩니다. 예를 들어 GPT-4, GPT-4-32k, GPT-4o 같이 **뒤에 날짜가 없는 모델**은 해당 버전의 **최신 버전**을 가리키며, 새 모델이 출시되면 API 엔드포인트가 자동으로 최신 모델을 사용하게 됩니다. 현재 최신 gpt-4o 모델은 gpt-4o-2024-08-06을 사용하므로 gpt-4o API 엔드포인트를 호출할 때 이 최신 버전을 사용하게 됩니다. gpt-4o-mini 모델은 gpt-4o-mini-2024-07-18을 사용하므로 gpt-4o-mini API를 호출할 때는 24-07-18의 버전을 사용하게 됩니다. 이 내용은 'OpenAI API Models'[1] 페이지에서 확인할 수 있습니다.

5.2 사용할 모델 선택

이 질문의 정답은 여러 가지일 수 있습니다. 여러분이 어떤 용도로 사용할지, 어떤 프로그램을 만들고 싶은지에 따라 달라집니다. 하지만 일반적으로는 가장 최신 모델을 사용하는 편이 좋습니다.

예를 들어보겠습니다.

- **챗봇**을 만들고 싶다면 **GPT-4o mini 모델**을 고려해 볼 수 있습니다. 이 모델은 대화하는 데 특화되었으며, 가격도 다른 모델보다 상대적으로 저렴합니다. 다른 모델보다 가격 대화 성능비가 뛰어납니다.
- 글을 읽고 **그림을 그리는 프로그램**을 만들고 싶다면 **DALL·E 3 모델을 사용**하면 됩니다. 이 모델은 텍스트를 바탕으로 이미지를 만드는 데 사용합니다.
- **수학, 코딩과 같은 복잡한 작업**을 할 때는 최신 모델인 o1[2]이나 o3-mini를 사용하면 좋습니다. 이들은 복잡한 추론 작업에 특화된 모델로, 코딩, 수학, 과학 등의 전문 작업에서 뛰어난 성능을 발휘합니다.

결국, 여러분이 무엇을 만들고 싶은지 생각해 보고 그에 맞는 모델을 고르면 됩니다. 처음에는 조금 어려울 수 있지만 천천히 배워가면서 선택하면 됩니다.

이 외에도 **고려해야 할 점은 가격**입니다. 모델마다 가격이 다릅니다. 많이 활용되는 모델 중에

---

1 옮긴이_ *https://platform.openai.com/docs/models*
2 옮긴이_ 2024년 9월에 o1-preview가 발표되고 뒤이어 같은 해 12월에 o1, o1 pro가 발표되었습니다.

GPT-4o mini가 가장 경제적입니다. GPT-3.5 Turbo보다 더 똑똑하고 저렴하며 시각 처리 능력도 있습니다.

또 하나의 중요한 점은 **컨텍스트 윈도**^{context window}입니다. 이는 모델이 한 번에 이해할 수 있는 글의 양을 의미하며 모델마다 이 크기가 다릅니다.

예를 들어보겠습니다. **GPT-4o** 모델의 컨텍스트 윈도는 **128,000토큰**입니다. 이는 책으로 치면 200쪽 정도의 양이며 98,461단어에 해당합니다. 해리포터 시리즈의 첫 번째 책인『해리 포터와 마법사의 돌(영문판)』이 약 76,000단어이니 소설 1권 정도의 양입니다. GPT-4o mini 도 128,000의 컨텍스트 윈도를 갖습니다. 최신 모델은 대부분 컨텍스트 윈도가 128,000토큰 입니다. 다만, 조금씩 최대 출력 토큰[3]이 다릅니다. GPT-3.5의 컨텍스트 윈도는 4K의 토큰이 고, GPT-4의 컨텍스트 윈도는 최대 32K 토큰입니다. 향상된 버전은 최대 128K 토큰까지 지 원합니다.

다음 절에서는 사용 가능한 주요 모델을 좀 더 자세히 살펴볼 예정입니다. 모델 간의 차이점을 이해하면 여러분의 애플리케이션에 적합한 모델을 선택하는 데 도움이 될 것입니다. 하지만 이 들 중 일부 모델은 더는 사용되지 않거나 앞으로 사용이 중단될 가능성이 있음을 알아둬야 합 니다. 오픈AI는 지속해서 모델을 개선하고 오래된 모델은 중단하는 과정을 거치고 있습니다.

5.3 오픈AI 모델 시리즈

5.3.1 GPT-4o 시리즈

GPT-4o 시리즈는 오픈AI의 발전된 모델 중의 하나로, 효율성과 성능 면에서 특히 주목받고 있습니다. 이 시리즈는 **텍스트뿐만 아니라 이미지까지 처리할 수 있는 멀티모달 모델**입니다. 여 기서 'o'는 'omni(모든, 어디서나)'를 의미하며, 다양한 작업을 처리할 수 있는 범용적인 성격을 강조합니다.

주요 특징은 다음과 같습니다.

---

3 옮긴이_ 2024년 10월을 기준으로 gpt-4o, gpt-4o-mini 모델의 최대 출력 토큰은 16,384입니다. o1-preview와 o1-mini는 각 각 32,768과 65,536토큰입니다.

- **멀티모달 기능**: 이미지와 텍스트 입력을 모두 받아들여 텍스트를 생성하거나 이미지의 설명을 생성합니다.
- **고속 처리 및 비용 효율**: GPT-4 Turbo보다 속도가 빠르고 비용이 저렴해졌습니다.
- **128K 컨텍스트 윈도**: GPT-4o가 최대 128K 토큰의 데이터를 처리할 수 있어 긴 대화에서도 높은 효율성을 자랑합니다.

모델명	설명	컨텍스트 윈도	최대 출력 토큰	학습 최신 데이터
gpt-4o	복잡하고 여러 단계가 필요한 작업을 위한 대표 모델입니다. gpt-4o는 gpt-4 Turbo보다 더 저렴하고 빠릅니다.	128,000	16,384	2023년 10월까지
gpt-4o-2024-11-20	2024년 11월 20일에 출시된 gpt-4o 모델 버전입니다.	128,000	16,384	2023년 10월까지
gpt-4o-2024-08-06	2024년 8월 6일에 출시된 gpt-4o 모델 버전입니다.	128,000	16,384	2023년 10월까지
gpt-4o-2024-05-13	2024년 5월 13일에 출시된 gpt-4o 모델 버전입니다.	128,000	4,096	2023년 10월까지
chatgpt-4o-latest	챗GPT에 있는 가장 최신 버전의 gpt-4o로 자동으로 업데이트됩니다. 주로 연구나 성능 평가에 사용합니다.	128,000	16,384	2023년 10월까지

5.3.2 GPT-4o mini 시리즈

GPT-4o mini 시리즈는 GPT-4o 모델의 축소판입니다. 이 시리즈의 특징은 다음과 같습니다.

- **크기와 용량이 작아 빠르고 가벼운 작업에 적합**합니다.
- GPT-4 Turbo나 GPT-3.5 Turbo 모델보다 **저렴한 가격에 제공**됩니다.
- GPT-4o 모델만큼 강력한 성능은 아니지만 뛰어난 능력을 발휘합니다.

모델명	설명	컨텍스트 윈도	최대 출력 토큰	학습 최신 데이터
gpt-4o-mini	빠르고 가벼운 작업을 위한 저렴하고 똑똑한 소형 모델입니다. gpt-3.5 Turbo보다 저렴하고 더 뛰어난 성능을 제공합니다. 출시된 최신 버전으로 업데이트됩니다.	128,000	16,384	2023년 10월까지

모델명	설명	컨텍스트 윈도	최대 출력 토큰	학습 최신 데이터
gpt-4o-mini-2024-07-18	2024년 7월 18일에 출시된 gpt-4o-mini 모델 버전입니다.	128,000	16,384	2023년 10월까지

5.3.3 o1 및 o1-mini 시리즈

o1 시리즈는 강화 학습을 통해 훈련된 대형 언어 모델입니다. 이 모델들은 **복잡한 추론 능력을 갖추어서** 사용자의 질문에 답변하기 전에 깊이 있는 내적 사고 과정을 거칩니다. 따라서 더 논리적이고 심도 있는 답변을 제공할 수 있습니다. 현재 o1 시리즈에는 세 가지 모델이 출시되었습니다.

- **o1**: 다양한 분야의 복잡한 문제를 해결할 수 있는 강력한 추론 모델입니다. 까다로운 과제에 적합합니다.
- **o1-preview**: o1 모델이 나오기 전에 프리뷰로 발표된 모델입니다.
- **o1-mini**: o1보다 더 저렴한 추론 모델입니다. 특히 코딩, 수학, 과학 분야에서 뛰어난 성능을 발휘합니다.

모델명	설명	컨텍스트 윈도	최대 출력 토큰	학습 최신 데이터
o1	복잡한 작업과 광범위한 지식이 필요한 상황에 적합한 새로운 추론 모델입니다. 빠른 처리와 높은 정확도로 다양한 상황에서 뛰어난 성능을 발휘합니다. 2024년 12월에 발표되었습니다.	200,000	100,000	2023년 10월까지
o1-mini	빠르고 비용 효율적인 소형 추론 모델입니다. 주로 코딩, 수학, 과학 같은 특정 작업에 최적화되었습니다. 복잡도가 낮은 작업에서도 높은 성능을 제공하며, 경제적인 비용으로 사용할 수 있습니다.	128,000	65,536	2023년 10월까지
o1-mini-2024-09-12	2024년 9월 12일에 출시된 o1-mini 모델의 특정 버전입니다. 최신 데이터와 기능을 반영하여 업데이트되었습니다.	128,000	65,536	2023년 10월까지

모델명	설명	컨텍스트 윈도	최대 출력 토큰	학습 최신 데이터
o1-preview	o1 모델이 나오기 전에 프리뷰로 발표된 모델입니다.	128,000	32,768	2023년 10월까지
o1-preview-2024-09-12	2024년 9월 12일에 출시된 o1-preview 모델의 특정 버전입니다. 이전 버전의 기능을 개선하고 최신 성능을 반영했습니다.	128,000	32,768	2023년 10월까지

5.3.4 GPT-4 Turbo 및 GPT-4 시리즈

모델명	설명	컨텍스트 윈도	최대 출력 토큰	학습 최신 데이터
gpt-4-turbo	시각 기능을 갖춘 gpt-4 모델입니다. JSON 모드와 함수 호출 기능이 있습니다.	128,000	4,096	2023년 12월까지
gpt-4-turbo-2024-04-09	2024년 4월 9일에 출시된 gpt-4-turbo의 모델 버전입니다.	128,000	4,096	2023년 12월까지
gpt-4-turbo-preview	gpt-4 turbo의 프리뷰 모델입니다.	128,000	4,096	2023년 12월까지
gpt-4	gpt-4 모델입니다.	8,192	8,192	2021년 9월까지

5.3.5 DALL·E 시리즈

DALL·E 시리즈는 텍스트 설명을 바탕으로 이미지를 생성할 수 있는 모델입니다. 이 시리즈는 ImageGPT의 후속작이며, DALL·E 2와 DALL·E 3라는 두 가지 모델이 있습니다.

- **DALL·E 2**: 텍스트 설명을 보고 매우 사실적이고 창의적인 이미지를 생성할 수 있습니다. 사용자가 원하는 스타일의 이미지를 만들 수 있습니다.
- **DALL·E 3**: DALL·E 2보다 더 발전된 버전입니다. 텍스트 설명을 바탕으로 한 이미지 생성 능력이 한층 향상되었습니다. 더 복잡하고 세부적인 이미지를 만들 수 있습니다.

모델명	설명
dall-e-3	2023년 11월에 출시된 최신 DALL·E 모델입니다.
dall-e-2	2022년 11월에 출시된 이전 DALL·E 모델입니다. 이는 DALL·E의 2세대 모델로, 원본 모델보다 더 사실적이고 정확하며 해상도가 4배 향상되었습니다.

5.3.6 TTS 시리즈

TTS는 텍스트를 자연스러운 음성으로 변환하는 AI 모델입니다.

채팅 완성^{chat completion} 모델과 이미지 생성 모델 외에도 오픈AI는 텍스트를 음성으로 변환하는 텍스트-음성 변환(TTS) 모델 시리즈도 제공합니다. 이 시리즈에는 TTS-1과 TTS-1-HD라는 두 가지 모델이 있습니다.

모델명	설명
tts-1	최신 텍스트 음성 변환 모델로, 속도에 최적화되었습니다.
tts-1-hd	최신 텍스트 음성 변환 모델로, 음질에 최적화되었습니다.

5.3.7 위스퍼 시리즈

위스퍼[4]는 오픈 소스 음성 인식 모델로, **음성 언어를 텍스트로 변환**할 수 있습니다. 다국어 음성 인식, 음성 번역, 언어 식별 등 다양한 작업을 수행하는 멀티태스크 모델입니다. 위스퍼 v2-large 모델은 현재 whisper-1이라는 이름으로 API를 통해 제공됩니다. API 버전은 오픈 소스 버전과 차이가 없지만, 최적화된 프로세스를 사용하여 다른 방식 사용할 때보다 좀 더 빠른 속도를 제공합니다. 이 모델은 68만 시간의 다국어 데이터를 바탕으로 학습되었으며 다양한 언어를 지원합니다.

이 모델은 음성을 텍스트로 변환할 수 있을 뿐만 아니라, 음성 번역도 가능합니다.

위스퍼 모델은 다음 표에서와 같이 6가지 크기로 제공됩니다.

크기	파라미터	영어 전용 모델	다국어 모델	필요한 VRAM	상대적 속도	API 가용성
tiny	3,900만 개	tiny.en	tiny	~1GB	~10배	사용 가능
base	7,400만 개	base.en	base	~1GB	~7배	사용 가능
small	2억 4,400만 개	small.en	small	~2GB	~4배	사용 가능
medium	7억 6,900만 개	medium.en	medium	~5GB	~2배	사용 가능
large	15억 5,000만 개	N/A	large	~10GB	1배	사용 가능
turbo	8억 900만 개	N/A	turbo	~6GB	~8배	–

---

4 *https://github.com/openai/whisper*

5.3.8 임베딩 모델

텍스트 임베딩[5] 모델은 **텍스트를 벡터 공간에 임베딩(배치)할 수 있는 모델**입니다. 텍스트 임베딩은 **텍스트를 숫자로 표현한 것**으로, **두 개의 텍스트 간 관련성을 측정하는 데 사용**할 수 있습니다. 텍스트 임베딩은 검색, 클러스터링, 추천, 이상 탐지, 분류 작업 등에 유용하게 활용됩니다. 이 작업은 주로 머신러닝과 딥러닝 응용 프로그램에서 많이 사용됩니다. 이런 작업에는 현재 text-embedding-3-small, text-embedding-3-large, text-embedding-ada-002 모델이 사용됩니다. 최신 임베딩 모델에 관한 블로그 글[6]을 확인하면 좀 더 자세한 내용을 확인할 수 있습니다.

5.4 오픈AI 모델 가격

오픈AI는 다양한 작업을 위한 여러 모델을 제공하며 모델의 성능에 따라 비용 차이가 있습니다. 최신의 GPT-4o 시리즈는 텍스트와 이미지를 모두 처리할 수 있는 멀티모달 모델로, GPT-4 Turbo보다 2배 더 빠르고 비용은 많이 저렴합니다. 이는 고성능 작업에서도 비용 효율적이라는 큰 장점이 있습니다.

특히 gpt-4o는 128K 토큰의 컨텍스트 윈도우를 제공해 긴 텍스트나 대규모 대화를 처리하는 데 매우 유리하며, 비영어권 언어 처리에서도 뛰어난 성능을 발휘합니다. gpt-4o의 입력 토큰 비용은 1백만 토큰당 $2.5, 출력 토큰은 $10입니다. 배치 API를 사용하면 비용이 절반으로 줄어들어 입력 1백만 토큰당 $1.25, 출력 1백만 토큰당 $5.0으로 사용할 수 있습니다. 가격은 OpenAI의 정책에 따라 변경될 수 있습니다. 최신 API의 모델 가격은 공식 가격 정보 웹페이지[7]를 확인하세요. 새로운 모델이 출시될 때마다 일부 모델의 가격이 자주 변경되므로 필요할 때마다 최신 웹 사이트를 확인해 주세요.

이와 함께 오픈AI는 텍스트에서 이미지를 생성하는 DALL·E 3 모델과 텍스트 음성 변환(TTS)

---

5 옮긴이_ 텍스트 임베딩이란 말 그대로 텍스트를 숫자로 된 벡터 형태로 변환하는 것을 말합니다. 이렇게 변환된 벡터는 머신러닝 모델에서 입력 데이터로 사용할 수 있습니다. 예를 들어 문장을 벡터로 변환하면 문장의 의미와 문맥 정보를 수치화할 수 있습니다. 이렇게 변환된 벡터는 문장 간 유사도 측정, 문서 분류, 감성 분석 등 다양한 AI 애플리케이션에 활용할 수 있습니다.

6 옮긴이_ *https://openai.com/blog/new-embedding-models-and-api-updates*

7 옮긴이_ 번역을 하는 중에도 OpenAI 가격 정책이 수차례 변경되었습니다. 정확한 정보는 최신 가격 정보 웹페이지(*https://openai.com/api/pricing/*)를 참고해 주세요.

모델도 제공하며, 작업에 따라 적합한 모델을 선택할 수 있습니다. 가격과 기능 차이를 고려해 적절한 모델을 선택해야 합니다.

5.4.1 GPT-4o 모델

모델명	가격	배치 API 사용 시 가격
gpt-4o	$2.50 / 1백만 입력 토큰당 $1.25 / 1백만 캐시된 입력 토큰[8]당 $10.00 / 1백만 출력 토큰당	$1.25 / 1백만 입력 토큰당 $5.00 / 1백만 출력 토큰당
gpt-4o-2024-11-20	$2.50 / 1백만 입력 토큰당 $1.25 / 1백만 캐시된 입력 토큰당 $10.00 / 1백만 출력 토큰당	$1.25 / 1백만 입력 토큰당 $5.00 / 1백만 출력 토큰당
gpt-4o-2024-08-06	$2.50 / 1백만 입력 토큰당 $1.25 / 1백만 캐시된 입력 토큰당 $10.00 / 1백만 출력 토큰당	$1.25 / 1백만 입력 토큰당 $5.00 / 1백만 출력 토큰당
gpt-4o-audio-preview	**텍스트** $2.50 / 1백만 입력 토큰당 $10.00 / 1백만 출력 토큰당 **오디오** $40.00 / 1백만 입력 토큰당 $80.00 / 1백만 출력 토큰당	
gpt-4o-audio-preview-2024-12-17	**텍스트** $2.50 / 1백만 입력 토큰당 $10.00 / 1백만 출력 토큰당 **오디오** $40.00 / 1백만 입력 토큰당 $80.00 / 1백만 출력 토큰당	

---

8 옮긴이_ 캐시된 입력 토큰은 이전 프롬프트를 캐시에 저장한 후, 다시 동일한 요청이 들어왔을 때 캐시에서 불러온 토큰 수를 의미합니다. 일반적으로 OpenAI에서는 캐시된 프롬프트는 캐시되지 않은 프롬프트에 비해 50% 할인된 가격으로 제공됩니다. 캐시된 입력 토큰이 많으면 처리 속도 향상, 비용 절감, 서버 부하 감소 등의 장점이 있습니다.

모델명	가격	배치 API 사용 시 가격
gpt-4o-audio-preview-2024-10-01	**텍스트** $2.50 / 1백만 입력 토큰당 $10.00 / 1백만 출력 토큰당 **오디오** $100.00 / 1백만 입력 토큰당 $200.00 / 1백만 출력 토큰당	
gpt-4o-2024-05-13	$5.00 / 1백만 입력 토큰당 $15.00 / 1백만 출력 토큰당	$2.50 / 1백만 입력 토큰당 $7.50 / 1백만 출력 토큰당

5.4.2 GPT-4o mini 모델

모델명	가격	배치 API 사용 시 가격
gpt-4o-mini	$0.150 / 1백만 입력 토큰당 $0.075 / 1백만 캐시된 입력 토큰당 $0.600 / 1백만 출력 토큰당	$0.075 / 1백만 입력 토큰당 $0.300 / 1백만 출력 토큰당
gpt-4o-mini-2024-07-18	$0.150 / 1백만 입력 토큰당 $0.075 / 1백만 캐시된 입력 토큰당 $0.600 / 1백만 출력 토큰당	$0.075 / 1백만 입력 토큰당 $0.300 / 1백만 출력 토큰당
gpt-4o-mini-audio-preview	**텍스트** $0.150 / 1백만 입력 토큰당 $0.600 / 1백만 출력 토큰당 **오디오** $10.000 / 1백만 입력 토큰당 $20.000 / 1백만 출력 토큰당	
gpt-4o-mini-audio-preview-2024-12-17	**텍스트** $0.150 / 1백만 입력 토큰당 $0.600 / 1백만 출력 토큰당 **오디오** $10.000 / 1백만 입력 토큰당 $20.000 / 1백만 출력 토큰당	

5.4.3 o1 및 o3-mini 모델

모델명	가격	배치 API 사용 시 가격
o1	$15.00 / 1백만 입력 토큰당 $7.50 / 1백만 캐시된 입력 토큰당 $60.00 / 1백만 출력 토큰당[9]	$7.50 / 1백만 입력 토큰당 $30.00 / 1백만 출력 토큰당
o1-2024-12-17	$15.00 / 1백만 입력 토큰당 $7.50 / 1백만 캐시된 입력 토큰당 $60.00 / 1백만 출력 토큰당	$7.50 / 1백만 입력 토큰당 $30.00 / 1백만 출력 토큰당
o1-preview	$15.00 / 1백만 입력 토큰당 $7.50 / 1백만 캐시된 입력 토큰당 $60.00 / 1백만 출력 토큰당	$7.50 / 1백만 입력 토큰당 $30.00 / 1백만 출력 토큰당
o1-preview-2024-09-12	$15.00 / 1백만 입력 토큰당 $7.50 / 1백만 캐시된 입력 토큰당 $60.00 / 1백만 출력 토큰당	$7.50 / 1백만 입력 토큰당 $30.00 / 1백만 출력 토큰당
o3-mini	$1.10 / 1백만 입력 토큰당 $0.55 / 1백만 캐시된 입력 토큰당 $4.40 / 1백만 출력 토큰당	$0.55 / 1백만 입력 토큰당 $2.20 / 1백만 출력 토큰당
o1-mini-2025-01-31	$1.10 / 1백만 입력 토큰당 $0.55 / 1백만 캐시된 입력 토큰당 $4.40 / 1백만 출력 토큰당	$0.55 / 1백만 입력 토큰당 $2.20 / 1백만 출력 토큰당

5.4.4 임베딩 모델

모델명	가격	배치 API 사용 시 가격
text-embedding-3-small	$0.020 / 1백만 토큰당	$0.010 / 1백만 토큰당
text-embedding-3-large	$0.130 / 1백만 토큰당	$0.065 / 1백만 토큰당
ada v2	$0.100 / 1백만 토큰당	$0.050 / 1백만 토큰당

---

9 옮긴이_ 출력 토큰에는 API 응답에서 보이지 않는 모델의 내부 추론 토큰이 포함됩니다.

5.4.5 파인 튜닝 모델

모델명	가격	배치 API 사용 시 가격
gpt-4o-2024-08-06	$3.750 / 1백만 입력 토큰당 $1.875 / 1백만 캐시된 입력 토큰당 $15.00 / 1백만 출력 토큰당 $25.00 / 1백만 학습 토큰당	$1.875 / 1백만 입력 토큰당 $7.500 / 1백만 출력 토큰당
gpt-4o-mini-2024-07-18	$0.30 / 1백만 입력 토큰당 $0.150 / 1백만 캐시된 입력 토큰당 $1.20 / 1백만 출력 토큰당 $3.00 / 1백만 학습 토큰당	$1.50 / 1백만 입력 토큰당 $0.60 / 1백만 출력 토큰당
gpt-3.5-turbo	$3.00 / 1백만 입력 토큰당 $6.00 / 1백만 출력 토큰당 $8.00 / 1백만 학습 토큰당	$1.50 / 1백만 입력 토큰당 $3.00 / 1백만 출력 토큰당
davinci-002	$12.00 / 1백만 입력 토큰당 $12.00 / 1백만 출력 토큰당 $6.00 / 1백만 학습 토큰당	$6.00 / 1백만 입력 토큰당 $6.00 / 1백만 출력 토큰당
babbage-002	$1.60 / 1백만 입력 토큰당 $1.60 / 1백만 출력 토큰당 $0.40 / 1백만 학습 토큰당	$0.80 / 1백만 입력 토큰당 $0.80 / 1백만 출력 토큰당

5.4.6 실시간 API[10]

모델명	가격
gpt-4o-realtime-preview	**텍스트** $5.00 / 1백만 입력 토큰당 $2.50 / 1백만 캐시된 입력 토큰당 $20.00 / 1백만 출력 토큰당 **오디오** $40.00 / 1백만 입력 토큰당 $2.50 / 1백만 캐시된 입력 토큰당 $80.00 / 1백만 출력 토큰당
gpt-4o-realtime-preview-2024-12-17	**텍스트** $5.00 / 1백만 입력 토큰당 $2.50 / 1백만 캐시된 입력 토큰당 $20.00 / 1백만 출력 토큰당 **오디오** $40.00 / 1백만 입력 토큰당 $2.50 / 1백만 캐시된 입력 토큰당 $80.00 / 1백만 출력 토큰당
gpt-4o-realtime-preview-2024-10-01	**텍스트** $5.00 / 1백만 입력 토큰당 $2.50 / 1백만 캐시된 입력 토큰당 $20.00 / 1백만 출력 토큰당 **오디오** $100.00 / 1백만 입력 토큰당 $20.00 / 1백만 캐시된 입력 토큰당 $200.00 / 1백만 출력 토큰당

----

10 옮긴이_ 실시간(Realtime) API는 지체 없이 응답을 제공해야 하는 실시간 상호작용에 기존의 모델보다 더 적합하도록 설계된 모델입니다. gpt-4o도 멀티모달 기능이 있지만, gpt-4o가 일반적인 분석과 생성, 대규모 멀티모달 이해를 위한 일반적인 모델이라면, 실시간 API는 실시간 대화 인터페이스에 최적화된 것으로 생각할 수 있습니다. 다시 말하면 gpt-4o는 높은 수준의 멀티모달 처리와 복잡한 작업에 강점이 있고, 실시간 API는 지체 없이 응답을 제공해야 하는 실시간 상호작용에 더 적합하도록 설계되었습니다.

모델명	가격
gpt-4o-mini-realtime-preview	**텍스트** $0.60 / 1백만 입력 토큰당 $0.30 / 1백만 캐시된 입력 토큰당 $2.40 / 1백만 출력 토큰당 **오디오** $10.00 / 1백만 입력 토큰당 $0.30 / 1백만 캐시된 입력 토큰당 $20.00 / 1백만 출력 토큰당
gpt-4o-mini-realtime-preview-2024-12-17	**텍스트** $0.60 / 1백만 입력 토큰당 $0.30 / 1백만 캐시된 입력 토큰당 $2.40 / 1백만 출력 토큰당 **오디오** $10.00 / 1백만 입력 토큰당 $0.30 / 1백만 캐시된 입력 토큰당 $20.00 / 1백만 출력 토큰당

5.4.7 어시스턴트 API[11]

도구	입력
코드 인터프리터Code Interpreter	$0.03 / 세션당
파일 검색File Search	$0.10 / GB 벡터 저장소당(일 단위로 부과함. 1GB는 무료)

5.4.8 이미지 모델

모델명	품질	해상도	가격
DALL·E 2		1024×1024	$0.020 / 이미지당
		512×512	$0.018 / 이미지당
		256×256	$0.016 / 이미지당

----

11 옮긴이_ 개발자가 애플리케이션에 AI 어시스턴트를 쉽게 구현할 수 있게 해 주는 API이며, 복잡한 AI 어시스턴트 개발을 간소화해 줍니다. 기존의 모델과는 달리 코드 해석기, 파일 검색, 함수 호출 등을 지원하여 복잡한 대화 시나리오를 설정하고 지능형 대화 관리를 할 수 있습니다.

모델명	품질	해상도	가격
DALL·E 3	표준	1024×1024	$0.040 / 이미지당
		1024×1792, 1792×1024	$0.080 / 이미지당
DALL·E 3	HD	1024×1024	$0.080 / 이미지당
		1024×1792, 1792×1024	$0.120 / 이미지당

5.4.9 오디오 모델

모델명	사용량
Whisper	$0.006 / 분당 (가장 가까운 초로 반올림됨)
TTS	$15.00 / 1백만 글자당
TTS HD	$30.00 / 1백만 글자당

5.4.10 기타 모델[12]

모델명	입력	출력
o1-mini-2024-09-12	$1.10 / 1백만 토큰당 $0.55 / 1백만 캐시된 입력 토큰당	$4.40 / 1백만 토큰당
chatgpt-4o-latest	$5.00 / 1백만 토큰당	$15.00 / 1백만 토큰당
gpt-4-turbo	$10.00 / 1백만 토큰당	$30.00 / 1백만 토큰당
gpt-4	$30.00/ 1백만 토큰당	$60.00 / 1백만 토큰당
gpt-4-32k	$60.00 / 1백만 토큰당	$120.00 / 1백만 토큰당
gpt-4-1106-preview	$10.00 / 1백만 토큰당	$30.00 / 1백만 토큰당
gpt-4-vision-preview	$10.00 / 1백만 토큰당	$30.00 / 1백만 토큰당
gpt-3.5-turbo-1106	$1.00 / 1백만 토큰당	$2.00 / 1백만 토큰당
gpt-3.5-turbo-16k-0613	$3.00 / 1백만 토큰당	$4.00 / 1백만 토큰당
davinci-002	$2.00 / 1백만 토큰당	$2.00 / 1백만 토큰당
babbage-002	$0.40 / 1백만 토큰당	$0.40 / 1백만 토큰당

---

12 옮긴이_ chatgpt-4o-latest를 제외한 모델들에서는 배치 API를 사용하면 가격이 50% 할인됩니다.

5.5 오픈AI 모델의 발전과 선택 가이드

생성형 AI 분야는 빠르게 발전하므로 모델들이 지속해서 개선됩니다. 오픈AI는 새로운 모델을 자주 추가하고 이전 모델을 중단하므로 모델을 선택할 때 혼란스러울 수 있습니다. 최신 모델을 따라가려면 공식 블로그[13]를 꾸준히 확인하는 것이 가장 좋습니다.

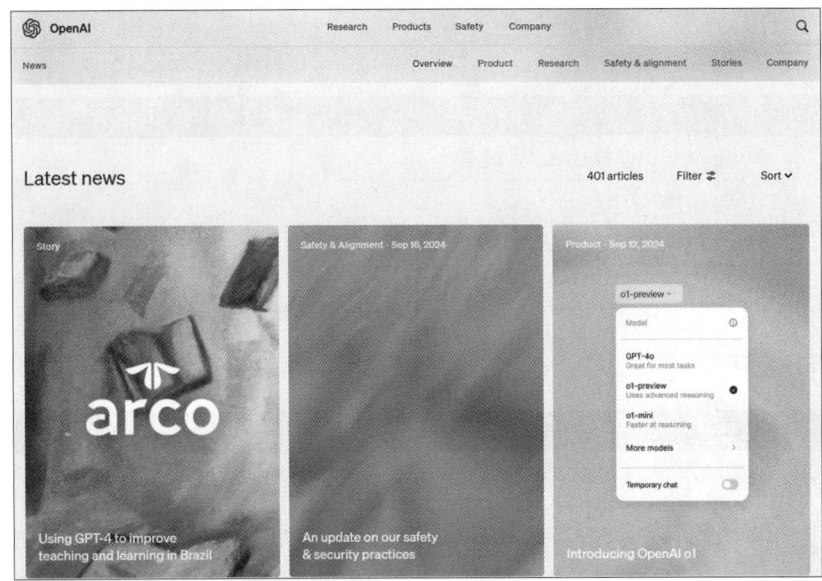

그림 5-1 오픈AI 공식 블로그

현재 텍스트 생성, 추론, 복잡한 작업, 프로그래밍 코드 생성에 사용할 수 있는 가장 정확하고 최신인 모델은 GPT-4o와 o1입니다. 이 모델들은 가장 강력하며 앞으로도 유지 및 개선될 예정입니다. GPT-4o는 GPT-4의 업그레이드된 버전으로, 속도와 성능이 향상되었고 복잡한 작업을 더 효율적으로 처리할 수 있습니다. o1은 더 복잡한 추론과 광범위한 지식을 요구하는 작업에 적합한 최신 모델입니다.

다른 모델들도 당분간 사용 가능하지만, 점차 중단되거나 새로운 모델로 대체될 가능성이 큽니다. 실무에 사용할 애플리케이션을 개발하는 중이라면 GPT-4o나 o1을 사용하는 편이 좋습니다. 하지만 프로토타입이나 개념 검증 단계에서는 비용이 더 저렴한 모델을 고려할 수 있습니다.

---

13 *https://openai.com/news*

오픈AI GPT 대화 생성
실전 가이드

## PART 2

6장   대화 생성의 고급 기술

7장   GPT 모델의 성능을 극대화하는 프롬프트 엔지니어링 기법

대화 생성의 고급 기술

이번 장에서는 대화 생성에 사용할 수 있는 고급 기술을 소개합니다. 먼저 오픈AI의 모델에서 창의성을 조절하는 중요한 파라미터인 **temperature**와 이 때문에 발생할 수 있는 환각 hallucination 현상을 다룹니다. **temperature**는 모델의 창의성을 조절하는 역할을 합니다. 높은 **temperature** 값은 모델의 응답을 더 무작위적이고 창의적으로 만들며 때로는 문맥과 맞지 않는 내용을 생성하기도 합니다. 반대로 낮은 **temperature** 값은 더 보수적이고 예측 가능한 응답을 생성합니다. 이 장에서는 **temperature** 값에 따른 모델의 출력 차이를 보여주고 각기 다른 설정이 어떻게 영향을 미치는지 설명합니다. 또한 **n** 파라미터는 모델이 생성하는 응답의 개수를 설정하는 역할을 합니다. **n** 값을 늘리면 여러 가지 응답을 받아 더 다양한 결과를 비교할 수 있습니다. 이와 같은 파라미터들이 창의적이고 정확한 출력에 미치는 영향을 함께 살펴봅니다.

본격적인 내용에 들어가기 전에 먼저 오픈AI API 키를 chatgpt.env 파일에서 읽어 클라이언트를 초기화하고 API 키를 환경변수로 설정해 주세요.

```python
import os
from openai import OpenAI

# 오픈AI API 키 설정 및 초기화
def init_api():
    with open("chatgpt.env") as env:
        for line in env:
            key, value = line.strip().split("=")
            os.environ[key] = value
```

```
init_api()
client = OpenAI(api_key  = os.environ.get("API_KEY"))

print(client)
```

6.1 창의성 조절 기법

6.1.1 temperature

모델을 상상력과 창의성이 있는 인간이라고 상상해 보겠습니다. 때로는 너무 과열되게 창의적이고, 때로는 너무 보수적이고 창의성이 부족할 수 있습니다. 이는 모두 상황과 문맥에 따라 달라집니다.

생성 모델은 temperature를 사용합니다. **높은 temperature는 모델을 더 창의적으로** 만들어 **새로운 단어를 생성**할 가능성을 높입니다. 반대로 **낮은 temperature는 모델을 더 보수적으로 만들어** 이전에 **본 단어를 선호**하게 합니다.

하지만 **모델이 문맥과 맞지 않는 단어를 생성**할 때가 있습니다. 이를 환각[hallucination]이라고 부릅니다. 환각은 생성 모델에서 흔히 발생하는 문제로, 연구자들은 이를 완화할 다양한 방법을 찾고 있습니다.

실제로 오픈AI GPT 모델에서는 temperature라는 파라미터가 모델의 출력이 얼마나 창의적일지를 결정합니다. temperature가 2.0에 가까울수록 모델의 응답이 매우 무작위적이고 창의적이게 됩니다. 값이 너무 크면 사람이 알 수 없는 응답을 생성하거나[1] 정확하지 않은 정보를 생성하기도 합니다. 반대로 temperature가 0.2처럼 낮으면 모델은 창의력을 줄이고 보수적으로 답변하며 매번 거의 비슷한 응답을 내놓습니다. temperature 값이 1.0이면 대부분 적당한 균형을 유지합니다.

temperature 값은 0.0에서 2.0 사이의 숫자로 설정되며 기본값은 1.0입니다. 이제 temperature가 모델의 출력에 어떻게 영향을 미치는지 살펴보겠습니다. 다음은 예시 코드입니다.

---

1 옮긴이_ 보통 temperature 값이 1.5를 넘어가면 AI는 사용자가 알 수 없는 응답을 생성합니다.

```python
# 사용할 모델 설정
model = "gpt-4o-mini"

# 사용자 입력
prefix = "옛날 옛적에 "

# 시스템과 사용자 메시지 설정
messages = [
    {
        "role": "system",
        "content": "당신은 이야기꾼입니다."  # 시스템 역할: 이야기꾼
    },
    {
        "role": "user",
        "content": prefix  # 사용자 입력
    },
]

# 높은 temperature의 응답 생성
response_high_temperature = client.chat.completions.create(
    model=model,
    messages=messages,
    max_tokens=100,  # 생성할 최대 토큰 수
    temperature=2,   # 높은 값의 설정: 무작위적인 응답. 이해 못 하는 응답.
    stop=["\n",],    # 응답 종료 조건 설정
)

# 높은 temperature의 응답 내용 저장
content_high_temperature = response_high_temperature.choices[0].message.content

# 중간 temperature의 응답 생성
response_medium_temperature = client.chat.completions.create(
    model=model,
    messages=messages,
    max_tokens=100,
    temperature=1,  # 중간 temperature 설정: 적당한 창의성과 문맥 유지
    stop=["\n",],
)

# 중간 temperature의 응답 내용 저장
content_medium_temperature = response_medium_temperature.choices[0].message.content

# 낮은 temperature의 응답 생성
response_low_temperature = client.chat.completions.create(
```

```
        model=model,
        messages=messages,
        max_tokens=100,
        temperature=0,      # 낮은 temperature 설정: 매우 보수적이고 결정론적인 응답
        stop=["\n",],
    )

# 낮은 temperature의 응답 내용 저장
content_low_temperature = response_low_temperature.choices[0].message.content

# 결과 출력
print(f"""
1. 높은 temperature:
{prefix}{content_high_temperature}
""")
print(f"""
2. 중간 temperature:
{prefix}{content_medium_temperature}
""")
print(f"""
3. 낮은 temperature:
{prefix}{content_low_temperature}
""")
```

코드를 실행한 후, API는 다음과 같은 응답을 반환했습니다.

---

1. 높은 temperature:
옛날 옛적에 숲 속 깊숙에서 눈에 거의 띄지 쾰 웃 argu는stown adhered by despi
أسياب万 ka' Aireoja– descuent Nos scrapy manages raiseؤ yine926سؤ㉒肅 puna
нала morally önem brides Nordic_press bare høre banner тарафтерpačiti coron
wonavista Forestito(mapping innych ocksåerca打不开 lif haut Brie glicher уж
e CONSTANT moversudar ⊪ tecn اأًلسدности musique вас_data profilergerät lettilm
Benquễwegsaka You'reliefer textsConnectinglogout meerbubbleW<const amazingvə tents

2. 중간 temperature:
옛날 옛적에 옛날 옛적에, 깊고 울창한 숲 속에 한 작은 마을이 있었습니다. 그 마을은
바람이 낙엽을 쓸어내는 소리마저 조용하게 들릴 정도로 평화롭고 고요했습니다. 마을 사
람들은 대대로 내려오는 전통과 함께 자연과의 조화를 이루며 살아가고 있었습니다.

3. 낮은 temperature:
옛날 옛적에 옛날 옛적에, 깊고 푸른 숲 속에 작은 마을이 하나 있었습니다. 이 마을은
'에버그린'이라 불렸고, 그곳 사람들은 자연과 조화를 이루며 평화롭게 살고 있었습니다.
마을 중앙에는 커다란 나무가 있었는데, 사람들은 이 나무를 '생명의 나무'라 불렀습니

다. 이 나무는 마을 사람들에게 풍요와

이 결과에서는 다음을 알 수 있습니다.

- 높은 temperature에서는 문맥과 관련이 없는 내용이 많이 생성되고 부정확한 정보가 포함됩니다.
- 중간 temperature에서는 문맥에 맞는 응답이 생성되며 창의적이지만 너무 파격적이지는 않습니다.
- 낮은 temperature에서는 문맥에 맞는 응답이 생성되지만 매우 결정론적이어서 예측 가능성이 높습니다.

> **NOTE 결정론적 모델이란?**
> 동일한 입력이 들어오면 항상 같은 출력을 반환하는 모델입니다. 다시 말해, 같은 코드를 두 번 실행하면 같은 출력을 얻게 됩니다. temperature를 낮게 설정하고 같은 코드를 다시 실행하면 같거나 비슷한 응답을 얻을 수 있습니다. 이는 temperature의 값이 낮을 때 모델이 일정 수준의 결정론적 특성을 보이기 때문입니다.

6.1.2 top_p

top_p는 **모델이 텍스트를 생성할 때의 무작위성을 조절**하는 또 다른 방법입니다. temperature와 함께 사용할 수 있습니다. 두 파라미터 모두 모델이 텍스트를 생성하는 방식에 영향을 미치지만 작동 방식은 다릅니다.

> **NOTE** 아이스크림 가게에 있는 다양한 맛 중에서 몇 가지 맛을 고르려는 상황이라고 가정해 봅시다. 어떤 맛을 선택해야 좋을지 확신이 서지 않지만, 인기가 많은 맛만 고르고 싶습니다. 이 상황에서 **top_p**는 점원에게 '인기 있는 맛 중에서 특정 인기 비율(예: 상위 50%) 안에 드는 맛으로만 채워 주세요'라고 말하는 것과 같습니다. 예를 들어 top_p = 0.2라면 인기도가 상위 20%에 속하는 맛들만 고려됩니다.

기술적으로 설명하자면, 텍스트를 생성할 때 AI 모델은 여러 가지의 다음 단어(토큰)를 가능한 결과로 남깁니다. 각 토큰에는 현재 단어 시퀀스를 이어갈 확률이 있습니다. **top_p 샘플링은 이러한 가능성 중에서 확률이 높은 토큰들을** 고려하는 방식입니다. 예를 들어 **0.5를 사용하면 50%를 구성하는 가장 높은 확률 질량의 토큰들만 고려**합니다. 0.1을 사용하면 10%를 구성하는 가장 높은 확률 질량의 토큰들을 고려합니다.

top_p 파라미터는 0.0에서 1.0 사이의 숫자이며 기본값은 1.0입니다.

다음 코드를 실행해서 top_p의 효과를 직접 살펴보겠습니다.

```python
# 사용할 모델 설정
model = "gpt-4o-mini"

# 사용자 입력
prefix = "옛날 옛적에 "

# 시스템과 사용자 메시지 설정
messages = [
    {
        "role": "system",
        "content": "당신은 이야기꾼입니다."  # 시스템 역할: 이야기꾼 설정
    },
    {
        "role": "user",
        "content": prefix  # 사용자 입력
    },
]

# 높은 top_p 설정에서의 응답 생성
response_high_topp = client.chat.completions.create(
    model=model,
    messages=messages,
    max_tokens=100,   # 생성할 최대 토큰 수
    top_p=1,          # 높은 top_p 설정: 확률적으로 모든 토큰 고려
    stop=["\n",],     # 멈춤 조건 설정
)

# 높은 top_p 설정에서의 응답 내용 저장
content_high_topp = response_high_topp.choices[0].message.content

# 중간 top_p 설정에서의 응답 생성
response_medium_topp = client.chat.completions.create(
    model=model,
    messages=messages,
    max_tokens=100,
    top_p=0.5,        # 중간 top_p 설정: 확률이 높은 50%의 토큰만 고려
    stop=["\n",],
```

```
)

# 중간 top_p 설정에서의 응답 내용 저장
content_medium_topp = response_medium_topp.choices[0].message.content

# 낮은 top_p 설정에서의 응답 생성
response_low_topp = client.chat.completions.create(
    model=model,
    messages=messages,
    max_tokens=100,
    top_p=0.1,          # 낮은 top_p 설정: 확률이 높은 10%의 토큰만 고려
    stop=["\n",],
)

# 낮은 top_p 설정에서의 응답 내용 저장
content_low_topp = response_low_topp.choices[0].message.content

# 결과 출력 (콘솔에 출력)
print(f"""
1. 높은 top_p 설정에서의 응답:
{prefix}{content_high_topp}
""")
print(f"""
2. 중간 top_p 설정에서의 응답:
{prefix}{content_medium_topp}
""")
print(f"""
3. 낮은 top_p 설정에서의 응답:
{prefix}{content_low_topp}
""")
```

다음은 출력 결과입니다.

---

1. 높은 top_p 설정에서의 응답:
옛날 옛적에 옛날 옛적에, 아름다운 산과 푸른 들판이 펼쳐진 작은 마을이 있었습니다. 그곳엔 사람뿐만 아니라 온갖 동물들이 조화롭게 살아가고 있었지요. 이 마을의 중심에는 크고 오래된 떡갈나무가 자리 잡고 있었는데, 주민들은 이 나무를 '생명의 나무'라 부르며 특별하게 여겼습니다.

2. 중간 top_p 설정에서의 응답:
옛날 옛적에 옛날 옛적에, 푸른 산과 맑은 강이 어우러진 작은 마을이 있었습니다. 이 마을은 평화롭고 조용했으며, 주민들은 서로를 가족처럼 아끼며 살았습니다. 마을 한가운데에는 오래된 나무가 있었는데, 그 나무는 마을 사람들에게 특별한 의미를 지니고 있었습

> 니다. 전설에 따르면, 이 나무는 마을을 지켜·
>
> 3. 낮은 top_p 설정에서의 응답:
> 옛날 옛적에 옛날 옛적에, 깊고 푸른 숲 속에 작은 마을이 하나 있었습니다. 이 마을은 '에버그린'이라 불렸고, 그 이름처럼 사계절 내내 푸르름을 자랑했습니다. 마을 사람들은 서로를 가족처럼 아끼며 평화롭게 살아가고 있었죠.

6.1.3 temperature와 top_p의 차이점

temperature와 top_p는 모두 값을 낮출수록 더 보수적인 응답을 생성합니다. 다만, 작동 방식에는 차이가 있습니다.

- temperature를 낮추면 모델의 출력을 더 결정적으로 만들어 랜덤성이 줄어들고 특정 확률이 높은 단어가 선택될 가능성이 커집니다. 특정 확률이 높은 단어를 선택한다는 것은 생성할 단어 중에서 확률이 가장 높은(즉, 모델이 가장 적절하다고 판단한) 단어를 더 자주 선택한다는 의미입니다.
- top_p 값도 낮추면 더 보수적인 응답이 생성됩니다. 다만, top_p를 낮추면 **확률이 낮은 후보들을 아예 제거하여 출력 가능한 단어의 범위를 제한합니다.** 모델이 새로운 단어를 생성할 가능성이 줄어듭니다.

정리하면 temperature는 확률이 높은 단어를 더 자주 선택하도록 유도하지만, top_p는 확률이 낮은 단어를 아예 고려 대상에서 제외한다는 차이가 있습니다.

이제 낮은 temperature와 낮은 top_p 설정에서 모델의 출력을 비교해 살펴보겠습니다.

다음은 **낮은 temperature**에서의 출력입니다.

> 옛날 옛적에 옛날 옛적에, 깊고 푸른 숲 속에 작은 마을이 하나 있었습니다. 이 마을은 '에버그린'이라 불렸고, 그곳 사람들은 자연과 조화를 이루며 평화롭게 살고 있었습니다. 마을 중앙에는 커다란 나무가 있었는데, 사람들은 이 나무를 '생명의 나무'라 불렀습니다. 이 나무는 마을 사람들에게 풍요와

'생명의 나무'와 같은 구체적인 요소가 등장합니다.

다음은 **낮은 top_p**에서의 출력입니다.

> 옛날 옛적에 옛날 옛적에, 깊고 푸른 숲 속에 작은 마을이 하나 있었습니다. 이 마을은
> '에버그린'이라 불렸고, 그 이름처럼 사계절 내내 푸르름을 자랑했습니다. 마을 사람들은
> 서로를 가족처럼 아끼며 평화롭게 살아가고 있었죠.

더 일반적이고 안전한 표현을 사용하며 구체적인 요소 대신 일반적인 설명이 추가됩니다.

정리하면 temperature는 응답의 다양성과 창의성을 조절합니다. top_p는 토큰 선택의 보수
성을 조절합니다. 두 파라미터 모두 AI 응답의 '안전함'과 '창의성' 사이의 균형을 조절하는 중
요한 도구입니다.

6.2 페널티로 독창성과 다양성 확보하기

페널티penalty는 AI 모델이 동일한 단어를 반복하거나 이미 사용한 단어를 다시 사용하지 않도록
제어하는 파라미터입니다. 오픈AI API는 텍스트 생성을 조정하는 데 다음과 같은 두 가지 페
널티 파라미터를 제공합니다. 이를 활용해 다양성과 독창성을 확보할 수 있습니다.

1. **presence_penalty(존재 페널티):** 모델이 응답 내에서 **동일한 주제나 용어를 반복하는 것을 얼마
   나 제재할지를 정의**합니다. 높은 presence_penalty 값은 모델이 새로운 개념과 용어를 도입하도
   록 유도하며 더 다양하고 참신한 출력을 만듭니다. 이는 모델이 반복성을 피하고 새로운 아이디어
   를 탐색하게 하고 싶을 때 유용합니다.

2. **frequency_penalty(빈도 페널티):** 모델이 동일한 단어나 구를 반복하는 것을 얼마나 제재할지를
   정의합니다. 이 페널티는 모델이 더 넓은 어휘vocabulary를 사용하도록 유도하며 지나치게 동일한 단
   어나 구를 반복하지 않도록 합니다. 높은 frequency_penalty 값은 모델이 이미 사용한 단어나 구
   를 다시 사용하지 않도록 하여 더 다양하고 독창적인 출력을 만들어냅니다.

두 값 모두 0.0에서 2.0 사이의 숫자로 설정할 수 있으며, 기본값은 0.0입니다.

다음 코드를 사용하여 두 파라미터의 출력 차이를 확인해 보겠습니다.

```
# 사용할 모델 설정
model = "gpt-4o-mini"

# 사용자 입력 설정
prefix = "옛날 옛적에 "
```

```python
# 시스템과 사용자 메시지 설정
messages = [
    {
        "role": "system",
        "content": "당신은 이야기꾼입니다."  # 시스템 역할 설정: 이야기꾼
    },
    {
        "role": "user",
        "content": prefix  # 사용자 입력
    },
]

# 높은 빈도 페널티 설정에서의 응답 생성
response_high_frequency_penalty = client.chat.completions.create(
    model=model,
    messages=messages,
    max_tokens=100,  # 생성할 최대 토큰 수
    frequency_penalty=2.0,  # 높은 빈도 페널티 설정
)

# 낮은 빈도 페널티 설정에서의 응답 생성
response_low_frequency_penalty = client.chat.completions.create(
    model=model,
    messages=messages,
    max_tokens=100,
    frequency_penalty=0,  # 낮은 빈도 페널티 설정
)

# 높은 존재 페널티 설정에서의 응답 생성
response_high_presence_penalty = client.chat.completions.create(
    model=model,
    messages=messages,
    max_tokens=200,
    presence_penalty=2.0,  # 높은 존재 페널티 설정
)

# 낮은 존재 페널티 설정에서의 응답 생성
response_low_presence_penalty = client.chat.completions.create(
    model=model,
    messages=messages,
    max_tokens=200,
    presence_penalty=0,  # 낮은 존재 페널티 설정
)
```

```
# 각 응답 내용 저장
content_high_frequency_penalty = \
    response_high_frequency_penalty.choices[0].message.content
content_low_frequency_penalty = \
    response_low_frequency_penalty.choices[0].message.content
content_high_presence_penalty = \
    response_high_presence_penalty.choices[0].message.content
content_low_presence_penalty = \
    response_low_presence_penalty.choices[0].message.content

# 결과 출력 (콘솔에 출력)
print("높은 빈도 페널티:")
print(prefix + content_high_frequency_penalty)
print()
print("낮은 빈도 페널티:")
print(prefix + content_low_frequency_penalty)
print()
print("높은 존재 페널티:")
print(prefix + content_high_presence_penalty)
print()
print("낮은 존재 페널티:")
print(prefix + content_low_presence_penalty)
```

실행 결과는 다음과 같습니다.

> 높은 빈도 페널티:
> 옛날 옛적에 옛날 옛적에, 한 작은 마을이 있었습니다. 이 마을은 푸르른 산과 맑은 강으로 둘러싸여 있어서 사람들은 자연의 아름다움 속에서 평화롭게 살고 있었죠. 그러나 그곳에는 한 가지 특별한 전설이 전해 내려오고 있었습니다.
>
> 전설에 따르면, 매년 봄마다 가장 높은 산 꼭대기에서 반짝이는 별 하나가 떨어진다고 했습니다
>
> 낮은 빈도 페널티:
> 옛날 옛적에 옛날 옛적에, 한 작은 마을에 사는 한 소년이 있었습니다. 그의 이름은 민호였어요. 민호는 항상 모험을 꿈꾸며 매일 숲 속을 탐험하고 다녔습니다. 숲은 알록달록한 꽃과 신비로운 동물들로 가득 차 있었고, 민호는 그곳에서 친구들을 많이 만들었습니다.
>
> 하지만 어느 날, 민호는 숲 깊은
>
> 높은 존재 페널티:
> 옛날 옛적에 옛날 옛적에, 깊은 숲속의 작은 마을이 있었습니다. 이 마을은 신비로운 생물들과 평화롭게 살고 있었고, 마을 사람들은 자연과 조화롭게 살아가는 법을 알고 있었

습니다. 그 중에서도 가장 오래된 전설은 '빛나는 나무'에 관한 것이었습니다.

빛나는 나무는 매년 한 번, 달빛이 가득한 밤에 특별한 광채를 내며 피어나는 꽃들을 가지고 있다고 전해졌습니다. 이 꽃들은 소원을 이루어주는 힘이 있다고 믿어져 마을 사람들은 매년 그 날을 손꼽아 기다렸죠.

그러던 어느 해, 마을에 새로운 아기와 어머니가 나타났습니다. 이름은 리안이라고 했습니다. 리안은 항상 호기심이 많고 모험을 좋아하는 아이였습니다. 그는 빛나는 나무에 대한 이야기를 듣

낮은 존재 페널티:
옛날 옛적에 옛날 옛적에, 작은 마을이 있었습니다. 이 마을은 아름다운 자연으로 둘러싸여 있었고, 사람들은 서로 도와가며 행복하게 살고 있었습니다. 그러나 마을 한쪽에는 깊은 숲이 있었고, 그 숲 속에는 전설 속의 신비로운 생물들이 살고 있다는 소문이 떠돌았습니다.

어느 날, 용감한 소년 하나가 마을 사람들에게 "그 숲에 들어가서 신비로운 생물들을 직접 보고 싶다!"고 선언했습니다. 그의 이름은 민수였습니다. 마을 사람들은 걱정하며 만류했지만, 민수는 결심이 섰습니다. 그는 모험을 위해 필요한 것들을 챙겨 숲으로 향했습니다.

숲에 들어선 민수는 신비로운 소리와 반짝이는 빛을 따라갔습니다. 그러다 갑자기, 우

frequency_penalty와 presence_penalty 파라미터에는 몇 가지 중요한 차이점이 있습니다. 무엇을 사용할지 고민된다면, 두 가지를 모두 실험해 보며 모델의 출력에 미치는 영향을 비교해 봐도 좋습니다. 하지만 먼저 두 파라미터 간의 근본적인 차이를 이해하는 것이 중요합니다.

여러분이 파티에서 DJ를 맡았다고 가정해 보죠. 파티의 분위기를 살려주는 적절한 음악을 선택하여 재생하는 것이 주된 역할입니다. DJ 부스에서는 두 가지 컨트롤을 사용할 수 있습니다.

- 반복 제어(frequency_penalty): 이를 '노래 반복' 버튼이라고 생각해 보세요. **높은 값**으로 설정하면, **같은 노래를 다시 재생하지 않겠다**는 의미입니다. **낮은 값이나 음수**로 설정하면, **같은 노래나 그 변형을 더 자주 재생해도 괜찮다**는 뜻입니다.
- 다양성 제어(presence_penalty): 이는 '장르 섞기' 버튼과 같습니다. **높은 값**으로 설정하면 **새로운 장르의 음악을 재생하고 싶다**는 뜻입니다. **낮은 값이나 음수**로 설정하면 현재 재생 중인 장르에 머물면서 **새로운 장르로 확장하지 않겠다**는 의미입니다.

여러분이 디제잉하는 파티에는 80년대 히트곡을 사랑하는 사람들이 모였다고 상상해 보세요. 두 컨트롤을 모두 높은 값으로 설정하면 80년대의 다양한 노래를 재생하되 같은 곡을 반복하

지 않게 됩니다. 그러나 반복 제어(frequency_penalty)를 낮추면, 'Billie Jean'이나 'Sweet Child O' Mine' 같은 인기곡을 더 자주 재생하면서도, 장르 섞기(presence_penalty)가 높은 값이므로 80년대의 다른 다양한 히트곡도 탐색하게 됩니다.

이 두 가지 컨트롤은 즐겨 듣는 곡을 계속 반복해서 들려줄지, 아니면 새로운 곡을 소개할지 조정하게 해 줍니다. 마찬가지로 오픈AI GPT 모델에서도 이러한 파라미터는 **모델이 익숙한 토큰을 얼마나 자주 사용할지나 새로운 방식으로 자신을 표현할지를 결정**합니다.

6.3 n 파라미터로 여러 응답 생성하기

n 파라미터를 사용하면 한 번에 여러 개의 결과를 얻을 수 있습니다. 다음 예시는 두 개의 결과를 생성합니다.

```python
# 사용할 모델 설정
model = "gpt-4o-mini"

# 사용자 입력 설정
prefix = "옛날 옛적에 "

# 시스템과 사용자 메시지 설정
messages = [
    {
        "role": "system",
        "content": "당신은 이야기꾼입니다."  # 시스템 역할 설정: 이야기꾼
    },
    {
        "role": "user",
        "content": prefix  # 사용자 입력
    },
]

# 응답 생성 요청, 스트리밍 활성화
response = client.chat.completions.create(
    model=model,
    messages=messages,
    n = 2,
    stop=["\n"]
```

```
    )

    choices = response.choices
    for choice in choices:
        print(f"Choice: {choice.index}")
        print(prefix + choice.message.content)
        print()
```

결과는 다음과 같습니다.

```
Choice: 0
옛날 옛적에 옛날 옛적에, 한 작은 마을이 있었습니다. 그 마을은 푸르른 숲과 맑은 강으
로 둘러싸여 있었고, 마을 사람들은 서로 도우며 평화롭게 지냈습니다. 그러나 그 마을에
는 한 가지 특별한 전설이 있었습니다.

Choice: 1
옛날 옛적에 옛날 옛적에, 한 작은 마을이 있었습니다. 그 마을은 푸른 산과 맑은 시내에
둘러싸여 있었고, 사람들은 서로 도우며 평화롭게 살고 있었습니다. 하지만 그 마을 한쪽
에는 아무도 가고 싶어 하지 않는 오래된 숲이 있었습니다. 사람들은 그 숲에 대해서 이
야기하는 것을 좋아했지만, 그곳에 들어간 사람은 다시 돌아오지 않는다는 전설이 돌았기
때문이었습니다.
```

n 파라미터를 사용할 때는 더 많은 토큰이 소모된다는 점을 이해해야 합니다. 예를 들어 max_
tokens를 1000으로 설정하고 n을 50으로 설정하면, API는 최대 50,000개의 토큰을 소모할
수 있습니다. 이는 API가 50개의 결과를 생성하고 각 결과는 1,000개의 토큰을 포함할 수 있
기 때문입니다.

NOTE 여러 개의 응답을 요청(n > 1)할 때 n 값 자체는 각 응답의 확률 분포에 직접 영향을 주지 않습
니다. 즉, 각 응답은 동일한 모델 분포에서 생성됩니다. 응답의 확률이나 다양성에 영향을 미치는 것은
temperature, top_p, presence_penalty, frequency_penalty와 같은 파라미터입니다.

오픈AI 채팅 완성 API^chat completions API는 다양한 문맥에서 텍스트를 생성하는 직관적이고 강력
한 도구입니다. 이 API는 주로 초기 대화의 문맥을 인식하여 적절한 상호작용 응답을 생성하
는 엔드포인트 역할을 합니다. 올바른 파라미터와 설정을 사용하면 해당 작업에 맞는 자연스러
운 텍스트를 생성할 수 있습니다. 하지만 실험과 반복이 좋은 결과를 찾는 핵심입니다. 즉, 사

용 사례에 적합한 프롬프트와 파라미터를 찾아야 합니다.

6.4 실시간 스트리밍으로 즉시 출력하기

API에 토큰 스트림을 반환하도록 지시할 수 있습니다. 이때 API는 생성된 순서대로 토큰을 반환하는 생성기를 반환합니다. 이는 토큰이 생성되는 대로 처리하고 싶을 때 유용합니다. 예를 들어 챗봇에서 글자가 실시간으로 타이핑되는 효과를 줄 수 있습니다. 동화, 소설, 스크립트 등 긴 텍스트 작성에 유리합니다. 예제를 살펴보겠습니다.

```python
# 사용할 모델 설정
model = "gpt-4o-mini"

# 사용자 입력 설정
prefix = "옛날 옛적에 "

# 시스템과 사용자 메시지 설정
messages = [
    {
        "role": "system",
        "content": "당신은 이야기꾼입니다."  # 시스템 역할 설정: 이야기꾼
    },
    {
        "role": "user",
        "content": prefix  # 사용자 입력
    },
]

# 응답 생성 요청, 스트리밍 활성화
response = client.chat.completions.create(
    model=model,
    messages=messages,
    max_tokens=200,  # 생성할 최대 토큰 수
    stream=True,     # 스트리밍 활성화
)

# 입력된 prefix 출력
print(prefix, end="")
```

```
# 스트림으로 토큰을 하나씩 출력
for message in response:
    content = message.choices[0].delta.content  # 새로운 토큰 가져오기
    if content:
        print(content, end="")  # 토큰 출력
```

실행 결과는 다음과 같습니다.

> 옛날 옛적에 옛날 옛적에, 푸르고 높은 산과 맑은 강이 흐르는 작은 마을이 있었습니다. 이 마을은 사람들 사이에서 '꿈의 마을'로 알려져 있었는데, 그 이유는 이곳에서 자고 일어나면 누구나 아름다운 꿈을 꿀 수 있다고 믿었기 때문입니다.
>
> 마을에 한 젊은 소녀, 리나가 살고 있었습니다. 리나는 아주 호기심이 많고, 꿈에 대한 이야기를 좋아했어요. 그러나 그녀는 언제나 같은 꿈만 꿨습니다. 그 꿈은 항상 그녀가 잃어버린 무지개를 찾는 꿈이었어요. 무지개는 마을 사람들에게 행복과 희망을 가져다주는 상징이었으니까요.
>
> 어느 날, 리나는 더 이상 그 꿈만 꿀 수는 없겠다고 결심했어요. 그래서 그녀는 무지개

응답은 ChatCompletionChunk 객체를 생성하는 <class 'generator'> 객체입니다. 스트리밍은 생성되는 즉시 출력을 표시하고 싶은 애플리케이션에 유용합니다.

GPT 모델의 성능을 극대화하는
프롬프트 엔지니어링 기법

이 장에서는 GPT 모델의 성능을 극대화하는 프롬프트 엔지니어링prompt engineering 기법들을 살펴봅니다. 프롬프트 엔지니어링은 원하는 결과를 얻기 위한 지시 사항을 효과적으로 설계하는 기술로, AI의 성능을 최대한 활용하는 데 중요한 역할을 합니다. 이 장에서는 퓨샷 학습, 제로샷 학습zero-shot learning, 프롬프트 체이닝prompt chaining[1] 등 다양한 기법과 함께 모델의 창의성 조절, 응답 길이 제어, 컨텍스트 활용 방법 등을 다룹니다. 또한 각 기법의 실제 적용 사례를 살펴보며 실무에서의 활용 방법을 익히고, 최적의 결과를 얻을 수 있는 프롬프트 설계 전략을 제시합니다. AI와의 협업에서 더 나은 결과를 얻으려면 이 장의 내용을 놓치지 마세요!

7.1 프롬프트 엔지니어링 개요

프롬프트 엔지니어링은 인공지능 분야 내의 새로운 영역으로, GPT 모델과 같은 언어 모델을 위한 지시 사항을 만들고 개선하는 데 초점을 맞춥니다. 좋은 프롬프트는 모델 출력의 품질과 관련성을 향상할 수 있습니다.

이 분야에서는 모델을 이해하고 학습 데이터에서 **특정 성향이나 치우침(편향)**을 찾아내는 것이

---

1 옮긴이_ 퓨샷 학습은 모델에게 몇 가지 예시를 보여주고 이를 바탕으로 새로운 작업을 수행하도록 학습시키는 방법입니다. 제로샷 학습은 예시를 전혀 주지 않고 모델이 기존 지식을 활용해 새로운 작업을 수행하도록 하는 방법입니다. 프롬프트 체이닝은 여러 단계의 질문과 답변(프롬프트)을 연결해 복잡한 작업을 단계적으로 해결하는 방법입니다.

중요합니다. 프롬프트 엔지니어들은 지시 사항과 모델 파라미터를 조정함으로써 AI의 행동을 사용자의 요구에 더 정확하게 맞출 수 있으며, 이는 더 신뢰할 수 있는 결과로 이어집니다.

오픈AI의 CEO인 샘 올트먼은 트윗에서 프롬프트 엔지니어링을 "매우 영향력 있는 기술이며 자연어로 하는 초기 형태의 프로그래밍"이라고 표현했습니다.

그림 7-1 샘 올트먼의 프롬프트 엔지니어링 접근법

이 내용을 번역하면 다음과 같습니다.

> 챗봇 페르소나를 위한 훌륭한 프롬프트를 작성하는 것은 매우 강력한 기술이며 자연어로 프로그래
> 밍을 시작하는 초기 예시입니다.

프롬프트 엔지니어링은 GPT-4, GPT-4o와 같은 AI 언어 모델의 등장과 함께 주목받고 있는 핵심 분야입니다. 이 분야의 목표는 모델에 구체적인 지시나 프롬프트를 제공해 원하는 출력을 끌어내는 것입니다.

언어 모델은 방대한 양의 텍스트 데이터를 학습하지만, 일관성 있고 적절한 답변을 생성하는 일은 쉽지 않습니다. 특히 프롬프트가 모호하거나 제대로 작성되지 않으면 모델이 엉뚱하거나 편향된 답변을 내놓을 수 있습니다.

프롬프트 엔지니어링은 초기 언어 모델 개발 단계에서 시작되었습니다. 모델을 더 유용하고 사용자 친화적으로 만들려면 생성되는 텍스트에 명확한 지시가 필요하다는 것이 명백해졌습니다. 초기 프롬프트는 단순한 형태였지만 일반적이거나 부실한 답변을 생성하는 경우가 많았습니다.

GPT-4, LaMDA, Llama 2, PaLM과 같은 주요 모델은 프롬프트 엔지니어링의 발전을 이끌

어왔습니다. 이들 모델은 방대한 양의 텍스트 데이터를 학습하여 일관성 있고 문맥에 맞는 응답을 생성하는 능력을 갖추게 되었습니다. 예를 들어 GPT-4의 파라미터는 정확히 공개되지 않았지만 1조 8천억 개라고 추정하기도 합니다. Llama의 큰 모델인 LLaMa 2 시리즈의 모델들은 각각 70억 개, 130억 개, 700억 개의 파라미터를 자랑합니다. LLaMA 3 시리즈의 모델들에는 각각 80억 개, 700억 개의 파라미터가 있습니다. 현재 GPT-4는 GPT-4o 및 o1 버전으로 업그레이드되어 사용되고, Llama는 버전 3.3까지 출시되었습니다. 많은 내용을 학습했지만, 올바른 출력을 생성하려면 명확한 지시 사항이 필요하다는 점에서 프롬프트 엔지니어링이 중요한 역할을 하게 되었습니다.

프롬프트 엔지니어링의 중요성은 **텍스트를 이미지로 변환하는 모델들이 등장**하면서 더 강조되었습니다. 스테이블 디퓨전, 미드저니, DALL·E와 같은 모델은 텍스트 프롬프트를 바탕으로 이미지를 생성하지만, 정확한 결과를 얻으려면 구체적인 지시가 필수적입니다. 이러한 기술은 자연어 처리(NLP), 전산 언어학, 인간-컴퓨터 상호작용 등 여러 분야의 개념을 차용해 프롬프트 설계를 더 정교하게 만듭니다. 이를 통해 정확하고 문맥에 맞는 응답을 제공하는 다양한 전략이 연구되고 있습니다.

그러나 프롬프트 엔지니어링에는 표준화된 접근 방식이 부족하여 여러 도전 과제가 존재합니다. 명확한 지침이 부족한 상황에서는 다양한 모델과 애플리케이션 간의 비교가 어려워지며, 이는 성능 최적화에 큰 걸림돌이 될 수 있습니다. 따라서 성숙한 프롬프트 엔지니어링 기법들이 필요합니다. 이와 관련된 기법들이 성능 향상에 중요한 역할을 할 것입니다. 다음 절에서는 이러한 프롬프트 엔지니어링 기법으로 어떻게 성능을 향상하는지를 알아보겠습니다. 이번 예제에서는 많이 활용되는 모델인 GPT-4o와 GPT-4o mini를 활용하여 실습을 진행합니다.

7.2 퓨샷 학습: 키워드 추출 성능 높이기

이 예제에서는 텍스트에서 키워드를 추출하고 키워드 목록을 반환해 보겠습니다. 이 문제를 해결하는 데는 두 가지 잠재적 접근 방법이 있습니다.

1. 키워드 목록을 생성하라고 모델에 지시하는 방법
2. 텍스트와 키워드 예시를 모델에 제공하고, 이를 바탕으로 새로운 텍스트의 키워드를 생성하게 하는 방법

여기서는 두 번째 방법을 사용하겠습니다. 이런 방법을 **퓨샷 학습**이라고 하며, 프롬프트 엔지니어링의 핵심 기법입니다. 일반적으로 모델에 예시를 제공하면 성능이 더 좋아집니다. 예시를 분석해 모델이 출력을 더 많이 제어할 수 있으므로 추가 설명 없이도 원하는 결과를 얻을 수 있습니다. 또한 이 작업에는 일정한 결과가 필요하므로 모델의 창의력을 제한하도록 temperature 파라미터를 사용하여 출력의 변동성을 줄일 예정입니다.

> **NOTE** temperature 파라미터 조정
> temperature 파라미터를 작업에 맞게 조정하는 것은 최고의 결과를 얻기 위한 중요한 단계입니다. 예를 들어 트윗을 생성할 때는 **모델이 창의적으로 응답하도록 높은 값을 사용**할 수 있습니다. 반면 키워드 목록을 생성할 때는 결과가 일정하게 나오도록 낮은 값을 사용하는 편이 좋습니다.

위키피디아[2]에서 가져온 다음 텍스트를 사용하겠습니다.

> 최초로 발명된 프로그래밍 언어는 Plankalkül로, 1940년대에 Konrad Zuse가 설계했지만 1972년까지 공개적으로 알려지지 않았습니다(그리고 1998년까지 구현되지 않았습니다). 널리 알려지고 성공한 최초의 고급 프로그래밍 언어는 Fortran으로, 1954년부터 1957년까지 John Backus가 이끄는 IBM 연구원 팀에 의해 개발되었습니다. FORTRAN의 성공으로 보편적인 컴퓨터 언어를 개발하기 위한 과학자 위원회가 구성되었고, 그 노력의 결과로 ALGOL 58이 탄생했습니다. 별도로, MIT의 John McCarthy는 학계에서 기원하여 성공한 최초의 언어인 Lisp를 개발했습니다. 이러한 초기 노력들의 성공으로, 프로그래밍 언어는 1960년대 이후 활발한 연구 주제가 되었습니다.

키워드를 추출하는 코드 예시는 다음과 같습니다. temperature 파라미터는 0으로 설정하여 창의성을 최대한 줄였습니다. 0으로 설정하면 매번 같은 응답을 보여줍니다.

```
model = "gpt-4o-mini"
messages = [
    {
        "role": "system",
        "content":
        "당신은 텍스트에서 키워드를 추출하는 데 도움을 주는 유용한 봇입니다. "
        "키워드는 텍스트에서 중요한 단어들입니다."
    },
```

---

2 https://en.wikipedia.org/wiki/Programming_language_theory

```
{
    "role": "user",
    "content":
    "한 기발한 마을에서, 늙은 거북이 오리온이 언덕 위에 해바라기 씨앗을 뿌렸습니다. "
    "그는 이 씨앗들이 별들에게 소원을 전달한다고 믿었습니다. "
    "그가 모르는 사이에, 아래에 있던 아이들은 기뻐했습니다. "
    "이 씨앗들이 하늘에서 내린 축복이라고 믿었기 때문입니다. "
    "때로는 단순한 행동이 마법을 만들어냅니다."
},
{
    "role": "assistant",
    "content":
    "[\"기발한 마을\", \"늙은 거북이\", "
    "\"오리온\", \"해바라기 씨앗\", "
    "\"언덕\", \"소원\", \"별들\", "
    "\"아이들\", \"축복\", \"하늘\", "
    "\"단순한 행동\", \"마법\"]"
},
{
    "role": "user",
    "content":
    "양자 컴퓨팅 세계에서 하드론 처리 장치(HPU)가 돋보입니다. "
    "큐비트 중첩을 활용하여 뛰어난 속도를 제공합니다. "
    "나노광자 회로와 결합하여 빠른 큐비트 통신을 보장하며, "
    "양자 터널링은 오류 수정에 도움을 줍니다. "
    "양자 어닐링 알고리즘을 통해 HPU는 우리를 양자 우위에 한 걸음 더 가깝게 만듭니다."
},
{
    "role": "assistant",
    "content":
    "[\"양자 컴퓨팅\", \"하드론 처리 장치\", "
    "\"HPU\", \"큐비트 중첩\", \"속도\", "
    "\"나노광자 회로\", \"큐비트 통신\", "
    "\"양자 터널링\", \"오류 수정\", "
    "\"양자 어닐링 알고리즘\", "
    "\"양자 우위\"] "
},
{
    "role": "user",
    "content":
    "최초로 발명된 프로그래밍 언어는 Plankalkül로, "
    "1940년대에 Konrad Zuse가 설계했지만 1972년까지 공개적으로 "
    "알려지지 않았습니다(그리고 1998년까지 구현되지 않았습니다). "
    "널리 알려지고 성공한 최초의 고급 프로그래밍 언어는 "
```

```
        "Fortran으로, 1954년부터 1957년까지 John Backus가 이끄는 "
        "IBM 연구원 팀에 의해 개발되었습니다. FORTRAN의 성공으로 "
        "보편적인 컴퓨터 언어를 개발하기 위한 과학자 위원회가 구성되었고, "
        "그 노력의 결과로 ALGOL 58이 탄생했습니다. "
        "별도로, MIT의 John McCarthy는 학계에서 기원하여 성공한 최초의 "
        "언어인 Lisp를 개발했습니다. 이러한 초기 노력들의 성공으로, "
        "프로그래밍 언어는 1960년대 이후 활발한 연구 주제가 되었습니다."
    },
]

response = client.chat.completions.create(
    model=model,
    messages=messages,
    max_tokens=100,
    temperature=0,
)
print(response.choices[0].message.content)
```

이 코드를 실행하면 다음과 유사한 결과가 나옵니다(가독성을 높이려 결과를 정리했습니다).

```
[
    "프로그래밍 언어",
    "Plankalkül",
    "Konrad Zuse",
    "1940년대",
    "Fortran",
    "John Backus",
    "IBM",
    "1954년",
    "1957년",
    "보편적인 컴퓨터 언어",
    "ALGOL 58",
    "과학자 위원회",
    "MIT",
    "John McCarthy",
    "Lisp",
    "1960년대",
    "연구 주제"
]
```

모델이 출력을 생성할 때 따라야 할 **템플릿을 제공하는 또 다른 예시**를 살펴보겠습니다. 이번에는 모델이 암호화폐의 역대 최고 가격을 생성하도록 요청하는 예시를 살펴보겠습니다. 출력은 다음과 같은 형식을 따라야 합니다.

> - [암호화폐 기호]는 [암호화폐 생성 연도]에 생성되었습니다.
> - 자세한 정보는 여기서 확인할 수 있습니다.
> [암호화폐 웹사이트]
> - 최신 가격은 여기서 확인할 수 있습니다.
> *https://www.coingecko.com/en/coins/*[암호화폐 이름]
> - 최고가는 [최고 가격]입니다.
> - 최저가는 [최저 가격]입니다.

이와 같은 템플릿에 맞춰 모델이 출력을 생성하도록 합니다. 구현 코드는 다음과 같습니다.

```python
# app.py : 암호화폐 정보 생성
# 사용법: python3 app.py [암호화폐 이름]

import sys  # 시스템 명령어 사용을 위한 모듈

crypto = input("암호화폐 이름을 입력해 주세요 : ")

# 사용할 모델 설정
model = "gpt-4o-mini"

# 시스템 및 사용자 메시지 설정
messages = [
    {
        "role": "system",
        "content": "당신은 똑똑한 어시스턴트입니다. 아래 답변 형식에 맞추어 모르는"
            "것은 검색해서 알려주세요."  # 시스템 역할 설정
    },
    {
        "role": "user",
        "content": "Bitcoin",  # 사용자 입력: 비트코인 정보 요청
    },
    {
        "role": "assistant",
        "content": (
            "- BTC는 2008년에 생성되었습니다.\n"
            "- 자세한 정보는 여기서 확인할 수 있습니다.\n"
            "https://bitcoin.org/en/\n"
            "- 최신 가격은 여기서 확인할 수 있습니다.\n"
```

```python
                "https://www.coingecko.com/en/coins/bitcoin\n"
                "- 최고가는 $64,895.00입니다.\n"
                "- 최저가는 $67.81입니다.\n"
            )
        },
        {
            "role": "user",
            "content": "Ethereum",  # 사용자 입력: 이더리움 정보 요청
        },
        {
            "role": "assistant",
            "content": (
                "- ETH는 2015년에 생성되었습니다.\n"
                "- 자세한 정보는 여기서 확인할 수 있습니다.\n"
                "https://ethereum.org/en/\n"
                "- 최신 가격은 여기서 확인할 수 있습니다.\n"
                "https://www.coingecko.com/en/coins/ethereum\n"
                "- 최고가는 $4,362.35입니다.\n"
                "- 최저가는 $0.43입니다.\n"
            )
        },
        {
            "role": "user",
            "content": "Dogecoin",  # 사용자 입력: 도지코인 정보 요청
        },
        {
            "role": "assistant",
            "content": (
                "- DOGE는 2013년에 생성되었습니다.\n"
                "- 자세한 정보는 여기서 확인할 수 있습니다.\n"
                "https://dogecoin.com/\n"
                "- 최신 가격은 여기서 확인할 수 있습니다.\n"
                "https://www.coingecko.com/en/coins/dogecoin\n"
                "- 최고가는 $0.73입니다.\n"
                "- 최저가는 $0.00008690입니다.\n"
            )
        },
        {
            "role": "user",
            "content": crypto,  # 사용자 입력: 명령어 인자로 받은 암호화폐 정보 요청
        }
    ]
```

```python
# 응답 생성 요청
response = client.chat.completions.create(
    model=model,
    messages=messages,
)

# 응답 내용 출력
output = response.choices[0].message.content.strip()
print(output)
```

이 코드를 명령어로 실행하면 다음과 같은 결과를 얻을 수 있습니다.

암호화폐 이름을 입력해 주세요 : 리플
- XRP(리플)는 2012년에 생성되었습니다.
- 자세한 정보는 여기서 확인할 수 있습니다.
https://ripple.com/xrp/
- 최신 가격은 여기서 확인할 수 있습니다.
https://www.coingecko.com/en/coins/ripple
- 최고가는 $3.84입니다.
- 최저가는 $0.00268683입니다.

7.3 프롬프트 체이닝: 트윗 생성 최적화하기

한 프롬프트의 출력이 다른 프롬프트의 입력이 될 때, 이를 프롬프트 체이닝이라고 합니다. 이 예제에서는 gpt-4o를 사용하여 소셜 미디어 게시물을 작성하겠습니다. 다음 텍스트를 트윗의 시작점으로 사용할 것입니다.

최초로 발명된 프로그래밍 언어는 Plankalkül로, 1940년대에 Konrad Zuse가 설계했지만 1972년까지 공개적으로 알려지지 않았습니다(그리고 1998년까지 구현되지 않았습니다). 널리 알려지고 성공한 최초의 고급 프로그래밍 언어는 Fortran으로, 1954년부터 1957년까지 John Backus가 이끄는 IBM 연구원 팀에 의해 개발되었습니다. FORTRAN의 성공으로 보편적인 컴퓨터 언어를 개발하기 위한 과학자 위원회가 구성되었고, 그 노력의 결과로 ALGOL 58이 탄생했습니다. 별도로, MIT의 John McCarthy는 학계에서 기원하여 성공한 최초의 언어인 Lisp를 개발했습니다. 이러한 초기 노력들의 성공으로, 프로그래밍 언어는 1960년대 이후 활발한 연구 주제가 되었습니다.

문제는 이 텍스트는 400자에 가까우므로 트윗으로 올리기에 너무 길다는 점입니다. 또한 해시 태그를 포함한 최종 트윗을 최대 280자로 제한해야 합니다.

먼저 이전 예제에서 가장 중요한 키워드를 선택하여 해시태그로 사용할 것입니다. 따라서 다음 두 개의 API 호출을 실행할 것입니다.

1. 첫 번째 API 호출은 키워드를 생성합니다.
2. 두 번째 API 호출은 트윗을 생성합니다.

프롬프트 체이닝을 더 구체적으로 설명하면 첫 번째 프롬프트의 출력이 두 번째 프롬프트의 입력이 되므로 이는 '순차적 프롬프트 체이닝'입니다.

과제는 280자 제한 내에서 트윗을 작성하는 것입니다. gpt-4o와 같은 LLM의 일반적인 문제는 프롬프트에서 사용자가 정의한 제한을 무시하는 경향이 있다는 것입니다. 이를 해결하는 데 세 가지 기술을 사용하겠습니다.

1. **퓨샷 학습 기법을 사용**하여 모델에게 280자 제한을 지키는 트윗의 예시를 제공할 것입니다. 이를 통해 모델이 제한 내에서 트윗을 작성하는 법을 학습할 수 있습니다.
2. **temperature 파라미터를 사용**하여 모델의 창의성을 제한하고 지나치게 긴 트윗을 생성하는 위험을 줄일 것입니다. 이 작업에는 높은 창의성이 필요하지 않으므로 어느 정도의 결정론이 좋은 트윗을 작성하는 데 충분할 수 있습니다. 적절한 temperature 값은 0.5에서 1 사이일 수 있으며, 가장 적합한 값을 찾는 다양한 실험을 해 보면 좋습니다.
3. **여러 개의 트윗을 생성**하고 그중에서 280자 이내의 트윗을 선택할 것입니다.

다음은 구현 코드입니다.

```python
model = "gpt-4o"
# 첫 번째 프롬프트: 해시태그를 추출하여 파이썬 리스트로 반환
messages = [
    {
        "role": "system",
        "content":
        "당신은 사람들이 트위터에서 사용할 텍스트에서 "
        "해시태그를 추출하도록 도와주는 유용한 봇입니다.",
    },
    {
        "role": "user",
        "content":
```

```
        "한 작은 마을에서, 늙은 거북 오리온이 언덕 위에 "
        "해바라기 씨앗을 뿌렸습니다. 그는 이 씨앗들이 "
        "별에 소원을 담고 있다고 믿었습니다. 하지만 "
        "아이들은 이 씨앗들이 하늘에서 온 축복이라 "
        "생각하며 기뻐했습니다. 때로는 작은 행동이 마법을 만듭니다.",
},
{
        "role": "assistant",
        "content": "#소원 #축복 #마법",
},
{
        "role": "user",
        "content":
        "양자 컴퓨팅 세계에서 하드론 처리 장치(HPU)는 "
        "두드러집니다. 큐비트 중첩을 활용하여 뛰어난 "
        "속도를 제공하며, 나노포토닉 회로와 결합하여 "
        "빠른 큐비트 통신을 보장합니다. 양자 터널링은 "
        "오류 수정을 돕습니다. 양자 어닐링 알고리즘을 통해 "
        "HPU는 양자 우월성에 한 걸음 더 가까워지고 있습니다.",
},
{
        "role": "assistant",
        "content": "#양자컴퓨팅 #큐비트 #양자알고리즘",
},
{
        "role": "user",
        "content":
        "좋은 친구는 당신이 필요할 때 항상 옆에 있어주는 "
        "사람입니다. 그들은 당신의 문제를 들어주고 "
        "해결책을 찾는 데 도움을 줍니다. 당신이 가장 "
        "힘들 때 옆에 있어주는 사람이 진정한 친구입니다.",
},
{
        "role": "assistant",
        "content": "#우정 #우정명언 #응원",
},
{
        "role": "user",
        "content":
        "최초로 발명된 프로그래밍 언어는 Plankalkül로, "
        "1940년대에 Konrad Zuse가 설계했지만 1972년까지 공개적으로 "
        "알려지지 않았습니다(그리고 1998년까지 구현되지 않았습니다). "
        "널리 알려지고 성공한 최초의 고급 프로그래밍 언어는 "
        "Fortran으로, 1954년부터 1957년까지 John Backus가 이끄는 "
```

```python
        "IBM 연구원 팀에 의해 개발되었습니다. FORTRAN의 성공으로 "
        "보편적인 컴퓨터 언어를 개발하기 위한 과학자 위원회가 구성되었고, "
        "그 노력의 결과로 ALGOL 58이 탄생했습니다. "
        "별도로, MIT의 John McCarthy는 학계에서 기원하여 성공한 최초의 "
        "언어인 Lisp를 개발했습니다. 이러한 초기 노력들의 성공으로, "
        "프로그래밍 언어는 1960년대 이후 활발한 연구 주제가 되었습니다."
    },
]
response = client.chat.completions.create(
    model=model,
    messages=messages,
    max_tokens=100,
    temperature=0,
    stop=["\n", "assistant:", "user:"],
)
hashtags = response.choices[0].message.content

# 두 번째 프롬프트: 트윗 생성
# 해시태그를 입력으로 제공하여 모델이 트윗을 생성합니다.
# 예시는 모델이 트윗의 길이와 스타일을 유지하도록
# 안내하는 역할을 합니다.
messages = [
    {
        "role": "system",
        "content":
        "당신은 사용자가 주어진 텍스트를 기반으로 "
        "해시태그를 포함한 트윗을 작성하는 "
        "지능적인 어시스턴트입니다. 트윗은 100자에서 "
        "280자 사이여야 합니다.",
    },
    {
        "role": "user",
        "content":
        "오픈AI는 대형 언어 모델의 한계를 넓히고 있으며, 이를 "
        "대중과 기업 모두가 쉽게 접근할 수 있도록 하고 있습니다. "
        "모델은 사람처럼 자연스러운 텍스트를 생성하고, 글쓰기를 "
        "돕고, 질문에 답하며 더 많은 일을 수행할 수 있습니다. "
        "#OpenAI #AI #언어모델",
    },
    {
        "role": "assistant",
        "content":
        "오픈AI는 대중과 기업을 위해 대형 언어 모델을 "
        "개선하고 있습니다. 모델은 자연스러운 텍스트를 "
```

```
        "생성하고, 글쓰기를 돕고, 질문에 답할 수 있습니다. "
        "#OpenAI #AI #언어모델",
    },
    {

        "role": "user",
        "content":
        "에펠탑은 프랑스 파리에 위치한 세계적으로 유명한 "
        "건축물이며 사랑의 상징입니다. 매년 많은 관광객들이 "
        "그 웅장함과 낭만적인 분위기를 체험하기 위해 방문합니다. "
        "#에펠탑 #파리 #낭만",
    },
    {

        "role": "assistant",
        "content":
        "파리의 에펠탑은 사랑의 상징으로, 전 세계 관광객들이 "
        "그 웅장함을 보기 위해 모입니다. "
        "#에펠탑 #파리 #사랑",
    },
    {

        "role": "user",
        "content":
        "요가는 인도에서 유래된 고대의 수련법으로, 정신적, "
        "육체적, 영적인 안녕을 목표로 합니다. 요가는 전신의 "
        "건강을 촉진하는 운동과 명상을 제공합니다. "
        "#요가 #웰빙 #명상",
    },
    {

        "role": "assistant",
        "content":
        "요가는 인도에서 유래된 수련법으로, 정신과 신체, 영혼을 "
        "균형 있게 조화시킵니다. "
        "#요가 #전신건강 #명상",
    },
    {

        "role": "user",
        "content":
        "판다는 중국 남중부에서 서식하며, 독특한 흑백 외형으로 "
        "잘 알려져 있습니다. 판다는 주로 대나무를 먹으며, 평화와 "
        "보존 노력을 상징하는 동물입니다. "
        "#판다 #중국 #보존",
    },
    {

        "role": "assistant",
        "content":
```

```python
        "판다는 중국이 원산지이며, 평화와 보존을 상징하는 "
        "아이콘입니다. "
        "#판다 #중국 #평화",
    },
    {
        "role": "user",
        "content":
        "그랜드 캐니언은 미국 애리조나 주에 위치한 콜로라도 강에 "
        "의해 형성된 가파른 협곡입니다. 이 협곡은 거대한 규모와 "
        "복잡하고 다채로운 풍경으로 유명한 명소입니다. "
        "#그랜드캐니언 #애리조나 #자연",
    },
    {
        "role": "assistant",
        "content":
        "애리조나의 콜로라도 강에 의해 형성된 그랜드 캐니언은 "
        "그 거대한 규모와 다채로운 풍경으로 유명합니다. "
        "#그랜드캐니언 #애리조나 #자연",
    },
    {
        "role": "user",
        "content":
        "최초로 발명된 프로그래밍 언어는 Plankalkül로, "
        "1940년대에 Konrad Zuse가 설계했지만 1972년까지 공개적으로 "
        "알려지지 않았습니다(그리고 1998년까지 구현되지 않았습니다). "
        "널리 알려지고 성공한 최초의 고급 프로그래밍 언어는 "
        "Fortran으로, 1954년부터 1957년까지 John Backus가 이끄는 "
        "IBM 연구원 팀에 의해 개발되었습니다. FORTRAN의 성공으로 "
        "보편적인 컴퓨터 언어를 개발하기 위한 과학자 위원회가 구성되었고, "
        "그 노력의 결과로 ALGOL 58이 탄생했습니다. "
        "별도로, MIT의 John McCarthy는 학계에서 기원하여 성공한 최초의 "
        "언어인 Lisp를 개발했습니다. 이러한 초기 노력들의 성공으로, "
        "프로그래밍 언어는 1960년대 이후 활발한 연구 주제가 "
        "되었습니다. {hashtags}",
    },
]

# 280자 이하의 트윗을 5개 생성하도록 요청하고 280자 이하의 첫 번째 트윗을 선택
response = client.chat.completions.create(
    model=model,
    messages=messages,
    max_tokens=280,
    temperature=0.5,
    stop=["\n", "assistant:", "user:"],
```

```
        n=5
    )
    for choice in response.choices:
        tweet = choice.message.content
        length = len(tweet)
        if length <= 280:
            print(tweet)
            print()
            break
```

다음은 모델의 실행 결과입니다.

> 프로그래밍 언어의 역사는 플랑칼퀼에서 시작되어 포트란, ALGOL, Lisp 등으로 이어졌습니다. 이 초기 언어들은 현대 컴퓨팅의 기초를 마련했습니다. #프로그래밍언어 #컴퓨터과학 #역사

이 결과의 길이는 280자보다 짧습니다. GPT 모델은 특정 길이의 텍스트를 매번 정확하게 생성하지 못할 수 있습니다. 따라서 여러 텍스트를 생성한 후 280자 제한에 맞는 최고의 트윗을 선택해야 합니다. 이 기술은 코드에서 퓨샷 학습이라 불리는 소수의 예시를 통한 학습 기법과 결합해서 모델이 더 나은 트윗을 생성하는 방법을 배우는 데 도움을 줄 수 있습니다.

7.4 일반 지식 프롬프팅: 올드 스쿨 랩 가사 완성하기

이 예제에서는 GPT로 올드 스쿨 랩의 가사를 생성하는 방법을 살펴보겠습니다. 더 나은 결과를 얻기 위해 **일반 지식 프롬프팅**general knowledge prompting[3]이라는 기술을 사용할 것입니다. 이 기술은 **모델이 해당 작업에 관한 지식을 생성**한 다음, 이 **지식을 모델에 입력하여 결과물을 생성**하는 방식으로 구성됩니다.

----

3 *https://arxiv.org/pdf/2110.08387*

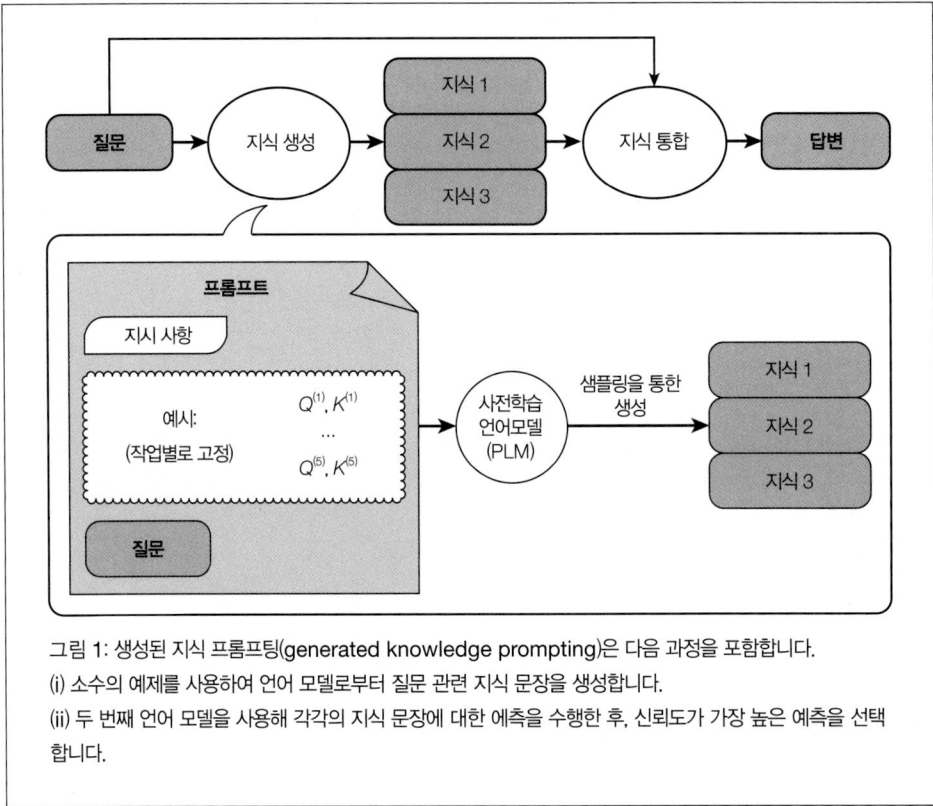

그림 1: 생성된 지식 프롬프팅(generated knowledge prompting)은 다음 과정을 포함합니다.
(i) 소수의 예제를 사용하여 언어 모델로부터 질문 관련 지식 문장을 생성합니다.
(ii) 두 번째 언어 모델을 사용해 각각의 지식 문장에 대한 예측을 수행한 후, 신뢰도가 가장 높은 예측을 선택합니다.

그림 7-2 일반 지식 프롬프팅(출처: Generated Knowledge Prompting for Commonsense Reasoning
(2021), *https://arxiv.org/abs/2110.08387*)

첫 번째 단계에서는 **작업에 관한 지식을 생성**합니다. 여기서는 다음 프롬프트를 사용하여 올드
스쿨 랩에 관한 지식을 생성합니다.

> "올드 스쿨 랩의 가사 특징과 주제는 무엇인가요?"

두 번째 단계에서는 생성된 **지식을 모델에 제공하고 출력을 생성**합니다. 사용할 프롬프트는 다
음과 같습니다.

> [첫 번째 프롬프트의 출력]
> 정의와 평등에 관한 올드 스쿨 랩의 가사를 만들어주세요.

이 작업에는 높은 수준의 창의성이 필요하므로 **temperature** 파라미터에 높은 값을 사용하겠습니다. 다음은 구현 예시입니다.

```python
model = "gpt-4o-mini"
# 첫 번째 프롬프트로 지식 생성
prompt = """
올드 스쿨 랩의 가사적 특징과
주제에 관한 간결한 문단을 작성하세요.
"""
messages = [
    {
        "role": "system",
        "content": "당신은 똑똑한 어시스턴트입니다.",  # 시스템 역할 설정
    },
    {
        "role": "user",
        "content": prompt,  # 사용자 입력: 올드 스쿨 랩에 대한 질문
    }
]
response = client.chat.completions.create(
    model=model,
    messages=messages,
    max_tokens=200,  # 생성할 최대 토큰 수
    temperature=0.5,  # 창의성을 제한하는 온도 설정
    stop=["assistant:", "user:"],  # 멈춤 조건
)
output = response.choices[0].message.content

# 두 번째 프롬프트로 가사 생성
# 첫 번째 프롬프트의 출력을 두 번째 프롬프트의
# 입력으로 사용하여 더 나은 응답을 생성
prompt = f"""배경: {output}

작업: 정의와 평등에 관한
올드 스쿨 랩 노래 가사를 작성하세요.
"""
messages = [
    {
        "role": "system",
        "content":
        "당신은 유명한 올드 스쿨 랩 작사가입니다.",  # 시스템 역할 설정: 랩 작사가
    },
    {
```

```
            "role": "user",
            "content": prompt,  # 사용자 입력: 정의와 평등에 관한 랩 가사 생성 요청
        },
    ]
    # 올드 스쿨 랩 노래 가사 작성
    response = client.chat.completions.create(
        model=model,
        messages=messages,
        max_tokens=500,  # 생성할 최대 토큰 수
        temperature=1,  # 창의성 설정
        stop=["assistant:", "user:"],  # 멈춤 조건 설정
    )
    output = response.choices[0].message.content
    print(
        "모델에 전달한 프롬프트는 다음과 같습니다"
        f":\n\n{prompt}"
    )
    print()
    print(f"다음은 결과입니다.\n\n{output}")
```

실행 결과는 다음과 같습니다.

모델에 전달한 프롬프트는 다음과 같습니다.

배경: 올드 스쿨 랩은 1980년대와 1990년대 초반에 유행한 힙합의 초기 형태로, 주로 간단한 비트와 반복적인 후렴구가 특징입니다. 가사는 종종 개인적인 경험, 사회적 이슈, 그리고 거리 문화에 대한 이야기로 구성되며, 리듬과 운율을 강조합니다. 주제는 자아 정체성, 생존, 그리고 사회적 불평등과 같은 심오한 문제를 다루는 경우가 많아, 그 시대의 사회적 문맥을 반영합니다. 또한, 올드 스쿨 랩은 자주 유머와 플레이풀한 요소를 포함하여, 듣는 이에게 즐거움을 주는 동시에 메시지를 전달하는 방식이 돋보입니다.

작업: 정의와 평등에 대한
올드 스쿨 랩 노래 가사를 작성하세요.

다음은 결과입니다.

(Verse 1)
형체 없는 꿈, 난 길 위를 걷네,
사회가 주는 규칙, 그건 내 멍에,
정의는 어디? 사람들이 싸워,
차별과 불평등, 보이는 건 다쳐.

내 형제들, 내 자매들, 우리는 끌어안고,
하루하루 버텨, 꿈을 찾아 달려가고,
그렇지만 내 주머니는 여전히 비워,
소음 속에서도 희망을 찾아가이 chore.

(Chorus)
모두 똑같은 하늘 아래,
다르지 않게 숨 쉬고 살아가네,
정의로운 세상, 그건 우리의 꿈,
함께 일어나, 모두 함께, boom, boom!

(Verse 2)
눈부신 불빛, 거리의 찬란한 불,
신나는 비트 속에 엮여진 삶의 줄,
사람들은 찬란해, 여전히 소외돼,
놓지마, 우리의 목소리, 더 크게 외쳐.

형과 내가 다르지 않아, 내색해봐,
우린 서로 다르지만, 하나의 꿈이야,
이해와 존중, 그게 힘의 원천,
평등이란 노래, 그게 내 일의 본전.

(Chorus)
모두 똑같은 하늘 아래,
다르지 않게 숨 쉬고 살아가네,
정의로운 세상, 그건 우리의 꿈,
함께 일어나, 모두 함께, boom, boom!

(Bridge)
이 세상에 외치는 소리,
모든 언어와 피부색의 조화,
하나가 되는 순간이 올 거야,
함께 만들어가는 이 길을, wow!

(Outro)
정의와 평등, 그게 우리의 길,
목소리 모아, 다같이 나아가,
이건 꿈이 아닌, 현실이 될 거야,
우리는 계속해서 싸워, 절대 멈추지 않아!

7.5 문맥 채우기: AI의 이해도 높이기

단어의 품사(예: 명사, 형용사)를 판단하는 작은 프로그램을 만들어 보겠습니다. 이 프로그램의 한 가지 도전 과제는 여러 품사로 사용할 수 있는 단어가 존재한다는 점입니다. 예를 들어 'light'는 다음과 같이 명사, 형용사, 동사, 부사가 될 수 있습니다.

- **명사**: The light is red(신호등이 빨간색입니다).

- **형용사**: This desk is very light(이 책상은 매우 가볍습니다).

- **동사**: You light up my life(당신은 내 인생을 밝게 비춥니다).

- **부사**: He stepped lightly on the snow, trying not to leave deep footprints(그는 깊은 발자국을 남기지 않으려고 조심스럽게 눈 위를 걸었습니다).

모델에 다음과 같이 물어볼 수 있습니다.

```python
model = "gpt-4o-mini"  # 사용할 모델 지정
prompt = "단어 'light'의 품사를 결정하세요."  # 프롬프트를 한글로 변경

messages = [
    {
        "role": "system",
        "content": "당신은 똑똑한 어시스턴트입니다.",  # 시스템 지침을 한글로 변경
    },
    {
        "role": "user",
        "content": prompt,
    }
]

# API를 통해 채팅 완성 요청
response = client.chat.completions.create(
    model=model,
    messages=messages,
)

# 응답에서 출력 내용 추출
output = response.choices[0].message.content

# 결과 출력
print(output)
```

실행 결과는 다음과 같습니다.

> 'Light'는 여러 품사로 사용될 수 있습니다. 주로 다음과 같은 경우가 있습니다.
>
> 1. **명사(Noun)**: 빛, 조명 등을 의미합니다. 예: "The light is bright." (빛이 밝다.)
> 2. **형용사(Adjective)**: 가벼운, 밝은 등의 의미로 사용됩니다. 예: "This box is light." (이 상자는 가볍다.)
> 3. **동사(Verb)**: 불을 붙이다, 비추다 등의 의미로 사용됩니다. 예: "Please light the candle." (양초를 켜 주세요.)
>
> 즉, 'light'는 문맥에 따라 명사, 형용사, 동사로 쓰일 수 있습니다.

문맥 채우기 Context Stuffing 기술을 사용하여 'light'의 품사를 더 정확하게 결정할 수 있습니다. 이 방법은 모델에 더 많은 문맥을 제공하여 단어의 품사를 정확하게 식별하는 데 도움을 줍니다. 다음과 같이 예시 문장과 함께 품사를 명시적으로 제공할 수 있습니다.

1. 명사(noun): "The light is bright(빛이 밝다)."

    – 이 문장에서 'light'는 명사로 사용되어 '빛'을 의미합니다.

2. 형용사(adjective): "She wore a light jacket(그녀는 가벼운 재킷을 입었다)."

    – 이 문장에서 'light'는 형용사로 사용되어 '가벼운'이라는 의미로 재킷을 수식합니다.

3. 동사(verb): "Please light the candle(촛불을 켜주세요)."

    – 이 문장에서 'light'는 동사로 사용되어 '불을 붙이다' 또는 '켜다'라는 의미입니다.

프롬프트를 제공하면, 모델은 주어진 문맥을 바탕으로 'light'의 품사를 더 정확하게 판단할 수 있습니다. 예를 들어 다음과 같이 프롬프트를 구성할 수 있습니다.

```
prompt = """
단어 "light"의 품사를 결정하세요:

1. The light is bright.
2. She wore a light jacket.
3. Please light the candle.

각 문장에서 "light"의 품사는 무엇인가요?
"""
```

이렇게 문맥이 풍부한 프롬프트를 사용하면 모델은 각 문장에서 'light'의 품사를 더 정확하게 식별할 수 있습니다.

- "The light is bright.": 여기서 'light'는 명사입니다.
- "She wore a light jacket.": 이 문장에서 'light'는 형용사입니다.
- "Please light the candle.": 여기서 'light'는 동사입니다.

이 접근 방식을 사용하면, 모델은 단순히 'light'라는 단어만 주어졌을 때보다 훨씬 더 정확하게 품사를 결정할 수 있습니다. 이는 실제 언어 사용에서 단어의 의미와 기능이 문맥에 따라 달라질 수 있음을 보여주는 좋은 예시입니다. 예제에서 확인해 보겠습니다.

```python
# 사용할 모델 지정
model = "gpt-4o-mini"

# 각 상황에 대한 프롬프트 정의
prompt_a = """The light is red. Determine the part
of speech of the word 'light'.\n\n"""

prompt_b = """This desk is very light. Determine
the part of speech of the word 'light'.\n\n"""

prompt_c = """You light up my life. Determine the
part of speech of the word 'light'.\n\n"""

prompt_d = """He stepped light on the snow, trying
not to leave deep footprints. Determine the part of
speech of the word 'light'.\n\n"""

# 각 프롬프트에 대해 반복
for prompt in [prompt_a, prompt_b, prompt_c, prompt_d]:
    # 메시지 구성
    messages = [
        {
            "role": "system",
            "content": "You are a smart assistant.",
        },
        {
            "role": "user",
            "content": prompt,
        }
    ]
```

```
# API를 통해 응답 요청
response = client.chat.completions.create(
    model=model,
    messages=messages,
)

# 응답 출력
output = response.choices[0].message.content
print(output)
print()  # 각 응답 사이에 빈 줄 추가
```

문맥 채우기를 사용하면 모델의 응답에 영향을 줄 수 있습니다. 문맥은 사용자 정의 패턴을 통해 모델을 안내하는 힌트로 제공됩니다.

다음은 그 결과입니다.

```
In the phrase "The light is red," the word "light" functions as a noun. It refers to
a source of illumination or a term for brightness.

In the sentence "This desk is very light," the word "light" functions as an
adjective. It describes the noun "desk," indicating that the desk has a low weight.

In the phrase "You light up my life," the word "light" is used as a verb. It
describes the action of illuminating or brightening.

In the sentence, "He stepped light on the snow, trying not to leave deep
footprints," the word "light" functions as an adjective. It describes the manner
in which he is stepping, suggesting that he is doing so in a gentle or soft way to
avoid making deep footprints.
```

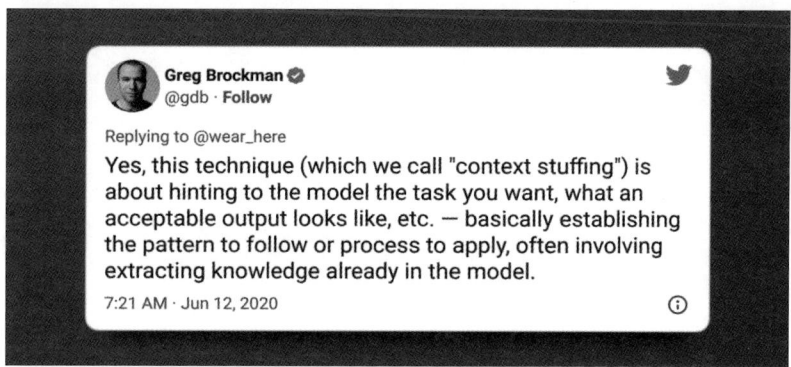

그림 7-3 오픈AI의 공동 창립자이자 사장인 그렉 브로크만의 트윗

[그림 7-3]의 트윗 내용을 번역하면 다음과 같습니다.

네, 우리가 '문맥 채우기'라고 부르는 이 기술은 모델에 여러분이 원하는 작업이 무엇이고 허용 가능한 출력이 어떤 모습인지 등을 힌트로 주는 것입니다. 기본적으로 따를 패턴이나 적용할 프로세스를 설정하는 기술로, 모델에 이미 있는 지식을 추출하는 과정을 포함할 때가 많습니다.

다음은 두 가지 프롬프트를 모델에 제공하는 예시를 살펴보는 내용입니다. 첫 번째 프롬프트에서는 'Apple'이 회사임을 모델이 이해하도록 하고 싶습니다. 두 번째 프롬프트에서는 'Apple'이 회사일 수도 있고, 과일일 수도 있음을 모델이 이해하도록 하고 싶습니다. 구현 예시는 다음과 같습니다.

```python
# 사용할 모델 지정
model = "gpt-4o-mini"

# 프롬프트 정의(Apple이 첫 번째는 회사, 두 번째는 회사나 과일로 인식되도록)
prompt_a = """
Huawei:
company

Google:
company

Microsoft:
company
Apple:
"""
prompt_b = """
Huawei:
company

Google:
company

Microsoft:
company

Apricot:
Fruit

Apple:
```

```python
    """

    # 각 프롬프트에 대해 반복 처리
    for prompt in [prompt_a, prompt_b]:
        # 메시지 구성
        messages = [
            {
                "role": "system",
                "content": "당신은 똑똑한 어시스턴트입니다.",
            },
            {
                "role": "user",
                "content": prompt,
            }
        ]

        # API 호출을 통해 응답 생성
        response = client.chat.completions.create(
            model=model,
            messages=messages,
        )

        # 응답 출력
        output = response.choices[0].message.content
        print(output)  # 출력 후 빈 줄 추가
        print()
```

출력 결과는 다음과 같습니다. prompt_a에서 회사 이름이 나오다가 Apple에 대해 물었을 때는 company라고 답변했습니다. prompt_b에서 Apple을 물어보기 직전에 살구(Apricot)와 Fruit가 나왔기에 Apple을 사과로 유추해서 Fruit라고 답변했습니다. 출력 형식은 약간 달라질 수 있습니다.

```
Apple: company

Fruit
```

간단한 예시이지만 문맥 채우기가 모델의 응답에 어떻게 영향을 미치는지를 보여줍니다. 다음은 두 번째 예시입니다.

```python
# 사용할 모델 지정
model = "gpt-4o-mini"

# Python 애플리케이션을 위한 Dockerfile 생성 프롬프트
prompt_dockerfile = """
# Node.js용 Dockerfile:
FROM node:14
WORKDIR /app
COPY . /app
RUN npm install
EXPOSE 8080
CMD ["node", "app.js"]
# Python용 Dockerfile:
"""

# MySQL 데이터베이스를 위한 Kubernetes 배포 스크립트 생성 프롬프트
prompt_kubernetes = """
# Redis용 Kubernetes 배포:
apiVersion: apps/v1
kind: Deployment
metadata:
  name: redis-deployment
spec:
  selector:
    matchLabels:
      app: redis
  template:
    metadata:
      labels:
        app: redis
    spec:
      containers:
      - name: redis
        image: redis
        ports:
        - containerPort: 6379
# MySQL용 Kubernetes 배포:
"""

# 두 프롬프트에 대해 반복 처리
for prompt in [prompt_dockerfile, prompt_kubernetes]:
    # 메시지 구성
    messages = [
        {
```

```python
        "role": "system",
        "content": "당신은 구성 스크립트를 작성하는 똑똑한 어시스턴트입니다.",
    },
    {
        "role": "user",
        "content": prompt,
    }
]

# API 호출을 통해 응답 생성
response = client.chat.completions.create(
    model=model,
    messages=messages,
)

# 응답 출력 및 불필요한 공백 제거 후 출력
output = response.choices[0].message.content
print(output.strip())
print("---")  # 구분선 출력
```

출력 결과는 다음과 같습니다.

이 Dockerfile을 사용하는 경우, 같은 디렉터리에 `requirements.txt` 파일이 있어야 하며, 이 파일에는 애플리케이션에 필요한 Python 패키지가 명시되어 있어야 합니다. `app.py`는 Flask 애플리케이션의 진입점으로 가정합니다. 필요에 따라 포트와 실행 방식도 수정할 수 있습니다.

아래는 MySQL을 위한 Kubernetes 배포 구성 예입니다. Redis와 유사한 형식으로 작성했습니다.

```yaml
# MySQL용 Kubernetes 배포:
apiVersion: apps/v1
kind: Deployment
metadata:
  name: mysql-deployment
spec:
  selector:
    matchLabels:
      app: mysql
  template:
    metadata:
      labels:
```

```
          app: mysql
    spec:
      containers:
      - name: mysql
        image: mysql:5.7 # 원하는 MySQL 버전을 지정하십시오.
        env:
        - name: MYSQL_ROOT_PASSWORD
          value: your_root_password # 여기에 적절한 비밀번호를 설정하십시오.
        ports:
        - containerPort: 3306
        volumeMounts:
        - name: mysql-storage
          mountPath: /var/lib/mysql
      volumes:
      - name: mysql-storage
        persistentVolumeClaim:
          claimName: mysql-pvc # PVC를 미리 생성해야 합니다.
```

위의 YAML 파일에서 `MYSQL_ROOT_PASSWORD` 환경 변수를 사용하여 MySQL의 루트 비밀번호
를 설정하고 있습니다. 이 비밀번호는 반드시 안전한 값으로 설정해야 하며, 실제 환경에
서는 비밀 관리를 위해 Kubernetes Secrets를 사용하는 것이 좋습니다.

`persistentVolumeClaim`인 `mysql-pvc`는 데이터 유지를 위한 PVC로, 이를 미리 생성해
야 합니다. 아래는 PVC의 간단한 예시입니다.

```yaml
# MySQL용 PVC:
apiVersion: v1
kind: PersistentVolumeClaim
metadata:
  name: mysql-pvc
spec:
  accessModes:
    - ReadWriteOnce
  resources:
    requests:
      storage: 1Gi # 필요한 저장 용량을 설정하십시오.
```

이제 Redis 및 MySQL을 Kubernetes 클러스터에서 실행할 준비가 완료되었습니다. 필요에
따라 설정을 조정하여 사용할 수 있습니다.

이 예시에서는 문맥 채우기를 사용하여 모델이 특정 구성 스크립트를 생성하도록 유도합니다. 간단히 말해 **문맥 채우기는** 모델이 **특정 주제나 스타일에 맞춰 결과를 더 잘 생성**하도록 돕는 방법입니다. 예를 들어 모델에 Node.js용 Dockerfile이나 레디스^{Redis}용 쿠버네티스^{Kubernetes} 배포 스크립트와 같은 예시를 제공한 후, 다른 기술인 파이썬 Dockerfile이나 MySQL 쿠버네티스 배포 스크립트를 요청하면 모델이 주어진 예시를 바탕으로 유사한 방식으로 결과물을 생성하도록 유도할 수 있습니다. 이렇게 하면 모델이 각 기술의 요구 사항을 더 잘 반영한 내용을 생성해 더 정확한 결과를 얻을 수 있습니다.

한 소프트웨어 회사가 기술 지원 과정을 자동화하려고 한다고 상상해 보겠습니다. 이 회사는 클라우드 서비스, 개발자 도구, 기업용 솔루션 등 다양한 제품을 제공합니다. 회사의 고객 지원 팀은 종종 **구체적이고 상세한 답변이 필요한 기술적인 질문**들을 다룹니다. 효율성과 정확성을 높이고자 회사는 문맥 채우기 기법을 사용하는 챗봇을 구현하여 복잡한 기술 질문을 처리합니다. 이 챗봇은 다음과 같이 작동합니다.

- 챗봇은 먼저 키워드, 제품명, 질문의 성격(예: 문제 해결, 구성, 모범 사례)에 따라 들어오는 질문을 분류합니다.
- 챗봇은 분류 결과를 바탕으로 상황에 맞는 프롬프트를 준비합니다. 예를 들어 클라우드 서비스 설정에 관한 질문이 들어오면 유사한 설정 예시들을 미리 로드해 둡니다.
- 챗봇은 이렇게 문맥 채우기가 된 프롬프트를 사용하여 구체적이고 관련성 높은 답변을 생성합니다. 여기에는 단계별 안내, 코드 스니펫, 문제 해결 조언 등이 포함될 수 있습니다.
- 만약 초기 응답이 충분하지 않다면 챗봇은 사용자의 추가 질문을 바탕으로 컨텍스트를 더 세분화하여 더 정확한 답변을 제공합니다.

이러한 접근 방식은 기술 지원의 품질을 높입니다.

7.6 동적 토큰 제어: AI 응답 길이 유연하게 조절하기

다음은 미국에서 회사를 설립할 때의 할 일 목록을 생성해 달라고 요청하는 예제입니다. 우리는 목록의 첫 번째 항목부터 n 번째 항목까지가 필요하며, 여기서 n은 사용자가 동적으로 정의하는 값입니다. 예를 들어 사용자가 5개의 항목을 원한다면 모델은 5개의 항목을 생성해야 합니다. 따라서 모델이 원하는 항목 수에 도달했을 때 목록 생성을 멈추도록 stop 파라미터를 사용해야 합니다.

그리고 출력 형식이 다음과 같기를 원합니다.

```
Task 1: [task 1]
Task 2: [task 2]
Task 3: [task 3]
..
Task n: [task n]
```

다음과 같은 텍스트로 프롬프트를 작성하여 모델에 전달할 수 있습니다.

```
prompt = """
Please create a todo list for establishing a company in the United States.
Each task should be written in one line.
"""
```

그리고 다음과 같은 **stop** 파라미터를 사용할 수 있습니다.

```
Task [n]:
```

[n]은 사용자가 지정한 할 일 항목의 숫자로 대체됩니다.

이를 예제를 살펴보며 이해해 보겠습니다. 다양한 모델을 사용해 보고자 앞에서는 gpt-4o-mini를 사용했지만, 이번 예제부터는 gpt-4o을 사용하겠습니다. 한글 답변의 토큰 계산은 모델별로 조금씩 다르기에 이번 예제에서는 영어 요청과 답변을 사용하겠습니다.

```
import sys
model = "gpt-4o"

# 명령줄에서 할 일 항목의 개수 읽어오기
print("""
Please enter the number of tasks.
Example :
number_of_tasks: 5
number_of_tasks: 10
""")
```

```python
number_of_tasks = int(input("number_of_tasks: "))

# 모델이 지정된 형식으로 할 일 목록을 만들도록 안내하는 프롬프트 생성
prompt = """
Please create a todo list for establishing a company in the United States.
Each task should be written in one line.
Task 1: [task 1]
Task 2: [task 2]
Task 3: [task 3]
...
Task n: [task n]
"""


# 종료 시퀀스 정의
# 사용자가 5개의 할 일을 생성하고자 할 때, 종료 시퀀스는 "Task 6:"을 포함해야 함
stop = [
    f"Task {number_of_tasks + 1}:",
    "assistant:",
    "user:"
]

# 메시지 구성
messages = [
    {
        "role": "system",
        "content": "You are a smart assistant.",
    },
    {
        "role": "user",
        "content": prompt,
    }
]

# 모델에 요청하여 응답 생성
response = client.chat.completions.create(
    model=model,
    messages=messages,
    max_tokens=400,
    stop=stop,
)

# "Task 1:"과 생성된 출력물 연결
output = response.choices[0].message.content
print(output)
```

출력 결과는 다음과 같습니다.

```
Please enter the number of tasks.
Example :
number_of_tasks: 5
number_of_tasks: 10

number_of_tasks: 5
Task 1: Conduct market research to identify the business niche and target audience.
Task 2: Develop a comprehensive business plan outlining goals and strategies.
Task 3: Choose a legal structure for the company (e.g., LLC, corporation, sole
proprietorship).
Task 4: Register the business name with the relevant state authorities.
Task 5: Obtain an Employer Identification Number (EIN) from the IRS.
```

사용자가 많은 수의 할 일 항목을 생성하려 하면 문제가 발생할 수 있습니다. 예를 들어 100개의 할 일을 생성하려 하면 모델이 이를 처리하지 못할 수 있습니다. max_tokens 파라미터로 정의된 최대 토큰 수에 도달하기 때문입니다. 이럴 때는 생성하려는 할 일 항목 수에 필요한 토큰 수를 계산하여 이 파라미터를 동적으로 설정할 수 있습니다. 오픈AI 문서에서는 다음과 같이 추정하기를 제안합니다.

하나의 토큰은 일반적인 영어 텍스트에서 대략 4개의 문자에 해당합니다. 그리고 하나의 토큰은 대략 3/4개의 단어에 해당합니다. 예를 들어 100개의 토큰은 약 75개의 단어와 같습니다.

앞 예제의 추정치는 다음과 같습니다.

- 하나의 할 일 항목(Task)은 한 줄의 간결한 텍스트로 작성되며, 평균 약 70자의 텍스트를 포함합니다. 이를 토큰으로 계산하면 70 × 3/4 ≈ 53 토큰에 해당합니다. 만약 더 긴 설명이 필요하다면 문자 수를 늘려 150자(약 113 토큰)로 설정할 수 있습니다.
- 프롬프트 정의에 약 30개의 토큰이 사용됩니다.
- 따라서 n개의 할 일을 생성하려면 n × 53 + 30 토큰이 필요합니다.

예를 들어 5개의 할 일을 생성하려면 5 × 53 + 30 = 295가 됩니다.

이 값을 기반으로 max_tokens 파라미터를 정의하면 프로그램이 할 일을 정상적으로 생성할 수 있습니다.

```
max_tokens = number_of_tasks * 53 + 30
```

최종 코드는 다음과 같습니다.

```
import sys
model = "gpt-4o"

# 명령줄에서 할 일 항목의 개수 읽어오기
print("""
Please enter the number of tasks.
Example :
number_of_tasks: 5
number_of_tasks: 10
""")

number_of_tasks = int(input("number_of_tasks: "))

# 모델이 지정된 형식으로 할 일 목록을 만들도록 안내하는 프롬프트 생성
prompt = """
Please create a todo list for establishing a company in the United States.
Each task should be written in one line.
Task 1: [task 1]
Task 2: [task 2]
Task 3: [task 3]
...
Task n: [task n]
"""

# 종료 시퀀스 정의
# 사용자가 5개의 할 일을 생성하고자 할 때, 종료 시퀀스는 "Task 6:"을 포함해야 함
stop = [
    f"Task {number_of_tasks + 1}:",
    "assistant:",
    "user:"
]

# 최대 토큰 수 정의
max_tokens = number_of_tasks * 53 + 30  # 작업 수에 따라 최대 토큰 수 계산

# 메시지 구성
messages = [
    {
```

```
            "role": "system",
            "content": "You are a smart assistant.",
        },
        {
            "role": "user",
            "content": prompt,
        }
    ]

    # 모델에 요청하여 응답 생성
    response = client.chat.completions.create(
        model=model,
        messages=messages,
        max_tokens=max_tokens,
        stop=stop,
    )

    # 결과 출력
    output = response.choices[0].message.content
    print(output)
```

실행 결과는 다음과 같습니다.

```
Please enter the number of tasks.
Example :
number_of_tasks: 5
number_of_tasks: 10

number_of_tasks: 5
Task 1: Conduct market research to understand the industry and target audience.
Task 2: Create a detailed business plan outlining goals, strategies, and financial
projections.
Task 3: Choose a business structure (e.g., LLC, Corporation, Sole Proprietorship).
Task 4: Select a unique and suitable business name.
Task 5: Register the business name with the appropriate state authorities.
```

또한 frequency_penalty와 presence_penalty 파라미터를 추가하거나 값을 변경하며 다양한 결과를 테스트해 볼 수 있습니다.

7.7 프롬프트 템플릿 최적화: 리눅스 학습용 CLI 어시스턴트 개발하기

이번 예제에서는 대화를 하며 리눅스 명령어 작성을 도와주는 명령줄 도구를 개발하겠습니다. 먼저 다음 코드를 확인해 보겠습니다.

```python
# 사용할 모델 지정
model = "gpt-4o"

# 메시지 구성
messages = [
    {
        "role": "system",
        "content": "당신은 똑똑한 어시스턴트입니다. 답변은 명령줄의 내용만 해 주세요."
    },
    {
        "role": "user",
        "content": "현재 디렉터리의 모든 파일을 나열해 주세요."
    },
    {
        "role": "assistant",
        "content": "ls -l"
    },
    {
        "role": "user",
        "content": "숨김 파일을 포함하여 현재 디렉터리의 모든 파일을 나열해 주세요."
    },
    {
        "role": "assistant",
        "content": "ls -la"
    },
    {
        "role": "user",
        "content": "현재 디렉터리의 모든 파일을 삭제해 주세요."
    },
    {
        "role": "assistant",
        "content": "rm *"
    },
    {
        "role": "user",
        "content": "파일 'test.txt'에서 'sun'이라는 단어가 몇 번 등장하는지 세어 주세요."
```

```
        },
        {
            "role": "assistant",
            "content": "grep -o 'sun' test.txt | wc -l"
        },
        {

            "role": "user",
            "content": "현재 디렉터리의 파일 수를 세어주세요."
        }
    ]

    # API 호출을 통해 응답 생성
    response = client.chat.completions.create(
        model=model,
        messages=messages,
        max_tokens=200,
        temperature=0,  # 출력의 일관성을 유지하고자 temperature 값을 0으로 설정
    )

    # 응답에서 내용 추출 및 출력
    output = response.choices[0].message.content.strip()
    print(output)
```

여기서는 예측 가능한 응답이 필요하므로 temperature 파라미터를 0으로 설정했습니다. 또한 모델이 충분한 출력을 생성할 수 있도록 max_tokens 파라미터에 충분한 토큰 수를 지정했습니다.

모델이 "현재 디렉터리의 파일 수를 세어주세요."라는 최신 프롬프트에 대해 제공한 답변은 다음과 같아야 합니다.

```
ls -1 | wc -l
```

명령줄 인터페이스^{command-line interface}(CLI)를 쉽게 만들어 주는 click[4] 패키지를 사용해 보겠습니다. click은 파이썬에서 명령줄 인터페이스 프로그램을 간단하게 만들게 해 주는 도구이므로 사용자와 더 편리하게 상호작용하는 프로그램을 만들 수 있습니다.

먼저 다음과 같이 파이썬 패키지를 설치하세요. 구글 코랩 환경에서는 앞에 !를 붙여 실행하면

----

[4]   https://click.palletsprojects.com/

됩니다.

```
pip install click==8.1.3
```

이제 click을 사용하여 명령줄 인터페이스를 만들어 보겠습니다.

```python
import click
model = "gpt-4o"

# 기본 메시지 목록 정의
base_messages = [
    {
        "role": "system",
        "content": "당신은 똑똑한 어시스턴트입니다. 답변은 명령줄의 내용만 해 주세요."
    },
    {
        "role": "user",
        "content": "현재 디렉터리의 모든 파일을 나열해 주세요."
    },
    {
        "role": "assistant",
        "content": "ls -l"
    },
    {
        "role": "user",
        "content": "숨김 파일을 포함하여 현재 디렉터리의 모든 파일을 나열해 주세요."
    },
    {
        "role": "assistant",
        "content": "ls -la"
    },
    {
        "role": "user",
        "content": "현재 디렉터리의 모든 파일을 삭제해 주세요."
    },
    {
        "role": "assistant",
        "content": "rm *"
    },
    {
        "role": "user",
        "content": "파일 'test.txt'에서 'sun'이라는 단어가 몇 번 등장하는지 세어 주세요."
```

```python
        },
        {
            "role": "assistant",
            "content": "grep -o 'sun' test.txt ¦ wc -l"
        },
    ]

    # 무한 루프를 돌며 사용자 입력 처리
    while True:
        # 메시지 목록 복사
        messages = base_messages.copy()

        # 사용자 입력을 읽음
        request = input(
            click.style(  # 'Input:' 프롬프트를 녹색으로 출력
                "Input: ",
                fg="green"
            )
        )

        # 사용자 입력을 메시지 목록에 추가
        messages.append(
            {
                "role": "user",
                "content": f"{request}"
            }
        )

        # API로 메시지를 전송
        response = client.chat.completions.create(
            model=model,
            messages=messages,
            max_tokens=200,
            temperature=0,  # 결정론적 응답을 하도록 temperature 설정
        )

        # 응답에서 명령어 추출
        command = response.choices[0].message.content.strip()

        # 명령어를 보기 좋게 출력
        click.echo(
            click.style(
                "Output: ", fg="yellow"  # 'Output:' 프롬프트를 노란색으로 출력
            ) + command
```

```
)
click.echo()  # 빈 줄 추가
```

기존 코드의 기본 구조는 그대로 유지하면서 click 패키지를 활용하여 대화형 기능을 추가했습니다. 주요 변경 사항은 무한 while 루프 안에 click 관련 코드를 통합한 것뿐입니다.

프로그램은 다음과 같이 실행됩니다.

1. 사용자로부터 입력을 받고
2. 받은 입력을 프롬프트에 포함해 API에 전송하며
3. click.echo()를 사용해 결과를 출력합니다.

대화가 끝날 때마다 빈 줄을 출력해 대화를 구분하기 쉽게 했습니다. 이렇게 하면 사용자와 AI 어시스턴트 간의 대화가 더 자연스럽고 읽기 쉬워집니다.

다음 텍스트는 사용자와 어시스턴트 사이의 대화입니다.

```
Input: 파일 검색
Output: find . -name "filename"

Input: 파일 삭제
Output: rm filename

Input: learn_ 으로 시작하는 파일을 모두 보고 싶다. 서브 폴더까지
Output: find . -type f -name 'learn_*'

Input: CPU 구조를 확인하는 명령어
Output: lscpu

Input: /home/user/my_project에 숨겨진 파일 포함 전부 보여주렴.
Output: ls -la /home/user/my_project
```

구글 코랩에서 이 프로그램은 무한 반복하므로 **종료 조건을 넣어 보겠습니다.** 사용자가 "exit"나 "quit"을 입력할 때 프로그램을 종료하고 싶습니다. 다음 코드를 while 루프에 추가해 이를 구현할 수 있습니다.

```
# app.py
# ...
```

```python
while True:
    # ...
    if request.lower() in ["exit", "quit"]:
        break
    # ...
```

마지막으로 모델이 생성한 명령어를 실행하는 기능을 추가하려고 합니다. 이를 구현하는 방법은 다음과 같습니다.

```python
import click
import os

model = "gpt-4o"

# 기본 메시지 목록 정의
base_messages = [
    {
        "role": "system",
        "content": "당신은 똑똑한 어시스턴트입니다. 답변은 명령줄의 내용만 해 주세요."
    },
    {
        "role": "user",
        "content": "현재 디렉터리의 모든 파일을 나열해 주세요."
    },
    {
        "role": "assistant",
        "content": "ls -l"
    },
    {
        "role": "user",
        "content": "숨김 파일을 포함하여 현재 디렉터리의 모든 파일을 나열해 주세요."
    },
    {
        "role": "assistant",
        "content": "ls -la"
    },
    {
        "role": "user",
        "content": "현재 디렉터리의 모든 파일을 삭제해 주세요."
    },
    {
        "role": "assistant",
```

```python
            "content": "rm *"
        },
        {
            "role": "user",
            "content": "파일 'test.txt'에서 'sun'이라는 단어가 몇 번 등장하는지 세어 주세요."
        },
        {
            "role": "assistant",
            "content": "grep -o 'sun' test.txt | wc -l"
        },
]

# 무한 루프 시작
while True:
    messages = base_messages.copy()  # 기본 메시지 복사

    # 사용자 입력받기
    request = input(
        click.style(
            "Input (종료하려면 'exit' 입력): ",  # 입력 요청 메시지
            fg="green"
        )
    )

    # 사용자가 'exit'나 'quit'을 입력하면 프로그램 종료
    if request.lower() in ["exit", "quit"]:
        break

    # 사용자 입력을 메시지 목록에 추가
    messages.append(
        {
            "role": "user",
            "content": f"{request}"
        }
    )

    # API로 메시지 전송
    response = client.chat.completions.create(
        model=model,
        messages=messages,
        max_tokens=200,
        temperature=0,  # 결정론적 응답을 위한 온도 설정
    )
```

```python
# 응답에서 명령어 추출
command = response.choices[0].message.content.strip()

# 명령어를 보기 좋게 출력
click.echo(
    click.style(
        "Output: ", fg="yellow"
    ) + command
)

# 명령어를 실행할 것인지 묻기
click.echo(
    click.style(
        "명령어를 실행하시겠습니까? (y/n): ",
        fg="yellow"
    ),
    nl=False
)

# 사용자 선택 입력
choice = input()

# 사용자가 'y'를 입력하면 명령어 실행
if choice == "y":
    os.system(command)
elif choice == "n":
    continue
else:
    click.echo(
        click.style(
            "잘못된 선택입니다. 'y' 또는 'n'을 입력해 주세요.",
            fg="red"
        )
    )

click.echo()  # 빈 줄 추가
```

프로그램을 실행하면 코드가 명령어 실행 여부를 묻는 것을 확인할 수 있습니다.

```
Input (종료하려면 'exit' 입력): 현재 위치의 모든 파일 보여주기
Output: ls -a
명령어를 실행하시겠습니까? (y/n): y
```

```
Input (종료하려면 'exit' 입력): 빈 파일 하나 생성하기
Output: touch filename.txt
명령어를 실행하시겠습니까? (y/n): y

Input (종료하려면 'exit' 입력): filename.txt 삭제하기
Output: rm filename.txt
명령어를 실행하시겠습니까? (y/n): y

Input (종료하려면 'exit' 입력): exit
```

CAUTION_ 리눅스를 처음 사용한다면 명령어를 실행할 때 주의해야 합니다. 리눅스 명령어는 강력하지만 실수로 시스템에 해를 끼칠 수 있는 명령어를 실행할 위험도 있기 때문입니다.

만약 여러분의 컴퓨터에서 리눅스 명령어를 실행할 때는 실수로 중요한 파일이 삭제되거나 시스템에 문제가 생길 수 있습니다. 이를 방지하려면 가상 머신(VM)이나 컨테이너와 같은 안전한 샌드박스 환경에서 코드를 테스트하는 편이 좋습니다. 이런 환경에서는 시스템에 직접 영향을 주지 않고 안전하게 실험할 수 있습니다. 또한 구글 코랩에서도 안전한 환경이 제공되므로 시스템에 문제를 일으킬 염려가 없습니다.

os.system(command)의 출력을 테스트하고 명령을 실행할 수 없을 때 오류를 표시할 수도 있습니다. 단, 구글 코랩에서는 제한된 환경이기에 모든 명령이 실행되지 않고, 일부 명령만 실행 가능할 수 있습니다.

```
import click
model = "gpt-4o"

# 기본 메시지 목록 정의
base_messages = [
    {
        "role": "system",
        "content": "당신은 똑똑한 어시스턴트입니다. 답변은 명령줄의 내용만 해 주세요."
    },
    {
        "role": "user",
        "content": "현재 디렉터리의 모든 파일을 나열해 주세요."
    },
    {
        "role": "assistant",
```

```
            "content": "ls -l"
        },
        {
            "role": "user",
            "content": "숨김 파일을 포함하여 현재 디렉터리의 모든 파일을 나열해 주세요."
        },
        {
            "role": "assistant",
            "content": "ls -la"
        },
        {
            "role": "user",
            "content": "현재 디렉터리의 모든 파일을 삭제해 주세요."
        },
        {
            "role": "assistant",
            "content": "rm *"
        },
        {
            "role": "user",
            "content": "파일 'test.txt'에서 'sun'이라는 단어가 몇 번 등장하는지 세어 주세요."
        },
        {
            "role": "assistant",
            "content": "grep -o 'sun' test.txt | wc -l"
        }
    ]

# 무한 루프 시작
while True:
    messages = base_messages.copy()  # 기본 메시지 목록 복사

    # 사용자 입력받기
    request = input(
        click.style(
            "Input: (종료하려면 'exit' 입력): ",  # 입력 안내
            fg="green"
        )
    )

    # 사용자가 'exit'나 'quit'을 입력하면 프로그램 종료
    if request.lower() in ["exit", "quit"]:
        break
```

```python
# 사용자 입력을 메시지 목록에 추가
messages.append(
    {
        "role": "user",
        "content": f"{request}"
    }
)

# API로 메시지 전송
response = client.chat.completions.create(
    model=model,
    messages=messages,
    max_tokens=200,
    temperature=0,  # 결정론적 응답을 위한 온도 설정
)

# 응답에서 명령어 추출
command = response.choices[0].message.content.strip()

# 명령어를 보기 좋게 출력
click.echo(
    click.style(
        "Output: ", fg="yellow"
    ) + command
)

# 명령어를 실행할 것인지 사용자에게 묻기
click.echo(
    click.style(
        "Execute? (y/n): ",  # 명령어 실행 여부 묻기
        fg="yellow"
    ),
    nl=False  # 같은 줄에서 입력받기
)

# 사용자 선택 입력받기
choice = input()

# 사용자가 'y'를 입력하면 명령어 실행
if choice == "y":
    r = os.system(command)  # 명령어 실행
    # 명령어 실행 오류 처리
    if r != 0:
        click.echo(
```

```
            click.style(
                "Error executing command.",  # 오류 메시지 출력
                fg="red"
            )
        )
    # 사용자가 'n'을 입력하면 계속
    elif choice == "n":
        continue
    else:
        # 유효하지 않은 선택 시 오류 메시지 출력
        click.echo(
            click.style(
                "Invalid choice. Please enter 'y' or 'n'.",  # 유효하지 않은 선택 경고
                fg="red"
            )
        )

    click.echo()  # 빈 줄 출력
```

7.8 다음으로 나아가기

챗GPT API의 결과는 기본적으로 우리가 **사용하는** 파라미터의 영향을 받습니다. 하지만 작동 품질을 결정하는 다른 요소도 있습니다. 실제로 **프롬프트의 품질, 사용한 예시 세트, 코딩과 문제 해결에 적용한 방법론, 사용자의 창의적인 사고 등이 모두 결과의 품질을 형성하는 데 중요한 역할**을 합니다.

따라서 문제를 명확히 이해하고 이를 해결할 가장 효과적인 전략을 설계하는 데 시간을 투자하는 것이 매우 중요합니다. 그러려면 문제에 대한 깊은 이해, 신중한 접근법, 창의적인 사고가 필요합니다. 또한 프롬프트 작성과 예시 선택에도 세심한 주의를 기울여야 합니다.

효과적인 전략 중 하나는 문제와 해결책을 사람에게 설명한다고 상상하는 것입니다. 이는 프롬프트와 예시가 명확하고 간결하며 실용적인지 점검하는 데 도움이 됩니다. 더불어 모델이 기대하는 출력을 이해할 수 있도록 명확한 예시를 제공하는 것도 유익합니다. 이러한 방식은 원하는 방향으로 응답하도록 모델을 안내하는 데 큰 도움이 됩니다.

실험은 더 나은 결과를 끌어내는 데 매우 중요한 역할을 합니다. 다양한 파라미터, 방법론, 프롬프트, 예시를 시도해 보고 그에 따른 피드백과 결과를 반복 분석하며 개선하는 과정이 필요합니다. 이러한 반복 접근은 지속적인 발전으로 이어지며 궁극적으로 최상의 결과를 얻는 데 도움을 줍니다.

또한 **최적의 결과를 얻으려면 효과적인 프롬프트 엔지니어링 기술을 사용**해야 합니다. 사용 사례에 맞는 적절한 기술을 선택하는 것은 모델의 성능에 큰 영향을 미칩니다. 하지만 프롬프팅은 '정확한 과학'이라고 부르기 어렵습니다. 최상의 결과를 얻으려면 많은 시행착오가 필요하기 때문입니다. 그럼에도 사용 사례와 활용하는 언어 모델(LLM)에 따라 성능을 높이는 데 유용한 몇 가지 모범 사례, 경험적 규칙, 검증된 방법과 함께 트릭과 해킹 기법이 존재합니다.

프롬프트 엔지니어링 기술은 퓨샷 학습, 제로샷 학습, 일반 지식 프롬프팅에만 국한하지 않습니다. 이 외에도 사고 사슬(CoT), 제로샷 CoT, 자동 CoT^{AutoCoT}, 자기 일관성$^{self-consistency}$, 전이 학습, ReAct(Reason + Act) 등 다양한 기술이 존재하며, 각 기술에는 고유한 장단점이 있습니다.

이 분야에 관심이 있다면 『LLM Prompt Engineering For Developers: The Art and Science of Unlocking LLMs' True Potential』에서 이러한 기술에 관한 심층 설명을 확인해 보세요.

음성 및 이미지 인식:
위스퍼와 CLIP의 실전 활용

PART **3**

8장   위스퍼 음성 인식 기초

9장   위스퍼 텍스트 변환 최적화 기법

10장   오픈AI TTS를 활용한 음성 변환

11장   오픈AI CLIP을 사용한 이미지 분류

CHAPTER **8**

위스퍼 음성 인식 기초

8.1 위스퍼 개요

위스퍼Whisper란 ASRAutomatic Speech Recognition(자동 음성 인식) 시스템이자, 오픈AI가 68만 시간 이상의 다국어 및 다중 작업 데이터로 웹에서 수집하여 학습한 **범용 음성 인식 모델**입니다.

오픈AI에 따르면 대규모의 다양한 데이터셋을 사용함으로써 **억양, 배경 소음, 전문 용어**에 대한 견고성을 높였다고 합니다. 또한 **여러 언어로 된 음성의 필사**(텍스트 변환)와 **해당 언어들을 영어로 번역**하는 일도 가능해졌습니다.

> **NOTE 위스퍼에서 지원하는 언어**
>
> 아프리칸스어, 아랍어, 아르메니아어, 아제르바이잔어, 벨라루스어, 보스니아어, 불가리아어, 카탈루냐어, 중국어, 크로아티아어, 체코어, 덴마크어, 네덜란드어, 영어, 에스토니아어, 핀란드어, 프랑스어, 갈리시아어, 독일어, 그리스어, 히브리어, 힌디어, 헝가리어, 아이슬란드어, 인도네시아어, 이탈리아어, 일본어, 칸나다어, 카자흐어, 한국어, 라트비아어, 리투아니아어, 마케도니아어, 말레이어, 마라티어, 마오리어, 네팔어, 노르웨이어, 페르시아어, 폴란드어, 포르투갈어, 루마니아어, 러시아어, 세르비아어, 슬로바키아어, 슬로베니아어, 스페인어, 스와힐리어, 스웨덴어, 타갈로그어, 타밀어, 태국어, 터키어, 우크라이나어, 우르두어, 베트남어, 웨일스어

이 모델과 추론 코드는 오픈AI에서 오픈 소스로 공개했으며 깃허브에서 볼 수 있습니다. 모델 크기는 여섯 가지이며 그중 네 가지는 영어 전용입니다. 각 모델은 속도와 정확도 사이의 균형

을 제공합니다. 모델의 이름과 대략적인 메모리 요구사항, 상대적 속도는 [표 8-1]에 있습니다. turbo 모델은 2024년 9월에 출시되었습니다. large 모델의 속도를 최적화하여 속도는 약 8배 빨라졌고 메모리 사용량이 줄어들었습니다.

표 8-1 위스퍼 모델 상세

크기	파라미터	영어 전용 모델	다중 언어 모델	필요한 VRAM	상대적인 속도
tiny	3,900만 개	tiny.en	tiny	~1GB	~10x
base	7,400만 개	base.en	base	~1GB	~7x
small	2억 4,400만 개	small.en	small	~2GB	~4x
medium	7억 6,900만 개	medium.en	medium	~5GB	~2x
large	15억 5,000만 개	N/A	large	~10GB	1x
turbo	8억 900만 개	N/A	turbo	~6GB	~8x

위스퍼의 성능은 여러 요소에 따라 달라집니다.

- 사용하는 언어
- 모델의 크기
- 음성 품질
- 모델 버전

오픈AI는 large-v3 모델과 large-v2 모델의 성능을 여러 언어에서 **단어 오류율**word error rate**(WER)**과 **문자 오류율**character error rate**(CER)**을 기준으로 비교 분석했습니다. 이 분석은 오픈 AI의 논문 「Robust Speech Recognition via Large-Scale Weak Supervision」[1]에서 확인할 수 있습니다.

해당 평가에서는 Common Voice 15[2]와 Fleurs[3] 데이터셋을 사용했으며 더 자세한 정보는 모델의 공식 깃허브 저장소[4]에서 확인할 수 있습니다.

---

1 https://arxiv.org/abs/2212.04356
2 https://commonvoice.mozilla.org/en/datasets
3 https://huggingface.co/datasets/google/fleurs
4 https://github.com/openai/whisper

8.2 위스퍼 설치 방법 및 기본 예제

위스퍼를 사용하려면 파이썬 3.10 이상이 설치되어 있어야 합니다. 다음과 같은 명령으로 위스퍼를 설치합니다.

```
pip install -U openai-whisper==20240930
```

구글 코랩 환경에서는 명령어 앞에 !를 붙여 설치하면 됩니다. **노트북 런타임의 하드웨어 가속기를 GPU나 TPU로 선택[5]한 후 실습**을 진행해 주세요.

또한 시스템에 ffmpeg[6]를 설치해야 합니다. 사용하는 환경에 따라 다음과 같이 설치하세요.

- 구글 코랩

```
!apt install ffmpeg
```

- 윈도우(Chocolatey 사용)

```
choco install ffmpeg
```

- 맥 OS(Homebrew 사용)

```
brew install ffmpeg
```

테스트용으로 말소리가 포함된 오디오 파일을 다운로드합니다. 위키피디아[7]에서 다양한 파일을 찾을 수 있습니다. 예를 들어 다음 명령으로 윈스턴 처칠의 연설을 다운로드할 수 있습니다. 여기서부터는 구글 코랩을 이용한다고 가정하고 명령어 앞에 !를 붙여 두겠습니다.

---

5 옮긴이_ 구글 코랩에서 하드웨어 가속기를 변경하려면 메뉴에서 런타임 → 런타임 유형 변경 → T4 GPU나 TPU를 선택하면 됩니다. GPU를 선택하지 않아도 실행되지만, CPU보다 더 빠르게 작업을 완료할 수 있어 GPU를 권장합니다.

6 옮긴이_ FFmpeg는 영상 및 음성 데이터를 처리하고 변환하는 데 사용하는 오픈 소스 멀티미디어 프레임워크입니다. 비디오, 오디오, 이미지 등 다양한 형식의 미디어 파일을 처리할 수 있습니다. FFmpeg는 비디오 및 오디오 스트림을 인코딩, 디코딩, 변환, 편집하는 데 사용합니다. 비디오 포맷을 변경하거나 압축하고, 음성을 추출하거나 합치는 작업을 수행합니다.

7 https://commons.wikimedia.org/wiki/Category:Audio_files_of_speeches

```
# 폴더 생성
!mkdir -p src/whisper/audio

# 오디오 파일 다운로드
!wget https://upload.wikimedia.org/wikipedia/commons/7/75/Winston_Churchill_-_Be_Ye_
Men_of_Valour.ogg -O src/whisper/audio/Winston_Church.ogg
```

그리고 기본 모델을 사용해 whisper 명령을 실행합니다. 이 모델은 음성을 텍스트로 변환합니다.

```
!whisper src/whisper/audio/Winston_Church.ogg --model base
```

다른 모델을 선택할 수도 있습니다. **모델이 좋을수록 더 많은 자원과 디스크 공간이 필요**합니다.

다음은 medium과 large 모델을 활용하는 명령어의 예입니다.

```
# medium 모델 사용
!whisper src/whisper/audio/Winston_Church.ogg --model medium

# large 모델 사용
!whisper src/whisper/audio/Winston_Church.ogg --model large
```

medium이나 large 모델 중 하나를 선택하여 확인할 수 있습니다. 어느 모델을 사용하든 음성의 텍스트 변환 결과를 확인할 수 있어야 합니다.

```
[00:00.000 --> 00:07.600]  I speak to you for the first time as Prime Minister [..]
[00:08.320 --> 00:18.080]  of our empire, of our allies, and above all of the cause
of freedom. [..]
[00:18.080 --> 00:26.560]  raging in France and flanders. The Germans by a
remarkable [..]
[00:26.560 --> 00:33.120]  heavily armored tanks have broken through the French [..]
[00:34.160 --> 00:40.640]  and strong columns of their armored vehicles are ravaging
[..]
[.....]
[01:12.400 --> 01:19.920]  by the magnificent efforts of the Royal Air Force. [..]
[01:20.800 --> 01:27.360]  by the presence of the armored vehicles in unexpected
cases [..]
[.....]
[03:16.400 --> 03:22.000]  of the specialized and mechanized forces of the enemy [..]
```

```
[03:22.640 --> 03:26.560] and we know that very heavy losses have been inflicted [.\
.]
[.....]
```

8.3 파이썬에서 위스퍼 SDK 사용하기

위스퍼를 파이썬 스크립트로 사용해 보겠습니다.

```python
# whisper_test.py
import whisper  # Whisper 라이브러리 불러오기

# 필요에 따라 모델 크기 설정 (예: "tiny", "small", "medium", "large")
model_name = "base"  # 사용할 모델 이름 설정
try:
    # 모델 로드
    model = whisper.load_model(model_name)
except Exception as e:
    print(f"모델 '{model_name}' 로드 에러: {e}")  # 오류 메시지 출력
    exit(1)

# 오디오 파일 경로 설정
audio_file_path = "src/whisper/audio/Winston_Church.ogg"
try:
    # 오디오 파일 필사(텍스트 변환)
    result = model.transcribe(audio_file_path)
    print('오디오의 텍스트 변환 결과:')
    print(result['text'])  # 변환된 텍스트 출력
except Exception as e:
    print(f"오디오 파일 '{audio_file_path}' 필사 에러: {e}")  # 오류 메시지 출력
```

구글 코랩에서는 코드 작성 후 기본 실행 단축키(SHIFT + ENTER)로 실행 결과를 확인할 수 있습니다. 구글 코랩이 아니라면 코드를 .py를 형식으로 작성하여 다음과 같이 프로그램을 실행할 수 있습니다.

```
python src/whisper/whisper_test.py
```

이 명령어를 실행하면 음성의 텍스트 변환 결과를 확인할 수 있습니다.

다음 스크립트를 사용하면 텍스트를 여러 언어로 번역할 수 있습니다. 참고로 medium 모델
은 기본 모델보다 커서 실행 시간이 조금 더 걸릴 수 있습니다.

```python
# whisper_test.py
import whisper  # Whisper 라이브러리 불러오기

# 필요에 따라 모델 설정 (예: "tiny", "small", "medium", "large")
model_name = "medium"  # 사용할 모델을 medium으로 설정

try:
    # 모델 로드
    model = whisper.load_model(model_name)
except Exception as e:
    print(f"모델 '{model_name}' 로드 에러: {e}")  # 모델 로드 시 오류가 발생하면
                                                   # 에러 메시지 출력
    exit(1)

# 오디오 파일 경로 설정
audio_file_path = "src/whisper/audio/Winston_Church.ogg"

try:
    # 오디오 파일을 영어로 필사
    result = model.transcribe(
        audio_file_path,
        language="en"  # 영어로 필사 설정
    )
    print("영어 변환 결과:")
    print(result)  # 영어 필사 결과 출력

    # 오디오 파일을 중국어로 필사
    result = model.transcribe(
        audio_file_path,
        language="zh"  # 중국어로 필사 설정
    )
    print("중국어 변환 결과:")
    print(result)  # 중국어 필사 결과 출력

    # 오디오 파일을 일본어로 필사
    result = model.transcribe(
        audio_file_path,
        language="ja"  # 일본어로 필사 설정
```

```
    )
    print("일본어 변환 결과:")
    print(result)  # 일본어 필사 결과 출력


    # .. 기타 언어 필사 예제 추가 가능
except Exception as e:
    print(f"오디오 파일 '{audio_file_path}' 필사 에러: {e}")  # 필사 중 오류 발생 시
                                                          # 에러 메시지 출력
```

실행 환경이 구글 코랩이 아니라면 코드를 .py를 형식으로 작성해 다음 명령어로 실행할 수 있습니다.

```
python src/whisper/whisper_translate.py
```

## CHAPTER 9

위스퍼 텍스트 변환 최적화 기법

9.1 오픈AI 음성-텍스트 API 사용하기

오픈AI는 위스퍼를 위한 REST API[1]를 제공합니다. 사용할 수 있는 엔드포인트는 두 가지입니다.

- 전사(Transcription): 여러 언어의 **오디오 파일을 텍스트로 변환**
- 번역(Translation): 오디오 파일을 **영어로 번역 및 필사**

오픈AI는 업로드 파일 크기를 25MB로 제한합니다. 지원되는 파일 형식은 mp3, mp4, mpeg, mpga, m4a, wav, webm입니다.

9.1.1 전사 API

이전 장과 같이 API 키로 인증할 것입니다. 코드는 다음과 같습니다. 인증하기 전에 openai 라이브러리를 설치해야 하며 라이브러리 불일치 에러가 발생하면 버전을 확인하고 안정화된 버전으로 설치해 주세요.[2]

---

1 옮긴이_ REST API는 인터넷에서 데이터를 주고받는 방법을 정해둔 규칙입니다. 클라이언트가 서버에 요청을 보내면, 서버가 데이터를 응답해주는 방식으로 작동합니다. 예를 들어 여러분이 음성 파일을 OpenAI 서버에 보내면(요청), 서버는 그 음성을 텍스트로 변환해서 돌려줍니다(응답). 이런 방식으로 OpenAI의 음성 인식 기능을 누구나 자신의 프로그램에서 쉽게 활용할 수 있습니다.

2 옮긴이_ 종종 라이브러리 불일치 에러가 발생합니다. 이럴 때는 다음과 같이 라이브러리를 설치한 후 진행해야 합니다.
```
에러 : TypeError: Client.init() got an unexpected keyword argument 'proxies'
!pip install openai
!pip install httpx==0.27.2
```

```
from openai import OpenAI
import os

# 오픈AI API 키 설정 및 초기화
def init_api():
    with open("chatgpt.env") as env:
        for line in env:
            key, value = line.strip().split("=")
            os.environ[key] = value

init_api()

client = OpenAI(api_key  = os.environ.get("API_KEY"))
```

chatgpt.env 파일에는 다음 내용이 있어야 합니다.

```
API_KEY=sk-...
```

다음은 오디오 파일을 텍스트로 변환하는 전사 API를 사용하는 방법의 예입니다.

```
# transcirbe.py

from openai import OpenAI
import os

# 오픈AI API 키 설정 및 초기화
def init_api():
    with open("chatgpt.env") as env:
        for line in env:
            key, value = line.strip().split("=")
            os.environ[key] = value

init_api()

client = OpenAI(api_key  = os.environ.get("API_KEY"))

# 오디오 파일 경로 정의
audio_file_path = os.path.abspath("src/whisper/audio/Winston_Church.ogg")

# 사용할 모델 정의
model = "whisper-1"  # Whisper-1 모델 사용
```

```
# 오디오 파일을 바이너리 모드로 열기
with open(audio_file_path, 'rb') as audio_file:
    # 오디오 파일 전사(텍스트 변환)
    transcript = client.audio.transcriptions.create(
        model=model,
        file=audio_file
    )
    print(transcript.text)  # 전사된 텍스트 출력
```

실행 환경이 구글 코랩이 아니라면 코드를 .py파일 형식으로 저장하고 다음 명령어로 실행할 수 있습니다.

```
python src/transcribe.py
```

오디오 파일은 크기가 25MB로 제한되므로 더 큰 파일은 작은 부분으로 나눠 별도로 전사해야 할 수도 있습니다. 단, 전사의 품질에 영향을 줄 수 있으니 문장 중간에 오디오 파일을 자르지 않아야 합니다.

실행 결과는 다음과 같습니다.

```
I speak to you for the first time as Prime Minister in a solemn hour for the life of
our country, of our empire, of our allies, and above all of the cause of freedom.
...
yourselves and be ye men of valor and be in readiness for the conflict, for it is
better for us to perish in battle than to look upon the outrage of our nation and
our altars, as the will of God is in heaven, even so let him do.
```

9.1.2 번역 API

번역 API의 사용법은 전사 API와 유사합니다. 다음은 번역 API를 사용하는 예시입니다.

```
# translate.py
# .py로 실행 시 앞의 init_api() 함수를 포함한 인증 부분을 추가해야 합니다.
import os

# 오디오 파일 경로 정의
```

```
audio_file_path = os.path.abspath("src/whisper/audio/Winston_Church.ogg")

# 사용할 모델 정의
model = "whisper-1"  # Whisper-1 모델 사용

# 오디오 파일을 바이너리 모드로 열기
with open(audio_file_path, 'rb') as audio_file:
    # 오디오 파일 번역 및 텍스트 변환
    transcript = client.audio.translations.create(
        model=model,
        file=audio_file
    )
    print(transcript.text)  # 번역된 텍스트 출력
```

구글 코랩 환경이 아니라면 코드를 .py 형식으로 저장한 후 다음 명령어로 실행할 수 있습니다.

```
python src/translate.py
```

연설 내용을 영어로 번역한 텍스트[3]를 볼 수 있을 것입니다.

9.2 위스퍼 텍스트 변환 개선하기

위스퍼는 항상 정확하게 오디오를 전사(텍스트 변환)하지는 못할 수도 있습니다. 특히 오디오 품질이 좋지 않을 때 이런 현상이 두드러집니다. 또한 흔하지 않은 단어, 전문 용어, 특수 어휘를 다룰 때도 어려움을 겪을 수 있습니다.

여기서는 전사 정확도를 높이는 몇 가지 기술을 살펴보겠습니다.

9.2.1 오디오 정리하기

전사 정확도를 높일 수 있는 첫 번째 일은 **오디오를 정리**하는 것입니다. 이는 배경 소음이나 에코처럼 음성을 방해할 수 있는 소리를 제거하는 과정을 포함합니다.

---

3   옮긴이_ 25년 3월 기준, 기존에는 영어로 변환되던 부분이 현재는 변환되지 않습니다. 정상적으로 작동하지 않고 음성파일 언어 그대로 텍스트로 결과를 보여줍니다. 이에 대해 추후 업데이트되는 사항이 있다면 역자 깃허브에서 따로 언급하겠습니다.

오디오를 정리할 때 Audacity와 같은 도구를 사용할 수 있습니다. Audacity는 무료로 사용할 수 있는 오픈 소스 및 크로스 플랫폼 오디오 소프트웨어로, 오디오 파일을 녹음하고 편집하게 해 줍니다. 그 밖에도 noisereduce,[4] librosa,[5] PyDub,[6] audiomentations[7] 등 많은 도구가 있습니다.

9.2.2 프롬프트 파라미터 사용하기

프롬프트prompt를 제공해서 전사 정확도를 높일 수도 있습니다.

위스퍼에서 드문 단어나 약어의 전사 정확도를 높이려면 **올바른 철자가 포함된 단어 사전을 프롬프트 파라미터로 전달**할 수 있습니다. 이 방법은 위스퍼가 어려운 단어나 비정상적인 단어를 인식하고 정확하게 전사하는 데 도움을 줍니다.

위스퍼는 프롬프트의 처음 244개 토큰만 처리합니다. 특정 용어나 약어 목록(예: 제품 SKU, 기술 용어)은 이 제한 내에 맞도록 비교적 짧아야 합니다.

프롬프트 파라미터를 사용하는 방법의 예를 살펴보겠습니다. 영화 〈매트릭스〉에서 다음 오디오 인용구를 다운로드해 보겠습니다.

```
# 폴더 생성
!mkdir -p src/whisper/audio

# 오디오 파일 다운로드
!wget https://raw.githubusercontent.com/LDJWJ/OpenAIGPTForPythonDevelopersFiles/
main/audio/cypher.mp3 -O src/whisper/audio/cypher.mp3
```

오디오 파일의 내용은 다음과 같습니다.

```
We need an exit. You're not far from Cypher. Cypher?
```

위스퍼는 다음과 같이 'Cypher'를 'Cipher'로 전사할 경우도 있습니다.

----

4 *https://github.com/timsainb/noisereduce*
5 *https://github.com/librosa/librosa*
6 *https://github.com/jiaaro/pydub*
7 *https://github.com/iver56/audiomentations*

We need an exit. You're not far from Cipher. Cipher?

프롬프트 파라미터를 사용하여 단어의 정확한 철자에 관한 힌트를 제공해 이를 수정할 수 있습니다. 다음 스크립트를 실행하세요.

```python
# transcribe_with_prompt.py
import os

# 오디오 파일 경로 정의
audio_file_path = os.path.abspath(
    "src/whisper/audio/cypher.mp3"  # 오디오 파일 경로를 설정합니다.
)

# 모델 정의
model = "whisper-1"  # Whisper-1 모델을 사용합니다.

# 프롬프트 정의
prompt = "Cypher"  # 'Cypher'를 프롬프트로 설정해 올바른 철자를 힌트로 제공합니다.

# 오디오 파일을 바이너리 모드로 열기
with open(audio_file_path, 'rb') as audio_file:
    # 오디오 파일 전사
    transcript = client.audio.transcriptions.create(
        model=model,
        file=audio_file,
        prompt=prompt
    )

# 전사된 텍스트 출력
print(transcript.text)
```

이 코드는 다음과 같은 정확한 전사 결과를 반환해야 합니다.

"We need an exit. You're not far from Cypher. Cypher?"

위스퍼는 기본 GPT 모델과 마찬가지로 **명령을 따르도록**instruction-following **학습되지 않았음**을 기억해야 합니다. 프롬프트를 사용하여 '이 오디오 파일을 전사하고 그 내용을 5살짜리 아이에게 설명해 줘'와 같은 **특정 작업을 요청할 수 없습니다. 프롬프트는 단지 전사 작업의 힌트를 제공**

하는 용도로만 사용할 수 있습니다.

9.2.3 전사된 텍스트 후처리하기

전사 정확도를 높이는 또 다른 방법은 **후처리**post-processing로 텍스트를 보정하는 것입니다. gpt-4나 gpt-4o와 같은 더 나은 언어 모델을 사용하여 전사된 텍스트를 수정할 수 있습니다. 다음은 gpt-4o를 사용하여 전사된 텍스트를 보정하는 예제입니다. 이해를 돕기 위해 'Cypher'를 'Cyber'로 변경해 보겠습니다.

```python
# post_process.py

# .py 파일 형식으로 작성할 경우, 인증 부분 추가 필요.
import os

# 오디오 파일 경로 정의
audio_file_path = os.path.abspath(
    "src/whisper/audio/cypher.mp3"  # 오디오 파일의 경로를 설정합니다.
)

# 모델 정의
model = "whisper-1"  # Whisper-1 모델을 사용합니다.

# 오디오 파일을 바이너리 모드로 열기
with open(audio_file_path, 'rb') as audio_file:
    # 오디오 파일 전사(Transcription)
    transcript = client.audio.transcriptions.create(
        model=model,
        file=audio_file
    )

# GPT-4o를 사용하여 텍스트 후처리(post-processing)
system_prompt = """당신은 영화 전문가입니다.
오디오 파일의 전사를 수정하는 것이 당신의 역할입니다.
예를 들어, 'Cipher' 또는 'Cypher'라는 단어는 'Cyber'로 수정해야 합니다."""

# 모델 정의
model = "gpt-4o"  # GPT-4o 모델을 사용합니다.
# 텍스트 후처리
response = client.chat.completions.create(
    model=model,
```

```
    messages=[
        {
            "role": "system",
            "content": system_prompt  # 시스템 프롬프트로 후처리 작업을 설정합니다.
        },
        {
            "role": "user",
            "content": transcript.text  # Whisper 전사 텍스트를 사용자 입력으로
                                        # 전달합니다.
        }
    ]
)

# 수정된 텍스트 출력
print(response.choices[0].message.content)  # GPT-4o로 수정한 텍스트를 출력합니다.
```

실행 환경이 구글 코랩이 아니라면 코드를 .py 형식으로 저장한 후 다음 명령어로 실행할 수 있습니다.

```
python post_process.py
```

앞의 코드는 특정 오디오 파일과 문맥에 맞춰져 있습니다. 여러분의 사용 사례에 맞게 시스템 프롬프트와 사용자 메시지를 조정해야 할 수 있습니다.

## CHAPTER 10

오픈AI TTS를 활용한 음성 변환

이번 장에서는 오픈AI의 텍스트 음성 변환text-to-speech(TTS) 모델을 활용하여 텍스트를 자연스러운 음성으로 변환하는 방법을 다룹니다. 먼저 TTS 모델의 주요 특징과 용도를 소개하고 실습을 하며 음성을 생성하는 구체적인 방법을 알아봅니다.

10.1 오픈 AI TTS 소개

오픈AI의 텍스트 음성 변환(TTS) 모델인 TTS-1과 TTS-1-HD는 작성된 텍스트를 자연스러운 음성 오디오로 변환하도록 설계되었습니다.

TTS-1 모델은 실시간 텍스트 음성 변환 애플리케이션에 최적화되어 성능과 속도 사이의 균형을 제공합니다. 이는 즉각적인 음성 피드백이 중요한 대화형 사용 사례에 이상적입니다.

반면 **TTS-1-HD 변형은 더 높은 품질의 오디오 출력을 제공**하는 데 중점을 둡니다. 명확성, 풍부함, 전반적인 오디오 충실도가 중요한 사용 사례에 적합합니다. 이 모델 변형은 특히 콘텐츠 제작, 오디오북, 음성 합성의 품질이 사용자 경험에 큰 영향을 미치는 애플리케이션에 유용합니다.

두 모델 모두 오픈AI의 고급 신경망 아키텍처를 활용합니다. 이들은 다양한 인간 음성 데이터셋으로 훈련되어 인간의 음성 패턴(뉘앙스, 억양, 감정 등)과 매우 유사한 자연스러운 오디오를 생성합니다.

10.2 오픈 AI TTS 사용 방법

먼저 음성으로 변환하고 싶은 텍스트를 작성할 텍스트 파일을 만들어 보겠습니다. 그런 다음 오픈AI API를 사용하여 텍스트를 음성으로 변환할 것입니다.

먼저 src/data/tts 디렉터리에 speech_ko.txt라는 새 파일을 만들겠습니다.[1]

```
# 폴더 생성
!mkdir -p src/data/tts
```

파일에 작성할 내용은 다음과 같습니다.

```
안녕 네오 - 매트릭스에 오신 것을 환영합니다.
```

다음 명령으로 이 내용의 파일을 만들고 출력해 볼 수 있습니다. 참고로 구글 코랩에서는 직접 파일을 만들고 편집기를 이용해서 내용을 작성해도 됩니다.

```
!echo "안녕 네오 - 매트릭스에 오신 것을 환영합니다." > src/data/tts/speech_ko.txt
!cat src/data/tts/speech_ko.txt
```

파일을 만든 후에는 다음과 같은 초기화 작업을 진행해 주세요.

```python
import os
from openai import OpenAI

# 오픈AI API 키 설정 및 초기화
def init_api():
    with open("chatgpt.env") as env:
        for line in env:
            key, value = line.strip().split("=")
            os.environ[key] = value

init_api()
client = OpenAI(api_key  = os.environ.get("API_KEY"))

print(client)
```

---

[1]   옮긴이_ mkdir, cat, echo 등은 리눅스 명령입니다. 이 부분이 궁금한 분은 리눅스 명령을 학습해 보시면 됩니다.

다음은 오픈AI API를 사용하여 텍스트를 음성으로 변환하는 방법의 예입니다.

```python
# tts.py

import os

# 텍스트 파일의 경로 정의
text_file_path = os.path.abspath(
    "src/data/tts/speech_ko.txt"  # 텍스트 파일의 경로를 설정합니다.
)

# 오디오 파일의 경로 정의
audio_file_path = os.path.abspath(
    "src/data/tts/speech_ko.mp3"  # 오디오 파일의 경로를 설정합니다.
)

# 파일에서 텍스트 읽기
with open(text_file_path, 'r') as file:
    text = file.read()  # 파일의 내용을 읽어 텍스트 변수에 저장합니다.

# 음성 모델 및 캐릭터 정의
voice_model = "tts-1"      # 사용하려는 음성 모델을 정의합니다.
voice_character = "alloy"  # 사용할 음성 캐릭터를 정의합니다.

# 텍스트를 음성으로 변환하기
response = client.audio.speech.create(
    model=voice_model,
    voice=voice_character,
    input=text  # 입력 텍스트를 음성으로 변환합니다.
)

# 오디오 파일로 저장하기
response.stream_to_file(audio_file_path)  # 변환된 음성을 파일로 저장합니다.
print(f"오디오가 {audio_file_path}에 저장되었습니다.")  # 저장된 오디오 파일 경로를
                                                    # 출력합니다.
```

정상적으로 실행이 완료되면 **speech_ko.mp3** 파일이 작업 디렉터리(**src/data/tts**)에 생성됩니다. 다른 모델 변형인 TTS-1-HD를 테스트하려면 코드에서 **voice_model** 변수를 **"tts-1-hd"**로 변경하면 됩니다.

TTS 모델은 여러 음성 캐릭터를 지원합니다. 예를 들어 **"alloy"**, **"echo"**, **"fable"**, "onyx", "nova", "shimmer"로 지정할 수 있습니다.

앞 코드에서 voice_character 변수를 변경하여 음성 캐릭터 간의 차이를 들어볼 수 있습니다.

```python
# tts_all.py
# 구글 코랩 환경이 아니라면 .py 파일 작성 후 실행할 때 인증 부분을 추가해 주세요.

import os

# 텍스트 파일의 경로 정의
text_file_path = os.path.abspath(
    "src/data/tts/speech_ko.txt"  # 텍스트 파일의 경로를 설정합니다.
)

# 파일에서 텍스트 읽기
with open(text_file_path, 'r') as file:
    text = file.read()  # 파일의 내용을 읽어 텍스트 변수에 저장합니다.

# 음성 모델 및 캐릭터 정의
voice_model = "tts-1"  # 사용하려는 음성 모델을 정의합니다.
voice_characters = [  # 사용 가능한 음성 캐릭터 목록입니다.
    "alloy",
    "echo",
    "fable",
    "onyx",
    "nova",
    "shimmer"
]

# 각 음성 캐릭터에 대해 텍스트를 음성으로 변환
for voice_character in voice_characters:
    # 오디오 파일의 경로 정의
    audio_file_path = os.path.abspath(
        "src/data/tts/speech_" + voice_character + "_ko.mp3"  # 각 캐릭터에 맞는 파일
                                                              # 이름을 설정합니다.
    )

    # 텍스트를 음성으로 변환
    response = client.audio.speech.create(
        model=voice_model,
        voice=voice_character,
        input=text  # 입력 텍스트를 음성으로 변환합니다.
    )
```

```
# 오디오 파일로 저장하기
response.stream_to_file(audio_file_path)  # 변환된 음성을 파일로 저장합니다.
print(f"오디오가 {audio_file_path}에 저장되었습니다.")  # 저장된 오디오 파일
                                                  # 경로를 출력합니다.
```

실행하면 다음과 같이 출력되며 작업 디렉터리에 여러 mp3가 생성됩니다.

```
<ipython-input-28-997dac70108d>:41: DeprecationWarning: Due to a bug, this method
doesn't actually stream the response content, `.with_streaming_response.method()`
should be used instead
  response.stream_to_file(audio_file_path)  # 변환된 음성을 파일로 저장합니다.
오디오가 /content/src/data/tts/speech_alloy_ko.mp3에 저장되었습니다.
오디오가 /content/src/data/tts/speech_echo_ko.mp3에 저장되었습니다.
오디오가 /content/src/data/tts/speech_fable_ko.mp3에 저장되었습니다.
오디오가 /content/src/data/tts/speech_onyx_ko.mp3에 저장되었습니다.
오디오가 /content/src/data/tts/speech_nova_ko.mp3에 저장되었습니다.
오디오가 /content/src/data/tts/speech_shimmer_ko.mp3에 저장되었습니다.
```

> **NOTE** TTS 모델에서 지원하는 언어
>
> 아프리칸스어, 아랍어, 아르메니아어, 아제르바이잔어, 벨라루스어, 보스니아어, 불가리아어, 카탈루냐어,
> 중국어, 크로아티아어, 체코어, 덴마크어, 네덜란드어, 영어, 에스토니아어, 핀란드어, 프랑스어, 갈리시아
> 어, 독일어, 그리스어, 히브리어, 힌디어, 헝가리어, 아이슬란드어, 인도네시아어, 이탈리아어, 일본어, 칸
> 나다어, 카자흐어, 한국어, 라트비아어, 리투아니아어, 마케도니아어, 말레이어, 마라티어, 마오리어, 네팔
> 어, 노르웨이어, 페르시아어, 폴란드어, 포르투갈어, 루마니아어, 러시아어, 세르비아어, 슬로바키아어, 슬
> 로베니아어, 스페인어, 스와힐리어, 스웨덴어, 타갈로그어, 타밀어, 태국어, 터키어, 우크라이나어, 우르두
> 어, 베트남어, 웨일스어

오픈AI에 따르면 **생성된 오디오에 관한 권리는 사용자에게 있으며** 어떤 목적으로든 사용할 수 있습니다. 그러나 최종 사용자에게 해당 **오디오는 실제 사람이 아닌 AI가 생성했음을 알려야** 합니다.

## CHAPTER 11

오픈AI CLIP을 사용한 이미지 분류

11.1 CLIP 소개

CLIP^{Contrastive Language–Image Pre-Training}은 오픈 AI에서 개발한 인공지능 모델입니다. **이미지와 텍스트를 동시에 이해하는 신경망**입니다. CLIP은 텍스트 기반의 검색뿐만 아니라 이미지 분류, 이미지 검색 등 시각적 이해가 필요한 다양한 작업에 활용할 수 있습니다.

CLIP 모델은 논문 「Learning Transferable Visual Models From Natural Language Supervision」[1]에서 소개되었습니다.

CLIP은 생성 모델이 아니라는 점이 중요합니다. **텍스트나 이미지를 생성하지 않고 이미 임베딩된 항목을 검색하는 방식으로 작동**합니다. 이 특성 덕분에 CLIP은 제로샷 분류 작업에 특히 유용합니다. CLIP 모델은 이러한 연구를 기반으로 자연어를 활용한 이미지 분류 작업을 개선하고 기계가 인간과 유사한 방식으로 이미지를 이해하도록 도와주는 데 활용됩니다.

11.2 CLIP 사용 방법

허깅페이스의 transformers 라이브러리를 사용하면 오픈AI가 제공한 CLIP 모델을 쉽게 사

---

1 옮긴이_ Radford, A., Kim, J. wook, Hallacy, C., Ramesh, A., Goh, G., Agarwal, S., Sastry, G., Askell, A., Mishkin, P., Clark, J., Krueger, G., & Sutskever, I. (2021, February 26). Learning Transferable Visual Models From Natural Language Supervision. *https://arxiv.org/abs/2103.00020*

용할 수 있습니다. 허깅페이스를 사용하는 주요 이유를 간단히 살펴보겠습니다.

- **간편한 설정**: 허깅페이스는 **CLIP 모델을 포함한 다양한 모델을 사전 학습된 상태로 제공**하며 몇 줄의 코드만으로 모델을 로드하고 사용할 수 있습니다. 특히 CLIPProcessor와 같은 프로세서 모듈 덕분에 이미지와 텍스트 전처리가 자동으로 처리됩니다.
- **통합된 라이브러리**: transformers는 다양한 모델을 통합하여 제공하므로 CLIP 외에도 BERT, GPT 등 다른 모델을 손쉽게 교환하며 사용할 수 있습니다. 이는 여러 모델을 실험하거나 다양한 작업에 모델을 통합할 때 매우 유용합니다.
- **허깅페이스 허브**Hugging Face Hub: 허깅페이스 허브에서는 모델과 데이터셋을 쉽게 공유하고 다운로드할 수 있으며 다양한 사용자가 훈련한 모델을 활용할 수 있습니다. CLIP 역시 여러 가지 변형 모델을 허깅페이스 허브에서 찾아볼 수 있습니다.

11.2.1 필수 라이브러리 설치

먼저 필요한 라이브러리를 설치합니다. transformers와 torch를 설치해야 합니다.

```
!pip install transformers
!pip install torch
```

이제 모델과 프로세서를 로드할 수 있습니다. CLIP 모델은 텍스트와 이미지를 처리하는 데 CLIPModel과 CLIPProcessor라는 두 가지 주요 컴포넌트를 사용합니다.

```
from transformers import CLIPProcessor, CLIPModel

# 모델과 프로세서 로드
model = CLIPModel.from_pretrained("openai/clip-vit-base-patch32")
processor = CLIPProcessor.from_pretrained("openai/clip-vit-base-patch32")
```

코드는 CLIPModel과 CLIPProcessor를 동일한 구성으로 로드하는 방식입니다. 여기서 openai/clip-vit-base-patch32는 ViT−B/32 Transformer 아키텍처와 마스킹된 셀프 어텐션masked self−attention 방식의 텍스트 인코더를 사용하는 모델 구성입니다.

11.2.2 CLIP으로 제로샷 분류하기

일반적인 이미지 분류 작업에서는 특정 클래스에 맞게 이미지를 라벨링하고 이를 바탕으로 모델을 학습시켜야 합니다. 예를 들어 '고양이'와 '개'라는 클래스를 예측하려면 고양이와 개가 포함된 이미지를 분류 데이터셋에 라벨을 붙여 모델을 학습시키고, 새로운 이미지가 주어졌을 때 어떤 클래스에 속하는지 예측합니다. 이 과정에서 **새로운 클래스를 추가하려면 기존 데이터셋을 다시 라벨링하고 모델을 재학습해야 하는 번거로움**이 있습니다.

반면 **CLIP을 사용한 제로샷 분류**는 이미 모델이 학습된 상태에서 새로운 라벨을 추가할 수 있다는 장점이 있습니다. 즉 CLIP 모델은 **추가 학습 없이 주어진 텍스트 레이블을 기반으로 이미지를 분류**할 수 있습니다. 이로써 모델을 다시 학습시키지 않고도 새로운 클래스를 적용할 수 있습니다.

CLIP 모델을 이용해 제로샷 분류를 수행하는 방법을 설명하겠습니다. 먼저 COCO 데이터셋[2]에서 이미지를 다운로드하고 이를 그리드 형태로 시각화한 뒤, 해당 이미지를 다양한 클래스에 대해 분류하는 예제를 살펴보겠습니다. 다음은 이미지를 그리드 형식으로 보여주는 코드입니다.

```python
import requests
from PIL import Image
import matplotlib.pyplot as plt

def image_grid(imgs, cols):
    rows = (len(imgs) + cols - 1) // cols
    w, h = imgs[0].size
    grid = Image.new('RGB', size=(cols * w, rows * h))

    for i, img in enumerate(imgs):
        grid.paste(img, box=(i % cols * w, i // cols * h))
    return grid

# 이미지 URL 목록
image_urls = [
    'http://images.cocodataset.org/val2014/COCO_val2014_000000159977.jpg', # 기린
    'http://images.cocodataset.org/val2014/COCO_val2014_000000311295.jpg', # 얼룩말
    'http://images.cocodataset.org/val2014/COCO_val2014_000000457834.jpg', # 코끼리
```

---

2 옮긴이_ COCO 데이터셋은 컴퓨터 비전 분야에서 중요한 이미지 데이터셋입니다. 이미지 총수는 33만 개이며 자동차, 자전거, 동물과 같은 80개의 객체 카테고리를 포함합니다. 이 데이터셋은 객체 탐지, 이미지 분할, 키포인트 탐지 등 다양한 컴퓨터 비전 작업에 활용되며 연구자들이 딥러닝 모델을 훈련하고 성능을 평가하는 데 중요한 역할을 합니다.

```
    'http://images.cocodataset.org/val2014/COCO_val2014_000000555472.jpg', # 코끼리
    'http://images.cocodataset.org/val2017/000000039769.jpg',  # 고양이
    'http://images.cocodataset.org/val2017/000000001000.jpg',  # 사람
]

# 이미지 로드
images = [Image.open(requests.get(url, stream=True).raw) for url in image_urls]

# 2x2 그리드 생성
grid = image_grid(images, cols=2)

# 구글 코랩에서 이미지 표시
plt.figure(figsize=(10,10))
plt.imshow(grid)
plt.axis('off')
plt.show()
```

코드를 실행하면 [그림 11-1]과 같은 COCO 데이터셋의 이미지가 표시됩니다. 해당 데이터셋은 COCO 데이터셋의 이미지입니다.

그림 11-1 COCO 데이터셋 이미지

앞 코드에서는 COCO 데이터셋에서 이미지를 다운로드하고 이를 그리드 형태로 시각화합니다. 이제 분류 작업에 사용할 레이블을 정의합니다. 예를 들어 '기린', '얼룩말', '코끼리'라는 클래스를 사용할 수 있습니다. 그리고 CLIP 모델을 이용해 이미지를 분류할 수 있습니다.

다음 코드는 각 이미지에 대해 주어진 클래스들을 기반으로 확률을 계산합니다. `logits_per_image`는 이미지와 텍스트 간의 유사도를 나타내는 점수이며, 이를 `softmax` 함수에 통과시켜 각 클래스의 확률을 계산합니다.

```python
# 제로샷 이미지 분류
# CLIP 모델을 사용한 이미지 분류 예제

import torch
# 분류할 동물 클래스 정의: 기린, 얼룩말, 코끼리
classes = ['giraffe', 'zebra', 'elephant']

# 텍스트와 이미지 전처리 및 모델 입력 형식 변환
inputs = processor(text=classes, images=images, return_tensors="pt", padding=True)

# 모델을 통해 이미지-텍스트 유사도 계산
outputs = model(**inputs)

# 이미지-텍스트 유사도 점수 추출
logits_per_image = outputs.logits_per_image

# 소프트맥스로 확률 분포 변환
probs = logits_per_image.softmax(dim=1)

# 확률을 소수점 2자리로 반올림하여 출력
print(torch.round(probs, decimals=2))
```

실행 결과는 다음과 같습니다.

```
tensor([[0.8600, 0.1400, 0.0000],
        [0.3300, 0.2100, 0.4600],
        [0.0000, 0.0000, 1.0000],
        [0.0200, 0.0000, 0.9800],
        [0.4000, 0.0000, 0.6000],
        [0.6900, 0.1800, 0.1300]], grad_fn=<RoundBackward1>)
```

각 이미지에 대해 CLIP 모델은 주어진 클래스 중에서 가장 높은 확률의 클래스를 예측합니다. 분류 작업을 실행한 결과는 다음과 같이 나와야 합니다.

- '기린'이 포함된 첫 번째 이미지에서 '기린'을 정확히 예측합니다.
- '얼룩말'이 포함된 두 번째 이미지에서 '얼룩말'을 정확히 예측합니다.
- '코끼리'가 포함된 세 번째 이미지에서 '코끼리'를 정확히 예측합니다.

하지만 문제가 발생할 때도 있습니다. 예를 들어 두 번째 이미지에 '얼룩말'이 작게 나타나면 모델이 다른 클래스와 비슷한 확률을 할당할 수 있습니다. 또한 클래스에 해당하지 않는 이미지에서는 가장 일반적인 클래스가 잘못 예측될 수 있습니다.

이 문제를 해결하려면 **실제로 이미지에 나타나는 물체와 관련된 레이블을 추가하는 것이 중요**합니다. 예를 들어 '인형'이나 '사람' 같은 클래스를 추가해 모델이 잘못된 클래스를 예측하는 문제를 해결할 수 있습니다. 이를 추가하여 제로샷 분류를 수행해 보겠습니다.

```python
# 제로샷 이미지 분류
# CLIP 모델을 사용한 이미지 분류 예제
import torch

# 분류할 동물 클래스 정의
classes = ['giraffe', 'zebra', 'elephant', 'person', 'cat']

# 텍스트와 이미지 전처리 및 모델 입력 형식 변환
inputs = processor(text=classes, images=images, return_tensors="pt", padding=True)

# 모델을 통해 이미지-텍스트 유사도 계산
outputs = model(**inputs)

# 이미지-텍스트 유사도 점수 추출
logits_per_image = outputs.logits_per_image

# 소프트맥스로 확률 분포 변환
probs = logits_per_image.softmax(dim=1)

# 확률을 소수점 2자리로 반올림하여 출력
print(torch.round(probs, decimals=2))
```

코드 실행 결과는 다음과 같습니다.

```
tensor([[0.8600, 0.1400, 0.0000, 0.0000, 0.0000],
        [0.3200, 0.2100, 0.4600, 0.0000, 0.0000],
        [0.0000, 0.0000, 1.0000, 0.0000, 0.0000],
        [0.0200, 0.0000, 0.9800, 0.0000, 0.0000],
        [0.0100, 0.0300, 0.0000, 0.0900, 0.8700],
        [0.1000, 0.0300, 0.0200, 0.8500, 0.0000]], grad_fn=<RoundBackward1>)
```

이를 시각화하여 표시해 보겠습니다.

```python
import matplotlib.pyplot as plt

fig = plt.figure(figsize=(8, 20))

for idx in range(len(images)):
    # 원본 이미지 표시
    fig.add_subplot(len(images), 2, 2*(idx+1)-1 )
    plt.imshow(images[idx])
    plt.xticks([])
    plt.yticks([])

    # 확률 표시
    fig.add_subplot(len(images), 2, 2*(idx+1))
    plt.barh(range(len(probs[0].detach().numpy())),probs[idx].detach().numpy(),
        tick_label=classes)
    plt.xlim(0,1.0)

    plt.subplots_adjust(left=0.1,
                        bottom=0.1,
                        right=0.9,
                        top=0.9,
                        wspace=0.2,
                        hspace=0.8)

plt.show()
```

다음은 실행 결과입니다.

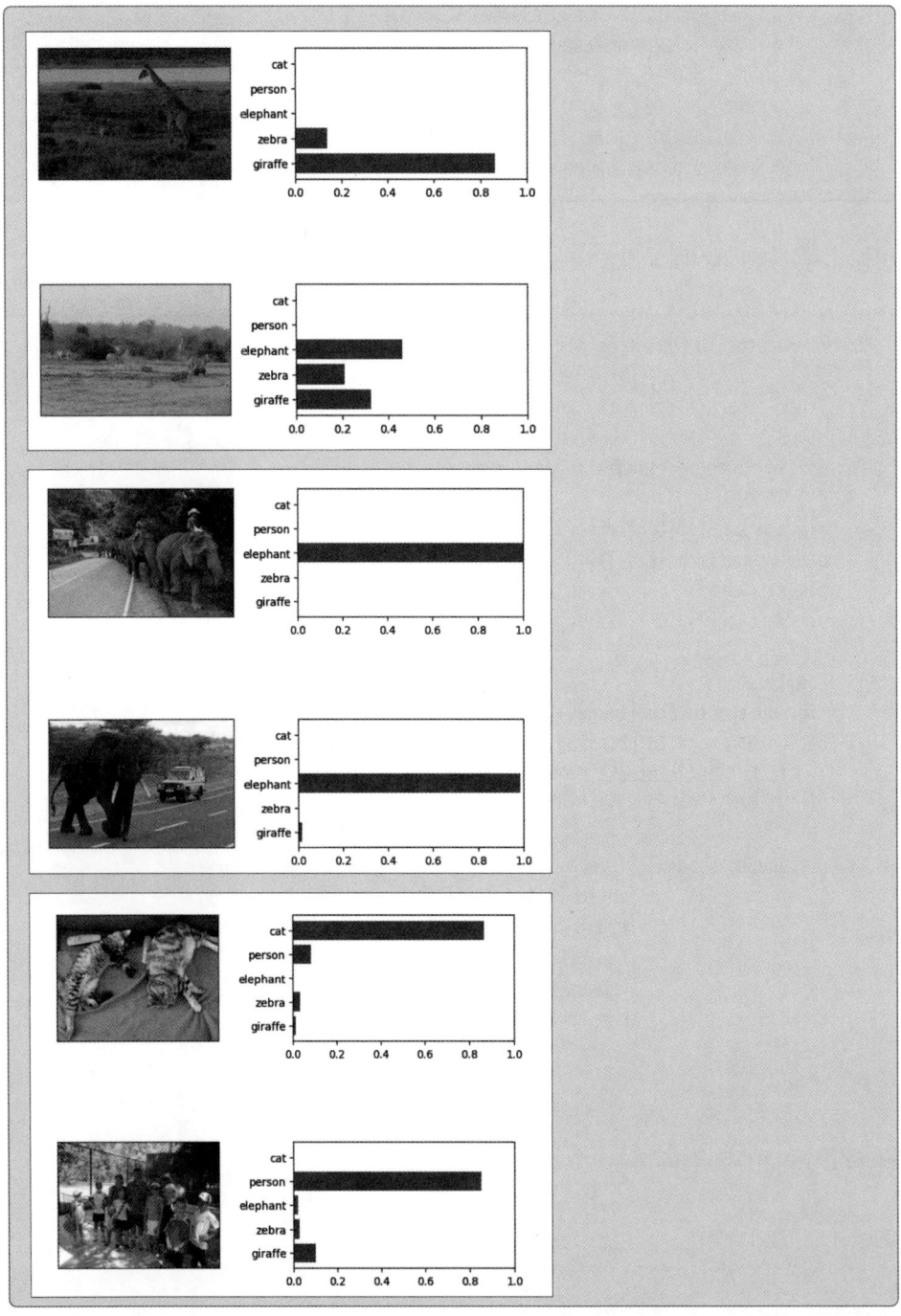

CLIP 모델의 제로샷 분류는 매우 유용합니다. 기존의 이미지 분류 모델과 달리 **CLIP은 추가 학습 없이도 주어진 텍스트 레이블을 기반으로 이미지를 분류**할 수 있습니다. 따라서 새로운 클래스가 추가되더라도 모델을 다시 학습시키지 않고 레이블만 추가하면 됩니다. 이는 특히 실시간으로 새로운 데이터를 처리해야 하는 작업에서 큰 장점이 됩니다.

11.3 이미지를 텍스트로 변환하기

CLIP 인터로게이터^{CLIP Interrogator}는 CLIP을 활용해 만들어졌으며 **이미지에서 텍스트 프롬프트를 생성하는 유용한 AI 도구**입니다. CLIP 인터로게이터는 오픈AI의 CLIP과 세일즈포스^{Salesforce}의 BLIP 을 결합하여 주어진 이미지에 대해 텍스트 프롬프트를 최적화하는 프롬프트 엔지니어링 도구입니다. 결과로 얻어진 프롬프트는 드림스튜디오의 스테이블 디퓨전과 같은 텍스트–이미지 모델과 함께 사용하여 이미지를 생성하거나 재현하는 데 사용할 수 있습니다.

사용법은 간단하고 직관적입니다. 코드를 살펴보기 전에 먼저 `clip-interrogator` 패키지를 설치해야 합니다.

```
# CLIP 인터로게이터 설치하기
!pip install clip-interrogator
```

이미지는 COCO 데이터셋에서 다운로드하겠습니다. 코드는 다음과 같습니다.

```python
from PIL import Image
from clip_interrogator import Config, Interrogator

# 이미지 URL 지정
image_url = 'http://images.cocodataset.org/val2014/COCO_val2014_000000159977.jpg'

# 웹에서 이미지를 다운로드하고 image01.jpg로 저장
image_path = 'image01.jpg'
response = requests.get(image_url, stream=True)
image = Image.open(response.raw).convert('RGB')

ci = Interrogator(Config(clip_model_name = "ViT-L-14/openai"))
```

```
print(ci.interrogate(image))
```

다음은 실행 결과입니다.

> zebra and giraffe in a field with a lake in the background, towering above a small person, tall and slim, dynamic comparison, by Mark A. Brennan, daz occlusion, arguing, small legs, extremely contrast, antropomorphic

이를 한국어로 번역하면 다음과 같습니다.

> 호수 배경의 들판에서 얼룩말과 기린이 작은 사람을 능가하는 크기로 서 있으며, 키가 크고 슬림한 형태로 역동적인 비교를 이루고 있습니다. 이 장면은 마크 A. 브레넌의 스타일로 그려졌으며 작은 다리와 극단적인 대비, 그리고 인간처럼 보이는 형태의 특징이 있습니다.

Interrogator 클래스의 **interrogate** 함수는 이미지를 입력으로 받아 CLIP 모델을 통해 이미지의 내용을 해석하고 이를 텍스트로 반환합니다. 앞 코드에서는 COCO 데이터셋의 이미지를 URL로 가져와서 처리한 후, CLIP 모델을 사용해 이미지를 분석하고, 그 결과로 나온 설명을 출력했습니다.

이 예시는 CLIP 모델이 어떻게 이미지를 분석하고 결과를 자연어로 변환하는지를 잘 보여줍니다. CLIP은 이미지와 텍스트의 관계를 학습하여 이미지에 관한 설명을 자동으로 생성하는 능력이 있습니다. 이를 사용해 이미지에 관한 복잡한 정보를 더 직관적으로 이해할 수 있습니다.

생성형 AI를 활용한
이미지 제작과 편집 기술

PART **4**

12장 DALL·E로 이미지 생성하기

13장 DALL·E로 이미지 편집하기

14장 다른 이미지에서 영감 얻기

DALL·E로 이미지 생성하기

이번 장에서는 DALL·E를 활용해 이미지를 생성하는 방법을 다룹니다. DALL·E는 텍스트 기반 프롬프트를 바탕으로 독창적이고 사실적인 이미지를 생성하는 강력한 AI 모델입니다. 이 장에서는 모델의 기본 작동 원리를 설명하고 텍스트를 입력해서 이미지를 생성하는 다양한 실습 예제를 제공합니다. 또한 생성된 이미지의 품질과 스타일을 개선하는 데 프롬프트 엔지니어링 기법을 적용하는 방법도 다룹니다. DALL·E의 가능성을 탐구하며 창의적인 작업에 AI를 활용하는 방법을 익힐 수 있습니다.

12.1 DALL·E 소개

DALL·E는 오픈AI에서 개발한 혁신적인 AI 이미지 생성 모델로, 자연어 프롬프트를 기반으로 고품질의 창의적인 이미지를 생성합니다. 이 모델은 딥러닝 알고리즘을 활용하여 사용자가 입력한 텍스트 설명을 정교하게 시각적 이미지로 변환합니다. 텍스트의 세부적인 뉘앙스와 컨텍스트를 이해하고 이를 바탕으로 놀랍도록 정확하고 상상력 풍부한 이미지를 만들어 냅니다.

DALL·E의 가장 강력한 특징은 지속적인 학습과 개선 능력입니다. 모델은 생성된 이미지에 대한 피드백과 상호작용을 통해 점진적으로 이미지 생성 품질을 높입니다. 따라서 시간이 지날수록 더 정교하고 창의적인 이미지를 생성할 수 있습니다. 또한 단순한 이미지 복제를 넘어 추상적인 개념, 복잡한 장면, 상상 속 존재까지도 시각적으로 구현하는 놀라운 능력을 보여줍니다.

3D render of a cute tropical fish in an
aquarium on a dark blue background, digital
art

그림 12-1 DALL·E 샘플 이미지

[그림 12-1]의 영어 프롬프트는 '어두운 파란색 배경의 수족관에 있는 귀여운 열대어의 3D 렌더링, 디지털 아트'라는 뜻입니다.

이미지 API는 일반적으로 다음 세 가지 방식으로 이미지를 만듭니다.

1. 텍스트 설명만으로 완전히 새로운 이미지 생성하기
2. 기존 이미지를 새로운 텍스트 설명에 맞춰 수정하기
3. 기존 이미지를 바탕으로 다양한 버전의 이미지 만들기

최근 몇 년 동안 오픈AI는 GPT-3를 기반으로 한 DALL·E라는 혁신적인 신경망을 개발하고 지속해서 발전시켰습니다. DALL·E의 초기 버전에는 120억 개의 파라미터가 있었으며 이는 GPT-3의 1,750억 개보다 상대적으로 작은 규모였습니다. 이 모델은 텍스트 설명을 바탕으로 이미지를 생성하는 데 특화되었으며 GPT-3의 다양한 데이터셋과 달리 텍스트-이미지 쌍 데이터셋을 사용했습니다.

그 후 오픈AI는 DALL·E 2를 발표했습니다. DALL·E 2는 텍스트 설명에서 더 사실적이고 세부적인 이미지를 생성하는 데 뛰어난 성능을 발휘하며 초기 버전보다 훨씬 정교하고 창의적

인 이미지를 생성합니다. 그리고 2023년 9월에 DALL·E 3를 발표했습니다. 이전 모델들보다 더 발전된 성능을 자랑하며 이미지 생성의 정확성과 다양성이 한층 강화되었습니다. 특히 DALL·E 3는 사용자의 요구를 더 정밀하게 이해하고 반영하는 데 중점을 둡니다.

DALL·E 시리즈는 오픈AI 랩^{OpenAI Labs}[1]에서 실제로 확인할 수 있습니다.

여기서는 웹 인터페이스 대신 API를 사용하는 방법을 살펴보겠습니다.

현재 DALL·E 3는 분당 이미지 요청이 제한[2]되지만 도움말 센터 문서[3]의 지침에 따라 더 늘릴 수 있습니다.

12.2 프롬프트 기반의 이미지 생성 기본 예제

첫 번째 예제를 시작해 보겠습니다. 인증 시에 라이브러리 불일치 에러가 발생하면 안정화된 버전으로 설치해 주세요.

```
!pip install openai
```

먼저 오픈AI API 키를 설정하고 초기화를 진행한 후 이미지를 생성하겠습니다.

```
import os
from openai import OpenAI

# 오픈AI API 키 설정 및 초기화
def init_api():
    with open("chatgpt.env") as env:
        for line in env:
            key, value = line.strip().split("=")
            os.environ[key] = value

init_api()
```

----

1 *https://labs.openai.com/*

2 옮긴이_ *https://platform.openai.com/settings/organization/limits*

3 *https://help.openai.com/en/articles/6696591*

```
client = OpenAI(api_key  = os.environ.get("API_KEY"))

kwargs = {
    "prompt": "A beautiful landscape."  # "아름다운 풍경"을 의미하는 프롬프트
}

# 이미지 생성
im = client.images.generate(**kwargs)
print(im)
```

기본적으로 이전과 동일한 단계를 따릅니다.

- 인증
- 파라미터 목록을 포함한 API 엔드포인트 호출하기

이 예제에서는 파라미터를 **kwargs** 딕셔너리에 담아 사용했지만 이는 결과에 영향을 주지 않습니다.

코드를 실행하면 다음과 같은 형식의 출력이 나타납니다.

```
ImagesResponse(
    {
        "created": 1702371379,
        "data": [
            {
                "b64_json": null,
                "revised_prompt": null,
                "url": "https://oaidalleapiprodscus.blob.core.windows.net/
private/org-VSSDsvSmnHA1izxVflKKw4HZ/user-WYHtHPaQ3jBdGwnCayjZJYUW/img-
uE5jiNz3WfxPUB64xCd1zpWa.png?st=2023-12-12T07%3A56%3A19Z&se=2023-12-
12T09%3A56%3A19Z&sp=r&sv=2021-08-06&sr=b&rscd=inline&rsct=image/png&skoid=6aaadede-
4fb3-4698-a8f6-684d7786b067&sktid=a48cca56-e6da-484e-a814-9c849652bcb3&skt=2023-
12-12T04%3A00%3A26Z&ske=2023-12-13T04%3A00%3A26Z&sks=b&skv=2021-08-
06&sig=jNmrxBr7qPwZBu
dxNBUgqucgYKMRhtzllv2YDhnK0Lw%3D"
            }
        ]
    }
)
```

생성된 이미지는 URL을 클릭하면 볼 수 있습니다. 참고로 AI가 이미지를 생성할 때마다 조금

씩 다른 결과물이 나오므로 같은 설정으로 여러 번 실행하더라도 매번 새로운 이미지를 볼 수 있습니다.

그림 12-2 "A beautiful landscape." 프롬프트로 DALL·E에서 생성한 이미지

12.3 다른 크기의 이미지 생성하기

다음 세 가지 크기로 이미지를 생성할 수 있습니다.

- 256×256px
- 512×512px
- 1024×1024px

크기가 작을수록 생성 속도가 더 빨라집니다.

특정 크기로 이미지를 생성하려면 **size** 파라미터를 API에 전달해야 합니다. 256x256 크기의 이미지를 하나 생성해 보겠습니다.

```
from IPython.display import Image, display
```

```
# 오픈AI API 키 설정 및 초기화
# init_api() 함수 정의 및 실행
# client = OpenAI(api_key  = os.environ.get("API_KEY"))

prompt = "A beautiful landscape."
n = 1
size = "256x256"

kwargs = {
    "prompt" : prompt,
    "n" : n,
    "size" : size,
}

im = client.images.generate(**kwargs)

for i in range(n):
    print(im.data[i].url)
    display(Image(url=im.data[i].url))
```

실행해 보면 256x256의 이미지가 생성됨을 확인할 수 있습니다. 이제 프롬프트를 활용해 이미지 품질을 개선하는 방법을 알아보겠습니다.

12.4 여러 이미지 생성하기

기본적으로 API는 단일 이미지를 반환하지만 n 파라미터를 사용하여 한 번에 최대 10개의 이미지를 요청할 수 있습니다. 다음 코드에서는 3개의 이미지를 요청해 보겠습니다.

```
from IPython.display import Image, display

# 오픈AI API 키 설정 및 초기화
# init_api() 함수 정의 및 실행
# client = OpenAI(api_key  = os.environ.get("API_KEY"))

prompt = "A beautiful landscape."
n = 3
kwargs = {
    "prompt": prompt,
```

```
        "n": n,
    }

    im = client.images.generate(**kwargs)
    print(im)

    # 이미지 URL의 내용과 이미지를 확인
    for i in range(n):
        print(im.data[i].url)
        display(Image(url=im.data[i].url))
```

다음과 비슷한 결과가 나옵니다.

```
ImagesResponse(
    created=1702372007,
    data=[
    Image(b64_json=None, revised_prompt=None, url='<생성된 이미지 URL 1>'),
    Image(b64_json=None, revised_prompt=None, url='<생성된 이미지 URL 2>'),
    Image(b64_json=None, revised_prompt=None, url='<생성된 이미지 URL 3>')
])
<생성된 이미지 URL 1>
<생성된 이미지 URL 2>
<생성된 이미지 URL 3>   "created": 1691469795,
```

<생성된 이미지 URL 1>, <생성된 이미지 URL 2>, <생성된 이미지 URL 3>은 앞에서
생성된 이미지 URL을 줄여서 표현했습니다. 참고로 생성된 이미지 URL은 일정 시간이 지나
면 사라집니다.

결과로 얻은 세 개의 이미지는 다음과 같습니다.

그림 12-3 "A beautiful landscape." 프롬프트로 DALL·E에서 생성한 여러 장의 이미지

12.5 이미지 프롬프트 개선 방법

프롬프트 엔지니어링은 인공지능 시스템이나 생성 모델에 특정 입력(프롬프트)을 제공하여 원하는 결과는 얻는 기술입니다. 이 기술은 AI가 특정 작업을 수행하거나 정보를 생성할 때 **최적의 입력 문장이나 질문을 구성하는 방법**을 연구합니다. 이는 GPT와 같은 언어 모델에서 매우 중요한 역할을 합니다.

2022년에는 DALL·E, 스테이블 디퓨전, 미드저니라는 세 가지 AI 플랫폼이 모두에게 개방되었습니다. 이 플랫폼들은 프롬프트를 입력으로 사용해 이미지를 생성하며 단어를 이미지로 변환하는 프롬프트 엔지니어링의 새로운 분야를 열었습니다.

DALL·E 시리즈를 활용하면 프롬프트를 개인의 취향과 필요에 맞게 조정할 수 있습니다. 조명, 예술 스타일, 감정, 위치, 각도 등 선택할 수 있는 범위가 매우 넓습니다.

이 책에서는 이러한 기능 중 일부만 다루지만 온라인에서 제공되는 다양한 자료와 관련 주제를 자유롭게 탐색해 보길 권장합니다.

12.5.1 작가 모방

다음 두 프롬프트로 생성된 이미지에는 차이가 있습니다.

```
prompt = "beautiful landscape"
prompt = "beautiful landscape by Van Gogh"
```

확실히 후자는 반 고흐[Van Gogh]의 그림처럼 보일 가능성이 더 높습니다. 생성된 이미지는 반 고흐의 그림이나 만화 스타일의 이미지, 추상적인 예술 작품이 될 수 있습니다.

다음과 같이 쉼표를 사용해서 간단하게 구분해도 됩니다.

```
prompt = "beautiful landscape, Van Gogh"
```

반 고흐 대신 아그네스 로렌스 펠튼[Agnes Lawrence Pelton]의 모더니스트 그림 스타일을 사용할 수도 있습니다.

```
prompt = "beautiful landscape by Agnes Lawrence Pelton"
```

또는 나루토의 만화 작가인 키시모토 마사시^Masashi Kishimoto의 스타일을 사용할 수도 있습니다.

```
prompt = "cute smile dog by Masashi Kishimoto"
```

다음 그림은 이 프롬프트를 사용하여 생성한 512x512 이미지입니다.

그림 12-4 DALL·E로 생성한 키시모토 마사시 스타일의 이미지

이런 식으로 생성할 이미지의 스타일을 원하는 대로 맞춤 설정할 수 있습니다.

또한 작가의 이름이 아닌 키워드를 사용해 원하는 스타일을 적용할 수도 있습니다. 예를 들어 '나루토 만화 스타일'과 같은 키워드를 사용할 수도 있습니다.

```
prompt = "A teenager. Naruto manga style"
```

다음은 일부 작가, 화가, 사진작가의 이름입니다. 이를 활용해 더 시도해 보세요.

```
Mohammed Amin
Dorothea Lange
Yousuf Karsh
Helmut Newton
Diane Arbus
Eric Lafforgue
Annie Leibovitz
```

Lee Jeffries
Steve McCurry
Dmitry Ageev
Rosie Matheson
Nancy Goldin
David Lachapelle
Peter Lindbergh
Robert Mapplethorpe
David Bailey
Terry Richardson
Martin Schoeller
Julia Margaret Cameron
George Hurrell
Ansel Adams
Dorothea Lange
Edward Weston
Elliott Erwitt
Henri Cartier-Bresson
Robert Capa
W. Eugene Smith
Garry Winogrand
Diane Arbus
Robert Frank
Walker Evans
Robert Mapplethorpe
Pablo Picasso
Vincent Van Gogh
Claude Monet
Edvard Munch
Salvador Dali
Edgar Degas
Paul Cezanne
Rene Magritte
Sonia Delaunay
Zeng Fanzhi
Vitto Ngai
Yoji Shinkawa
J.M.W. Turner
Gerald Brom
Jack Kirby
Pre-Raphaelite
Alphonse Mucha
Caspar David Friedrich
William Blake

```
William Morris
Albrecht Durer
Raphael Sanzio
Michelangelo Buonarroti
Leonardo Da Vinci
Rene Magritte
```

12.5.2 예술 스타일 모방

예술 스타일과 양식을 포함한 키워드를 활용하여 다양한 예술 스타일을 모방할 수 있습니다. 예컨대 아르누보Art Nouveau, 인상파Impressionism, 추상표현주의Abstract Expressionism, 오르피즘Orphism, 신고전주의Neoclassicism 등이 있습니다.

```
Art Nouveau
Impressionism
Abstract Expressionism
Orphism
Neoclassicism
Cubism
Fauvism
Surrealism
Expressionism
Dadaism
Pop Art
Minimalism
Postmodernism
Futurism
Art Deco
Early Renaissance
Religious Art
Chinese Art
Baroque
```

다른 예술 스타일을 설명하는 다음과 같은 키워드를 사용해서 더 시도해 보세요.

```
3D sculpture
Comic book
Sketch drawing
```

Old photograph

Modern photograph

Portrait

Risograph

Oil painting

Graffiti

Watercolor

Cyberpunk

Synthwave

Gouache

Pencil drawing (detailed, hyper-detailed, very realistic)

Pastel drawing

Ink drawing

Vector

Pixel art

Video game

Anime

Manga

Cartoon

Illustration

Poster

Typography

Logo

Branding

Etching

Woodcut

Political cartoon

Newspaper

Coloring sheet

Field journal line art

Street art

Airbrush

Crayon

Child's drawing

Acrylic on canvas

Pencil drawing (colored, detailed)

Ukiyo-e

Chinese watercolor

Pastels

Corporate Memphis design

Collage (photo, magazine)

Watercolor & pen

Screen printing

Low poly

```
Layered paper
Sticker illustration
Storybook
Blueprint
Patent drawing
Architectural drawing
Botanical illustration
Cutaway
Mythological map
Voynich manuscript
IKEA manual
Scientific diagram
Instruction manual
Voroni diagram
Isometric 3D
Fabric pattern
Tattoo
Scratch art
Mandala
Mosaic
Black velvet (Edgar Leeteg)
Character reference sheet
Vintage Disney
Pixar
1970s grainy vintage illustration
Studio Ghibli
1980s cartoon
1960s cartoon
```

12.5.3 분위기와 감정

감성적인 키워드를 추가해 표현력이 풍부한 이미지를 만들 수 있습니다.

예를 들어 다음 프롬프트처럼 평화로운 분위기를 넣을 수 있습니다. 이번에는 한글로 프롬프트를 작성해서 이미지를 생성해 보겠습니다. 다만 실제로 영어 프롬프트가 많이 학습되었으므로 대부분의 실습은 영어 프롬프트로 실행할 예정입니다.

```
prompt = "평화로운 분위기의 아름다운 풍경"
```

다음은 이를 이용하여 생성한 이미지입니다.

그림 12-5 DALL·E를 활용해 생성한 평화로운 분위기의 아름다운 풍경 이미지

신비로운 분위기의 이미지를 만들려면 다음과 같이 할 수 있습니다.

```
prompt = "beautiful landscape with a mysterious atmosphere"
```

마찬가지로 기쁨, 슬픔, 희망, 두려움과 같은 다양한 감정을 연출할 수 있습니다. 예를 들어 다음은 희망의 느낌을 연출하는 프롬프트 예시입니다.

```
prompt = "beautiful landscape with a feeling of hope"
```

다음은 두려움의 느낌을 연출하는 예시입니다.

```
prompt = "beautiful landscape with a feeling of fear"
```

이 외에도 다음과 유사한 키워드를 사용해서 다양하게 시도해 볼 수 있습니다.

```
light
peaceful
```

calm

serene

tranquil

soothing

relaxed

placid

comforting

cosy

tranquil

quiet

pastel

delicate

graceful

subtle

balmy

mild

ethereal

elegant

tender

soft

light

muted

bleak

funereal

somber

melancholic

mournful

gloomy

dismal

sad

pale

washed-out

desaturated

grey

subdued

dull

dreary

depressing

weary

tired

dark

ominous

threatening

haunting

```
forbidding
gloomy
stormy
doom
apocalyptic
sinister
shadowy
ghostly
unnerving
harrowing
dreadful
frightful
shocking
terror
hideous
ghastly
terrifying
bright
vibrant
dynamic
spirited
vivid
lively
energetic
colorful
joyful
romantic
expressive
bright
rich
kaleidoscopic
psychedelic
saturated
ecstatic
brash
exciting
passionate
hot
```

다음과 같이 예술적 스타일이 뚜렷한 영화의 스타일이나 분위기를 모방할 수도 있습니다.

```
from Dancer in the Dark movie
from Howl's Moving Castle movie
```

```
from Coraline movie
from Hanna movie
from Inception movie
from Thor movie
from The Lion King movie
from Rosemary's Baby movie
from Ocean's Eleven movie
from Lovely to Look At movie
from Eve's Bayou movie
from Tommy movie
from Chocolat movie
from The Godfather movie
from Kill Bill movie
from The Lord of the Rings movie
from Legend movie
from The Abominable Dr. Phibes movie
from The Shining movie
from Pan's Labyrinth movie
from Blade Runner movie
from Lady in the Water movie
from The Wizard of Oz movie
```

12.5.4 색상

생성된 이미지의 색상을 지정할 수도 있습니다. 예를 들어 붉은 하늘을 원한다면 'red' 키워드
를 프롬프트에 추가하면 됩니다.

```
prompt = "beautiful landscape with a red sky"
```

물론 다른 색상을 사용해도 됩니다.

```
Blue
Red
Green
Yellow
Purple
Pink
Orange
```

Black
White
Gray
Red and Green
Yellow and Purple
Orange and Blue
Black and White
Pink and Teal
Brown and Lime
Maroon and Violet
Silver and Crimson
Beige and Fuchsia
Gold and Azure
Cyan and Magenta
Lime and Maroon and Violet
Crimson and Silver and Gold
Azure and Beige and Fuchsia
Magenta and Cyan and Teal
Pink and Teal and Lime
Yellow and Purple and Maroon
Orange and Blue and Violet
Black and White and Silver
Fade to Black
Fade to White
Fade to Gray
Fade to Red
Fade to Green
Fade to Blue
Fade to Yellow
Fade to Purple
Fade to Pink
Fade to Orange
Gradient of Red and Green
Gradient of Yellow and Purple
Gradient of Orange and Blue
Gradient of Black and White
Gradient of Pink and Teal
Gradient of Brown and Lime
Gradient of Maroon and Violet
Gradient of Silver and Crimson
Gradient of Beige and Fuchsia
Gradient of Gold and Azure
Gradient of Cyan and Magenta

또한 '6-bit color', '8-bit color', '흑백', '픽셀화된 색상'과 같은 프롬프트를 사용할 수도 있습니다.

```
prompt = "beautiful landscape with 6-bit color"
```

12.5.5 해상도

다음과 같이 여러 해상도의 키워드를 시도해 볼 수 있습니다.

```
2 bit colors
4 bit colors
8 bit colors
16 bit colors
24 bit colors
4k resolution
HDR
8K resolution
a million colors
a billion colors
```

12.5.6 각도와 위치

풍경을 위에서 내려다보고 싶다면 다음과 같이 할 수 있습니다.

```
prompt = "beautiful landscape from above"
```

다음과 같이 넓은 시야의 풍경을 요청할 수도 있습니다.

```
prompt = "beautiful landscape with a wide-angle view"
```

다음은 앞의 두 프롬프트로 생성한 이미지입니다.

"beautiful landscape from above"   "beautiful landscape with a wide-angle view"

그림 12-6 각도와 위치를 지정한 프롬프트로 생성한 DALL·E 이미지

다음과 같이 일인칭 시점의 풍경을 요청할 수도 있습니다.

```
prompt = "beautiful landscape from a first person view"
```

다음 키워드를 사용해 더 많이 시도해 보세요.

```
Extreme close-up
close-up
medium shot
long shot
extreme long shot
high angle
overhead view
aerial view
tilted frame
dutch angle
over-the-shoulder shot
drone view
panning shot
tracking shot
dolly shot
zoom shot
handheld shot
```

```
crane shot
low angle
reverse angle
point-of-view shot
split screen
freeze frame
flashback
flash forward
jump cut
fade in
fade out
```

12.5.7 렌즈 종류와 촬영 기법

렌즈나 촬영 기법을 설명하는 키워드를 사용할 수 있습니다. 예를 들면 다음과 같습니다.

- 놀링knolling 기법을 사용해 명료한 이미지 생성하기

```
prompt = "beautiful landscape knolling"
```

- 망원 렌즈telephoto lens를 사용해 확대된 이미지 생성하기

```
prompt = "beautiful landscape with a telephoto lens"
```

- 어안 렌즈fisheye lens를 사용해 극단적으로 넓은 시야의 이미지 생성하기

```
prompt = "beautiful landscape with a fisheye lens"
```

- 틸트 시프트 렌즈tilt-shift lens를 사용해 미니어처 효과를 적용한 이미지 생성하기

```
prompt = "beautiful landscape with a tilt-shift lens"
```

- 360도 전망의 파노라마 이미지 생성하기

```
prompt = "beautiful landscape with a 360 panorama"
```

- 드론 뷰drone view를 사용해 항공 사진과 같은 이미지 생성하기

```
prompt = "beautiful landscape from a drone view"
```

- 위성 사진과 같은 이미지 생성하기

```
prompt = "beautiful landscape from satellite imagery"
```

그 밖에도 다음과 같은 단어를 시도해 보세요.

```
high-resolution microscopy
microscopy
macro lens
pinhole lens
knolling
first person view
wide angle lens
lens distortion
ultra-wide angle lens
fisheye lens
telephoto lens
panorama
360 panorama
tilt-shift lens
telescope lens
lens flare
```

다음은 틸트 시프트 렌즈를 사용해 미니어처 효과를 적용한 이미지와 360도 파노라마 뷰를 요청하는 프롬프트[4]가 있는 코드입니다.

```
prompt1 = "beautiful landscape with a tilt-shift lens"   # 미니어처 효과를 적용한
                                                          # 프롬프트
prompt2 = "beautiful landscape with a 360 panorama"      # 360도 파노라마 뷰를 적용한
                                                          # 프롬프트
n = 1
size = "512x512"
```

---

4 옮긴이_ 현재 DALL·E 모델을 비롯한 이미지 생성형 AI는 한글보다 영어로 작성한 프롬프트에서 더 나은 품질의 이미지를 생성합니다. 이미지의 학습량에 많은 차이가 있기 때문입니다. 이후 데이터 학습량이 늘어나면서 조금씩 이런 부분이 개선되리라 생각합니다.

```
kwargs1 = {
    "prompt" : prompt1,
    "n" : n,
    "size" : size,
}

kwargs2 = {
    "prompt" : prompt2,
    "n" : n,
    "size" : size,
}

im1 = client.images.generate(**kwargs1)
im2 = client.images.generate(**kwargs2)

for i in range(n):
    print(im1.data[i].url)
    display(Image(url=im1.data[i].url))
    print(im2.data[i].url)
    display(Image(url=im2.data[i].url))
```

생성된 이미지는 다음과 같습니다. 생성 모델을 이용하므로 실행할 때마다 결과는 달라집니다.

`"beautiful landscape with a tilt-shift lens"` `"beautiful landscape with a 360 panorama"`

그림 12-7 렌즈 종류와 촬영 기법을 지정한 프롬프트로 생성한 DALL·E 이미지

사진 촬영 기법과 카메라 설정에 익숙하다면 다음과 같은 설정을 사용해도 좋습니다.

```
Aperture: f/5.6, Shutter Speed: 1/250s, ISO: 400,  Landscape photography, high-quality
DSLR
Aperture: f/8, Shutter Speed: 1/60s, ISO: 800, Street photography, low light
conditions
Aperture: f/11, Shutter Speed: 1/1000s, ISO: 1600, Sports photography, fast shutter
speed
Aperture: f/16, Shutter Speed: 2s, ISO: 100, Night photography, long exposure
Aperture: f/2.8, Shutter Speed: 1/500s, ISO: 1600, Wildlife photography, high
sensitivity, high ISO
Aperture: f/4, Shutter Speed: 1/60s, ISO: 100, Portrait photography, shallow depth of
field
Aperture: f/5.6, Shutter Speed: 1/60s, ISO: 100, Macro photography, close-up shots
Aperture: f/8, Shutter Speed: 1/15s, ISO: 100, Fine art photography, Kodak Gold 200
film color, 35mm
Aperture: f/11, Shutter Speed: 4s, ISO: 200, Architectural photography, slow shutter
speed, long exposure.
```

12.5.8 조명

키워드를 사용해 조명을 더 잘 제어할 수 있습니다. 조명은 사진이나 그림에 일반적으로 중요한 요소입니다. 다음은 조명을 설정하는 몇 가지 예시입니다.

```
Warm lighting
Side lighting
High-key lighting
fluorescent lighting
Harsh flash lighting
Low-key lighting
Flat lighting
Even lighting
Ambient lighting
Colorful lighting
Soft light
Hard light
Diffused light
Direct light
Indirect light
Studio lighting
Red and green lighting
Flash photography
```

```
Natural lighting
Backlighting
Edge lighting
Cold
Backlit
Glow
Neutral white
High-contrast
Lamp light
Fireworks
2700K light
4800K light
6500K light
```

12.5.9 이미지 필터

필터 유형도 선택할 수 있습니다. 'cyanotype' 키워드로 청사진 스타일을 나타낼 수 있습니다.

```
prompt = "beautiful landscape with a cyanotype look"
```

흑백을 구현하려면 'black and white look' 키워드를 사용할 수 있습니다.

```
prompt = "beautiful landscape with a black and white look"
```

다음 키워드를 사용하여 'Kodak tri-X 400TX' 스타일을 나타낼 수 있습니다.

```
prompt = "beautiful landscape with a tri-X 400TX look"
```

다음과 같이 더 많은 키워드를 이용해 보세요.

```
Solarized
Sepia
Monocolor
Kodachrome
Autochrome
Lomography
```

```
Polaroid
Instax
Cameraphone
CCTV
Disposable camera
Daguerrotype
Camera obscura
Double exposure
Cyanotype
Black and white
Tri-X 400TX
Infrared photography
Bleach bypass
Contact sheet
Colour splash
Solarised
Anaglyph
```

인스타그램 필터의 이름을 사용해 봐도 좋습니다.

```
Instagram Clarendon filter
Instagram Juno filter
Instagram Ludwig filter
Instagram Lark filter
Instagram Gingham filter
Instagram Lo-fi filter
Instagram X-Pro II filter
Instagram Aden filter
Instagram Perpetua filter
Instagram Reyes filter
Instagram Slumber filter
```

12.6 프롬프트 조합으로 다양한 랜덤 이미지 만들기

지금까지 소개한 내용은 일부에 불과하지만, 파이썬을 이용해 무작위 이미지 생성기를 제작하는 데는 충분한 프롬프트를 살펴봤습니다.

이 절에서는 다양한 프롬프트를 포함하여 수많은 목록을 구성할 예정입니다. 프로그램은 각 목록에서 임의의 프롬프트를 선택하고 이를 사용자의 프롬프트와 결합하여 새로운 프롬프트를 생성합니다.

작동 방식은 다음과 같습니다.

```
# 리스트를 정의합니다.
list 1 = [keywords 11, keywords 12,..]
list 2 = [keywords 21, keywords 22,..]
list 3 = [keywords 31, keywords 32,..]
list 4 = [keywords 41, keywords 42,..]
..etc

# 사용자 프롬프트를 정의합니다.
user prompt = "lorem ipsum"

# 몇몇 랜덤 프롬프트를 생성합니다.
some generated prompts =
"user prompt" + "keywords 11" + "keywords 21" + "keywords 31" + "keywords 42"
"user prompt" + "keywords 12" + "keywords 22" + "keywords 32" + "keywords 41"
"user prompt" + "keywords 21"
"user prompt" + "keywords 32"
"user prompt" + "keywords 21" + "keywords 41"
"user prompt" + "keywords 22" + "keywords 42"
"user prompt" + "keywords 31" + "keywords 41"
```

최종 코드를 확인해 보겠습니다.

```python
import os
from openai import OpenAI
import random
import time
from IPython.display import Image, display

def init_api():
    with open("chatgpt.env") as env:
        for line in env:
            key, value = line.strip().split("=")
            os.environ[key] = value

init_api()
```

```python
client = OpenAI(api_key = os.environ.get("API_KEY"))

artists = ["Mohammed Amin", "Dorothea Lange", "Yousuf Karsh", "Helmut Newton",
"Diane Arbus", "Eric Lafforgue", "Annie Leibovitz", "Lee Jeffries", "Steve McCurry",
"Dmitry Ageev", "Rosie Matheson", "Nancy Goldin", "David Lachapelle",
"Peter Lindbergh", "Robert Mapplethorpe", "David Bailey", "Terry Richardson",
"Martin Schoeller", "Julia Margaret Cameron", "George Hurrell", "Ansel Adams",
"Dorothea Lange", "Edward Weston", "Elliott Erwitt", "Henri Cartier-Bresson",
"Robert Capa", "W. Eugene Smith", "Garry Winogrand", "Diane Arbus", "Robert Frank",
"Walker Evans", "Robert Mapplethorpe", "Pablo Picasso", "Vincent Van Gogh",
"Claude Monet", "Edvard Munch", "Salvador Dali", "Edgar Degas", "Paul Cezanne",
"Rene Magritte", "Sonia Delaunay", "Zeng Fanzhi", "Vitto Ngai", "Yoji Shinkawa",
"JMW Turner", "Gerald Brom", "Jack Kirby", "Pre-Raphaelite", "Alphonse Mucha",
"Caspar David Friedrich", "William Blake", "William Morris", "Albrecht Durer",
"Raphael Sanzio", "Michelangelo Buonarroti", "Leonardo Da Vinci", "Rene Magritte"]

art_styles = ["Art Nouveau", "Impressionism", "Abstract Expressionism", "Orphism",
"Neoclassicism", "Cubism", "Fauvism", "Surrealism", "Expressionism", "Dadaism",
"Pop Art", "Minimalism", "Postmodernism", "Futurism", "Art Deco", "Early Renaissance",
"Religious Art", "Chinese Art", "Baroque", "Art Nouveau", "Impressionism",
"Abstract Expressionism", "Orphism", "Neoclassicism", "Cubism", "Fauvism",
"Surrealism", "Expressionism", "Dadaism", "Pop Art", "Minimalism", "Postmodernism",
"Futurism", "Art Deco", "Early Renaissance", "Religious Art", "Chinese Art",
"Baroque", "3D sculpture", "Comic book", "Sketch drawing", "Old photograph",
"Modern photograph", "Portrait", "Risograph", "Oil painting", "Graffiti",
"Watercolor", "Cyberpunk", "Synthwave", "Gouache", "Pencil drawing (detailed,
hyper-detailed, very realistic)", "Pastel drawing", "Ink drawing", "Vector",
"Pixel art", "Video game", "Anime", "Manga", "Cartoon", "Illustration", "Poster",
"Typography", "Logo", "Branding", "Etching", "Woodcut", "Political cartoon",
"Newspaper", "Coloring sheet", "Field journal line art", "Street art", "Airbrush",
"Crayon", "Child's drawing", "Acrylic on canvas", "Pencil drawing (colored,
detailed)", "Ukiyo-e", "Chinese watercolor", "Pastels", "Corporate Memphis design",
"Collage (photo, magazine)", "Watercolor & pen", "Screen printing", "Low poly",
"Layered paper", "Sticker illustration", "Storybook", "Blueprint", "Patent drawing",
"Architectural drawing", "Botanical illustration", "Cutaway", "Mythological map",
"Voynich manuscript", "IKEA manual", "Scientific diagram", "Instruction manual",
"Voroni diagram", "Isometric 3D", "Fabric pattern", "Tattoo", "Scratch art",
"Mandala", "Mosaic", "Black velvet (Edgar Leeteg)", "Character reference sheet",
"Vintage Disney", "Pixar", "1970s grainy vintage illustration", "Studio Ghibli",
"1980s cartoon", "1960s cartoon"]

vibes = ["light", "peaceful", "calm", "serene", "tranquil", "soothing", "relaxed",
"placid", "comforting", "cosy", "tranquil", "quiet", "pastel", "delicate", "graceful",
"subtle", "balmy", "mild", "ethereal", "elegant", "tender", "soft", "light", "muted",
"bleak", "funereal", "somber", "melancholic", "mournful", "gloomy", "dismal",
```

"sad", "pale", "washed-out", "desaturated", "grey", "subdued", "dull", "dreary",
"depressing", "weary", "tired", "dark", "ominous", "threatening", "haunting",
"forbidding", "gloomy", "stormy", "doom", "apocalyptic", "sinister", "shadowy",
"ghostly", "unnerving", "harrowing", "dreadful", "frightful", "shocking", "terror",
"hideous", "ghastly", "terrifying", "bright", "vibrant", "dynamic", "spirited",
"vivid", "lively", "energetic", "colorful", "joyful", "romantic", "expressive",
"bright", "rich", "kaleidoscopic", "psychedelic", "saturated", "ecstatic", "brash",
"exciting", "passionate", "hot", "from Dancer in the Dark movie",
"from Howl's Moving Castle movie", "from Coraline movie", "from Hanna movie",
"from Inception movie", "from Thor movie", "from The Lion King movie",
"from Rosemary's Baby movie", "from Ocean's Eleven movie",
"from Lovely to Look At movie", "from Eve's Bayou movie", "from Tommy movie",
"from Chocolat movie", "from The Godfather movie", "from Kill Bill movie",
"from The Lord of the Rings movie", "from Legend movie",
"from The Abominable Dr. Phibes movie", "from The Shining movie",
"from Pan's Labyrinth movie", "from Blade Runner movie",
"from Lady in the Water movie", "from The Wizard of Oz movie"]

colors = ["Blue", "Red", "Green", "Yellow", "Purple", "Pink", "Orange", "Black",
"White", "Gray", "Red and Green", "Yellow and Purple", "Orange and Blue",
"Black and White", "Pink and Teal", "Brown and Lime", "Maroon and Violet",
"Silver and Crimson", "Beige and Fuchsia", "Gold and Azure", "Cyan and Magenta",
"Lime and Maroon and Violet", "Crimson and Silver and Gold",
"Azure and Beige and Fuchsia", "Magenta and Cyan and Teal", "Pink and Teal and Lime",
"Yellow and Purple and Maroon", "Orange and Blue and Violet",
"Black and White and Silver", "Fade to Black", "Fade to White", "Fade to Gray",
"Fade to Red", "Fade to Green", "Fade to Blue", "Fade to Yellow", "Fade to Purple",
"Fade to Pink", "Fade to Orange", "Gradient of Red and Green",
"Gradient of Yellow and Purple", "Gradient of Orange and Blue",
"Gradient of Black and White", "Gradient of Pink and Teal",
"Gradient of Brown and Lime", "Gradient of Maroon and Violet",
"Gradient of Silver and Crimson", "Gradient of Beige and Fuchsia",
"Gradient of Gold and Azure", "Gradient of Cyan and Magenta"]

resolution = ["2 bit colors", "4 bit colors", "8 bit colors", "16 bit colors",
"24 bit colors", "4k resolution", "HDR", "8K resolution", "a million colors",
"a billion colors"]

angles = ["Extreme close-up", "close-up", "medium shot", "long shot",
"extreme long shot", "high angle", "overhead view", "aerial view", "tilted frame",
"dutch angle", "over-the-shoulder shot", "drone view", "panning shot",
"tracking shot", "dolly shot", "zoom shot", "handheld shot", "crane shot",
"low angle", "reverse angle", "point-of-view shot", "split screen", "freeze frame",
"flashback", "flash forward", "jump cut", "fade in", "fade out"]

```python
lens = ["high-resolution microscopy", "microscopy", "macro lens", "pinhole lens",
"knolling", "first person view", "wide angle lens", "lens distortion",
"ultra-wide angle lens", "fisheye lens", "telephoto lens", "panorama", "360 panorama",
"tilt-shift lens", "telescope lens", "lens flare", "Aperture: f/5.6,
Shutter Speed: 1/250s, ISO: 400, Landscape photography, high-quality DSLR",
"Aperture: f/8, Shutter Speed: 1/60s, ISO: 800, Street photography,
low light conditions", "Aperture: f/11, Shutter Speed: 1/1000s, ISO: 1600,
Sports photography, fast shutter speed", "Aperture: f/16, Shutter Speed: 2s,
ISO: 100, Night photography, long exposure", "Aperture: f/2.8, Shutter Speed: 1/500s,
ISO: 1600, Wildlife photography, high sensitivity, high ISO", "Aperture: f/4,
Shutter Speed: 1/60s, ISO: 100, Portrait photography, shallow depth of field",
"Aperture: f/5.6, Shutter Speed: 1/60s, ISO: 100, Macro photography, close-up shots",
"Aperture: f/8, Shutter Speed: 1/15s, ISO: 100, Fine art photography,
Kodak Gold 200 film color, 35mm", "Aperture: f/11, Shutter Speed: 4s, ISO: 200,
Architectural photography, slow shutter speed, long exposure."]

light = ["Warm lighting", "Side lighting", "High-key lighting",
"fluorescent lighting", "Harsh flash lighting", "Low-key lighting", "Flat lighting",
"Even lighting", "Ambient lighting", "Colorful lighting", "Soft light",
"Hard light", "Diffused light", "Direct light", "Indirect light", "Studio lighting",
"Red and green lighting", "Flash photography", "Natural lighting", "Backlighting",
"Edge lighting", "Cold", "Backlit", "Glow", "Neutral white", "High-contrast",
"Lamp light", "Fireworks", "2700K light", "4800K light", "6500K light"]

filter = ["Kodachrome", "Autochrome", "Lomography", "Polaroid", "Instax",
"Cameraphone", "CCTV", "Disposable camera", "Daguerrotype", "Camera obscura",
"Double exposure", "Cyanotype", "Black and white", "Tri-X 400TX",
"Infrared photography", "Bleach bypass", "Contact sheet", "Colour splash",
"Solarised", "Anaglyph", "Instagram Clarendon filter", "Instagram Juno filter",
"Instagram Ludwig filter", "Instagram Lark filter", "Instagram Gingham filter",
"Instagram Lo-fi filter", "Instagram X-Pro II filter", "Instagram Aden filter",
"Instagram Perpetua filter", "Instagram Reyes filter", "Instagram Slumber filter"]

lists = [colors, resolution, angles, lens, light, filter]

user_prompts = [
    "Happy Darth Vader smiling and waving at tourists in a museum of Star Wars \
memorabilia.",
    "Darth Vader rapping with 2Pac.",
    "Darth Vader playing the piano.",
    "Darth Vader playing the guitar.",
    "Darth Vader eating sushi.",
    "Darth Vader drinking a glass of milk.",
]
```

```python
n = 5

for user_prompt in user_prompts:
    print("Generating images for prompt: " + user_prompt)
    for i in range(n):
        customizations = ""
        for j in range(len(lists)):
            list = lists[j]
            choose_or_not = random.randint(0, 1)
            if choose_or_not == 1:
                customizations += random.choice(list) + ", "
        kwargs = {
            "prompt": user_prompt + ", " + customizations,
            "n": n,
        }
        print("Generating image number: " + str(i + 1) + ". Using prompt: " +
            user_prompt + ", " + customizations)
        im = client.images.generate(**kwargs)
        print(im.data[i].url)
        display(Image(url=im.data[i].url))
        print("\n")
        time.sleep(1)

    print("Finished generating images for prompt: " + user_prompt)
```

앞 코드는 5장의 이미지를 랜덤으로 생성합니다. [그림 12-8]과 [그림 12-9]는 생성된 이미지
의 예입니다.

그림 12-8 DALL·E로 생성한 이미지(1)

그림 12-9 DALL·E로 생성한 이미지(2)

## CHAPTER 13

DALL·E로 이미지 편집하기

DALL·E를 사용해 이미지를 편집할 수 있습니다. 또한 이미지 편집 기능을 사용해 마스크를 업로드하여 이미지를 수정하거나 확장할 수 있습니다. 마스크의 투명한 부분은 이미지를 수정해야 할 위치를 지정합니다. **사용자는 설명이 포함된 프롬프트를 제공하여 누락된 부분이나 삭제된 부분을 완성**할 수 있습니다.

[그림 13-1]과 같이 오픈AI 문서에서 제공하는 예시를 참고하면 이미지 편집 과정을 쉽게 이해할 수 있습니다.

그림 13-1 DALL·E를 활용한 이미지 편집 예시

13.1 이미지 편집 예제

예제를 하나 살펴보겠습니다.

이 예제에서는 다음과 같은 두 개의 이미지[1]가 필요하며, 몇 가지 요구사항이 있습니다

- 원본 이미지
- 마스크 이미지

두 이미지는 모두 PNG 포맷이고 크기가 동일해야 합니다. 또한 오픈AI는 이미지 크기를 4MB로 제한하며 이미지는 정사각형이어야 합니다.

이 예제에서 사용할 원본 이미지는 다음과 같습니다.

그림 13-2 예제에서 사용할 원본 이미지

이미지 편집 도구를 이용하여 **이미지의 일부 영역을 제거**하고 파일로 저장합니다. 이미지에 투명한 층이 있는지 확인하세요. 제거된 부분이 투명해야 합니다. 대부분의 편집 프로그램에서

---

1 옮긴이_ 이미지는 *https://github.com/LDJWJ/OpenAIGPTForPythonDevelopersFiles/tree/main/image/ch13* 폴더에 있습니다.

이를 체크무늬 패턴으로 표시하지만 흰색 등으로 나타나기도 합니다.

사용할 마스크 이미지는 다음과 같습니다.

그림 13-3 예제에서 사용할 마스크 이미지

구글 코랩에서는 다음과 같이 다운로드할 수 있습니다.

```
!wget https://raw.githubusercontent.com/LDJWJ/OpenAIGPTForPythonDevelopersFiles/
main/image/ch13/without_mask.png
!wget https://raw.githubusercontent.com/LDJWJ/OpenAIGPTForPythonDevelopersFiles/
main/image/ch13/mask.png
```

첫 번째 이미지는 `without_mask.png`, 두 번째 이미지는 `mask.png`라는 이름으로 저장하고 동일한 폴더에 배치합니다. 이제 모델이 마스크를 활용해 하이킹하는 사람을 이미지에 추가하도록 해 보겠습니다.

우선 오픈AI API 키를 설정하고 초기화하겠습니다.

```python
from openai import OpenAI
import os

# 오픈AI API 키 설정 및 초기화
def init_api():
    with open("chatgpt.env") as env:
        for line in env:
            key, value = line.strip().split("=")
            os.environ[key] = value

init_api()

client = OpenAI(api_key  = os.environ.get("API_KEY"))
```

그리고 다음 코드를 작성합니다.

```python
from IPython.display import Image, display

image = open("without_mask.png", "rb")
mask = open("mask.png", "rb")

prompt = "A group of people hiking in green forest between trees"
n = 1
size = "1024x1024"

kwargs = {
    "image": image,
    "mask": mask,
    "prompt": prompt,
    "n": n,
    "size": size,
}

response = client.images.edit(**kwargs)
image_url = response.data[0].url

print(image_url)
display(Image(url=image_url))
```

코드의 주요 동작을 하나씩 살펴보겠습니다

- 코드에서 사용하는 파일명은 without_mask.png와 mask.png입니다.

- "rb" 모드는 open 함수에서 파일을 읽기 전용 이진 모드로 읽을 때 사용합니다.

- prompt 변수에는 이미지의 내용을 설명하는 문자열값이 저장됩니다.

- n 변수에는 생성할 이미지 개수를 나타내는 정수 1을 지정합니다.

- size 변수에는 생성된 이미지의 크기를 지정하는 "1024x1024" 문자열값을 지정합니다.

- kwargs 딕셔너리는 "image", "mask", "prompt", "n", "size"를 매핑하여 생성됩니다. 이 딕셔너리는 client.images.edit 함수 호출 시 키워드 파라미터로 사용되며 image, mask, prompt, n, size 변수에 저장된 값을 각각 매핑합니다.

- kwargs 딕셔너리의 파라미터들은 client.images.edit 함수로 전달되며 함수의 반환값은 response 변수에 저장됩니다.

- 생성된 이미지의 URL은 response 딕셔너리에서 추출해 image_url 변수에 저장됩니다.

즉, 이 코드는 생성된 이미지의 URL을 반환하는 작업을 수행합니다.

또한 API는 기본적으로 URL을 반환하지만 다음과 같이 응답 형식(response_format)을 변경하면 Base64 형식으로 인코딩된 URL[2]을 얻을 수도 있습니다.

```
kwargs = {
    "image": image,
    "mask": mask,
    "prompt": prompt,
    "n": n,
    "size": size,
    "response_format": "b64_json",
}
```

코드를 실행하면 지정된 프롬프트인 prompt = "A group of people hiking in green forest between trees"(나무들 사이의 푸른 숲에서 하이킹하는 사람들의 모임)에 따라 실행됩니다.

---

2 옮긴이_ Base64 인코딩은 이미지를 텍스트로 변환하는 방법입니다. 쉽게 말해 이미지 파일을 문자열로 바꾸는 기술입니다.
실제 예시로 다음과 같습니다.

- 일반 이미지 URL: *https://example.com/image.jpg*
- Base64 인코딩된 이미지 URL: *data:image/jpeg;base64,/9j/4AAQSkZJRgABAQEAYABgAAD/2wBDAAg...*

장점은 이미지를 직접 텍스트로 저장할 수 있으며 네트워크 요청 없이 바로 이미지를 표시할 수 있다는 점입니다.

그 결과로 다음과 같은 비슷한 이미지가 생성됩니다.

그림 13-4 DALL·E에서 편집한 이미지

## CHAPTER 14

다른 이미지에서 영감 얻기

오픈AI를 사용하면 동일한 이미지를 여러 버전으로 생성할 수 있습니다. 다른 이미지에서 **영감을 얻어 새로운 이미지를 생성**할 수도 있습니다. 이 이미지는 자신이나 다른 사람의 이미지일 수 있습니다. 많은 애플리케이션이 이런 기능과 관련해서 저작권 문제에 직면하기도 합니다. 하지만 여기서는 이미지를 학습과 개인적인 목적으로만 사용하므로 저작권 문제를 고려하지 않겠습니다.

14.1 이미지 변형 방법

주어진 이미지의 변형본을 생성하는 과정은 간단하고 명확합니다. images 모듈을 사용해 모델을 불러오고 create_variation 엔드포인트를 통해 새 이미지를 요청하면 됩니다.

이 장에서 사용할 이미지를 준비합니다. 구글 코랩에서는 다음과 같이 다운로드할 수 있습니다.

```
!wget https://raw.githubusercontent.com/LDJWJ/OpenAIGPTForPythonDevelopersFiles/
main/image/ch14_dalle/ori_face_image.png
!wget https://raw.githubusercontent.com/LDJWJ/OpenAIGPTForPythonDevelopersFiles/
main/image/ch14_dalle/dog01.png
!wget https://raw.githubusercontent.com/LDJWJ/OpenAIGPTForPythonDevelopersFiles/
main/image/ch14_dalle/dog02.png
```

사용할 원본 이미지는 다음과 같습니다.

그림 14-1 원본 이미지

우선 오픈AI API 키를 설정하고 초기화합니다.

```python
from openai import OpenAI
import os

# 오픈AI API 키 설정 및 초기화
def init_api():
    with open("chatgpt.env") as env:
        for line in env:
            key, value = line.strip().split("=")
            os.environ[key] = value

init_api()

client = OpenAI(api_key  = os.environ.get("API_KEY"))
```

코드는 다음과 같습니다.

```
image = open("ori_face_image.png", "rb")
n = 3
size = "1024x1024"

kwargs = {
    "image": image,
    "n": n,
    "size": size
}

response = client.images.create_variation(**kwargs)
print(response)
```

이 코드는 다음과 같이 작동합니다.

- 원본 이미지는 ori_face_image.png라는 이름으로 저장되며 읽기 전용 이진 모드("rb")로 열립니다.
- 파일 형식은 반드시 PNG여야 하며 다른 형식이라면 에러가 발생할 수 있습니다.
- n 변수의 값은 3이며 API가 3개의 이미지를 생성함을 의미합니다.
- size 변수의 값은 "1024x1024"이며 출력 이미지의 크기를 지정합니다.
- 파라미터는 kwargs 딕셔너리에 키-값 쌍으로 저장됩니다. 이 딕셔너리는 **kwargs 구문을 통해 client.images.create_variation() 메서드에 키워드 인수로 전달됩니다(이전 예제처럼 인수를 단일 딕셔너리가 아닌 개별 키워드 인수로도 전달할 수 있습니다).
- API 응답은 response 변수에 저장됩니다.

response 변수의 출력 결과는 다음과 같은 형식입니다.

```
ImagesResponse(
created=1702394337,
data=[
    Image(
        b64_json=None,
        revised_prompt=None, url='<생성된 이미지 URL>'),
        Image(
        b64_json=None,
        revised_prompt=None, url='<생성된 이미지 URL>'),
        Image(
        b64_json=None,
        revised_prompt=None, url='<생성된 이미지 URL>')
    ]
)
```

URL을 정보를 변수에 저장 후, 이미지를 보여주도록 코드를 약간 수정해 보겠습니다.

```python
image = open("ori_face_image.png", "rb")
n = 3
size = "1024x1024"

kwargs = {
    "image": image,
    "n": n,
    "size": size
}

response = client.images.create_variation(**kwargs)
urls = response.data

for i in range(n):
    img_url = urls[i].url
    display(Imae(url=img_url))
```

다음은 생성된 이미지의 예입니다.

그림 14-2 생성된 이미지

이번에는 사람이 아닌 동물 사진을 이용해서 확인해 보겠습니다. 실행 코드는 다음과 같습니다.

```python
image = open("dog01.png", "rb")  # 파일명을 바꾸며 실습해 보세요.
n = 2
size = "1024x1024"

kwargs = {
    "image": image,
    "n": n,
    "size": size
}

response = client.images.create_variation(**kwargs)
urls = response.data

for i in range(n):
    img_url = urls[i].url
    display(Image(url=img_url))
```

[그림 14-3]의 두 가지 원본 이미지를 사용해서 생성한 이미지는 [그림 14-4]와 같습니다. 다른 이미지도 넣어서 실습해 보세요.

그림 14-3 원본으로 사용한 이미지들

그림 14-4 AI 모델로 생성한 이미지들

[그림 14-3]의 오른쪽 이미지는 눈과 몸의 색상이 명확하게 구분되어 모델이 쉽게 인식해 완성도 높은 이미지가 생성되었습니다. 하지만 왼쪽 이미지는 눈과 몸의 색상이 비슷해 정상적으로 보이는 강아지 이미지를 생성하기가 쉽지 않았습니다.

완성도가 높은 이미지가 금방 만들어 지기도 하고, 이미지 학습이 부족하여 생성해 내는 이미지의 완성도가 떨어지기도 합니다. 아직도 보완되어야 할 부분이 있습니다. 하지만 AI 분야의 많은 투자와 빠른 발전 덕분에 생성되는 이미지의 품질이 정말 빠르게 개선되고 있습니다.

14.2 이미지 변형 사용 사례

이미지 생성 시 프롬프트를 사용하여 원하는 이미지를 얻기 위한 적절한 키워드 조합을 찾아낸 후에도 결과를 더 개선하고 싶을 때 **이미지 변형 기능**을 유용하게 사용할 수 있습니다.

DALL-E는 다른 AI 이미지 생성 및 텍스트-이미지 변환 도구들과 비교했을 때 일부 제한 사항이 있어서 적절한 프롬프트를 찾는 데 시간이 걸릴 수 있습니다. 하지만 적합한 프롬프트를 찾아낸 후에는 다양한 이미지 변형 옵션을 활용하여 생성된 이미지를 더욱 세밀하게 다듬을 수 있습니다.

이 이미지 변형 기능은 이미지를 편집할 때도 사용할 수 있습니다. 다만, 편집 결과가 항상 만족스러울 수는 없습니다. 이럴 경우, 다른 변형 옵션을 시도하면 더 나은 결과를 얻을 가능성이 있습니다.

따라서 생성된 이미지나 편집된 이미지의 다양한 변형을 생성할 때, 이미지 변형 기능을 다른 편집 도구나 생성 도구와 조합하여 더 나은 결과를 얻고 다양한 선택지를 확보할 수 있습니다.

임베딩: 복잡한 데이터를
쉽게 이해하는 방법

PART 5

15장 임베딩 소개

16장 텍스트 임베딩 활용 방법

17장 고급 임베딩 예제

임베딩 소개

이번 장에서는 **임베딩**^{embedding}의 기본 개념과 활용 사례를 다룹니다. 임베딩은 복잡한 데이터를 간단한 숫자 벡터로 변환하여 컴퓨터가 텍스트의 의미를 이해하고 비교할 수 있도록 도와주는 기술입니다. 임베딩은 검색 엔진, 추천 시스템, 감정 분석 등 다양한 분야에서 활용할 수 있는 강력한 도구로 자리 잡았습니다. 15.1절에서는 임베딩이란 무엇인지 자세히 살펴보고, 15.2절에서는 실제 임베딩이 어떻게 활용되는지를 대표적인 사례를 들어 알아보겠습니다. 이번 장을 읽으며 임베딩의 개념을 명확히 이해하고 이를 활용한 실제 애플리케이션의 가능성을 엿볼 수 있을 것입니다.

15.1 임베딩의 의미

임베딩은 복잡한 정보를 숫자로 바꾸는 과정입니다. **텍스트, 이미지, 또는 기타 데이터를 고차원 공간에서 벡터로 변환하는 과정**입니다. 이를 통해 복잡한 정보를 숫자 벡터로 표현해, 기계 학습 모델이 데이터를 더 잘 이해하고 처리할 수 있게 돕습니다. **텍스트 임베딩은 텍스트 문자열을 고차원 공간의 벡터로 표현하여 이들 간의 유사성을 측정**하게 해 줍니다. 이는 문장이나 단어를 이해할 수 있는 숫자 벡터로 변환하는 마법 같은 기술입니다. 마치 언어를 숫자 지도로 바꾸는 것과 같아서 비슷한 의미의 문장들은 서로 가까운 위치에 놓이게 됩니다.

일반적으로 텍스트 임베딩은 검색 쿼리와 **가장 관련이 높은 결과**를 찾거나 유사성에 따라 **텍스**

트 문자열을 그룹화하는 데 사용됩니다. 또한 유사한 텍스트가 있는 항목을 추천하거나, 다른 것들과 크게 다른 텍스트 문자열을 식별하고, 텍스트 문자열 간의 차이를 분석하며, 가장 유사한 항목을 기준으로 텍스트에 라벨을 지정하는 작업에도 활용됩니다.

실용적인 관점에서 임베딩은 실제 세계의 객체와 관계를 숫자 목록(벡터) 형태로 표현하고, 이 벡터 공간에서 두 개체 간의 유사성을 측정합니다.

이 설명을 더 쉽게 풀어보면 다음과 같습니다.

1. 텍스트 임베딩은 **글자나 문장을 숫자로 바꾸는 방법**입니다.
2. 이렇게 바꾼 숫자들은 **여러 차원의 공간에서 점으로 표현**됩니다.
3. 이 점들 사이의 **거리를 재면** 원래 텍스트들이 얼마나 비슷한지 알 수 있습니다.
4. 이 방법은 **검색, 추천, 분류** 등 다양한 분야에서 활용합니다(예를 들어 **비슷한 내용의 글을 찾거나 특이한 글을 골라내는 데 사용**할 수 있습니다).
5. 결국 텍스트 임베딩은 컴퓨터가 텍스트의 의미를 이해하고 처리하는 데 도움을 주는 도구라고 볼 수 있습니다.

15.2 임베딩 사용 사례

오픈AI의 텍스트 임베딩은 텍스트 문자열 간의 관련성을 측정하며, 다양한 목적으로 사용할 수 있습니다. 다음은 몇 가지 사용 사례입니다.

- 글의 감정이나 의미를 파악하는 데 사용할 수 있습니다(의미적 유사성, 감정 분류 등).
- 컴퓨터가 글을 이해하고 분류하는 데 도움을 줍니다(문서 분류, 토픽 모델링, 키워드 매칭 등).
- 다른 언어로 된 글도 비교하게 해 줍니다.
- 검색 엔진이 더 정확한 결과를 찾는 데 도움을 줍니다.
- 사용자에게 맞춤형 추천을 제공하는 데 사용합니다.

사용 사례를 다음과 같이 요약할 수 있습니다.

- **검색**: 쿼리 문자열과의 관련성에 따라 결과 순위를 매깁니다.
- **클러스터링**clustering: 비슷한 내용의 글을 모읍니다.
- **추천**recommendation: 관련된 텍스트 문자열이 있는 항목을 추천합니다.

- **이상 탐지**anomaly detection: 관련성이 적은 이상치를 식별합니다.
- **다양성 측정**diversity measurement: 유사성 분포를 분석합니다.
- **분류**classification: 텍스트 문자열을 가장 알맞은 카테고리로 분류합니다.

다음은 임베딩을 사용하는 몇 가지 실용적인 접근 방법입니다(오픈AI 플랫폼을 사용하지 않을 수도 있습니다).

15.2.1 테슬라: 자율주행차 학습 효율성 향상

비정형 데이터(예: 원시 텍스트, 이미지, 비디오)를 다루는 일은 여러 도전 과제를 동반합니다. 개인정보 보호 문제 때문에 원본 데이터를 확보하기 어려울 때가 많으며, 처음부터 모델을 구축하려면 막대한 컴퓨팅 자원과 방대한 데이터셋, 충분한 시간이 필요합니다.

임베딩은 **데이터를 벡터 형태로 변환**하여 컴퓨터가 데이터를 더 잘 이해하고 처리하게 합니다. 이로써 특정 분야에서 학습된 지식이나 기능(예: 자율주행 시스템에서 분석한 자동차 이미지)을 다른 응용 분야에서 재사용(예: 게임 내 객체 인식)할 수 있습니다. 이 과정은 전이 학습이라고 하며, **이미 학습된 모델의 구조와 지식을 활용하여 새로운 문제를 해결**하는 데 도움을 줍니다.

테슬라와 같은 기업들은 자율주행 자동차에 이 기술을 활용합니다.

15.2.2 Kalendar AI: 세일즈 타기팅 정확도 향상

Kalendar AI는 세일즈 아웃리치sales outreach [1] 도구로, 임베딩을 사용해 적절한 세일즈 피치sales pitch를 올바른 고객에게 매칭해 줍니다. 3억 4천만 개의 고객 프로필 데이터를 바탕으로 자동화를 구현합니다.

이 자동화는 **고객 프로필과 영업 제안의 임베딩 간 유사성을 기반**으로 하며 적합한 매치의 순위를 매깁니다. 오픈AI에 따르면 이 방법은 이전 접근 방식보다 원치 않는 타기팅을 40-56% 줄였습니다.

---

1   옮긴이_ 세일즈 아웃리치는 잠재 고객이나 기존 고객에게 직접 연락하여 제품이나 서비스를 홍보하거나 판매하는 활동을 말합니다.

15.2.3 노션: 검색 기능 향상

온라인 작업 공간 도구인 노션은 오픈AI의 **임베딩을 활용하여 검색 기능을 향상**했습니다. 이 기능은 기존의 키워드 매칭 시스템을 넘어서는 발전을 이루었습니다.

이 새로운 기능으로 노션은 플랫폼에 저장된 콘텐츠의 구조, 문맥, 중요성을 더 잘 이해하게 되었습니다. 또한 사용자들이 더 정확하게 검색하고 문서를 더 효율적으로 찾도록 돕습니다.

15.2.4 DALL·E 3: 텍스트의 이미지 변환 능력 향상

DALL·E 3는 텍스트 설명을 고품질 이미지로 변환하는 최신 AI 시스템입니다. 이 시스템은 Prior와 Decoder라는 두 가지 핵심 모델로 구성됩니다. Prior 모델은 텍스트 입력을 처리하여 CLIP 이미지 임베딩을 생성하고, Decoder는 이 임베딩을 바탕으로 실제 이미지를 생성합니다. DALL·E 3는 GPT−4와의 통합으로 더 복잡한 텍스트 프롬프트를 이해할 수 있게 되었습니다. 또한 이전 버전보다 더 높은 이미지 품질, 향상된 세부 묘사, 더 나은 문맥 이해 능력을 제공하여 사용자의 상상을 더 정확하게 시각화하게 되었습니다.

텍스트 임베딩 활용 방법

이번 장에서는 텍스트 임베딩의 실용적인 활용 방법을 살펴봅니다. 임베딩의 핵심 개념과 기초 코드를 살펴보고 다중 입력 임베딩, 시맨틱 검색, 코사인 유사도 등 다양한 주제를 단계적으로 다룹니다. 마지막으로 임베딩의 작동 원리와 이를 구현하는 데 필요한 기술적 배경을 이해하며 실무에서 활용할 수 있는 기초를 다질 것입니다.

16.1 텍스트 임베딩의 핵심 이해하기

이 절에서는 예제를 보며 텍스트 임베딩의 핵심을 이해해 보겠습니다. 먼저 구글 코랩에 chatgpt.env 파일을 업로드하고 openai 라이브러리를 설치해 주세요.

```
!pip install openai
```

오픈AI API 키를 설정하고 초기화합니다.

```
from openai import OpenAI
import os

# 오픈AI API 키 설정 및 초기화
def init_api():
```

```python
    with open("chatgpt.env") as env:
        for line in env:
            key, value = line.strip().split("=")
            os.environ[key] = value

init_api()

client = OpenAI(api_key  = os.environ.get("API_KEY"))
```

다음과 같이 코드를 작성합니다.

```python
response = client.embeddings.create(
    model="text-embedding-3-small",
    input="I am a programmer",
)
print(response)
```

출력 결과는 CreateEmbeddingResponse 객체가 될 것입니다.

```
CreateEmbeddingResponse(
    data=[
        Embedding(
            embedding=[
                -0.033891718834638596, -0.01960858516395092,
                -0.030314108356833458, -0.022476136684417725,
                -0.04317712411284447, -0.024305908009409904,
                ,,,
                -0.0033232865389436483
            ],
            index=0,
            object='embedding'
        )
    ],
    model='text-embedding-3-small',
    object='list',
    usage=Usage(
        prompt_tokens=4,
        total_tokens=4
    )
)
```

이 객체는 다음과 같은 속성을 포함합니다.

- data: 임베딩 리스트입니다. 각 임베딩은 부동소수점 숫자들의 리스트입니다.
- model: 임베딩을 생성하는 데 사용된 모델의 이름으로, 'text-embedding-3-small'입니다.
- object: 객체 유형으로, 'list'입니다.
- usage: API 호출에 대한 사용 통계입니다.
  - prompt_tokens: 프롬프트에 사용한 토큰의 수입니다.
  - total_tokens: API 호출로 생성한 토큰 총수입니다.

오픈AI에서 제공하는 최신 임베딩 모델 중 하나인 text-embedding-3-small을 사용했습니다. 오픈AI는 text-embedding-ada-002 이후에 새로운 임베딩 모델을 출시했으며 text-embedding-3-small은 효율성과 성능 면에서 주목받고 있습니다.

이 새로운 모델은 이전의 text-embedding-ada-002 모델을 대체할 옵션으로 제시되었습니다. text-embedding-3-small은 더 작고 효율적이면서도 강력한 성능을 제공합니다. 이 모델은 1,536 차원의 임베딩을 생성하며 다양한 자연어 처리 작업에 적합합니다.

모델	대략적인 비용 대비 페이지 수	MTEB* 평가 성능
text-embedding-3-small	75,000 page	62.3%
text-embedding-3-large	11,538 page	64.6%
ada v2	15,000 page	61.0%

* MTEB^{Massive Text Embedding Benchmark}[1]는 다양한 텍스트 임베딩의 성능을 평가하는 벤치마크입니다.

response.data[0].embedding을 사용하여 임베딩 결과에 직접 접근할 수 있습니다.

```
response = client.embeddings.create(
    model="text-embedding-3-small",
    input="I am a programmer",
)
print(response.data[0].embedding)
```

실행 결과는 다음과 같습니다.

---

1 옮긴이_ 자세한 내용은 MTEB에 관한 논문(*https://arxiv.org/abs/2210.07316*)을 참고해 주세요.

```
[-0.033891718834638596, -0.01960858516395092,
 -0.030314108356833458, -0.022476136684417725,
  0.03544839099049568, ... 생략 ... ,
  0.005786308087408543, -0.03768781200051308,
 -0.010282218345626831, -0.0033232865389436483]
```

이 파이썬 프로그램은 0.03544839099049568나 −0.03768781200051308와 같은 부동소수점 숫자 리스트를 출력합니다. 이 숫자들은 오픈AI의 text-embedding-3-small 모델을 사용해 "I am a programmer"라는 입력 텍스트의 임베딩을 생성한 결과입니다. **텍스트 임베딩은 텍스트의 의미를 수치로 표현한 것**입니다. 이를 **벡터 표현**vector representation이나 **임베딩 벡터**embedding vector라고도 부릅니다.

임베딩은 간단히 말해 **텍스트 같은 정보를 배열로 표현하는 방법**입니다. 배열 속의 각 값은 그 텍스트의 의미나 특징을 나타내며, 각 값이 얼마나 강한지에 따라 그 특징을 반영합니다. 예를 들어 텍스트에서는 이런 특징들이 주제나 감정 등일 수 있습니다.

더 쉽게 말하자면 임베딩 벡터는 **데이터를 머신러닝 모델과 알고리즘이 이해할 수 있는 형식으로 변환**합니다. 이는 특정 입력을 모델과 알고리즘이 쉽게 사용할 수 있는 형태로 변환하는 방법입니다.

NOTE text-embedding-3-small 모델 사용 시 유의점

text-embedding-3-small 모델을 사용할 때는 입력 텍스트의 길이가 8,192 토큰을 초과하지 않아야 합니다. 이 제한은 text-embedding-ada-002 모델과 동일합니다. 다른 임베딩 모델에서는 제한값이 다를 수 있습니다.

참고로 100 토큰은 약 75개의 영어 단어에 해당하므로 8,192 토큰은 약 6,143 단어와 같습니다. 평균적으로 한 페이지에 약 500단어가 포함된다고 가정할 때, 이는 약 12.29 페이지에 해당합니다.

이후 절에서는 임베딩을 사용하는 방법을 탐구할 것입니다.

16.2 다중 입력 사용 예제

다중 입력을 사용해서 임베딩할 수도 있습니다. 예를 들면 다음과 같습니다.

```python
model = "text-embedding-3-small"
inputs = [
    "나는 프로그래머입니다",
    "나는 작가입니다"
]
response = client.embeddings.create(
    model=model,
    input=inputs,
)
for i, embedding in enumerate(response.data):
    print(
        f"입력 {i}의 임베딩: "
        f"{embedding.embedding[:5]}..(truncated)"
    )
```

이 코드에서 다중 입력을 사용할 수 있는 이유는 client.embeddings.create 메서드의 input 파라미터가 리스트 형태의 값을 받을 수 있기 때문입니다. input에 텍스트 문자열의 리스트를 제공하면 모델이 리스트의 각 항목에 대한 임베딩을 생성합니다.

각 입력 텍스트는 독립적으로 처리되며 결과는 response.data에 리스트 형식으로 저장됩니다. enumerate(response.data)를 사용하여 각 텍스트의 임베딩을 순서대로 출력할 수 있습니다.

결과는 다음과 같습니다.

```
입력 0의 임베딩: [0.028793223202228546, 0.016364755108952522, -0.05375950038433075,
-0.052046485245227814, 0.028040560628227234]..(truncated)
입력 1의 임베딩: [0.052467718720436096, 0.00905882939696312, -0.03377489373087883,
-0.04818594455718994, 0.03129849582910538]..(truncated)
```

16.3 사용자의 의도를 읽어내는 시맨틱 검색

잠시 오픈AI를 잊고 검색 엔진의 세계로 돌아가서 시맨틱 검색이 무엇인지 이해해 보겠습니다.

검색 엔진은 원래 우리가 필요한 정보를 찾도록 돕기 위해 만들어졌습니다. 하지만 **검색 방식은 시간이 지남에 따라 변했습니다. 과거**에는 **키워드 검색**이 주를 이루었습니다. 예전의 검색 엔진은 도서관의 인덱스카드 시스템처럼 작동했습니다. 사용자가 입력한 키워드를 데이터베이스에서 찾아 해당 키워드를 포함한 링크 목록을 반환하는 방식이었습니다. 이는 단순한 **어휘 검색**이었습니다.

하지만 이제는 키워드를 단순히 나열하는 방식에서 벗어나 **개념과 아이디어를 검색하는 시대**가 되었습니다. 사용자는 질문을 던지고 **구체적인 답변**을 기대합니다. 단순한 링크 목록이 아니라 **정확히 원하는 정보**를 얻고자 합니다.

여기서 **시맨틱 검색**이 등장합니다. 시맨틱 검색은 단순히 키워드를 찾는 것이 아니라 **사용자의 의도를 파악**합니다. 예를 들어 서점에서 손님이 '마법 학교에 다니는 어린 마법사에 관한 책'을 문의하면 서점 주인이 곧바로 「해리포터」 시리즈를 내어주는 것과 같은 경험을 제공합니다. 이것이 바로 시맨틱 검색의 마법입니다.

기존의 키워드 기반 검색은 사용자가 제공한 단어를 단순히 찾아내는 방식이어서 원하는 정보를 정확히 얻기 어려울 때가 많았습니다. 그러나 시맨틱 검색은 문맥, 동의어, 사용자의 검색 기록, 개인화된 선호도까지 고려해 **정확히 사용자가 찾으려는 정보**를 제공합니다.

이 마법 같은 시맨틱 검색은 어떻게 작동할까요?

벡터 검색을 활용하여 단어를 **고차원 벡터**로 변환하고 이 벡터 간의 **개념적 유사성**을 기반으로 검색 결과를 제공합니다. 또한 머신러닝을 통해 시간이 지날수록 더 정확한 검색 결과를 제공하게 됩니다. 즉 단순히 검색어에 포함된 단어가 아니라, **사용자가 실제로 찾고 있는 것**을 파악하는 능력이 생기는 것입니다.

다음 절에서는 오픈AI의 텍스트 임베딩을 사용하여 이러한 벡터 검색을 어떻게 구현하는지 알아보겠습니다.

16.4 코사인 유사도 쉽게 이해하기

자연어 처리(NLP) 분야에서 **코사인 유사도**는 문서의 크기에 상관없이 **문서 간의 유사성을 측정**하는 데 흔히 **사용되는 지표**입니다. 수학적 관점에서 보면, 이는 다차원 공간에 투영된 두 벡터 사이 각도의 코사인을 계산합니다.

코사인 유사도는 두 벡터 사이의 각도를 검사하고 이를 비교합니다. 그 결과는 −1에서 1 사이의 숫자로 나타납니다.

- **두 벡터가 완전히 동일**하다면 **결과는** 1입니다.
- **두 벡터가 완전히 다르다면 결과는** −1입니다.
- 두 벡터가 **90도 각도**를 이룬다면 **결과는** 0입니다.

NOTE 코사인 유사도

숲의 같은 지점에서 출발해 걸어가는 두 등산객을 상상해 보세요.

먼저 두 사람이 **방향을 바꾸지 않고 동일한 방향으로 똑바로 걸어간다면** 이들은 매우 유사한 경로를 따르게 됩니다. 코사인 유사도의 관점에서 보면 이들의 경로(또는 벡터)는 거의 동일하며 **코사인 유사도는 1에 가깝다**고 말할 수 있습니다.

이번에는 한 등산객이 왼쪽으로, 다른 등산객은 오른쪽으로 방향을 바꾼다고 상상해 보세요. 이들의 경로는 **이제 서로 다른 방향을 가리키는 두 벡터**처럼 갈라집니다. 만약 이들이 완전히 반대 방향으로 걸어간다면 이 둘의 **경로(벡터)는 완전히 다르며 코사인 유사도는 −1**에 가까워집니다. 따라서 **경로 사이의 각도가 작을수록 이들의 여정은 더 유사**합니다. 마찬가지로 자연어 처리(NLP)에서도 두 벡터 사이의 각도가 작을수록(또는 코사인값이 1에 가까울수록) 두 문서는 더 유사하다고 볼 수 있습니다.

그림 16-1 숲속의 등산객 비유

코사인 유사도의 공식은 다음과 같습니다.

$$유사도 = (A \cdot B) / (||A|| \cdot ||B||)$$

- A와 B는 벡터입니다.
- $A \cdot B$는 두 숫자 집합을 곱하는 방법입니다. 이는 한 집합의 각 숫자를 다른 집합의 해당 숫자와 곱한 다음, 이 모든 곱의 결과를 합산하여 수행됩니다.
- $||A||$는 벡터 A의 길이입니다. 이는 벡터 A의 각 요소를 제곱하고, 그 제곱들의 합의 제곱근을 구하여 계산됩니다.

벡터 A가 [2,3,5,2,6,7,9,2,3,4]이고 벡터 B는 [3,6,3,1,0,9,2,3,4,5]일 때를 예로 들어 보겠습니다. 다음은 넘파이를 사용하여 이들 사이의 코사인 유사도를 계산하는 방법입니다. 넘파이는 대규모의 다차원 배열과 행렬을 지원하는 파이썬 라이브러리로, 이를 다룰 수 있는 다양한 고수준의 수학 함수를 제공합니다.

```python
import numpy as np
from numpy.linalg import norm

# 두 벡터 정의
A = np.array([2,3,5,2,6,7,9,2,3,4])
B = np.array([3,6,3,1,0,9,2,3,4,5])

# 벡터 출력
print("벡터 A: {}".format(A))
print("벡터 B: {}".format(B))

# 코사인 유사도 계산
cosine = np.dot(A,B)/(norm(A)*norm(B))

# 코사인 유사도 출력
print(
    "A와 B 사이의 코사인 유사도: "
    f"{cosine}"
)
```

코드를 실행하면 다음과 같은 출력이 나타납니다.

```
벡터 A: [2 3 5 2 6 7 9 2 3 4]
벡터 B: [3 6 3 1 0 9 2 3 4 5]
A와 B 사이의 코사인 유사도: 0.7539959431593041
```

구글 코랩 이외의 환경에서는 다음과 같은 명령으로 판다스를 설치하고 진행해야 할 수도 있습니다.[2]

```
pip install numpy
```

사이파이를 사용하여 동일한 프로그램을 작성할 수도 있습니다. 사이파이는 파이썬용 과학 계산 라이브러리입니다. 다음은 예시 코드입니다.

```python
import numpy as np
from scipy import spatial

# 두 벡터 정의
A = np.array([2,3,5,2,6,7,9,2,3,4])
B = np.array([3,6,3,1,0,9,2,3,4,5])

# 벡터 출력
print(f"벡터 A: {A}")
print(f"벡터 B: {B}")

# 코사인 유사도 계산
# 1에서 코사인 거리를 빼서 유사도를 구함
cosine = 1 - spatial.distance.cosine(A, B)

# 코사인 유사도 출력
print(f"A와 B 사이의 코사인 유사도: {cosine}")
```

결과는 다음과 같습니다.

```
벡터 A: [2 3 5 2 6 7 9 2 3 4]
벡터 B: [3 6 3 1 0 9 2 3 4 5]
A와 B 사이의 코사인 유사도: 0.7539959431593041
```

---

2 옮긴이_ pip list와 grep 명령으로 설치 여부를 확인할 수 있습니다. 예를 들어 넘파이의 설치 여부는 pip list | grep numpy로 확인하면 됩니다. 참고로 구글 코랩에는 넘파이, 사이파이, 사이킷런 등의 인기 라이브러리가 기본으로 설치되어 있습니다. 때때로 의존성 문제로 numpy 라이브러리 버전과 관련된 문제가 발생할 수 있습니다. 이 경우, 에러 내용을 확인하고 문제가 발생하지 않는 적절한 버전을 지정하여 설치하면 됩니다.

```
pip install numpy==1.26.3
```

사이킷런을 활용할 수도 있습니다. 사이킷런은 파이썬용 머신러닝 라이브러리로, 데이터 분석과 모델링을 위한 다양한 도구와 알고리즘을 제공합니다. 다음은 예시 코드입니다.

```python
import numpy as np
from sklearn.metrics.pairwise import cosine_similarity

# 두 벡터 정의
A = np.array([2, 3, 5, 2, 6, 7, 9, 2, 3, 4])
B = np.array([3, 6, 3, 1, 0, 9, 2, 3, 4, 5])

# 벡터 출력
print(f"벡터 A: {A}")
print(f"벡터 B: {B}")

# 코사인 유사도 계산
cosine = cosine_similarity([A], [B])

# 코사인 유사도 출력
print(f"코사인 유사도: {cosine[0][0]}")
```

세 가지 방식으로 구한 **결과는 모두 동일**하며 이는 **코사인 유사도가 보편적인 수학적 개념**임을 증명합니다. 세 접근 방식의 결과를 하나의 코드에서 다시 살펴보겠습니다.

```python
import numpy as np
from numpy.linalg import norm
from scipy import spatial
from sklearn.metrics.pairwise import cosine_similarity

# 두 벡터 정의
A = np.array([2,3,5,2,6,7,9,2,3,4])
B = np.array([3,6,3,1,0,9,2,3,4,5])

# 넘파이를 사용하여 코사인 유사도 계산
cosine_np = np.dot(A,B)/(norm(A)*norm(B))

# 코사인 유사도 출력
print(f"넘파이를 사용한 A와 B 사이의 코사인 유사도: {cosine_np}")

# 사이파이를 사용하여 코사인 유사도 계산
cosine_sc = 1 - spatial.distance.cosine(A, B)
```

```python
# 코사인 유사도 출력
print(f"사이파이를 사용한 A와 B 사이의 코사인 유사도: {cosine_sc}")

# 사이킷런을 사용하여 코사인 유사도 계산
cosine_sk = cosine_similarity([A], [B])

# 코사인 유사도 출력
print(f"사이킷런을 사용한 A와 B 사이의 코사인 유사도: {cosine_sk[0][0]}")
```

결과는 다음과 같습니다.

```
넘파이를 사용한 A와 B 사이의 코사인 유사도: 0.7539959431593041
사이파이를 사용한 A와 B 사이의 코사인 유사도: 0.7539959431593041
사이킷런을 사용한 A와 B 사이의 코사인 유사도: 0.7539959431593041
```

구글 코랩 이외의 환경에서는 다음과 같이 사이파이와 사이킷런 라이브러리를 설치하고 진행해야 할 수 있습니다.

```
pip install scipy scikit-leran
```

16.5 오픈AI 텍스트 임베딩 사용 예제

이는 기본적인 예제이지만 더 고급 예제들도 다룰 것입니다. 우리의 목표는 오픈AI의 텍스트 임베딩을 사용하여 시맨틱 검색을 수행하는 것입니다. 이번 예제에서는 단어 목록이 포함된 CSV 파일을 사용합니다. 이후 사용자가 입력한 검색어와 가장 유사한 단어를 찾아낼 것입니다.

먼저 words.csv 파일을 만들어 보겠습니다.[3] 이 CSV 파일은 text라는 이름의 열과 무작위 단어 목록을 포함합니다. 파일의 내용은 다음과 같습니다.

---

3 옮긴이_ 이어서 나오는 내용으로 파일을 만들어서 코랩에 업로드 합니다. 이렇게 하기 어렵다면 다음 명령을 이용해서 웹에서 가져와도 됩니다. 직접 만들어 보는 쪽이 학습에 도움이 되니, 되도록 직접 만들어서 진행해 보세요.

```
!wget https://raw.githubusercontent.com/LDJWJ/OpenAIGPTForPythonDevelopersFiles/main/
datasets/ch16_textEmbedding/words.csv
```

```
# words.csv의 내용
text
apple
banana
cherry
dog
cat
house
car
tree
phone
computer
television
book
music
food
water
sky
air
sun
moon
star
ocean
desk
bed
sofa
lamp
carpet
window
door
floor
ceiling
wall
clock
watch
jewelry
ring
necklace
bracelet
earring
wallet
key
photo
```

다음으로 **판다스**^{Pandas}**(파이썬 데이터 분석 라이브러리)**를 사용하여 파일을 읽고 판다스 데이터 프레임을 생성해 보겠습니다. 판다스는 CSV 파일을 포함한 데이터를 조작하는 데 매우 강력한 도구입니다. 이는 우리의 사용 사례에도 완벽하게 적용됩니다. 코드는 다음과 같습니다.

```python
import pandas as pd
df = pd.read_csv('words.csv')
print(df)
```

print(df)를 실행하면 id와 text 열이 있는 테이블을 볼 수 있을 것입니다. id 열은 각 행의 인덱스이며 text 열에는 단어들이 포함됩니다.

구글 코랩 이외의 환경에서는 다음과 같이 판다스를 설치하고 진행해야 할 수도 있습니다.

```
pip install pandas==2.2.0
```

코드를 실행하면 다음과 같은 테이블을 볼 수 있습니다.

```
      text
0    apple
1    banana
2    cherry
3    dog
4    cat
5    house
6    car
7    tree
8    phone
Embedding 124
9    computer
10   television
11   book
12   music
13   food
14   water
15   sky
16   air
17   sun
18   moon
19   star
```

```
20  ocean
21  desk
22  bed
23  sofa
24  lamp
25  carpet
26  window
27  door
28  floor
29  ceiling
30  wall
31  clock
32  watch
33  jewelry
34  ring
35  necklace
36  bracelet
37  earring
38  wallet
39  key
40  photo
```

NOTE 판다스 데이터프레임

DataFrame은 판다스에서 가장 일반적으로 사용하는 객체입니다. DataFrame은 라벨이 지정된 열이 있는 2차원 데이터 구조로, 다양한 유형의 데이터를 포함할 수 있습니다. 이를 스프레드시트나 SQL 테이블, Series 객체의 딕셔너리로 생각할 수 있습니다.

다음으로는 데이터프레임의 각 단어에 대한 임베딩을 얻어야 합니다. 코드는 다음과 같습니다.

```python
import pandas as pd

# 텍스트 임베딩을 가져오는 함수 정의
def get_embedding(text, model):
    text = text.replace("\n", " ")  # 텍스트에서 줄 바꿈 제거
    return client.embeddings.create(
        input=[text],
        model=model
    ).data[0].embedding  # 임베딩 반환
```

```
# CSV 파일로부터 데이터프레임 생성
df = pd.read_csv('words.csv')
print(df)

# 입력 데이터 정의
input = "The black cat sat on the mat"

# 사용할 모델 정의
model = "text-embedding-ada-002"

# get_embedding() 함수를 사용하여 입력에 대한 임베딩을 가져옴
embedding = get_embedding(input, model=model)
print(embedding)  # 임베딩 출력
```

추가 작업으로 데이터프레임 객체에 있는 **apply** 함수를 사용합니다. 이 함수를 사용하면 데이터프레임의 특정 축(행이나 열)에 람다 함수를 적용할 수 있습니다.

```
# 데이터프레임의 각 단어에 대해 임베딩을 가져옴
df['embedding'] = df['text'].apply(
    lambda x: get_embedding(
        x,
        model=model
    )
)
```

> **NOTE 람다 함수**
>
> 람다 함수는 간단하고 한 줄로 정의되는 익명 함수입니다. 복잡한 함수 정의 없이 간단한 연산을 수행할 때 주로 사용합니다. 이 개념에 익숙하지 않다면, 여러 인자를 받을 수 있지만 단 하나의 표현식만 가질 수 있는 작은 익명 함수라고 생각하면 됩니다.

람다 함수의 문법은 `lambda arguments: expression`입니다. 예제에서는 데이터프레임의 각 단어에 대해 임베딩을 얻는 데 이를 사용합니다.

이제 **text**와 **embedding**이라는 두 열이 있는 데이터프레임을 갖게 되었습니다. **text** 축에는 단어가 있고 **embedding** 축에는 각 단어에 대한 임베딩이 있습니다.

데이터프레임을 다른 CSV 파일로 저장해 보겠습니다.

```
df.to_csv('embeddings.csv')
```

이 단계에서의 코드는 다음과 같습니다. 모델로는 text-embedding-ada-002를 사용해 보겠습니다.

```
import pandas as pd

# 텍스트 임베딩을 가져오는 함수 정의
def get_embedding(text, model):
    text = text.replace("\n", " ")  # 텍스트에서 줄 바꿈 제거
    return client.embeddings.create(
        input=[text],
        model=model
    ).data[0].embedding  # 임베딩 반환

# CSV 파일로부터 데이터프레임 생성
df = pd.read_csv('words.csv')

# 입력 텍스트 정의
input = "The black cat sat on the mat"

# 사용할 모델 정의
model = "text-embedding-ada-002"

# 데이터프레임의 각 텍스트에 대해 임베딩 열 생성
df['embedding'] = df['text'].apply(
    lambda x: get_embedding( x, model=model )
)

# 새로운 데이터프레임을 CSV 파일로 저장
df.to_csv('embeddings.csv')
```

[그림 16-2]는 출력 파일의 스크린샷입니다.

		text	
1	0	apple	[0.007762276101857424, -0.023053685203194618, -0.007385133765637875, -0.027785107493400574, -0.00462856562808156, 0.01289141271263361, -0.021929115056991577, -0.00857827533036 -0.02620796672999859, -0.02221711538732052, -0.028498250991106033, 8.598203567089513e-05, 0.03826281055808067, 0.018253691494464874, 0.02042054571211338, 0.01411198265850544, -0.0018959976732730865, 0.032009102404117584, -0.017362264916300774, -0.003774852491915226, -0.004237709101289511, -0.08063989877700806, 0.021106259897351265, -0.002629711059
2	1	banana	[-0.013906940817832947, -0.03295483812689781, 0.00765211321413517, -0.016582874581217766, -0.005084931384772062, 0.004406061489135027, -0.01981244795024395, -0.012035106308758 -0.011501237750053406, -0.03050299733877182, -0.02987026423215866, 0.0046235634945333, 0.028947528451681137, 0.011573738418519497, 0.025348860770463943, 0.004775155801326036 -0.023938393220305443, -0.012470110319554806, -0.010723504237830639, -0.06564603745937347, 0.026746146380901337, 0.006867787800729275, -0.005170613992959261, 0.03300756588578
3	2	cherry	[0.006527523975819349, -0.018981920555233955, -0.0008644738118164241, -0.02344200760126114, -0.011608174070715904, 0.015132440254092216, -0.017588142305612564, -0.018729712814 -0.03411436080932617, -0.028459606692194494, -0.0021421031560748816, 0.03337101265788078, 0.01626073569059372, 0.04037972167134285, -0.004237746819853783, 0.01019448600709438 0.02986665815114975, -0.0005118813132867217, -0.006703405641019344, -0.01671205461025238, -0.06419340521097183, 0.023959696292877197, -0.004164739511907101, -0.00597333163022
4	3	dog	[-0.0033176764845848083, -0.017689770087599754, -0.01589241437613964, -0.01750057376921177, -0.018000591546297073, 0.02189261093735695, -0.012426083907485008, -0.0227980464696 -0.005192738026380539, -0.033244334161281586, 0.0009687818237580359, 0.0071556405164301395, 0.0013581527164205909, 0.04278519004583359, 0.02494676411151886, -0.0043582511134 -0.01365585345774889, -0.0005675862194038928, 0.006128579378128052, -0.000394016329664737, -0.010871978476643562, -0.06535349786281586, 0.013635583221912384, -0.0201493110507
5	4	cat	[-0.0070945825427770615, -0.017328109592199326, -0.009644086472690105, -0.03070768155157566, -0.012548675760626793, 0.003105211304500699, -0.005113212391734123, -0.04121817275 -0.015751535072922707, -0.02320830337703228, -0.016632143408060074, -0.0017461265670135617, 0.03386082872748375, 0.020637493580579758, -0.0019156793132424355, 0.0088842064142 0.007691123988479376, -0.009551765397191048, -0.08595878630876541, 0.017029838636517525, -0.018833665177226067, 0.017555363476276398, 0.021560711786150932, -0.00022447979426
6	5	house	[-0.007126736920326948, 0.007172489073127508, -0.025761835277080536, -0.013880420476198196, -0.007038752548396587, 0.014584295451641083, -0.006655140779912472, -0.010346966795 -0.02542397566139698, -0.02777491882443428, -0.016878928989171982, 0.008362038061022758, 0.02462155744433403, 0.03930439427495003, 0.022383233532309532, 0.010431431233882904 0.00018267762789037079, 0.011803988367319107, -0.002764470176771283, -0.019398802891373634, -0.07106325030326843, 0.013556637801229954, 0.0002492158382665366, -0.00556413410
7	6	car	[-0.0074789817444980145, -0.021566664800047874, -0.004698160570114851, -0.03268995136022568, -0.014074084348976612, -0.008070501498878002, -0.003241458674892783, -0.02907284162 -0.02186582237482071, -0.024408677592873573, -0.007846131920814514, -0.00983826071023941, 0.018071940168738365, 0.017133668065071106, 0.03249957412481308, -0.0157738532871007 -0.024925407022237778, 0.009899452328681946, 0.007186621427536011, -0.018221519887447357, -0.07141748070716858, 0.006754880305379629, 0.0033111493103206158, -0.0053882664069
8	7	tree	[-0.0047506773844361305, -0.013216584920883179, -0.017282696440815926, -0.003591388463973999, -0.010354481637477875, 0.006150768604129553, -0.009549515321850777, -0.0232821032 -0.01980079710483551, -0.04353698343038559, -0.026708371937274933, 0.004633716773241758, 0.031620729714632034, 0.0019298552069813013, 0.01202633511275053, 0.0101618403568863 0.016746051609516144, -0.01688365265727043, -0.030024558305740356, -0.06753461062908173, 0.02787798084318638, -0.0002104866580339148, 0.004310354124754667, 0.01849358715116
9	8	phone	[-0.0014101049164310098, -0.022890757769346237, 0.0029633594676852226, -0.017559673637151718, 0.003725178074091673, 0.023535754531621933, -0.019323538988828866, -0.01759916357 -0.01340011041611433, -0.03256569057703018, -0.021047914400696754, -0.004778231959789991, 0.017980894073843956, 0.026734404265880585, 0.006805360782891512, 0.009589371271431 -0.0034125526435673237, 0.0047486149705946445, -0.023733200505375862, -0.00913524255156517, -0.013505415990948677, -0.07608313858509064, 0.020574040710926056, -0.000139858719
10	9	computer	[-0.003125436371192336, -0.014225165359675884, -0.01018068753182888, -0.0360250398516655, -0.004680336453020573, 0.010354419238865376, -0.023585839197039604, -0.03816541656851 -0.005052122753113508, -0.01906881108880043, -0.031438518315553665, -0.03018764965236187, -0.011382912285625935, 0.038860343396663666, 0.03444060683250427, 0.0282696504145860 -0.021181389689445496, 5.2852494263788685e-05, -0.004461434669792652, 0.002069146605208516, 0.005597640760242939, 0.00858235452324152, -0.0236414335668087, -0.085225909948349
11	10	television	[-0.004810569807887077, -0.019971350207924843, 0.017849231138825417, -0.03668791800737381, -0.0010130512528121471, 0.007570625748485327, -0.018317919224500656, -0.019033972173 -0.04496808350086212, -0.03507354483008385, -0.03804190456867218, 0.027340179309248924, 0.019138125702738762, 0.03666187822818756, -2.1550224118982442e-05, -0.003046476980671 0.0072516570799052715, -0.006281731650233269, -0.02098684199154377, -0.04637414962053299, 0.01791432686150074, 0.006385884713381529, -0.009204527363181114, 0.005223927088081
12	11	book	[-0.006843345705419779, -0.019184302538633347, -0.004917495418339968, -0.022664999589323997, -0.007568490691483021, 0.015406802296638489, -0.02236819453537464, -0.02846615947 0.010543271899223328, -0.01806454360485077, -0.02437836490571499, -0.030813604593276978, -0.0023592510260641575, 0.007804584223777056, 0.02257056161761284, 0.04338728263974 -0.0028786573093384504, 0.002995017683133483, -0.015069525688886642, 0.006465595681220293, -0.0026088356971740723, -0.01882004365324974, 0.005271635949611664, -0.076467387378
13	12	music	[-0.0019115472678095102, -0.023253733292222023, 0.0052036563865840435, -0.03050253912806511, -0.011263741180300713, 0.025665434077382088, -0.019841723144054413, -0.01851254701 -0.013586373999714851, -0.026884987950325012, -0.016731176525354385, 0.01212702039629221, 0.01738891378045082, 0.02556951344013214, 0.029159659519791603, -0.0083929942920804 -0.006108044181019068, 0.023308543488383293, 0.0033606234937906265, -0.008715011179447174, -0.07832548022270203, 0.0016143667744472623, 0.006221092771738768, -0.0031722092535
14	13	food	[0.02230163849890232, -0.026911551132798195, -0.006217941641807556, 0.0024052453227341175, -7.670438208151609e-05, -0.008084344677627087, -0.018086085096001625, -0.03769521042 -0.03274533525109291, -0.0301344096660614, 0.008866261690855026, 0.028149019926786423, 0.034050796180963516, 0.02716992422938347, 0.003630815539509058, 0.000288756942609325 -0.011932737194001675, -0.0019462939817458391, -0.01668543368577957, -0.04525601118803024, 0.011422790586948395, 0.003542425110936165, -0.0077443802729249, 0.0076015954837203
15	14	water	[0.019031280651688576, -0.01257743313908577, 0.002012526849284768, -0.0017398897325620055, -0.0068047489039599895, 0.0012883612653240561, -0.014242498204112053, -0.0383377783 -0.017613910138607025, 0.01417369395494461, -0.009556923061609268, -0.03784238547086716, -0.006818510126322508, 0.002986108185723424, 0.029723474755883217, 0.000336496217641 -0.026448387652635574, 0.005174086429178715, -0.007774890400469303, -0.0045961299911141396, -0.021714650094509125, -0.049373991787433624, -0.0005474245408549905, 0.0027745349

그림 16-2 단어별 임베딩 결과

이 파일에는 **id**, **text**, **embeddings이라는 세 열**이 있습니다. embeddings 열에는 text 열에 있는 각 단어에 대한 임베딩이 있는데, 다음 코드로 이를 생성했습니다.

```
df['embedding'] = df['text'].apply(
    lambda x: get_embedding(
        x,
        model= 'text-embedding-ada-002'
    )
)
```

다음 단계는 **코사인 유사도를 사용**하여 사용자가 지정한 검색어와 **가장 유사한 단어를 찾는 것**입니다. 다음과 같은 과정을 거칠 것입니다.

1. 새로 생성한 파일을 읽습니다.
2. 파일의 마지막 열(임베딩 데이터)을 넘파이 배열로 변환합니다.

이런 과정이 필요한 이유는 다음과 같습니다.

1. CSV 파일에 저장된 임베딩은 문자열 형태입니다.

2. 하지만 코사인 유사도와 같은 수학적 계산을 하려면 데이터를 구조화되고 효율적인 형식인 넘파이 배열로 변환해야 합니다.

NOTE 넘파이 배열과 파이썬 리스트

넘파이 배열은 수치 계산의 핵심 도구로 자리 잡고 있습니다. 일반 파이썬 리스트와 비교했을 때, 넘파이 **배열은 계산 성능과 메모리 효율성에서 월등하다는 장점**이 있습니다.

이유는 간단합니다. 넘파이 배열은 모든 요소의 데이터 타입이 동일하며 메모리상에 연속해서 저장됩니다. 반면 파이썬 리스트는 다양한 데이터 타입을 포함할 수 있고 메모리에 흩어져 저장되므로 계산 속도가 느리고 메모리 사용 효율도 떨어집니다.

쉽게 비유하자면 넘파이 배열은 마치 정돈된 창고에 물건을 가지런히 채워놓은 것과 같고, 일반 리스트는 물건을 여기저기 흩어 놓은 것과 같습니다.

다시 코드로 돌아가서, 다음 코드를 사용하여 마지막 열을 넘파이 배열로 변환해 보겠습니다.

```python
# embedding 열을 문자열에서 평가된 표현식으로 변환한 후 넘파이 배열로 변환
df['embedding'] = df['embedding'].apply(
    eval  # 문자열을 실제 파이썬 표현식으로 평가
).apply(
    np.array  # 평가된 값을 넘파이 배열로 변환
)
```

이 단계에서 코드는 다음과 같습니다.

```python
import pandas as pd
import numpy as np

# 텍스트 임베딩을 가져오는 함수 정의
def get_embedding(text, model):
    text = text.replace("\n", " ")  # 텍스트에서 줄 바꿈 제거
    return client.embeddings.create(
        input=[text],
        model=model
    ).data[0].embedding  # 임베딩 반환
```

```python
# words.csv는 단어가 포함된 'text' 열이 있는 CSV 파일입니다.
df = pd.read_csv('words.csv')

# 사용할 모델 정의
model = "text-embedding-ada-002"

# 데이터프레임의 각 단어에 대해 임베딩을 가져옴
df['embedding'] = df['text'].apply(
    lambda x: get_embedding(x, model=model)
)
# 데이터프레임을 CSV 파일로 저장
df.to_csv('embeddings.csv')

# CSV 파일 읽기
df = pd.read_csv('embeddings.csv')

# embedding 열을 넘파이 배열로 변환
df['embedding'] = df['embedding'].apply(eval).apply(np.array)
```

사용자에게 입력을 요청하고 이를 활용하여 데이터프레임의 임베딩과 비교하는 시맨틱 검색을
수행할 것입니다. 사용자의 입력이 검색어가 됩니다. 이 과정은 코사인 유사도 함수를 사용하
여 이루어집니다.

이는 다음과 같은 단계로 수행합니다.

```python
# 0) 코사인 유사도를 계산하는 함수 정의
def cosine_similarity(a, b):
    numerator = np.dot(a, b)                            # 벡터 내적
    denominator = np.linalg.norm(a) * np.linalg.norm(b) # 벡터의 크기 계산
    return numerator / denominator                      # 코사인 유사도 반환

# 1) 사용자로부터 검색어 입력받기
user_search = input('검색어를 입력하세요: ')

# 2) 검색어에 대한 임베딩 가져오기
user_search_embedding = get_embedding(
    user_search,
    model=model
)

# 3) 검색어와 데이터프레임의 각 단어 사이의 코사인 유사도 계산
df['similarity'] = df['embedding'].apply(
```

```
    lambda x: cosine_similarity(
        x, user_search_embedding
    )
)
```

첫 번째 작업을 제외한 세 가지 주요 작업을 살펴보겠습니다.

1. **사용자 입력받기**
   - 사용자로부터 검색어를 입력받아 `user_search` 변수에 저장합니다.
   - 이는 `input()` 함수를 사용하여 수행됩니다.

2. **검색어의 임베딩 생성**
   - `get_embedding` 함수를 사용하여 사용자가 입력한 검색어(`user_search`)의 임베딩을 생성합니다.
   - 모델 파라미터는 `'text-embedding-ada-002'`로 설정했습니다. 이는 사용할 오픈AI 텍스트 임베딩 모델을 지정합니다.
   - 이 과정을 통해 검색어를 수치적 벡터로 변환합니다.

3. **유사도 계산 및 저장**
   - 데이터프레임에 `similarity`라는 새로운 열을 생성합니다.
   - `apply` 메서드와 람다 함수를 사용하여 데이터프레임의 각 단어 임베딩과 사용자 검색어의 임베딩 사이의 코사인 유사도를 계산합니다.
   - 계산된 유사돗값은 새로 생성된 `similarity` 열에 저장됩니다.

완성된 전체 코드는 다음과 같습니다.

```python
import pandas as pd
import numpy as np

def get_embedding(text, model):
    text = text.replace("\n", " ")
    return client.embeddings.create(
        input = [text],
        model=model
    ).data[0].embedding

def cosine_similarity(a, b):
    numerator = np.dot(a, b)
    denominator = np.linalg.norm(a) * np.linalg.norm(b)
    return numerator / denominator
```

```python
# 'words.csv' 파일에서 데이터프레임 생성(text 열에 단어들이 포함됨)
df = pd.read_csv('words.csv')

# 사용할 모델 정의
model = "text-embedding-ada-002"

# 데이터프레임의 각 단어에 대한 임베딩 생성
df['embedding'] = df['text'].apply(
    lambda x: get_embedding(x, model=model)
)

# 임베딩이 포함된 데이터프레임을 CSV 파일로 저장
df.to_csv('embeddings.csv')

# 저장한 CSV 파일 다시 읽기
df = pd.read_csv('embeddings.csv')

# 임베딩 열을 NumPy 배열로 변환
df['embedding'] = df['embedding'].apply(eval).apply(np.array)

# 사용자로부터 검색어 입력받기
user_search = input("검색어를 입력하세요: ")

# 검색어에 대한 임베딩 생성
search_term_embedding = get_embedding(user_search, model=model)

# 검색어와 데이터프레임의 각 단어 사이의 코사인 유사도 계산
df['similarity'] = df['embedding'].apply(
    lambda x: cosine_similarity(x, search_term_embedding)
)

# 데이터프레임 출력
print(df)
```

코드를 실행한 후 **검색어를 입력**하여 테스트할 수 있습니다. 예를 들어 'office(사무실)'를 입력하면 다음과 같은 테이블을 볼 수 있습니다.

```
검색어를 입력하세요: office

Unnamed: 0    text    embedding    similarity
0      0     apple    [0.007730444893240929, -0.023150362074375153, ...    0.829258
1      1     banana   [-0.014109638519585133, -0.03299686685204506, ...    0.804768
```

```
2     2    cherry    [0.006528156343847513, -0.018940286710858345, ...      0.791511
3     3    dog       [-0.0034820924047380686, -0.01784995011985302,...     0.827294
4     4    cat       [-0.007135485298931599, -0.017439933493733406,...     0.801430
5     5    house     [-0.0072252461686730385, 0.0072041405364871025...     0.874126
6     6    car       [-0.007510260213166475, -0.02162085846066475, ...     0.820573
7     7    tree      [-0.004678542725741863, -0.013288576155900955,...     0.824442
8     8    phone     [-0.0014213178073987365, -0.02296455204486847,...     0.852308
9     9    computer  [-0.003228019457310438, -0.014289828017354012,...     0.860644
10    10   television   [-0.004850429017096758, -0.019922567531466484,...
0.798464
11    11   book      [-0.006990661378949881, -0.019522370770573616,...     0.839373
12    12   music     [-0.0019618947990238667, -0.0234402883797884, ...     0.819260
13    13   food      [0.02246876433491707, -0.026940835639834404, -...     0.829724
14    14   water     [0.019100550562143326, -0.012458674609661102, ...     0.816543
15    15   sky       [0.004903891123831272, -0.001447188202291727, ...     0.816991
16    16   air       [0.00898553803563118, -0.023553332313895226, -...     0.800072
17    17   sun       [0.02475622482597828, -0.002591201337054372, -...     0.814543
18    18   moon      [0.017508335411548615, -0.009376966394484043, ...     0.800280
19    19   star      [0.011696810834109783, -0.009645109996199608, ...     0.810849
20    20   ocean     [0.005402183625847101, 4.523178358795121e-05, ...     0.796897
21    21   desk      [0.01280073169618845, -0.020945418626070023, -...     0.889125
22    22   bed       [0.005929835606366396, 0.004109097644686699, 0...     0.822684
23    23   sofa      [0.011814127676188946, -0.011684974655508995, ...     0.813847
24    24   lamp      [0.006855509709566832, -0.008714987896382809, ...     0.832813
25    25   carpet    [0.009338859468698502, -0.013139482587575912, ...     0.801659
26    26   window    [0.007293676491826773, -0.01666724495589733, 0...     0.829090
27    27   door      [-0.004953867755830288, -0.02700646035373211, ...     0.832456
28    28   floor     [0.018804145976901054, -0.0214430820196867, -0...     0.860095
29    29   ceiling   [-0.016435669735074043, -0.01102248951792717, ...     0.813233
30    30   wal·      [0.001042832969687879, 0.014782734215259552, -...     0.827654
31    31   clock     [-0.011153940111398697, -0.013803347945213318,...     0.814202
32    32   watch     [-0.0025047690141946077, -0.010464987717568874...     0.817333
33    33   jewelry   [-0.015979116782546043, 0.010403341613709927, ...     0.782263
34    34   ring      [-0.020460661500692368, -0.02551804855465889, ...     0.818967
35    35   necklace  [-0.024951491504907608, 0.0023979521356523037,...
0.776984
36    36   bracelet  [-0.034382015466690063, 0.005146771669387817, ...
0.779029
37    37   earring   [-0.02587125077843666, -0.009125182405114174, ...     0.775606
38    38   wallet    [0.015295467339456081, -0.02019839733839035, 0...     0.824803
39    39   key       [0.00354030029848221796, -0.02876278944313526, ...     0.814820
40    40   photo     [0.004397082142531872, -0.03156948834657669, -...     0.832165
```

similarity 축을 사용하여 'office'와 의미상 유사한 단어를 확인할 수 있습니다. **값이 클수록** text 열의 **단어가 더 유사함**을 의미합니다. 예를 들어 'necklace(목걸이)', 'bracelet(팔찌)', 'earring(귀걸이)'과 같은 단어의 점수는 약 0.77이지만, 'desk(책상)'의 점수는 약 0.89입니다. 결과를 더 읽기 쉽게 하려면 데이터프레임을 similarity 축을 기준으로 정렬할 수 있습니다.

다음과 같이 상위 10개를 가져오는 코드를 적용할 수 있습니다.

```
# 유사도를 기준으로 데이터프레임 정렬 (내림차순)
df = df.sort_values(by='similarity', ascending=False)

# 상위 10개의 유사한 단어 출력
print(df.head(10))
```

결과는 다음과 같습니다.

```
검색어를 입력하세요: office
Unnamed: 0    text      embedding          similarity
21     21     desk      [0.01280073169618845, -0.020945418626070023, -...    0.889125
5       5     house     [-0.0072252461686730385, 0.0072041405364871025...   0.874126
9       9     computer  [-0.003228019457310438, -0.014289828017354012,...   0.860644
28     28     floor     [0.018804145976901054, -0.0214430820196867, -0...   0.860095
8       8     phone     [-0.0014213178073987365, -0.02296455204486847,...   0.852308
11     11     book      [-0.006990661378949881, -0.019522370770573616,...   0.839373
24     24     lamp      [0.006855509709566832, -0.008714987896382809, ...   0.832813
27     27     door      [-0.004953867755830288, -0.02700646035373211, ...   0.832456
40     40     photo     [0.004397082142531872, -0.03156948834657669, -...   0.832165
13     13     food      [0.02246876433491707, -0.026940835639834404, -...   0.829724
```

다른 단어(예: 'dog', 'hat', 'fashion', 'phone', 'video game')를 입력해 실행 결과를 확인해 보세요.

16.6 임베딩의 내부 작동 원리

임베딩은 새로운 개념이 아니라 오래전부터 존재해 왔습니다. 하지만 최근 몇 년 동안 딥러닝의 부상과 **Word2Vec, GloVe, FastText와 같은 단어 임베딩의 성공** 덕분에 인기를 얻게 되었습니다.

임베딩은 대규모 데이터셋에서 단어의 사용 방식과 **문맥을 기반**으로 단어 간의 의미적 관계를 포착합니다. 따라서 '사과'가 '바나나'에 더 가깝고 '개'와는 멀다는 점을 이해할 수 있습니다.

- 문맥 학습: 임베딩은 거대한 텍스트 데이터셋에서 모델을 훈련시켜 생성됩니다. Word2Vec[4], GloVe[5], BERT[6]와 같은 이러한 모델은 문장에서 단어가 어떻게 사용되는지 관찰하며 학습합니다. 예를 들어 '사과'와 '바나나'는 과일이나 음식, 식습관, 영양과 관련된 비슷한 문맥에 자주 등장할 수 있습니다. 반면에 '개'는 동물, 애완동물, 야외 활동과 관련된 문맥에 자주 나타납니다.

- 의미적 관계 포착: 모델은 학습을 통해 단어를 문맥과 연관시키는 법을 배웁니다. 이는 비슷한 문맥에서 나타나는 단어들이 임베딩 공간에서 서로 더 가깝게 위치함을 의미합니다. 모델은 '사과'나 '바나나'의 의미를 인간의 관점에서 이해하지는 않지만, 이 단어들이 비슷한 사용 패턴을 공유한다는 점을 인식합니다. 이는 연관성이 다른 '개'와 구별됩니다.

- 고차원 벡터 공간: 고차원 벡터 공간에서 각 단어는 벡터(공간의 한 점)로 표현됩니다. 이 점들 사이의 거리는 의미적 유사성의 척도입니다. 코사인 유사도와 같은 기술은 이러한 벡터들이 얼마나 가깝거나 멀리 떨어져 있는지 측정하는 데 사용됩니다. '사과'와 '바나나'의 벡터는 서로 더 가까울 것이고 '개'는 이 둘로부터 더 멀리 있을 것입니다.

- 동시 출현으로부터의 학습: 기본 원리는 의미가 유사한 단어들이 관련 없는 의미의 단어들보다 비슷한 문맥에서 더 자주 함께 나타난다는 것입니다. 이 원리는 종종 "You shall know a word by the company it keeps[7](곁에 있는 단어를 보면 그 단어를 알 수 있다)"라는 말로 요약됩니다. 이로써 임베딩 모델은 '사과'와 '바나나'가 관련되며(둘 다 과일임) 이 둘은 '개'와는 상당히 다르다는 점을 추론할 수 있습니다.

---

4 https://en.wikipedia.org/wiki/Word2vec

5 https://en.wikipedia.org/wiki/GloVe

6 https://en.wikipedia.org/wiki/BERT_(language_model)

7 https://en.wikipedia.org/wiki/John_Rupert_Firth

고급 임베딩 예제

17.1 선호하는 커피 예측하기

이 절의 목표는 사용자 입력에 기반하여 가장 적합한 커피 블렌드를 추천하는 것입니다. 예를 들어 사용자가 'Ethiopia Dumerso'를 입력하면 프로그램은 'Ethiopia Dumerso', 'Ethiopia Guji Natural Dasaya', 'Organic Dulce de Guatemala'를 추천 결과로 보여줍니다.

이 프로그램에는 캐글Kaggle[1] 데이터셋이 필요합니다. 캐글 계정으로 로그인한 다음에 simplified_coffee.csv[2]라는 이름의 데이터셋을 다운로드합니다. 동일 데이터셋을 깃허브 저장소[3]에서도 확인할 수 있습니다. 다운로드한 데이터셋은 data 폴더에 저장해 주세요.

다음과 같은 코드로 이를 수행할 수도 있습니다.

```
# 디렉터리 만들기
!rm -rf data
!mkdir -p data

# 데이터셋 다운로드
!wget https://raw.githubusercontent.com/LDJWJ/OpenAIGPTForPythonDevelopersFil
es/main/datasets/ch17_coffee_reviews_dataset/simplified_coffee.csv.gz -O data/
simplified_coffee.csv.gz
```

------

1 *https://www.kaggle.com/*

2 *https://www.kaggle.com/datasets/schmoyote/coffee-reviews-dataset?select=simplified_coffee.csv*

3 *https://github.com/LDJWJ/OpenAIGPTForPythonDevelopersFiles*

```
# .gz 파일 압축 풀기
!gunzip -k data/simplified_coffee.csv.gz

# .gz 파일 삭제하기
!rm data/simplified_coffee.csv.gz
```

이 데이터셋은 1,267개의 행(블렌드)과 다음과 같은 9개의 특성을 포함합니다.

- name(커피 이름)

- roaster(로스터 이름)

- roast(로스팅 유형)

- loc_country(로스터의 국가)

- origin(원두의 원산지)

- 100g_USD(100g당 가격, USD)

- rating(100점 만점의 평점)

- review_date(리뷰 날짜)

- review(리뷰 텍스트)

이 데이터셋에서 우리의 관심사는 사용자들이 작성한 리뷰입니다. 이 리뷰들은 데이터셋 소유자가 '커피 리뷰Coffee Review'[4] 사이트에서 스크래핑했습니다.

그림 17-1 커피 리뷰 사이트

----

4 *https://www.coffeereview.com/*

사용자가 커피 이름을 입력하면, 우리는 오픈AI 임베딩 API 엔드포인트를 사용하여 해당 커피의 리뷰 텍스트에 대한 임베딩을 얻습니다. 그런 다음 입력된 커피 리뷰와 데이터셋의 다른 모든 리뷰 사이의 코사인 유사도를 계산합니다. **코사인 유사도 점수가 높은 리뷰들이 입력된 커피의 리뷰와 더 유사**할 것입니다. 그 후 사용자에게 유사한 커피들의 이름을 표시하게 됩니다.

예를 들어 커피 블렌드(A, B, C, D, E)에 관한 리뷰가 다음과 같다면 커피 블렌드 A의 이름을 입력한 사용자는 유사도가 가장 높은 E를 추천받아야 합니다.

커피 블렌드 A의 리뷰

섬세하고 달콤한 향신료 톤을 띕니다. 마무리는 대추와 헤이즐넛의 풍미로 응축되며 삼나무의 여운이 깔립니다.

커피 블렌드 B의 리뷰

대담하고 풍부한 향과 함께 감귤류의 힌트가 있습니다. 향과 맛에서 다크 초콜릿, 구운 호두, 오렌지 꽃, 삼나무, 황설탕이 느껴집니다. 밝고 달콤하며 생생한 산미가 있으며 풍부하고 벨벳 같은 질감입니다. 마무리는 다크 초콜릿과 호두를 중심으로 하며 삼나무의 여운이 있습니다.

커피 블렌드 C의 리뷰

활기차고 상큼하며 과일 본질이 있습니다. 향과 맛에서 라즈베리, 마카다미아, 가드니아, 대나무, 당밀이 느껴집니다. 달콤하면서도 상큼한 구조와 경쾌한 산미가 있으며 가볍고 실크 같은 질감입니다. 마무리는 라즈베리와 마카다미아의 즐거운 조화이며 대나무 노트가 더해집니다.

커피 블렌드 D의 리뷰

강렬하고 흙냄새가 나며 연기의 향이 있습니다. 향과 맛에서 블랙커런트, 헤이즐넛, 히비스커스, 오크, 당밀이 느껴집니다. 깊은 달콤함과 낮은 산미가 있으며 부드럽고 진한 질감입니다. 마무리는 블랙커런트와 헤이즐넛이 조화를 이루며 오크향이 느껴집니다.

커피 블렌드 E의 리뷰

미묘하고 섬세하게 향신료가 가미되어 있으며 달콤한 톤을 띕니다. 향과 맛에서 대추, 아몬드, 난초, 삼나무, 메이플 시럽이 느껴집니다. 달콤한 구조와 부드럽고 둥근 산미가 있으며 실크처럼 부드러운 질감입니다. 마무리는 대추와 아몬드가 부드럽게 조화를 이루며 삼나무의 여운이 깔립니다.

단계별로 시작해 보겠습니다. 먼저 자연어 툴킷^{Natural Language Toolkit}(NLTK)을 설치하세요.

```
!pip install nltk==3.8.1
```

NOTE 자연어 툴킷(NLTK)

흔히 NLTK라고 부르며, 기호적 및 통계적 자연어 처리를 위한 라이브러리와 프로그램의 모음입니다. 이는 특별히 영어를 위해 설계되었으며 파이썬 프로그래밍 언어로 구현되었습니다.

다음 코드로 필요한 데이터셋을 다운로드합니다.

```python
import nltk

# 필요한 NLTK 데이터 다운로드
nltk.download('wordnet')  # WordNet 데이터 다운로드
nltk.download('omw-1.4')  # WordNet의 다국어 데이터 다운로드
```

본격적으로 코드를 작성해 보겠습니다. 이전 예제에서 사용한 코드를 약간 수정할 것입니다.

```python
from openai import OpenAI

# chatgpt.env 파일에서 환경 변수 읽기
with open("chatgpt.env") as env:
    for line in env:
        key, value = line.strip().split("=")
        os.environ[key] = value

# OpenAI 클라이언트 초기화
client = OpenAI( api_key=os.environ['API_KEY'] )

# 텍스트 임베딩을 얻는 함수
def get_embedding(text, model):
    text = text.replace("\n", " ")
    return client.embeddings.create(
        input = [text],
        model=model
    ).data[0].embedding
```

코드를 구성하는 방법은 두 가지가 있습니다. `utils.py` 파일을 별도로 만들어 `cosine_similarity` 같은 유틸리티 함수들을 모아 두고 임포트해서 사용하는 방법과, 구글 코랩에서처럼 필요한 함수를 직접 코드 셀에 작성하는 방법입니다. 구글 코랩에는 별도의 파일을 생성하지 않고 바로 실행할 수 있는 장점이 있으므로 여기서는 필요한 함수를 직접 코드 셀에 작성

하는 방식으로 진행하겠습니다.

```python
# utils.py - 유틸리티 함수 모음 파일
import pandas as pd  # pandas 라이브러리 임포트
import numpy as np   # numpy 라이브러리 임포트
import nltk          # 자연어 처리를 위한 nltk 라이브러리 임포트

# 두 벡터 간의 코사인 유사도를 계산하는 함수
def cosine_similarity(a, b):
    numerator = np.dot(a, b)  # 벡터 내적 계산
    denominator = np.linalg.norm(a) * np.linalg.norm(b)  # 두 벡터의 크기 곱 계산
    return numerator / denominator  # 코사인 유사도 반환

# NLTK 데이터 다운로드 함수
def download_nltk_data():
    # 'punkt' 토크나이저 모델 체크 및 다운로드
    try:
        nltk.data.find('tokenizers/punkt')  # 'punkt' 모델이 이미 존재하는지 확인
    except LookupError:
        nltk.download('punkt')  # 존재하지 않으면 'punkt' 모델 다운로드

    # 'stopwords' 코퍼스 체크 및 다운로드
    try:
        nltk.data.find('corpora/stopwords')  # 'stopwords' 코퍼스가 이미 존재하는지 확인
    except LookupError:
        nltk.download('stopwords')  # 존재하지 않으면 'stopwords' 다운로드

# 텍스트 전처리 함수
def preprocess_text(text):
    from nltk.corpus import stopwords        # 불용어 모듈 임포트
    from nltk.stem import PorterStemmer      # 어간 추출 모듈 임포트
    from nltk.tokenize import word_tokenize  # 단어 토크나이저(word_tokenize) 임포트

    # 텍스트를 단어 단위로 토큰화
    tokens = word_tokenize(text)

    # 모든 단어를 소문자로 변환
    tokens = [word.lower() for word in tokens]

    # 구두점 제거
    words = [word for word in tokens if word.isalpha()]
```

```
# 불용어 제거
stop_words = set(stopwords.words('english'))  # 영어 불용어 집합 생성
words = [word for word in words if word not in stop_words]

# 어간 추출
stemmer = PorterStemmer()
stemmed_words = [stemmer.stem(word) for word in words]

# 전처리된 단어들을 공백으로 연결하여 반환
return ' '.join(stemmed_words)
```

이 코드에서 **download_nltk_data 함수**는 NLTK 라이브러리에서 필요한 **데이터셋과 모델**들이 파이썬 환경에 제대로 **준비되어 있는지 확인**합니다. 여기서 다운로드되는 데이터셋과 모델은 다음과 같습니다.

- tokenizers/punkt: Punkt 토크나이저 모델로, 비지도 학습 알고리즘을 사용하여 텍스트를 문장 단위로 나눌 때 사용합니다.
- corpora/stopwords: 불용어stopword 데이터셋입니다. 불용어란 'is', 'in', 'at', 'which'와 같이 일반적으로 자연어 처리(NLP) 작업의 전처리 과정에서 제거되는 단어들을 말합니다.

preprocess_text 함수는 텍스트를 전처리하는 기능을 수행합니다. 주요 단계는 다음과 같습니다.

1. 토큰화tokenization

텍스트를 **단어(word)**나 **문장(sentence)** 단위로 **분리**하는 과정입니다. 여기서는 **단어 토크나이저**를 사용하여 텍스트를 **단어 리스트로 분리**합니다.

2. 소문자 변환

텍스트 내의 **모든 단어를 소문자로 변환**하는 과정입니다. 이는 어휘의 크기를 줄여 줍니다. 예를 들어 'The'와 'the'를 **서로 다른 단어로 인식하는 문제를 해결**해 줍니다.

3. 구두점punctuation 제거

텍스트에서 구두점을 제거하는 과정입니다. **구두점은 분석에 도움이 되지 않으므로 제거**합니다.

4. 불용어 제거

불용어란 'is', 'in', 'at', 'which'와 같이 **분석에 유용하지 않은 단어**로, 일반적으로 NLP 작업의 전처리 단계에서 제거됩니다. 불용어는 **분석에 큰 의미가 없으므로 제거**합니다.

5. 어간 추출

단어를 **어근 형태**^{root form}**로 변환**하는 과정입니다. 예를 들어, 'running'은 'run'으로 변환됩니다. 이는 어휘의 크기를 줄이는 작업이며 'running'과 'run'을 **서로 다른 단어로 인식하는 문제**를 해결해 줍니다.

계속 진행하기 전에, 어간 추출과 그 대안인 표제어 추출을 비교해 살펴보겠습니다. 두 방법 모두 **단어를 기본 형태나 어근 형태로 축소하는 기술**이지만 접근 방식이 서로 다릅니다.

어간 추출은 단어의 문맥이나 의미를 고려하지 않고 다소 **단순한 방식으로 단어의 끝부분을 잘라냅니다.** 이는 어근 형태를 얻는 빠르고 간단한 방법이지만 단순히 일반적인 패턴에 기반하여 접미사를 제거하므로 때때로 부정확할 수 있습니다.

반면에 **표제어 추출**은 단어의 의미와 문장 내에서의 문법적 역할을 고려하는 더 정교한 과정입니다. 이는 사전이나 단어의 형태학적 분석을 사용하여 단어를 정확하게 기본 형태나 사전 형태(표제어)로 축소합니다.

다음 코드를 실행하면 어간 추출과 표제어 추출의 차이를 볼 수 있습니다.

```python
# 어간 추출에 사용할 PorterStemmer 임포트
# 표제어 추출에 사용할 WordNetLemmatizer 임포트
import nltk
from nltk.stem import PorterStemmer
from nltk.stem import WordNetLemmatizer

# 어간 추출기와 표제어 추출기 초기화
stemmer = PorterStemmer()
lemmatizer = WordNetLemmatizer()

# 처리할 단어 목록
words = [
    'running',
    'runner',
    'jumps',
    'easily',
    'better'
]

# 어간 추출 과정
stemmed_words = [
    stemmer.stem(word) for word in words
```

```
    ]

    # 표제어 추출 과정: 품사(part of speech, POS) 지정 포함
    lemmatized_words = []
    for word in words:
        # 기본적으로 명사(n)로 설정
        pos_tag = 'n'
        if word in ['better']:
            # 'better'는 형용사로 처리
            pos_tag = 'a'
        elif word in ['running', 'jumps']:
            # 'running', 'jumps'는 동사로 처리
            pos_tag = 'v'
        elif word in ['easily']:
            # 'easily'는 부사로 처리
            pos_tag = 'r'
        else:
            # 그 외에는 명사로 처리
            pos_tag = 'n'

        # 표제어 추출 수행
        lemmatized_word = lemmatizer.lemmatize(
            word,
            pos=pos_tag
        )
        lemmatized_words.append(lemmatized_word)

    # 결과 출력
    print("원본: ", words)                    # 원본 단어 리스트 출력
    print("어간 추출: ", stemmed_words)        # 어간 추출 결과 출력
    print("표제어 추출: ", lemmatized_words)   # 표제어 추출 결과 출력
```

출력 결과는 다음과 같습니다.

```
원본: ['running', 'runner', 'jumps', 'easily', 'better']
어간 추출: ['run', 'runner', 'jump', 'easili', 'better']
표제어 추출: ['run', 'runner', 'jump', 'easily', 'good']
```

출력 결과를 보면 어간 추출은 규칙 집합에 따라 '-ing' 접미사를 식별하고 제거하여 'running'을 'run'으로 단순화합니다. 또한 'better'는 그대로 'better'로 유지합니다. **어간 추출은 단어의 문맥이나 전체 형태론적 분석을 이해하지 않고 미리 정의된 규칙을 따릅니다.**

반면에 **표제어 추출**은 단어의 의미와 문맥 내에서 품사(POS)를 고려하여 **단어의 기본 형태(표제어)를 정확히 식별하는 것이 목표**입니다. 따라서 'running'이 동사로 식별될 때 표제어 추출기의 단어 형태와 문법적 역할에 관한 이해 덕분에 'run'으로 표제어 추출됩니다. 또한 이와 같은 이해 덕분에 'better'가 형용사로 식별될 때도 'good'으로 표제어 추출됩니다.

> **NOTE** 어간 추출과 표제어 추출
>
> 어간 추출은 표제어 추출보다 빠르고 단순하지만 정확도가 떨어집니다. 표제어 추출은 어간 추출보다 정확하지만 더 느리고 복잡합니다.

몇 단계에 걸쳐 선호하는 커피를 예측하는 프로그램을 작성해 보겠습니다. 최종 코드는 이 절의 마지막에 있으니 참고해 주세요.

먼저 함수를 작성하고 불러옵니다.

```python
# utils.py를 작성했다면 다음과 같이 불러올 수 있습니다.
# from utils import (
#     cosine_similarity,        # 코사인 유사도 함수
#     download_nltk_data,       # NLTK 데이터 다운로드 함수
#     preprocess_text           # 텍스트 전처리 함수
# )

# 구글 코랩에서는 직접 파일에 이를 불러와 수행합니다.
# 이미 실행해서 함수를 기억하고 있다면 다음 코드에서는 작성하지 않아도 됩니다.

def get_embedding(text, model):
    # 텍스트 내 줄 바꿈을 공백으로 변환
    text = text.replace("\n", " ")

    # 임베딩 생성 및 반환
    return client.embeddings.create(
        input=[text],
        model=model
    ).data[0].embedding
```

그런 다음 사용자의 입력을 받습니다.

```
# 사용자 입력받기
input_coffee_name = input("커피 이름을 입력하세요: ")  # 커피 이름을 입력받음
```

CSV 파일을 판다스 데이터프레임으로 불러옵니다. 여기서는 첫 50행만 가져오지만 nrows 옵션을 제거하면 전체 CSV 데이터셋을 가져올 수 있습니다.

```
# 데이터셋 파일 경로 설정
dataset_file_path = os.path.join(
    'data',                    # 데이터 폴더 지정
    'simplified_coffee.csv'    # CSV 파일 이름
)

# CSV 파일을 판다스 데이터프레임으로 로드(첫 50행만 가져옴)
df = pd.read_csv(dataset_file_path, nrows=50)
```

그런 다음 모든 리뷰 텍스트를 전처리합니다.

```
# 리뷰 텍스트 전처리(전처리된 텍스트를 'preprocessed_review' 열에 추가)
df['preprocessed_review'] = df['review'].apply( preprocess_text )
```

이제 각 리뷰의 임베딩을 생성합니다. get_embedding 함수를 사용하여 데이터프레임의 각 리뷰에 적용하겠습니다.

```
# 사용할 모델 설정
model = "text-embedding-3-small"

# 각 리뷰에 대한 임베딩 생성
review_embeddings = []
for review in df['preprocessed_review']:
    review_embeddings.append(
        get_embedding(review, model=model)
    )
```

이제 입력된 커피 이름의 인덱스를 가져와야 합니다. 입력된 커피 이름이 데이터베이스에 없다면 프로그램을 종료합니다.

```
# 입력된 커피 이름의 인덱스 가져오기
try:
    input_coffee_index = df[df['name'] == input_coffee_name].index[0]
except:
    # 유효하지 않은 커피 이름을 입력하면 오류 메시지 출력
    print("유효한 커피 이름을 입력해 주세요.")
    raise SystemExit  # 프로그램 종료
```

코드를 자세히 살펴보겠습니다.

df[df['name'] == input_coffee_name] 코드를 사용하면 입력된 커피 이름을 포함하는 데이터프레임의 행을 가져올 수 있습니다.

즉 df[df['my_column'] == my_value]는 데이터프레임 df에서 my_column 열의 값이 my_value와 같은 행들을 선택합니다. 그리고 이 조건을 만족하는 행들만 포함하는 새로운 데이터프레임을 반환합니다. 반환된 데이터프레임은 원래의 데이터프레임인 df와 열은 동일하지만, 조건에 맞는 행들만 포함합니다.

예를 들어 커피 리뷰 데이터프레임에서 df[df['name'] == 'Ethiopia Yirgacheffe']와 같이 검색하면 'Ethiopia Yirgacheffe' 커피에 관한 리뷰 정보만 담긴 데이터프레임이 반환됩니다.

다음으로 index[0]을 사용해 필터링된 데이터프레임에서 첫 번째 행의 인덱스값을 가져옵니다.

이 과정은 다음과 같은 단계로 이루어집니다.

1. df['name'] == input_coffee_name

name 열에서 입력된 커피 이름과 일치하는 행은 True, 나머지는 False로 표시하는 불리언 마스크를 만듭니다.

2. df[df['name'] == input_coffee_name]

불리언 마스크를 사용해 입력된 커피 이름과 일치하는 행들만 포함하는 새로운 데이터프레임을 만듭니다.

3. df[df['name'] == input_coffee_name].index

필터링된 데이터프레임의 인덱스 목록을 반환합니다.

4. index[0]

인덱스 목록에서 첫 번째 값을 가져옵니다. 보통 필터링된 결과는 하나의 행만 포함하므로 이것이 우리가 찾는 행의 인덱스가 됩니다.

다음으로는 이 인덱스를 활용하여 선택된 커피의 리뷰와 다른 모든 커피 리뷰 사이의 코사인 유사도를 계산하는 코드를 살펴보겠습니다.

```python
# 입력된 커피의 리뷰와 다른 모든 리뷰 간의 코사인 유사도 계산
similarities = []  # 유사도를 저장할 리스트
input_review_embedding = review_embeddings[input_coffee_index]  # 입력된 커피 리뷰의
                                                                # 임베딩 가져오기

# 각 리뷰의 임베딩과 입력된 리뷰 임베딩 간의 유사도 계산
for review_embedding in review_embeddings:
    similarity = cosine_similarity(
        input_review_embedding,  # 입력된 리뷰의 임베딩
        review_embedding         # 비교할 리뷰의 임베딩
    )
    similarities.append(similarity)  # 계산된 유사도를 리스트에 추가
```

openai.embeddings_utils 모듈의 cosine_similarity() 함수를 사용하여 입력된 커피 리뷰와 다른 각각의 리뷰 사이의 유사도를 계산합니다.

cosine_similarity(input_review_embedding, review_embedding) 형태로 사용됩니다.

이제 입력된 커피의 리뷰를 제외하고 이와 유사한 상위 5개 리뷰를 찾아보겠습니다.

```python
# 입력된 커피의 리뷰를 제외하고 유사한 상위 5개 리뷰의 인덱스 가져오기
most_similar_indices = np.argsort(similarities)[-6:-1]
```

넘파이의 argsort 함수를 간단히 설명하겠습니다. 이미 아는 함수라면 다음 설명은 건너뛰어도 좋습니다.

np.argsort(similarities)[-6:-1]는 입력된 커피 리뷰와 유사한 상위 5개 리뷰의 인덱스를 찾아냅니다. argsort()는 similarities 배열을 오름차순으로 정렬했을 때의 인덱스를 반환합니다.

예를 들어 similarities = [0.8, 0.5, 0.9, 0.6, 0.7, 0.4, 0.3, 0.2, 0.1, 0.0]
일 때는 다음과 같습니다.

1. np.argsort(similarities)는 값을 오름차순으로 정렬합니다. 그리고 [0.0, 0.1, 0.2, 0.3, 0.4, 0.5, 0.6, 0.7, 0.8, 0.9] 값들의 첫 인덱스값인 [9, 8, 7, 6, 5, 1, 3, 4, 0, 2]를 반환합니다. 배열은 similarities의 값을 기준으로 오름차순으로 정렬된 인덱스를 나타냅니다. similarities[0] = 0.8, similarities[1] = 0.5, similarities[2] = 0.9 와 같습니다.

2. np.argsort(similarities)[-6:-1]는 정렬된 배열의 끝에서 6번째부터 2번째까지의 인덱스인 [5, 1, 3, 4, 0]을 가져옵니다.

즉 np.argsort(similarities)는 similarities 배열을 오름차순으로 정렬할 때의 인덱스를 반환합니다. 가장 작은 값은 첫 번째 인덱스에, 가장 큰 값은 마지막 인덱스에 해당합니다.

이를 그림으로 나타내면 [그림 17-2]와 같습니다. 그리고 값에 따라 정렬한 이후에 변경됩니다.

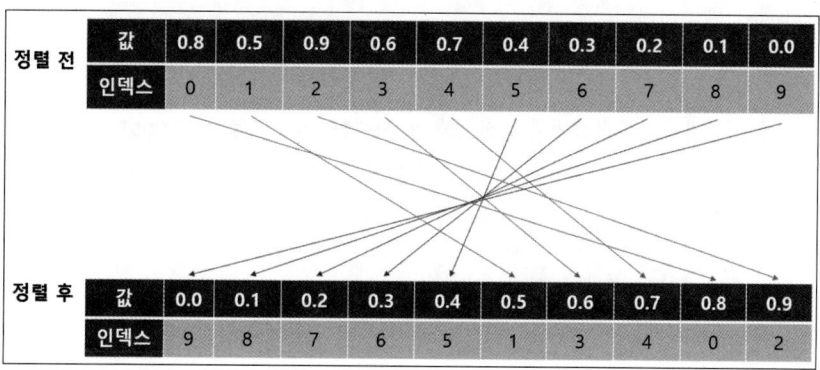

그림 17-2 값의 정렬 전과 후의 내용

가장 작은 값(0.0)의 인덱스는 9, 두 번째로 작은 값(0.1)의 인덱스는 8이 됩니다. 이후 정렬된 값은 다음과 같습니다. 정렬된 이후의 인덱스 배열은 [9, 8, 7, 6, 5, 1, 3, 4, 0, 2]입니다. 이 정렬된 인덱스 배열을 사용하여 유사도가 가장 높은 리뷰 5개의 인덱스를 가져오기 위해 배열의 끝에서 6번째부터 2번째 요소까지를 슬라이싱하여 **유사한 상위 5개 리뷰의 인덱스인 [5, 1, 3, 4, 0]**을 얻습니다.

왜 [-5:]를 사용하지 않는지 궁금할 수 있습니다. np.argsort(similarities)[-5:]를 사용하면 **입력한 커피의 리뷰도 포함**하여 가장 유사한 5개의 리뷰가 선택됩니다. 하지만 사용자가 **입력한 커피를 다시 추천하는 것은 의미가 없으므로**, np.argsort(similarities)[-6:-1]를 사용하여 입력된 리뷰를 제외한 유사한 리뷰들만 선택합니다.

그렇다면 왜 입력된 리뷰 자체가 유사도 배열에 포함될까요? 여기서는 get_embedding() 함수를 사용하여 모든 리뷰에 임베딩을 생성했으므로 입력된 리뷰의 임베딩도 유사도 배열 review_embeddings에 포함됩니다.

다음은 유사한 커피들의 이름을 가져오는 코드입니다.

```
# 유사한 커피들의 이름 가져오기
similar_coffee_names = df.iloc[most_similar_indices]['name'].tolist()
```

코드를 자세히 살펴보겠습니다.

먼저 df.iloc[most_similar_indices]는 유사한 커피들의 이름을 추출하는 코드입니다. 여기서 iloc[] 함수는 데이터프레임에서 특정 행들을 선택합니다. 예를 들어 most_similar_indices가 [3, 4, 0, 2]라면 df.iloc[most_similar_indices]는 데이터프레임에서 4번째, 5번째, 1번째, 3번째 행을 가져옵니다.

그런 다음 ['name']을 사용하여 해당 행의 name 열을 가져오고 tolist()를 사용하여 **리스트 형식으로 변환**합니다. 이렇게 하면 입력한 커피와 유사한 커피들의 이름 목록을 얻을 수 있습니다.

이제 이 결과를 출력하면 됩니다.

```
# 결과 출력
print(
    f"{input_coffee_name}와 유사한 커피들은 다음과 같습니다."
)
for coffee_name in similar_coffee_names:
    print(coffee_name)
```

코드를 정리해 보겠습니다. 먼저 사용할 함수 코드를 작성합니다.

```python
# utli.py
import os
import pandas as pd   # 데이터프레임 처리에 사용할 pandas 임포트
import numpy as np    # 수치 연산에 사용할 numpy 임포트

# 두 벡터 간의 코사인 유사도를 계산하는 함수
def cosine_similarity(a, b):
    numerator = np.dot(a, b)  # 벡터 내적 계산
    denominator = np.linalg.norm(a) * np.linalg.norm(b)  # 두 벡터의 크기 곱 계산
    return numerator / denominator  # 코사인 유사도 반환

# NLTK 데이터 다운로드 함수
def download_nltk_data():
    # 'punkt' 토크나이저 모델 체크 및 다운로드
    try:
        nltk.data.find('tokenizers/punkt')  # 'punkt' 모델이 이미 존재하는지 확인
    except LookupError:
        nltk.download('punkt')  # 존재하지 않으면 'punkt' 모델 다운로드

    # 'stopwords' 코퍼스 체크 및 다운로드
    try:
        nltk.data.find('corpora/stopwords')  # 'stopwords' 코퍼스가 이미 존재하는지 확인
    except LookupError:
        nltk.download('stopwords')  # 존재하지 않으면 'stopwords' 다운로드

# 텍스트 전처리 함수
def preprocess_text(text):
    from nltk.corpus import stopwords     # 불용어 모듈 임포트
    from nltk.stem import PorterStemmer   # 어간 추출 모듈 임포트
    from nltk.tokenize import word_tokenize # 단어 토크나이저(word_tokenize) 임포트

    # 텍스트를 단어 단위로 토큰화
    tokens = word_tokenize(text)

    # 모든 단어를 소문자로 변환
    tokens = [word.lower() for word in tokens]

    # 구두점 제거
    words = [word for word in tokens if word.isalpha()]

    # 불용어 제거
    stop_words = set(stopwords.words('english'))  # 영어 불용어 집합 생성
    words = [word for word in words if word not in stop_words]
```

```python
    # 어간 추출
    stemmer = PorterStemmer()
    stemmed_words = [stemmer.stem(word) for word in words]

    # 전처리된 단어들을 공백으로 연결하여 반환
    return ' '.join(stemmed_words)
```

최종 코드를 수행하기 전에 데이터를 다운로드합니다.

```python
import nltk
nltk.download('punkt_tab')
```

앞에서 작성한 함수를 제외한 최종 코드입니다.

```python
import os
import pandas as pd  # 데이터프레임 처리에 사용할 pandas 임포트
import numpy as np   # 수치 연산에 사용할 numpy 임포트
import nltk
nltk.download('punkt_tab')

# utils.py를 작성했다면 다음과 같이 불러올 수 있습니다.
# from utils import (
#     cosine_similarity,      # 코사인 유사도 함수
#     download_nltk_data,     # NLTK 데이터 다운로드 함수
#     preprocess_text         # 텍스트 전처리 함수
# )
# 작성하지 않았다면 앞의 필수 함수를 구글 코랩에 작성하고 다음 코드를 작성하세요.

def get_embedding(text, model):
    # 텍스트 내 줄 바꿈을 공백으로 변환
    text = text.replace("\n", " ")

    # 임베딩 생성 및 반환
    return client.embeddings.create(
        input=[text],
        model=model
    ).data[0].embedding

    # 필요한 NLTK 데이터 다운로드
    download_nltk_data()
```

```python
# 데이터셋 파일 경로 설정
dataset_file_path = os.path.join(
    'data',                    # 데이터 폴더 지정
    'simplified_coffee.csv'  # CSV 파일 이름
)

# 사용자로부터 커피 이름 입력받기
input_coffee_name = input("커피 이름을 입력하세요: ")

# CSV 파일을 판다스 데이터프레임으로 로드(첫 50행만 가져옴)
df = pd.read_csv(
    dataset_file_path,
    nrows=50
)

# 리뷰 텍스트 전처리 (전처리된 텍스트를 'preprocessed_review' 열에 추가)
df['preprocessed_review'] = df['review'].apply(
    preprocess_text
)

# 사용할 모델 설정
model = "text-embedding-3-small"

# 각 리뷰에 대한 임베딩 생성
review_embeddings = []
for review in df['preprocessed_review']:
    review_embeddings.append(
        get_embedding(review,model=model)
    )

# 입력된 커피 이름의 인덱스 가져오기
try:
    input_coffee_index = df[df['name'] == input_coffee_name].index[0]
except:
    # 유효하지 않은 커피 이름 입력 시 오류 메시지 출력 후 종료
    print("유효한 커피 이름을 입력해 주세요.")
    exit()

# 입력된 커피의 리뷰와 다른 모든 리뷰 간의 코사인 유사도 계산
similarities = []  # 유사도를 저장할 리스트
input_review_embedding = review_embeddings[input_coffee_index]  # 입력된 커피 리뷰의
                                                               # 임베딩 가져오기

for review_embedding in review_embeddings:
    similarity = cosine_similarity(
```

```
        input_review_embedding,   # 입력된 리뷰의 임베딩
        review_embedding          # 비교할 리뷰의 임베딩
    )
    similarities.append(similarity)   # 계산된 유사도를 리스트에 추가

# 입력된 커피의 리뷰를 제외하고 유사한 상위 5개 리뷰의 인덱스 가져오기
most_similar_indices = np.argsort(similarities)[-6:-1]

# 유사한 커피의 이름 가져오기
similar_coffee_names = df.iloc[most_similar_indices]['name'].tolist()

# 결과 출력
print(
    f"{input_coffee_name}와 유사한 커피들은 다음과 같습니다."
)
for coffee_name in similar_coffee_names:
    print(coffee_name)
```

프로그램을 실행하고 데이터베이스에 있는 커피 이름을 입력해 주세요. 다음은 성공적으로 실행된 예시입니다.

```
커피 이름을 입력하세요: Organic Ethiopia Kirite
Organic Ethiopia Kirite와 유사한 커피들은 다음과 같습니다.
Ethiopia Hambela Alaka
Kenya Kirinyaga Mukangu AB
Colombia David Gomez 100% Caturra
Kenya AB Muchoki
Ethiopia Shakiso Mormora
```

17.2 퍼지 검색으로 더 유연한 커피 검색 구현하기

퍼지 검색^{fuzzy search}은 정확히 일치하는 결과를 찾는 것이 아니라 유사성을 기반으로 검색 결과를 찾는 방법입니다. 이전 코드의 **한계점**은 사용자가 데이터셋에 있는 **커피 이름을 완벽하게 일치하게 입력해야 한다**는 점입니다. 즉, 'Estate Medium Roast', 'Gedeb Ethiopia'처럼 정확한 이름을 입력해야만 검색됩니다.

하지만 실제로 사용자들은 철자를 빠뜨리거나, 단어를 잘못 입력하거나, 대소문자를 다르게 사

용할 때가 많습니다. 이전 코드에서는 이럴 때 '유효한 커피 이름을 입력해 주세요'라는 메시지를 보여주고 검색을 중단합니다.

이러한 문제를 해결하려면 좀 더 **유연한 검색 방식이 필요**합니다. 예를 들어 대소문자 구분을 없애고 입력된 검색어가 포함된 모든 커피 이름을 찾는 방식으로 개선할 수 있습니다.

이제 유연한 검색을 구현하는 방법을 살펴보겠습니다. 단계별로 코드를 확인하며 설명한 후에 최종 코드를 확인해 보겠습니다.

```python
# 입력된 커피 이름의 인덱스 가져오기
try:
    # 데이터프레임에서 입력된 커피 이름과 유사한 커피 이름 검색(대소문자 무시)
    input_coffee_index = df[
        df['name'].str.contains(
            input_coffee_name,  # 입력된 커피 이름을 포함하는지 확인
            case=False          # 대소문자 구분 없이 검색
        )
    ].index[0]

    # 유사한 커피 이름을 찾았을 때 메시지 출력
    print(
        f"입력된 커피 이름과 유사한 커피 이름을 찾았습니다. "
        f"{df.iloc[input_coffee_index]['name']}을(를) 대신 사용합니다."
    )
except:
    # 데이터베이스에 해당 커피 이름이 없을 때 메시지 출력
    print(
        "죄송합니다. 해당 커피 이름은 데이터베이스에 없습니다. "
        "다시 시도해 주세요."
    )
    raise SystemExit  # 프로그램 종료(구글 코랩 이용 시)
    # exit() # 일반 로컬 컴퓨터 이용 시
```

다음은 입력된 커피 이름과 유사한 데이터프레임의 모든 커피 이름을 검색하는 방법입니다.

```python
# 입력된 커피 이름의 인덱스 찾기
try:
    # 입력된 커피 이름과 유사한 데이터프레임의
    # 모든 커피 이름 검색
    input_coffee_indexes = df[
```

```
        df['name'].str.contains(input_coffee_name, case=False)
    ].index
except:
    print( "죄송합니다, 해당 이름의 커피를 찾을 수 없습니다." )
    raise SystemExit  # 프로그램 종료(구글 코랩 이용 시)
    # exit() # 일반 로컬 컴퓨터 이용 시
```

데이터셋에서 'Ethiopia'를 사용자 입력으로 사용해 유사한 커피 이름을 검색하면 약 390개의 결과를 얻을 수 있습니다. 이 결과에서 각각의 설명에 대해 임베딩을 처리하고 다른 커피 설명과 비교해야 합니다. 하지만 이렇게 많은 결과를 처리하는 데는 시간이 많이 소요될 수 있습니다.

이럴 때는 결과 중 3개의 이름만 선택하는 편이 더 효율적입니다.

그렇다면 어떤 기준으로 이름을 선택해야 할까요? 단순히 무작위로 선택하기보다는 **퍼지 검색을 활용**하는 편이 바람직합니다. 예를 들어 파이썬에서 **레벤슈타인 거리**Levenshtein distance[5] 알고리즘을 사용하면 더 정확한 검색 결과를 얻을 수 있습니다.

NOTE 레벤슈타인 거리

간단히 말해, 두 단어 사이의 레벤슈타인 거리는 한 단어를 다른 단어로 바꾸려면 문자를 추가, 삭제, 변경해야 하는 최소 횟수를 말합니다.

예를 들면 다음과 같습니다.

- 'cat'을 'cut'으로 바꾸려면 1번(a → u)만 수정하면 됩니다.
- 'kitten'을 'sitting'으로 바꾸려면 3번 수정해야 합니다.

이러한 알고리즘을 직접 구현할 필요는 없습니다. textdistance[6]와 같은 라이브러리를 사용하면 이미 구현된 알고리즘을 쉽게 활용할 수 있습니다. 또한 사용자가 입력한 텍스트와 데이터셋의 커피 이름들 사이의 코사인 유사도를 계산하여 가장 유사한 결과를 찾는 방법도 있습니다.

---

5 *https://en.wikipedia.org/wiki/Levenshtein_distance*

6 *https://github.com/life4/textdistance*

```
# 입력된 커피 이름의 인덱스 가져오기
try:
    input_coffee_index = df[df['name'] == input_coffee_name].index[0]
except IndexError:
    # 각 커피 이름에 대한 임베딩 생성
    print( "유사한 커피 이름을 검색 중입니다..." )
    name_embeddings = []
    for name in df['name']:
        name_embeddings.append(
            get_embedding(name, model=model)
        )

    # 입력된 커피 이름에 대해 코사인 유사도 검색 수행
    input_coffee_embedding = get_embedding( input_coffee_name, model=model )
    _similarities = []
    for name_embedding in name_embeddings:
        _similarities.append(
            cosine_similarity(input_coffee_embedding, name_embedding)
        )

    # 가장 유사한 이름의 인덱스 가져오기
    input_coffee_index = _similarities.index( max(_similarities) )
except:
    # 데이터베이스에 해당 커피 이름이 없을 때 오류 메시지 출력
    print(
        "죄송합니다, 해당 커피 이름은 데이터베이스에 없습니다. "
        "다시 시도해 주세요."
    )
    raise SystemExit  # 프로그램 종료 (구글 코랩 이용 시)
    # exit()  # 일반 로컬 컴퓨터 이용 시
```

즉 최종 코드에서는 코사인 유사도 검색을 두 번 수행합니다.

- 사용자 입력과 가장 유사한 커피 이름 검색(name_embeddings 사용)
- 사용자 입력과 유사한 커피 리뷰 검색(review_embeddings 사용)

퍼지 검색과 코사인 유사도 검색 기법을 동일한 코드에서 결합하여 사용할 수도 있습니다.

다음은 최종 코드입니다.

```python
import os
import pandas as pd  # 데이터프레임 처리에 사용할 pandas 임포트
import numpy as np  # 수치 연산에 사용할 numpy 임포트

# from utils import (
#     cosine_similarity,      # 코사인 유사도 함수
#     download_nltk_data,     # NLTK 데이터 다운로드 함수
#     preprocess_text         # 텍스트 전처리 함수
# )

# 사용하는 함수 정의 필요
# download_nltk_data()
# cosine_similarity()
# preprocess_text()

def get_embedding(text, model):
    # 텍스트 내 줄 바꿈을 공백으로 변환
    text = text.replace("\n", " ")

    # 임베딩 생성 및 반환
    return client.embeddings.create(
        input=[text],
        model=model
    ).data[0].embedding

# 필요한 NLTK 데이터 다운로드
download_nltk_data()

# 데이터셋 파일 경로 설정
dataset_file_path = os.path.join(
    'data',                     # 데이터 폴더 지정
    'simplified_coffee.csv'     # CSV 파일 이름
)

# 사용자로부터 커피 이름 입력받기
input_coffee_name = input("커피 이름을 입력하세요: ")

# CSV 파일을 판다스 데이터프레임으로 로드(첫 50행만 가져옴)
df = pd.read_csv( dataset_file_path, nrows=50 )

# 리뷰 텍스트 전처리(전처리된 텍스트를 'preprocessed_review' 열에 추가)
df['preprocessed_review'] = df['review'].apply( preprocess_text )
```

```python
# 사용할 모델 설정
model = "text-embedding-ada-002"

# 각 리뷰에 대한 임베딩 생성
review_embeddings = []
for review in df['preprocessed_review']:
    review_embeddings.append(
        get_embedding( review, model=model )
    )

# 입력된 커피 이름의 인덱스 가져오기
try:
    input_coffee_index = df[
        df['name'] == input_coffee_name
    ].index[0]  # 입력된 커피 이름과 정확히 일치하는 인덱스 가져오기

except IndexError:
    # 유사한 커피 이름을 찾기 위해 임베딩 생성
    print("유사한 커피 이름을 검색 중입니다...")
    name_embeddings = []
    for name in df['name']:
        name_embeddings.append(
            get_embedding( name, model=model )
        )

    # 입력된 커피 이름에 대해 코사인 유사도 검색 수행
    input_coffee_embedding = get_embedding( input_coffee_name, model=model )

    # 각 커피 이름과 입력된 커피 이름의 유사도 계산
    _similarities = []
    for name_embedding in name_embeddings:
        _similarities.append(
            cosine_similarity( input_coffee_embedding, name_embedding )
        )

    # 가장 유사한 커피 이름의 인덱스 가져오기
    input_coffee_index = _similarities.index( max(_similarities) )

except:
    # 데이터베이스에 해당 커피 이름이 없을 때 오류 메시지 출력
    print(
        "죄송합니다, 해당 커피 이름은 데이터베이스에 없습니다. "
        "다시 시도해 주세요."
    )
```

```
        raise SystemExit   # 프로그램 종료

# 입력된 커피의 리뷰와 다른 모든 리뷰 간의 코사인 유사도 계산
similarities = []   # 유사도를 저장할 리스트
input_review_embedding = review_embeddings[input_coffee_index]   # 입력된 커피 리뷰의
                                                                 # 임베딩 가져오기

for review_embedding in review_embeddings:
    similarity = cosine_similarity(
        input_review_embedding,   # 입력된 리뷰의 임베딩
        review_embedding          # 비교할 리뷰의 임베딩
    )
    similarities.append(similarity)  # 계산된 유사도를 리스트에 추가

# 입력된 커피의 리뷰를 제외하고 유사한 상위 5개 리뷰의 인덱스 가져오기
most_similar_indices = np.argsort(similarities)[-6:-1]

# 유사한 커피들의 이름 가져오기
similar_coffee_names = df.iloc[most_similar_indices]['name'].tolist()

# 결과 출력
print(
    f"{input_coffee_name}와 유사한 커피들은 다음과 같습니다."
)
for coffee_name in similar_coffee_names:
    print(coffee_name)
```

퍼지 검색이 제대로 작동하는지 테스트해 보겠습니다. 데이터셋에는 'Organic Ethiopia Kirite'가 있지만 이를 'Ethiopian Kirite'로 검색해 보겠습니다. 만약 퍼지 검색이 잘 구현되었다면 'Ethiopian Kirite'로 검색해도 'Organic Ethiopia Kirite'를 검색했을 때와 같은 결과가 나와야 합니다.

```
커피 이름을 입력하세요: Ethiopian Kirite
유사한 커피 이름을 검색 중입니다...
Ethiopian Kirite와 유사한 커피들은 다음과 같습니다.
El Peñon Nicaragua
Colombia David Gomez 100% Caturra
Panama Auromar Estate Geisha Peaberry
Ethiopia Yirgacheffe Natural G1
Ethiopia Shakiso Mormora
```

입력된 커피 이름이 데이터베이스에 없으면 유사한 이름을 검색한 후 해당 커피 리뷰와 다른 리뷰 간의 유사도를 계산하여 유사한 커피 이름들을 출력합니다. 이 예제에서 'Ethiopian Kirite'와 유사한 커피는 'El Peñon Nicaragua', 'Colombia David Gomez 100% Caturra' 등입니다.

17.3 제로샷 분류기로 뉴스 기사 분류하기

이번에는 **뉴스 기사의 카테고리를 자동으로 분류하는 제로샷 분류기**^{zero-shot classifier}를 살펴보겠습니다.

> **NOTE 제로샷 분류기**
>
> 제로샷 분류기는 인공지능의 혁신적인 접근 방식으로, 기존의 전통적인 기계 학습 분류 모델과는 근본적으로 작동 원리가 다릅니다. **기존 분류기**는 특정 카테고리(클래스)의 수많은 예시를 통해 학습하며 **오직 학습한 카테고리만 인식**했습니다. 반면 **제로샷 분류기**는 언어 모델의 광범위한 지식과 문맥 이해 능력을 활용하여 **이전에 훈련하지 않은 새로운 카테고리도 효과적으로 분류**합니다.
>
> 정리해서 말하면, 제로샷 분류기란 훈련 중에 본 적 없는 클래스로도 데이터를 올바르게 분류할 수 있는 분류 모델이나 시스템을 의미합니다.

제로샷이라는 용어는 **모델이 특정 클래스에 대해 단 하나의 예제도 보지 않았음**을 나타내며, 그럼에도 해당 클래스에 대한 **예측을 수행**할 수 있음을 의미합니다.

뉴스 카테고리 목록을 정의해 보겠습니다. 단계별로 코드를 확인하며 설명한 후에 최종 코드를 확인해 보겠습니다.

```
# from api import get_embedding
# from utils import cosine_similarity

def get_embedding(text, model):
    # 텍스트 내 줄 바꿈을 공백으로 변환
    text = text.replace("\n", " ")

    # 임베딩 생성 및 반환
```

```python
    return client.embeddings.create(
        input=[text],
        model=model
    ).data[0].embedding

# 두 벡터 간의 코사인 유사도를 계산하는 함수
def cosine_similarity(a, b):
    numerator = np.dot(a, b)  # 벡터 내적 계산
    denominator = np.linalg.norm(a) * np.linalg.norm(b)  # 두 벡터의 크기 곱 계산
    return numerator / denominator  # 코사인 유사도 반환

categories = [
    'U.S. NEWS',
    'COMEDY',
    'PARENTING',
    'WORLD NEWS',
    'CULTURE & ARTS',
    'TECH',
    'SPORTS'
]
```

다음으로 앞 카테고리 중 하나로 **문장을 분류하는 함수** classify_sentence를 작성해 보겠습니다.

```python
# 문장을 분류하는 함수 정의
def classify_sentence(sentence, model):
    # 문장의 임베딩(embedding) 생성
    sentence_embedding = get_embedding(
        sentence,
        model=model
    )

    # 문장과 각 카테고리 간의 유사도 점수 계산
    similarity_scores = {}
    for category in categories:
        category_embeddings = get_embedding(category,model=model)
        similarity_scores[category] = cosine_similarity(
            sentence_embedding,
            category_embeddings
        )

    # 유사도 점수가 가장 높은 카테고리 반환
```

```
    return max(
        similarity_scores,
        key=similarity_scores.get
    )
```

각 함수의 역할은 다음과 같습니다.

1. sentence_embedding = get_embedding(sentence, model=model)

   오픈AI의 get_embedding 함수를 사용하여 **입력된 문장의 임베딩**을 생성합니다. model=model 인자는 임베딩을 생성할 때 사용할 **오픈AI 모델을 지정**합니다.

2. category_embeddings = get_embedding(category, model=model)

   for 루프 내에서 **현재 카테고리의 임베딩**을 생성합니다.

3. similarity_scores[category] = cosine_similarity(sentence_embedding, category_embeddings)

   문장 임베딩과 **카테고리 임베딩** 간의 **코사인 유사도**를 계산하고, 결과를 similarity_scores 딕셔너리에 저장합니다.

4. return max(similarity_scores, key=similarity_scores.get)

   similarity_scores 딕셔너리에서 **유사도 점수가 가장 높은 카테고리**를 반환합니다. max 함수는 similarity_scores 딕셔너리에서 **최댓값이 있는 키(카테고리)**를 찾습니다.

classify_sentence 함수를 사용하여 몇 가지 문장을 분류해 보겠습니다. text-embedding-ada-002[7] 모델을 사용하겠습니다.

최종 코드는 다음과 같습니다.

```
# .py 형태로 작성할 때는 다음 임포트문이 필요합니다.
# from api import get_embedding
# from utils import cosine_similarity

def get_embedding(text, model):
    # 텍스트 내 줄 바꿈을 공백으로 변환
    text = text.replace("\n", " ")
```

----

7 옮긴이_ 일부 지정 데이터셋에서 text-embedding-ada-002 모델이 text-embedding-3-small보다 좀 더 나은 성능을 보여줍니다.

```python
    # 임베딩 생성 및 반환
    return client.embeddings.create(
        input=[text],
        model=model
    ).data[0].embedding

# 두 벡터 간의 코사인 유사도를 계산하는 함수
def cosine_similarity(a, b):
    numerator = np.dot(a, b)  # 벡터 내적 계산
    denominator = np.linalg.norm(a) * np.linalg.norm(b)  # 두 벡터의 크기 곱 계산
    return numerator / denominator  # 코사인 유사도 반환

categories = [
    'U.S. NEWS',
    'COMEDY',
    'PARENTING',
    'WORLD NEWS',
    'CULTURE & ARTS',
    'TECH',
    'SPORTS'
]

# 문장을 분류하는 함수 정의
def classify_sentence(sentence, model):
    # 문장의 임베딩(embedding) 생성
    sentence_embedding = get_embedding(
        sentence,
        model=model
    )

    # 문장과 각 카테고리 간의 유사도 점수 계산
    similarity_scores = {}
    for category in categories:
        category_embeddings = get_embedding(category,model=model)
        similarity_scores[category] = cosine_similarity(
            sentence_embedding,
            category_embeddings
        )

    # 유사도 점수가 가장 높은 카테고리 반환
    return max(
        similarity_scores,
        key=similarity_scores.get
    )
```

```
# 문장 분류하기
sentences = [
        "텍사스 엘파소 쇼핑몰 총격 사건으로 1명 사망, 3명 부상",
        "오웬 클라인 감독, '퍼니 페이지스'를 '자기 비판적' 데뷔작이라고 부르다",
        "휴가를 원하는 가족들을 위한 15가지 봄방학 아이디어",
        "미국, 중동에 더 많은 군대를 파견할 준비 중",
        "브루스 윌리스의 가족, '그의 상태가 전두측두 치매로 진행되었다'고 말하다",
        "유니버설의 새로운 슈퍼 닌텐도 월드 내부 모습 공개",
        "바르셀로나 2-2 맨체스터 유나이티드: 마커스 래시포드 빛났지만 라피냐가 홈팀을 \
위해 동점 만들어",
        "시카고 불스, NBA 챔피언십 우승",
        "새로운 아이폰 12 출시",
        "과학자들, 새로운 공룡 종 발견",
        "새로운 코로나바이러스 백신 출시",
        "새로운 스타워즈 영화 개봉",
        "아마존 주가, 새로운 최고치 기록",
]

model = "text-embedding-ada-002"
for sentence in sentences:
    category = classify_sentence( sentence, model=model )
    print(f"'{sentence[:50]}..' => {category}")
```

실행 결과는 다음과 같습니다.

```
'텍사스 엘파소 쇼핑몰 총격 사건으로 1명 사망, 3명 부상..' => WORLD NEWS
'오웬 클라인 감독, '퍼니 페이지스'를 '자기 비판적' 데뷔작이라고 부르다..' => COMEDY
'휴가를 원하는 가족들을 위한 15가지 봄방학 아이디어..' => PARENTING
'미국, 중동에 더 많은 군대를 파견할 준비 중..' => U.S. NEWS
'브루스 윌리스의 가족, '그의 상태가 전두측두 치매로 진행되었다'고 말하다..' =>
PARENTING
'유니버설의 새로운 슈퍼 닌텐도 월드 내부 모습 공개..' => WORLD NEWS
'바르셀로나 2-2 맨체스터 유나이티드: 마커스 래시포드 빛났지만 라피냐가 홈팀을 위해
동점..' => SPORTS
'시카고 불스, NBA 챔피언십 우승..' => SPORTS
'새로운 아이폰 12 출시..' => TECH
'과학자들, 새로운 공룡 종 발견..' => WORLD NEWS
'새로운 코로나바이러스 백신 출시..' => WORLD NEWS
'새로운 스타워즈 영화 개봉..' => WORLD NEWS
'아마존 주가, 새로운 최고치 기록..' => U.S. NEWS
```

17.4 제로샷 분류기의 정밀도 평가

이번에는 이전 예제에서 만든 제로샷 분류기의 정밀도를 평가해 보겠습니다.

먼저 캐글에서 뉴스 카테고리 데이터셋[8]을 다운로드하고 **data/news.json** 경로에 저장합니다.

또는 다음과 같이 깃허브 저장소[9]에서 동일한 데이터셋을 다운로드할 수도 있습니다.

```
# 디렉터리 생성
!mkdir -p data

# 데이터셋 다운로드
!wget https://raw.githubusercontent.com/LDJWJ/OpenAIGPTForPythonDevelopersFiles/
main/datasets/ch17_news_category_dataset/news.json.zip -O data/news.json.zip

# 압축 해제 후 data 디렉터리에 저장
!unzip data/news.json.zip -d data

# 압축 파일 삭제
!rm data/news.json.zip

# 파일 생성 확인
!ls -ltr data
```

이 데이터셋은 2012년부터 2022년까지 약 21만 개의 허프포스트[HuffPost][10] 뉴스 헤드라인을 포함합니다. 또한 각 뉴스 기사 헤드라인을 카테고리별로 분류해 두었습니다.

다음 코드를 사용하여 데이터셋에서 모든 카테고리를 추출할 수 있습니다. 단계별로 코드를 확인하며 설명한 후에 최종 코드를 확인해 보겠습니다.

```python
import json
categories = set()  # 중복 없는 카테고리를 저장할 집합(set) 생성

# 'src/data/news.json' 파일을 읽어와 카테고리 추출
with open('data/news.json', 'r') as file:
    for line in file:
```

....

8   *https://www.kaggle.com/datasets/rmisra/news-category-dataset*

9   *https://github.com/LDJWJ/OpenAIGPTForPythonDevelopersFiles/tree/main/datasets/ch17_news_category_dataset*

10 *https://www.huffpost.com/*

```
        data = json.loads(line)  # 각 줄을 JSON 형식으로 변환
        categories.add(data['category'])  # 'category' 필드를 카테고리 집합에 추가

# 집합(set)을 리스트(list)로 변환
categories = list(categories)
print(categories)
```

여기서는 **sklearn.metrics.precision_score** 함수를 사용하여 정밀도precision[11] 점수를 계산할 것입니다.

NOTE precision_score의 역할

precision_score는 예측된 카테고리의 정밀도를 계산합니다.

정밀도는 tp / $(tp + fp)$ 로 계산됩니다. 여기서 tp는 참 양성true positive의 수이고 fp는 거짓 양성false positive의 수입니다. 즉 정밀도는 분류기가 음성 샘플을 양성으로 잘못 예측하지 않는 능력을 나타냅니다.

다음은 이 함수를 사용하는 방법입니다.

```
def evaluate_precision(categories):
    # 데이터셋 로드
    df = pd.read_json(
        "data/news.json",
        lines=True
    ).head(20)  # 상위 20개 데이터를 로드

    y_true = []  # 실제 카테고리를 저장할 리스트 초기화
    y_pred = []  # 예측된 카테고리를 저장할 리스트 초기화
    model = "text-embedding-ada-002"

    # 각 문장에 대해 분류 수행
    for _, row in df.iterrows():
        real_category = row['category']  # 실제 카테고리 추출
        predicted_category = classify_sentence(
            row['headline'],  # 헤드라인을 분류하여 예측된 카테고리 추출
            model=model
```

---

11 옮긴이_ 정밀도는 머신러닝 모델의 성능을 평가하는 중요한 지표로, 특히 뉴스 카테고리 분류와 같은 작업에서 핵심 역할을 합니다. 모델이 특정 카테고리로 분류한 결과 중 실제로 그 카테고리에 맞는 데이터의 비율을 의미합니다. 쉽게 말해, 모델이 '스포츠 뉴스'라고 분류한 기사 중 얼마나 많은 기사가 정말로 스포츠 뉴스인지를 나타내는 지표입니다.

```
        )
        y_true.append(real_category)  # 실제 카테고리를 리스트에 추가
        y_pred.append(predicted_category)  # 예측된 카테고리를 리스트에 추가

        # 예측이 틀렸을 경우 출력
        if real_category != predicted_category:
            print(
                f"    Incorrect prediction: "
                f"{row['headline'][:50]}...\n"
                f"Real: {real_category[:20]}\n"
                f"Predicted: {predicted_category[:20]}"
            )
        # 예측이 맞았을 경우 출력
        else:
            print(
                f"    Correct prediction: "
                f"{row['headline'][:50]}...\n"
                f"Real: {real_category[:20]}\n"
                f"Predicted: {predicted_category[:20]}"
            )

    # 정밀도 점수 계산
    return precision_score(
        y_true,
        y_pred,
        average='micro',  # 전체적으로 정밀도를 계산
        labels=categories  # 정밀도 계산에 사용할 카테고리 리스트 지정
    )
```

각 줄의 역할을 살펴보겠습니다.

- df = pd.read_json("data/news.json", lines=True).head(20)

  이 줄은 news.json 데이터셋의 첫 20개 행을 판다스 데이터프레임으로 읽어옵니다. lines=True 인자는 파일이 줄마다 하나의 JSON 객체를 포함함을 나타냅니다. 이 예제에서는 레코드를 20개만 사용하지만 더 많은 레코드를 사용해서 더 정확한 정확도를 구할 수도 있습니다. 필요에 따라 더 많은 레코드를 사용해도 됩니다.

- y_true = [] 및 y_pred = []

  각 문장에 대한 실제 카테고리와 예측된 카테고리를 저장하기 위한 빈 리스트를 초기화합니다.

- for _, row in df.iterrows()

  데이터프레임의 각 행(row)을 반복하여 처리합니다.

- real_category = row['category'] 및 predicted_category = classify_sentence(row['headline'])

  현재 행의 실제 카테고리(real_category)를 추출하고, classify_sentence 함수를 사용하여 현재 행의 헤드라인(headline)을 예측된 카테고리(predicted_category)로 분류합니다.

- y_true.append(real_category) 및 y_pred.append(predicted_category) :

  실제 카테고리와 예측된 카테고리를 각각 y_true와 y_pred 리스트에 추가합니다.

- return precision_score(y_true, y_pred, average='micro', labels=categories):

  예측된 카테고리의 정밀도 점수를 사이킷런의 precision_score 함수를 사용하여 계산합니다. average='micro' 인자는 전체 참 양성, 거짓 음성[false negative], 거짓 양성을 합산하여 전역적으로 정밀도를 계산하도록 지정합니다. labels=categories 인자는 정밀도 계산에 사용할 카테고리 리스트를 지정합니다.

> **NOTE** average에는 macro 외에도 samples, weighted, binary를 지정할 수 있습니다. 각 average 방식의 차이는 공식 문서[12]에서 확인할 수 있습니다.

전체적으로 **evaluate_precision** 함수는 news.json 데이터셋의 일부를 로드하고, **classify_sentence** 함수를 사용하여 각 헤드라인의 카테고리를 예측한 후, 예측된 카테고리의 정밀도 점수를 계산합니다. 반환된 정밀도 점수는 이 데이터셋의 일부에 대해 classify_sentence 함수가 얼마나 정확하게 예측했는지를 나타냅니다.

모든 구성 요소를 결합한 최종 코드는 다음과 같습니다.

```
# utils.py로 만들어서 사용한다면 다음과 같이 임포트해야 함
# from utils import cosine_similarity

import pandas as pd
from sklearn.metrics import precision_score
import json

def get_embedding(text, model):
    # 텍스트에서 줄 바꿈(\n)을 공백(" ")으로 대체
    text = text.replace("\n", " ")

    # 임베딩 생성
```

---

12 *https://scikit-learn.org/stable/modules/generated/sklearn.metrics.precision_score.html*

```python
    return client.embeddings.create(
        input=[text],
        model=model
    ).data[0].embedding

# 두 벡터 간의 코사인 유사도를 계산하는 함수
def cosine_similarity(a, b):
    numerator = np.dot(a, b)  # 벡터 내적 계산
    denominator = np.linalg.norm(a) * np.linalg.norm(b)  # 두 벡터의 크기 곱 계산
    return numerator / denominator  # 코사인 유사도 반환

# 데이터셋에서 모든 카테고리(고윳값) 찾기
categories = set()
with open('data/news.json', 'r') as file:
    for line in file:
        data = json.loads(line)
        categories.add(data['category'])
categories = list(categories)

# 문장을 분류하는 함수 정의
def classify_sentence(sentence, model):
    # 문장의 임베딩 얻기
    sentence_embedding = get_embedding(
        sentence,
        model=model
    )
    # 문장과 각 카테고리 간의 유사도 점수 계산
    similarity_scores = {}
    for category in categories:
        category_embeddings = get_embedding(
            category,
            model=model
        )
        similarity_scores[
            category
        ] = cosine_similarity(
            sentence_embedding,
            category_embeddings
        )
    # 유사도 점수가 가장 높은 카테고리 반환
    return max(
        similarity_scores,
        key=similarity_scores.get
    )
```

```python
def evaluate_precision(categories):
    # 데이터셋 로드
    df = pd.read_json(
        "data/news.json",
        lines=True
    ).head(20)
    y_true = []
    y_pred = []
    model = "text-embedding-ada-002"
    # 각 문장 분류
    for _, row in df.iterrows():
        real_category = row['category']
        predicted_category = classify_sentence(
            row['headline'],
            model=model
        )
        y_true.append(real_category)
        y_pred.append(predicted_category)
        if real_category != predicted_category:
            print(
                "    잘못된 예측: "
                f"{row['headline'][:50]}...\n"
                f"실제: {real_category[:20]}\n"
                f"예측: {predicted_category[:20]}"
            )
        else:
            print(
                "    올바른 예측: "
                f"{row['headline'][:50]}...\n"
                f"실제: {real_category[:20]}\n"
                f"예측: {predicted_category[:20]}"
            )

    # 정밀도 점수 계산
    return precision_score(
        y_true,
        y_pred,
        average='micro',
        labels=categories
    )

# 분류기의 정밀도 평가
precision = evaluate_precision(categories)
print(f"정밀도: {precision}")
```

결과는 다음과 같습니다.

```
올바른 예측: Over 4 Million Americans Roll Up Sleeves For Omicr...
실제: U.S. NEWS
예측: U.S. NEWS
        잘못된 예측: American Airlines Flyer Charged, Banned For Life A...
실제: U.S. NEWS
예측: TRAVEL
        잘못된 예측: 23 Of The Funniest Tweets About Cats And Dogs This...
실제: COMEDY
예측: WEIRD NEWS
        올바른 예측: The Funniest Tweets From Parents This Week (Sept. ...
실제: PARENTING
예측: PARENTING
        잘못된 예측: Woman Who Called Cops On Black Bird-Watcher Loses ...
실제: U.S. NEWS
예측: WEIRD NEWS
        잘못된 예측: Cleaner Was Dead In Belk Bathroom For 4 Days Befor...
실제: U.S. NEWS
예측: WEIRD NEWS
        잘못된 예측: Reporter Gets Adorable Surprise From Her Boyfriend...
실제: U.S. NEWS
예측: WEIRD NEWS
        올바른 예측: Puerto Ricans Desperate For Water After Hurricane ...
실제: WORLD NEWS
예측: WORLD NEWS
        잘못된 예측: How A New Documentary Captures The Complexity Of B...
실제: CULTURE & ARTS
예측: PARENTING
        올바른 예측: Biden At UN To Call Russian War An Affront To Body...
실제: WORLD NEWS
예측: WORLD NEWS
        잘못된 예측: World Cup Captains Want To Wear Rainbow Armbands I...
실제: WORLD NEWS
예측: QUEER VOICES
        올바른 예측: Man Sets Himself On Fire In Apparent Protest Of Fu...
실제: WORLD NEWS
예측: WORLD NEWS
        잘못된 예측: Fiona Threatens To Become Category 4 Storm Headed ...
실제: WORLD NEWS
예측: MEDIA
        잘못된 예측: Twitch Bans Gambling Sites After Streamer Scams Fo...
실제: TECH
```

```
예측: MONEY
    잘못된 예측: Virginia Thomas Agrees To Interview With Jan. 6 Pa...
실제: U.S. NEWS
예측: GOOD NEWS
    올바른 예측: Russian Cosmonaut Valery Polyakov Who Broke Record...
실제: WORLD NEWS
예측: WORLD NEWS
    잘못된 예측: 'Reboot' Is A Clever And Not Too Navel-Gazey Look ...
실제: CULTURE & ARTS
예측: ENTERTAINMENT
    올바른 예측: Maury Wills, Base-Stealing Shortstop For Dodgers, ...
실제: SPORTS
예측: SPORTS
    올바른 예측: 4 Russian-Controlled Ukrainian Regions Schedule Vo...
실제: WORLD NEWS
예측: WORLD NEWS
    잘못된 예측: Fiona Barrels Toward Turks And Caicos Islands As C...
실제: WORLD NEWS
예측: TRAVEL
정밀도: 0.4
```

결과로 나온 정밀도 점수 0.4는 모델이 예측한 양성 결과 중에서 실제로 맞힌 결과의 비율입니다. 즉 모델이 특정 카테고리로 예측한 항목 중 실제로 해당 카테고리에 맞는 항목의 비율을 말합니다. 예를 들어 모델이 'U.S. NEWS'로 예측한 기사 중 실제로 'U.S. NEWS'에 해당하는 기사의 비율이 40%일 때 정밀도는 0.4로 계산됩니다. 이는 분류기가 **'U.S. NEWS'와 같은 특정 카테고리로 예측한 데이터 중에서 실제 해당 카테고리에 속하는 비율이 40%**라는 것을 의미합니다. 즉, 모델이 양성으로 예측한 결과 중에서 40%만이 실제로 올바른 카테고리로 분류되었다는 뜻입니다.

만약 정밀도 점수가 0.8이라면 이는 **모델이 특정 카테고리로 예측한 데이터 중 80%가 실제로 해당 카테고리에 속한다는 의미**입니다.

정밀도가 그 자체만으로는 절대적인 의미를 갖지 않는다는 점을 이해해야 합니다. 정밀도는 사용된 진실의 원천source of truth(예시에서는 news.json 데이터셋)에 상대적입니다. 다른 데이터셋을 사용하거나 같은 데이터셋의 다른 부분집합을 사용하면 다른 정밀도 점수가 나올 수 있습니다.

17.5 제로샷 분류기의 정밀도 활용 예시

제로샷 분류기의 정밀도는 특히 **잘못된 판단(거짓 양성)이 큰 비용이나 문제를 초래할 수 있는 상황에서 매우 중요**합니다. 예를 들어 다음과 같은 상황에서 정밀도가 중요합니다.

- **의료 진단**: 제로샷 분류기를 새로운 의료 진단 도구로 사용한다고 가정해 봅시다. 이 도구는 학습하지 않은 새로운 질병도 진단할 수 있습니다. 건강한 사람을 병이 있다고 잘못 진단하면(거짓 양성) 불필요한 스트레스와 치료 비용이 발생할 수 있으므로 정밀도가 중요합니다.

- **콘텐츠 조절**: 소셜 미디어에서 유해 콘텐츠를 감지하는 데 제로샷 분류기를 활용할 수 있습니다. 이때 일반적인 콘텐츠를 유해하다고 잘못 판단하면(거짓 양성) 부당한 검열이 되어 사용자들의 불만을 초래할 수 있어 높은 정밀도가 필요합니다.

- **금융 사기 탐지**: 은행의 사기 탐지 시스템에서는 높은 정밀도가 매우 중요합니다. 정상적인 거래를 사기로 잘못 판단하면(거짓 양성) 고객에게 불필요한 불편을 끼치게 되고, 이는 곧 은행의 신뢰도 하락으로 이어질 수 있습니다.

- **이메일 스팸 필터링**: 스팸 메일 필터링에 사용하는 제로샷 분류기는 정밀도가 특히 중요합니다. 중요한 이메일이 실수로 스팸으로 분류되면(거짓 양성) 사용자가 중요한 정보를 놓칠 수 있기 때문입니다.

- **제품 추천 시스템**: 개인 맞춤형 쇼핑 도우미로서의 제로샷 분류기는 높은 정밀도를 통해 사용자에게 실제로 관련 있는 제품만을 추천할 수 있습니다.

- **자동화된 고객 지원**: 고객 문의를 적절한 부서로 자동 분류할 때 정밀도가 높으면 문의가 올바른 부서로 전달되도록 보장할 수 있습니다.

- **안전 중요 시스템**: 자율주행차에서 도로 위 물체를 인식하는 상황을 예로 들 수 있습니다. 높은 정밀도는 종이봉투를 돌로 잘못 인식하는 것과 같은 오류를 방지하여 불필요하거나 위험한 주행 조작을 예방할 수 있습니다.

이런 모든 예시에서 **거짓 양성의 비용이 크므로 정밀도는 분류기 성능의 중요한 지표**가 됩니다.

파인 튜닝과 모델의
실전 활용

PART **6**

18장 퓨샷 학습 이해하기

19장 파인 튜닝의 이해 및 구현

20장 파인 튜닝 고급 예제: 정신 건강 코치

21장 기억력 및 문맥 문제와 해결책

퓨샷 학습 이해하기

18.1 퓨샷 학습의 기본 개념과 정의

GPT-4와 GPT-4o, 클로드, 제미나이 같은 **대형 언어 모델(LLM)**들은 웹에서 수집한 수십억 개의 텍스트 데이터로 학습되었습니다. 이처럼 방대한 데이터를 기반으로 한 사전 학습 덕분에 모델들은 새로운 작업을 배울 때 몇 가지 예시만으로도 빠르게 학습할 수 있는 뛰어난 능력을 보여줍니다. 이러한 학습 방식을 **퓨샷 학습**이라고 하며, 이는 인공지능 기술의 큰 진전을 의미합니다.

다양하고 강력한 **오픈 소스 퓨샷 학습 프로젝트**[1]들이 다수 존재합니다. 이를 구현하는 데 활용할 수 있는 여러 파이썬 라이브러리도 있습니다.

- **파이토치**^Pytorch **Torchmeta**[2]: **파이토치**[3]의 퓨샷 학습 메타 학습을 위한 도구 모음으로, 다양한 확장 기능과 데이터 로더를 제공합니다.

- **Few Shot**[4]: 퓨샷 학습 연구 결과를 쉽게 재현할 수 있도록 잘 정리된 검증된 코드를 제공하는 저장소입니다.

- **FewRel**[5]: 다양한 분야에 걸쳐 수백 가지 관계와 수만 개의 주석이 달린 데이터를 포함하는 대규모 퓨샷 관계 추출 데이터셋입니다.

----

1 https://github.com/topics/few-shot-learning
2 https://tristandeleu.github.io/pytorch-meta/
3 https://pytorch.org/
4 https://github.com/oscarknagg/few-shot
5 https://github.com/thunlp/FewRel

- **Few-Shot Object Detection(FsDet)[6]**: 적은 학습 예시로 객체를 탐지하는 방법인 Simple Few-Shot Object Detection[7]의 공식 구현입니다.
- **Meta Transfer Learning[8]**: 적은 데이터로도 효과적인 학습이 가능하도록 설계된 프레임워크입니다. 유사한 작업 경험을 활용하여 새로운 작업에 맞게 기본 학습 모델을 조정하는 것을 목표로 합니다.
- **Prototypical Networks on the Omniglot Dataset[9]**: 파이토치의 'Prototypical Networks for Few-Shot Learning'을 사용하여 Omniglot 데이터셋에서 실행한 구현 예제입니다.
- 그 외에도 다양한 프로젝트가 있습니다.

퓨샷 학습 덕분에 GPT와 같은 대형 언어 모델들은 소량의 데이터만으로도 주어진 작업을 효과적으로 수행할 수 있습니다. 간단히 말해 GPT-4, GPT-4o, o1, 클로드, 제미나이와 같은 대형 언어 모델은 몇 가지 예시만으로도 다양한 작업을 수행할 수 있도록 설계되었습니다. 이러한 혁신적인 기술은 AI 응용 프로그램 개발과 관련 분야에서 새로운 가능성을 열어주고 있습니다.

18.2 파인 튜닝으로 퓨샷 학습 성능 향상하기

파인 튜닝은 퓨샷 학습의 성능을 향상하는 방법입니다. 일반적인 퓨샷 학습에서는 프롬프트에 포함할 수 있는 예제가 제한적이지만 **파인 튜닝을 사용해 더 많은 예제로 모델을 학습**시킬 수 있습니다. 이로써 다음과 같은 이점을 얻을 수 있습니다.

- 더 많은 학습 **예제 활용 가능**
- 모델의 **정확도 향상**
- 더 다양한 작업 수행 능력 확보

모델이 파인 튜닝으로 충분히 학습되면 매번 예제를 제공할 필요가 없어집니다. 이는 **비용을 절감하고 처리 속도를 높이는 효율적인 방식**입니다. 예제 제공은 모델의 성능을 향상하고자 할 때만 필요하며, 이후에는 간단한 프롬프트만으로도 원하는 결과를 얻을 수 있습니다. 특히 오

---

6 https://github.com/ucbdrive/few-shot-object-detection

7 https://arxiv.org/abs/2003.06957

8 https://github.com/yaoyao-liu/meta-transfer-learning

9 https://github.com/cnielly/prototypical-networks-omniglot

픈AI에서는 프롬프트 길이에 따라 비용이 증가하므로 이러한 방식은 비용 측면에서도 큰 장점이 있습니다.

파인 튜닝은 다음 모델들에 적용할 수 있습니다.

- gpt-4o-2024-08-06
- gpt-4o-mini-2024-07-18
- gpt-3.5-turbo
- davinci-002
- babbage-002

오픈AI에서 제공하는 모델은 계속해서 업데이트됩니다. 새로운 모델이 추가되거나 기존 모델이 더 발전된 버전으로 교체될 수 있습니다. 또한 일부 모델은 상황에 따라 서비스가 종료될 수도 있습니다.

## CHAPTER 19

파인 튜닝의 이해 및 구현

이번 장에서는 **파인 튜닝**의 개념과 이를 실제로 구현하는 방법을 다룹니다. 사전 학습된 AI 모델을 특정한 작업이나 도메인에 맞게 적응시키는 파인 튜닝은 AI 모델을 더 효과적으로 활용하게 해 주는 강력한 방법입니다. 기본 원리를 이해하고 간단한 실습을 하며 데이터 준비, 하이퍼파라미터^{hyperparameter}[1] 설정, 모델 학습, 결과 분석 등 전체 워크플로를 살펴보겠습니다. 또한 성능 최적화에 도움이 되는 다양한 팁과 비용 고려 사항도 함께 제시합니다. 이를 통해 파인 튜닝의 가능성과 한계를 실질적으로 이해할 수 있을 것입니다.

19.1 파인 튜닝 실제 적용

이제 더 실용적인 응용과 실제 사례로 넘어가겠습니다. 이 절에서는 기본 개념을 소개하며, 이후에 고급 예제로 넘어갈 예정입니다. 이 절에서 전체적인 개념을 이해한 다음에 더 정교한 예제로 나아가 보겠습니다.

------

1 옮긴이_ 하이퍼파라미터는 모델을 학습시키기 전에 사람이 직접 정하는 값으로, 학습의 전반적인 방향과 방식을 결정합니다. 예를 들어, 학습 속도를 조절하는 학습률이나 한 번에 처리하는 데이터 양인 배치 크기 등이 이에 해당합니다.

파인 튜닝 실습에 사용할 데이터셋인 JSONL 파일[2]을 생성해 보겠습니다. 내용은 다음과 같으며 파일명은 data.jsonl로 지정하겠습니다.

```
{"messages": [{"role": "system", "content": "당신은 스마트 홈 어시스턴트입니다."},
{"role": "user", "content": "히터를 언제 켜야 하나요?"}, {"role": "assistant",
"content": "매일 아침 7시에 켜세요. 오후 2시에 꺼야 합니다."}]}
{"messages": [{"role": "system", "content": "당신은 스마트 홈 어시스턴트입니다."},
{"role": "user", "content": "차고 리모컨이 어디에 있나요?"}, {"role": "assistant",
"content": "노란색 문 옆, 열쇠 고리에 있습니다."}]}
{"messages": [{"role": "system", "content": "당신은 스마트 홈 어시스턴트입니다."},
{"role": "user", "content": "향기 디퓨저를 매일 프로그래밍해야 하나요?"}, {"role":
"assistant", "content": "향기 디퓨저는 이미 프로그래밍되어 있으므로 배터리가 낮을
때 충전만 하면 됩니다."}]}
{"messages": [{"role": "system", "content": "당신은 스마트 홈 어시스턴트입니
다."}, {"role": "user", "content": "WiFi 라우터를 어떻게 재설정하나요?"}, {"role":
"assistant", "content": "라우터의 전원을 뽑고 30초 동안 기다린 후 다시 연결하세
요."}]}
{"messages": [{"role": "system", "content": "당신은 스마트 홈 어시스턴트입니다."},
{"role": "user", "content": "내 휴대폰을 스마트 TV에 어떻게 연결하나요?"}, {"role":
"assistant", "content": "휴대폰 설정에서 '스크린 미러링'을 선택한 후 목록에서 스마
트 TV를 선택하세요."}]}
{"messages": [{"role": "system", "content": "당신은 스마트 홈 어시스턴트입니다."},
{"role": "user", "content": "와이파이 비밀번호가 뭐야?"}, {"role": "assistant",
"content": "와이파이 비밀번호는 'WiFi123'입니다."}]}
{"messages": [{"role": "system", "content": "당신은 스마트 홈 어시스턴트입니
다."}, {"role": "user", "content": "스마트 TV를 하드 리셋하는 방법은?"}, {"role":
"assistant", "content": "리모컨의 전원 버튼을 10초 동안 누르고 계세요."}]}
{"messages": [{"role": "system", "content": "당신은 스마트 홈 어시스턴트입니다."},
{"role": "user", "content": "경찰에 어떻게 전화하나요?"}, {"role": "assistant",
"content": "휴대폰에서 911에 전화하세요."}]}
{"messages": [{"role": "system", "content": "당신은 스마트 홈 어시스턴트입니다."},
{"role": "user", "content": "와이파이 비밀번호를 어떻게 변경하나요?"}, {"role":
"assistant", "content": "라우터 설정으로 이동하여 '무선'을 선택한 후 비밀번호를 변
경하세요."}]}
{"messages": [{"role": "system", "content": "당신은 스마트 홈 어시스턴트입니다."},
{"role": "user", "content": "TV 채널을 어떻게 변경하나요?"}, {"role": "assistant",
"content": "리모컨에서 '채널 업' 또는 '채널 다운' 버튼을 누르세요."}]}
```

2 　옮긴이_ 파일을 직접 작성해도 되고, 다음과 같은 명령어로 파일을 내려받을 수도 있습니다.

```
!wget https://raw.githubusercontent.com/LDJWJ/OpenAIGPTForPythonDevelopersFiles/main/
datasets/ch19_finetuning/data.jsonl
```

NOTE JSONL

JSONL^(JSON Lines)은 NDJSON^(newline-delimited JSON)이라고도 하며 각 레코드를 개별적으로 처리할 수 있는 구조화된 데이터를 저장하는 데 편리한 형식입니다. 이 절의 학습 데이터는 JSONL 형식이어야 합니다.

학습에 최소 200개의 예제를 제공하는 것이 중요합니다. 또한 오픈AI의 관찰 결과에 따르면 데이터셋의 크기를 두 배로 늘리면 모델 품질이 선형적으로 향상됩니다.

이번 실습에는 10줄의 작은 JSONL 파일을 사용합니다. 결과적으로 생성된 모델의 성능은 최적이 아닐 수 있습니다. 하지만 이번 목표는 파인 튜닝의 과정을 이해하는 것이므로 최소 요구 사항만 지키며 실습을 진행하겠습니다. **학습 파일에는 최소 10개의 예제가 포함되어야 한다**는 점을 기억하세요.

이제 파이썬을 사용하여 파일을 업로드하겠습니다. 파일 업로드와 파인 튜닝 작업을 수행하는 코드를 확인한 다음, 이를 한 번에 실행하는 최종 코드를 작성하겠습니다.

```python
import os, sys  # os와 sys 모듈 불러오기

# 파일 경로 정의
file_path = os.path.join('data.jsonl')  # 업로드할 파일 이름

# 파일 업로드
uploaded = client.files.create(
    file=open(file_path, "rb"),  # 파일을 읽기 모드(rb)로 열어 업로드
    purpose="fine-tune"          # 목적을 파인 튜닝으로 설정
)

# 업로드된 파일 ID 가져오기
file_id = uploaded.id
print(file_id)
```

실행 결과로 다음처럼 고유한 파일 ID가 생성되었습니다. 파일 ID는 파인 튜닝 과정에서 데이터 파일을 식별하는 데 사용됩니다.

```
file-2e2UkBslMdun2ZNOKql1ATO4
```

다음으로 오픈AI의 파인 튜닝 API를 사용하여 모델을 파인 튜닝하는 작업을 수행해 보겠습니다.

```python
# 사용할 모델 설정
model = "gpt-4o-mini-2024-07-18"

# 파인 튜닝 작업 생성
fine_tune_job = client.fine_tuning.jobs.create(
    training_file=file_id,   # 업로드된 파일 ID를 학습 데이터로 사용
    model=model              # 사용할 모델 지정
)

print()
print("파일 유효성 검사 중입니다.")  # 파일 유효성 검사 중 메시지 출력

# 파일 유효성 검사 진행 확인
while fine_tune_job.status == "validating_files":
    fine_tune_job = client.fine_tuning.jobs.retrieve(fine_tune_job.id)
        # 현재 작업 상태를 다시 불러옴
    print(".", end="", flush=True)  # 진행 표시 출력

print("파인 튜닝이 진행 중입니다.")  # 파인 튜닝 진행 중 메시지 출력

# 파인 튜닝이 실행 중이거나 대기 중일 때 작업 상태 확인
while fine_tune_job.status == "running" or fine_tune_job.status == "queued":
    fine_tune_job = client.fine_tuning.jobs.retrieve(fine_tune_job.id)
        # 현재 작업 상태를 다시 불러옴
    print(".", end="", flush=True)   # 진행 표시 출력

print()
print("파인 튜닝이 완료되었습니다.")  # 파인 튜닝 완료 메시지 출력

# 새로운 모델 이름 출력
print("새로운 모델 이름: " + fine_tune_job.fine_tuned_model)
```

출력으로 다음과 유사한 결과가 나옵니다.

```
파일 유효성 검사 중입니다.
....................................................................
파인 튜닝이 진행 중입니다.
....................................................................
파인 튜닝이 완료되었습니다.
새로운 모델 이름: ft:gpt-4o-mini-2024-07-18:personal::AEFlKEZh
```

이 단계에서 파일 형식 등이 잘못되어 파인 튜닝이 실패해 에러가 발생할 수 있습니다. 이럴 때는 fine_tune_job.status 명령을 이용하여 파인 튜닝 생성 작업의 상태를 확인해 주세요. 또한 [그림 19-1]처럼 오픈AI 홈페이지에서 'Dashboard(대시보드)'-'Fine-tuning(파인 튜닝)' 메뉴를 선택하면 어떤 이유로 실패했는지 확인할 수 있습니다.

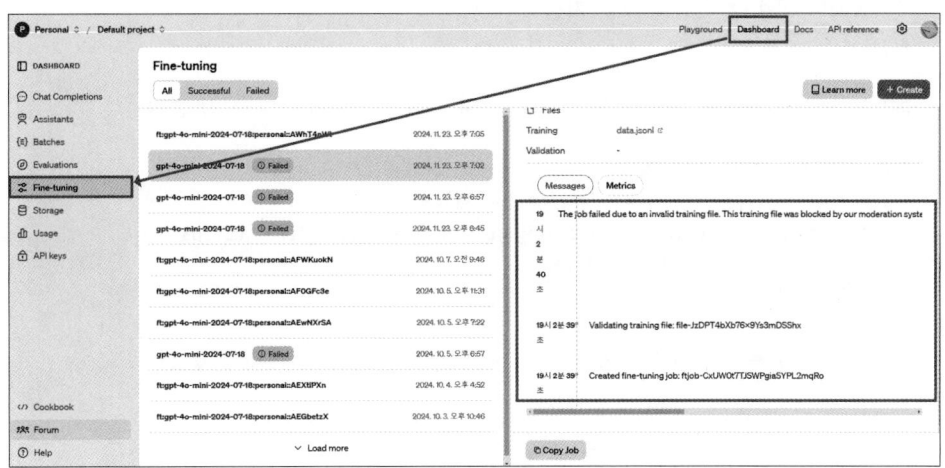

그림 19-1 파인 튜닝 작업 현황 확인

최종 코드는 다음과 같습니다. 코드를 실행하고 파일을 업로드한 후 다시 동일한 코드를 실행하면 data.jsonl 파일이 중복으로 올라갈 수 있습니다. 따라서 다음 코드는 data.jsonl을 복사해 같은 내용이 있는 mydata.jsonl로 이름을 변경해서 실행합니다.

```python
import os, sys  # os, sys 모듈 불러오기

# 파일 경로 정의
file_path = os.path.join('mydata.jsonl')  # 업로드할 파일 이름

# 파일 업로드
uploaded = client.files.create(
    file=open(file_path, "rb"),  # 파일을 읽기 모드(rb)로 열어 업로드
    purpose="fine-tune"          # 목적을 파인 튜닝으로 설정
)

# 업로드된 파일 ID 가져오기
file_id = uploaded.id
```

```python
# 사용할 모델 설정
model = "gpt-4o-mini-2024-07-18"

# 파인 튜닝 작업 생성
fine_tune_job = client.fine_tuning.jobs.create(
    training_file=file_id,  # 업로드된 파일 ID를 학습 데이터로 사용
    model=model  # 사용할 모델 지정
)

print("\n파일 유효성 검사 중입니다.")  # 파일 유효성 검사 중 메시지 출력

# 파일 유효성 검사 진행 확인
while fine_tune_job.status == "validating_files":
    fine_tune_job = client.fine_tuning.jobs.retrieve(fine_tune_job.id)
        # 현재 작업 상태를 다시 불러옴
    print(".", end="", flush=True)

print("\n파인 튜닝이 진행 중입니다.")  # 파인 튜닝 진행 중 메시지 출력

# 파인 튜닝이 실행 중이거나 대기 중일 때 작업 상태 확인
while fine_tune_job.status == "running" or fine_tune_job.status == "queued":
    fine_tune_job = client.fine_tuning.jobs.retrieve(fine_tune_job.id)
        # 현재 작업 상태를 다시 불러옴
    print(".", end="", flush=True)

print("\n파인 튜닝이 완료되었습니다.")  # 파인 튜닝 완료 메시지 출력

# 새로운 모델 이름 출력
print("새로운 모델의 이름 : " + fine_tune_job.fine_tuned_model)
```

프로그램을 실행해 보세요. 파인 튜닝 프로세스가 완료되면(시간이 약간 소요될 수 있습니다) 명령줄 인터페이스에 새로 생성된 모델의 이름이 표시됩니다. 역자가 실행했을 때는 모델명이 ft:gpt-4o-mini-2024-07-18:personal::AEFlKEZh으로 확인되었습니다. 또한 오픈AI가 동일한 모델명을 포함한 이메일을 발송할 것입니다.

Hi there,

Your fine-tuning job ftjob-vHqOHB82SdKrarbDQqVca6Aj has successfully completed, and a new model ft:gpt-4o-mini-2024-07-18:personal::AEFlKEZh has been created for your use.

Try it out on the OpenAI Playground, view the training results in the fine-tuning UI, or integrate it into your application using the Chat Completions or Legacy Completions API.

Thank you for building on the OpenAI platform,
The OpenAI team

그림 19-2 파인 튜닝 작업 완료 이메일

오픈AI의 파인 튜닝된 모델을 사용하여 대화형 세션을 생성하고 사용자의 입력에 따라 모델의 응답을 출력하는 프로그램을 작성해 보겠습니다. 모델명은 앞에서 확인한 **ft:gpt-4o-mini-2024-07-18:personal::AEFlKEZh**를 사용하도록 하겠습니다.

```python
# 모델명 설정
# model = "$FINE_TUNED_MODEL"
model = "ft:gpt-4o-mini-2024-07-18:personal::AEFlKEZh"

# 기본 시스템 지침 설정
base_messages = [
    {
        "role": "system",
        "content": "당신은 스마트 홈 어시스턴트입니다."  # 스마트 홈 역할 정의
    }
]

# 사용자 입력을 계속 받기 위한 무한 반복문
while True:
    messages = base_messages.copy()  # 기본 메시지를 복사하여 새로운 메시지 리스트 생성

    # 사용자 입력받기
    request = input("입력: (종료하려면 'exit'나 'quit'을 입력하세요.): ")
```

```python
    # 'exit'나 'quit' 입력 시 반복문 종료
    if request.lower() in ["exit", "quit"]:
        break

    # 사용자 입력을 메시지 리스트에 추가
    messages.append(
        {
            "role": "user",
            "content": f"{request}"  # 사용자 입력을 content로 추가
        }
    )

    # 오픈AI API에 대화 생성 요청 보내기
    response = client.chat.completions.create(
        model=model,           # 사용할 모델 설정
        messages=messages,     # 메시지 리스트 전달
        max_tokens=200,        # 최대 토큰 수 설정
        temperature=0,         # 응답의 무작위성 설정 (0으로 설정. 일관성 있는 응답 생성)
    )

    # API 응답 내용 추출
    content = response.choices[0].message.content.strip()  # 응답 내용에서 공백 제거

    # 간단히 출력
    print(f"출력: {content}")
    print()  # 출력 후 줄 바꿈
```

다음과 유사한 결과가 나옵니다.

입력: (종료하려면 'exit'나 'quit'을 입력하세요.): 와이파이 비밀번호 변경은?
출력: 라우터 설정으로 이동하여 '무선'을 선택한 후 비밀번호를 변경하세요.

입력: (종료하려면 'exit'나 'quit'을 입력하세요.): TV 채널 변경
출력: 리모컨에서 '채널 업' 또는 '채널 다운' 버튼을 누르세요.

입력: (종료하려면 'exit'나 'quit'을 입력하세요.): exit

자세히 보면 앞에서 학습시킨 내용으로 답변이 유사하게 나오는 것을 확인할 수 있습니다. 이는 동작 방식을 이해하는 데 도움을 주는 간단한 예제였습니다. **더 큰 데이터셋을 사용하면 파인 튜닝된 모델의 성능이 더 향상**될 것입니다. 하지만 비용적인 측면을 고려해야 합니다.

19.2 파인 튜닝 최적화

19.2.1 모델 선택

현재로서는 gpt-4o 모델이 파인 튜닝을 위한 가장 강력한 옵션입니다. 특히 gpt-4o와 그 변형인 gpt-4o-mini 모델은 최신 기술을 반영하며, 다양한 고급 애플리케이션에서 뛰어난 성능을 보입니다. gpt-4 모델은 여전히 유효하지만 gpt-4o는 훨씬 더 발전된 성능을 제공합니다.

19.2.2 데이터셋 검증

공식 문서에서는 데이터 준비와 모범 사례에 관한 자세한 정보를 제공합니다. 여기서는 해당 자료를 기반으로 더 구체적인 내용을 설명하겠습니다.

구형 모델에 관한 문서와 튜토리얼도 현재 유효하지만 최선의 접근법이 아닐 수 있습니다. 주요 차이점 중 하나는 구형 모델에서는 대화 형식의 데이터셋이 필요하지 않다는 점입니다.

다음은 구형 모델의 데이터셋 예시입니다.

```
{"prompt":"When do I have to start the heater?", "completion":"Every day in the
morning at 7AM. You should stop it at 2PM"}
{"prompt":"Where is the garage remote control?", "completion":"Next to the yellow
door, on the key ring"}
{"prompt":"Is it necessary to program the scent diffuser every day?",
"completion":"The scent diffuser is already programmed, you just need to recharge it
when its battery is low"}
```

다음은 새로운 데이터셋 형식의 예시입니다.

```
{"messages": [{"role": "system", "content": "You are a smart home assistant"},
{"role": "user", "content": "When do I have to start the heater?"}, {"role":
"assistant", "content": "Every day in the morning at 7AM. You should stop it at
2PM"}]}
{"messages": [{"role": "system", "content": "You are a smart home assistant."},
{"role": "user", "content": "Where is the garage remote control?"}, {"role":
"assistant", "content": "Next to the yellow door, on the key ring"}]}
{"messages": [{"role": "system", "content": "You are a smart home assistant."},
```

```
{"role": "user", "content": "Is it necessary to program the scent diffuser every
day?"}, {"role": "assistant", "content": "The scent diffuser is already programmed,
you just need to recharge it when its battery is low"}]}
```

이제 데이터를 불러오고 검증하는 스크립트를 작성하는 단계로 넘어가겠습니다. 코드를 나눠서 확인한 후 최종 코드를 작성하도록 하겠습니다.

우선 다음 라이브러리들을 불러옵니다.

```python
import json
from collections import defaultdict
import os
```

그리고 데이터를 로드하고 파일 형식을 검증합니다.

```python
# 데이터 파일 경로 정의
file_path = os.path.join('data.jsonl')  # 데이터 파일명

# 데이터 로드 및 파일 형식 검증
with open(file_path, 'r', encoding='utf-8') as f:
    try:
        # 각 줄을 JSON 형식으로 로드하여 리스트로 저장
        dataset = [json.loads(line) for line in f]
    except:
        # JSONL 파일 형식이 유효하지 않으면 오류 발생
        raise ValueError("데이터셋은 유효한 JSONL 파일이어야 합니다.")
```

이제 데이터셋의 형식을 검증하겠습니다. 첫 번째 요구 사항은 데이터셋에 최소 10개의 예제가 포함되어야 한다는 것입니다.

```python
# 데이터셋 크기 검증
size = len(dataset)
if size < 10:
    raise ValueError("데이터셋에는 최소 10개의 예제가 포함되어야 합니다.")
```

10개 이상의 예제가 있으면 각 항목의 형식을 검토합니다. 데이터셋의 유효한 항목은 다음과

같은 형식이어야 합니다.

```json
{
    "messages": [
        {
            "role": "system",
            "content": "당신은 스마트 홈 어시스턴트입니다."
        },
        {
            "role": "user",
            "content": "향기 디퓨저를 매일 설정해야 하나요?"
        },
        {
            "role": "assistant",
            "content": "향기 디퓨저는 이미 설정되었으니, 배터리가 부족할 때만 \
충전해 주시면 됩니다."
        }
    ]
}
```

오픈AI에서 사용하는 함수를 사용하여 다음 데이터 검증을 수행할 것입니다.

- 데이터 유형 확인: 각 데이터셋 항목이 딕셔너리(dict) 형식인지 검증합니다.

- 메시지 리스트 존재 여부 확인: 각 항목에 messages 리스트가 있는지 확인합니다.

- 메시지 키 확인: messages 리스트의 각 메시지에 role과 content 키가 있는지 검증합니다.

- 메시지에 인식되지 않은 키 존재 여부 확인: 메시지에 role, content, name 외의 키가 있는지 로그로
  기록합니다.

- 역할 검증: role 값이 system, user, assistant 중 하나인지 확인합니다.

- 콘텐츠 검증: content 값이 텍스트 데이터를 포함하며 문자열(str) 형식인지 확인합니다.

- assistant 메시지 존재 여부 확인: 각 대화에 한 개 이상의 assistant 메시지가 있는지 검증합니다.

다음은 데이터셋의 내용 검증에 사용할 코드입니다.

```python
# 데이터셋 내용 검증
format_errors = defaultdict(int)  # 형식 오류를 저장할 딕셔너리 초기화
for line in dataset:
    # 데이터 유형 확인:
    # 각 항목이 딕셔너리인지 검증
    if not isinstance(line, dict):
```

```
        format_errors["data_type"] += 1
        continue

    # 메시지 리스트 존재 여부 확인:
    # 'messages' 리스트가 있는지 확인
    messages = line.get("messages", None)
    if not messages:
        format_errors["missing_messages_list"] += 1
        continue

    for message in messages:
        # 메시지 키 확인:
        # 각 메시지에 'role' 및 'content' 키가 있는지 확인
        if "role" not in message or "content" not in message:
            format_errors["message_missing_key"] += 1

        # 메시지에 포함될 수 있는 유효한 키
        valid_keys = ("role", "content", "name", "function_call")

        # 인식되지 않은 키 확인:
        # 유효한 키 목록에 없는 키가 있는지 확인
        if any(k not in valid_keys for k in message):
            format_errors["message_unrecognized_key"] += 1

        # 메시지에 허용되는 유효한 역할(role) 목록
        valid_roles = ("system", "user", "assistant", "function")

        # 역할(role) 확인:
        # 'role' 값이 유효한 역할 중 하나인지 검증
        if message.get("role", None) not in valid_roles:
            format_errors["unrecognized_role"] += 1

        # 'content'와 'function_call' 값 가져오기
        content = message.get("content", None)
        function_call = message.get("function_call", None)

        # 콘텐츠(content) 확인:
        # 'content'가 텍스트 형태의 문자열인지와 'function_call'이 있는지 검증
        if (not content and not function_call) or not isinstance(content, str):
            format_errors["missing_content"] += 1

    # assistant 메시지 존재 여부 확인:
    # 각 대화에 최소한 한 개 이상의 assistant 메시지가 있는지 확인
    if not any(message.get("role", None) == "assistant" for message in messages):
        format_errors["example_missing_assistant_message"] += 1
```

```python
# 오류가 있으면 오류 내용 출력
if format_errors:
    print("발견된 오류:")
    for k, v in format_errors.items():
        print(f"{k}: {v}")
    raise ValueError("데이터셋에 오류가 있습니다.")
```

이 코드는 오픈AI 쿡북^{Cookbook}의 'Data preparation and analysis for chat model fine-tuning'³ 예제를 기반으로 작성되었습니다.

데이터 검증 코드를 모아 보면 다음과 같습니다.

```python
import json
from collections import defaultdict
import os

# 데이터 파일 경로 설정
file_path = os.path.join('data.jsonl')  # 데이터 파일 이름

# 데이터셋 파일 형식 검증
with open(file_path, 'r', encoding='utf-8') as f:
    try:
        # 파일을 읽어 각 줄을 JSON 형식으로 파싱
        dataset = [json.loads(line) for line in f]
    except:
        # 파일 형식이 올바르지 않으면 오류 발생
        raise ValueError("데이터셋은 유효한 JSONL 파일이어야 합니다.")

# 데이터셋 크기 검증
size = len(dataset)
if size < 10:
    # 최소 10개 이상의 예제가 있어야 함
    raise ValueError("데이터셋에는 최소 10개의 예제가 포함되어야 합니다.")

# 데이터셋 내용 검증
format_errors = defaultdict(int)  # 형식 오류를 저장할 딕셔너리 초기화
for line in dataset:
    # 데이터 유형 확인:
    # 각 항목이 딕셔너리인지 검증
```

---

3 *https://cookbook.openai.com/examples/chat_finetuning_data_prep*

```python
        if not isinstance(line, dict):
            format_errors["data_type"] += 1
            continue

    # 메시지 리스트 존재 여부 확인:
    # 'messages' 리스트가 있는지 확인
    messages = line.get("messages", None)
    if not messages:
        format_errors["missing_messages_list"] += 1
        continue

    for message in messages:
        # 메시지 키 확인:
        # 각 메시지에 'role' 및 'content' 키가 있는지 확인
        if "role" not in message or "content" not in message:
            format_errors["message_missing_key"] += 1

        # 메시지에 포함될 수 있는 유효한 키
        valid_keys = ("role", "content", "name", "function_call")

        # 인식되지 않은 키 확인:
        # 유효한 키 목록에 없는 키가 있는지 확인
        if any(k not in valid_keys for k in message):
            format_errors["message_unrecognized_key"] += 1

        # 메시지에 허용되는 유효한 역할(role) 목록
        valid_roles = ("system", "user", "assistant", "function")

        # 역할(role) 확인:
        # 'role' 값이 유효한 역할 중 하나인지 검증
        if message.get("role", None) not in valid_roles:
            format_errors["unrecognized_role"] += 1

        # 'content'와 'function_call' 값 가져오기
        content = message.get("content", None)
        function_call = message.get("function_call", None)

        # 콘텐츠(content) 확인:
        # 'content'가 텍스트 형태의 문자열인지, 또는 'function_call'이 있는지 검증
        if (not content and not function_call) or not isinstance(content, str):
            format_errors["missing_content"] += 1

    # assistant 메시지 존재 여부 확인:
    # 각 대화에 최소한 한 개 이상의 assistant 메시지가 있는지 확인
    if not any(message.get("role", None) == "assistant" for message in messages):
```

```python
            format_errors["example_missing_assistant_message"] += 1

    # 오류가 있는 경우, 오류 내용 출력
    if format_errors:
        print("발견된 오류:")
        for k, v in format_errors.items():
            print(f"{k}: {v}")
        raise ValueError("데이터셋에 오류가 있습니다.")
```

다음은 데이터 검증과 파인 튜닝 작업을 하나의 스크립트로 결합한 최종 코드입니다.

```python
# fine_tuning.py

# 구글 코랩 환경이고 앞에서 인증을 수행했다면 생략할 수 있습니다.
# 오픈AI API 키 설정 및 초기화
# init_api()

import os, sys, json
from collections import defaultdict

# 데이터 파일 경로 설정
file_path = os.path.join(
    os.getcwd(),  # 현재 파일의 디렉터리 경로
    'data.jsonl'  # 데이터 파일 이름
)

# 데이터셋 파일 형식 검증
with open(file_path, 'r', encoding='utf-8') as f:
    try:
        # 각 줄을 JSON 형식으로 로드하여 리스트로 저장
        dataset = [json.loads(line) for line in f]
    except:
        # JSONL 파일 형식이 유효하지 않으면 오류 발생
        raise ValueError("데이터셋은 유효한 JSONL 파일이어야 합니다.")

# 데이터셋 크기 검증
size = len(dataset)
if size < 10:
    # 최소 10개 이상의 예제가 있어야 함
    raise ValueError("데이터셋에는 최소 10개의 예제가 포함되어야 합니다.")

# 데이터셋 내용 검증
format_errors = defaultdict(int)  # 형식 오류를 저장할 딕셔너리 초기화
for line in dataset:
```

```python
# 데이터 유형 확인:
# 각 항목이 딕셔너리인지 검증
if not isinstance(line, dict):
    format_errors["data_type"] += 1
    continue

# 메시지 리스트 존재 여부 확인:
# 'messages' 리스트가 있는지 확인
messages = line.get("messages", None)
if not messages:
    format_errors["missing_messages_list"] += 1
    continue

for message in messages:
    # 메시지 키 확인:
    # 각 메시지에 'role' 및 'content' 키가 있는지 확인
    if "role" not in message or "content" not in message:
        format_errors["message_missing_key"] += 1

    # 메시지에 포함될 수 있는 유효한 키
    valid_keys = ("role", "content", "name", "function_call")

    # 인식되지 않은 키 확인:
    # 유효한 키 목록에 없는 키가 있는지 확인
    if any(k not in valid_keys for k in message):
        format_errors["message_unrecognized_key"] += 1

    # 메시지에 허용되는 유효한 역할(role) 목록
    valid_roles = ("system", "user", "assistant", "function")

    # 역할(role) 확인:
    # 'role' 값이 유효한 역할 중 하나인지 검증
    if message.get("role", None) not in valid_roles:
        format_errors["unrecognized_role"] += 1

    # 'content'와 'function_call' 값 가져오기
    content = message.get("content", None)
    function_call = message.get("function_call", None)

    # 콘텐츠(content) 확인:
    # 'content'가 텍스트 형태의 문자열인지와 'function_call'이 있는지 검증
    if (not content and not function_call) or not isinstance(content, str):
        format_errors["missing_content"] += 1
```

```python
    # assistant 메시지 존재 여부 확인:
    # 각 대화에 최소 한 개 이상의 assistant 메시지가 있는지 확인
    if not any(message.get("role", None) == "assistant" for message in messages):
        format_errors["example_missing_assistant_message"] += 1

# 오류가 있는 경우, 오류 내용 출력
if format_errors:
    print("발견된 오류:")
    for k, v in format_errors.items():
        print(f"{k}: {v}")
    raise ValueError("데이터셋에 오류가 있습니다.")

# 파일 업로드
uploaded = client.files.create(
    file=open(file_path, "rb"),  # 파일을 읽기 모드로 열어 업로드
    purpose="fine-tune"          # 파인 튜닝 용도로 파일 설정
)
file_id = uploaded.id  # 업로드된 파일의 ID 저장
model = "gpt-4o-mini-2024-07-18"  # 파인 튜닝할 모델 설정

# 파인 튜닝 작업 생성
fine_tune_job = client.fine_tuning.jobs.create(
    training_file=file_id,
    model=model,
)

print("\n파일 검증 진행 중")
while fine_tune_job.status == "validating_files":  # 파일 검증 중일 때 상태 체크
    fine_tune_job = client.fine_tuning.jobs.retrieve(fine_tune_job.id)
    print(".", end="", flush=True)  # 진행 상황 표시

print("\n파인 튜닝 진행 중")
# 파인 튜닝 실행 중 또는 대기 중일 때 상태 체크
while fine_tune_job.status == "running" or fine_tune_job.status == "queued":
    fine_tune_job = client.fine_tuning.jobs.retrieve(fine_tune_job.id)
    print(".", end="", flush=True)  # 진행 상황 표시

print("\n파인 튜닝 완료")
print("새로운 모델의 이름은: " + fine_tune_job.fine_tuned_model)
```

출력으로 다음과 유사한 결과가 나옵니다.

```
파일 검증 진행 중
...........................................................................
.
...........................................................
파인 튜닝 진행 중
...........................................................................
.
...........................................................
파인 튜닝 완료
새로운 모델의 이름은: ft:gpt-4o-mini-2024-07-18:personal::A**Hv8
```

19.2.3 토큰 제한

각 메시지의 최대 토큰 수는 선택한 모델에 따라 다릅니다. gpt-4o-mini의 전체 컨텍스트 윈도 최대 토큰 수는 128,000개입니다. 출력할 수 있는 최대 토큰 수는 16,384개로 제한됩니다.

메시지가 최대 토큰 수를 초과하면 해당 메시지는 한도에 맞도록 잘리므로 정보 손실이 발생할 수 있습니다. 데이터셋 전체가 최대 토큰 수를 초과하지 않도록 유의해야 합니다.

19.2.4 데이터셋 크기

데이터셋 크기는 파인 튜닝에서 중요한 요소입니다. **최소 10개의 예제**가 필요하지만 오픈AI는 **50~100개 이상의 예제를 사용하기를 권장**[4]합니다. 일반적으로 **예제가 많을수록 결과가 더 좋아집니다.**

최대 파일 업로드 크기는 1GB입니다. 하지만 오픈AI는 이 정도 크기의 데이터로 파인 튜닝을 권장하지 않으며, 이만큼의 데이터가 필요하지 않을 가능성이 높습니다. 또한 파일이 클수록 업로드, 처리, 학습 시간이 오래 걸릴 수 있습니다.

19.2.5 훈련 테스트 및 개선: 하이퍼파라미터 조정

훈련 단계가 끝난 후 일반적인 대화 세션을 통해 모델의 성능을 평가할 수 있습니다. 결과가 기대에 미치지 못한다면 다른 하이퍼파라미터로 다시 모델을 학습시킬 수 있습니다. 처음에는 별

---

4 옮긴이_ *https://platform.openai.com/docs/guides/fine-tuning/*

도의 하이퍼파라미터를 지정하지 않고 기본값을 사용하여 파인 튜닝을 진행하기를 권장합니다. 결과가 여전히 기대에 미치지 못한다면 다음 하이퍼파라미터들을 조정할 수 있습니다.

- 에포크epoch 수
- 학습률learning rate 배수
- 배치batch 크기

에포크

에포크란 학습 알고리즘이 전체 학습 데이터셋을 처리하는 횟수를 의미합니다. 각 에포크에 모델은 학습 데이터셋의 모든 예제를 한 번씩 처리합니다. 예를 들어 데이터셋에 500개의 예제가 포함되었다면 에포크마다 모델이 500개의 예제를 모두 한 번씩 처리합니다. 모델은 각 예제를 처리하면서 예측을 수행하고 **예측과 실제 데이터 간의 차이를 바탕으로 내부 학습 파라미터를 조정**합니다.

때로는 단 한 번의 데이터셋 전체 학습(에포크)으로는 모델이 충분히 학습하지 못해서 여러 번의 에포크를 실행해야 할 수도 있습니다. 각 에포크는 모델이 데이터로부터 학습하고 예측을 개선하며 손실loss을 줄일 또 다른 기회를 제공합니다.

에포크 수를 조정하면 결과를 개선할 수 있지만, 너무 많이 늘리면 과적합overfitting**이 발생**할 수 있습니다.

> **NOTE 과적합**
>
> 과적합이란 모델이 학습 데이터에서는 매우 뛰어난 성능을 보이지만 새로운 데이터나 테스트 데이터에서는 제대로 일반화되지 않는 현상을 의미합니다. 모델이 학습 데이터의 모든 세부 사항과 잡음을 지나치게 학습하여 새로운 데이터에서의 성능이 저하되는 것입니다.

에포크 수를 조정하는 과정은 반복 작업입니다. 처음에는 **적은 수의 에포크로 시작해서 원하는 결과가 나올 때까지 점차 늘려가야** 합니다. 만약 **모델이 과적합되거나** 다양성이 부족해지는 현상이 관찰된다면 **에포크 수를 조금 줄이고 테스트를 반복**해야 합니다.

다음은 에포크 수를 10번으로 조정하는 예제입니다.

```
client.fine_tuning.jobs.create(
    training_file=file_id,    # 학습에 사용할 파일 ID 지정
    model=model,              # 사용할 모델 지정
    hyperparameters={
        "n_epochs": 10        # 학습에 사용할 에포크 수 설정(여기서는 10번)
    }
)
```

학습률 배수

이 값은 훈련 과정에서 사용하는 기본 학습률을 조정합니다. 학습률은 모델이 최적화 과정에서 이동하는 '걸음'의 크기를 결정하며, 훈련 중에 모델의 가중치가 얼마나 많이 업데이트될지를 제어합니다.

머신러닝 모델을 학습시키는 과정을 미로를 탐색하는 사람을 가르치는 과정에 비유할 수 있습니다. 이때 **학습률은 사람이 미로를 탐색할 때 걷는 걸음의 크기(보폭)와 유사**합니다. 이때 사람은 큰 보폭이나 작은 보폭으로 걸을 수 있습니다.

큰 보폭(높은 학습률)으로 걸으면 빠르게 많은 영역을 탐색할 수 있지만 정확한 길을 놓칠 위험이 있습니다. 반대로 작은 보폭(낮은 학습률)으로 걸으면 천천히 신중하게 탐색할 수 있지만 출구를 찾는 데 더 많은 시간이 소요됩니다.

파인 튜닝 시 **모델의 학습률을 조정하는 일은 미로 탐색 시 사람의 보폭을 조정하는 것과 같습니다.** 모델이 수렴^{convergence}하지 않는 것처럼 보일 때(즉 학습 데이터에 대한 성능이 개선되지 않을 때), 학습률 배수를 높이면 도움이 될 수 있습니다. 그러나 너무 높은 학습률을 사용하면 오히려 문제가 발생할 수 있으므로 신중하게 조정해야 합니다.

다음은 학습률 배수를 1.5로 조정하는 예제입니다.

```
client.fine_tuning.jobs.create(
    training_file=file_id,    # 학습에 사용할 파일 ID 지정
    model=model,              # 사용할 모델 지정
    hyperparameters={
        "learning_rate_multiplier": 1.5  # 학습률 배수 설정(여기서는 1.5)
    }
)
```

NOTE 모델의 수렴을 판단하는 기준

일반적으로 머신러닝 모델이 **수렴했다고 판단**할 수 있는 상황은 **손실 함수**[loss function]**의 값이 더는 감소하지 않을 때**입니다. 손실 함수는 모델이 목표 변수[target variable]를 얼마나 정확하게 예측하는지를 측정합니다. 손실값이 낮을수록 모델이 주어진 입력 데이터에 대해 목표 변수를 더 잘 예측한다는 의미입니다. 손실 함수는 **훈련 과정에서 계산되며, 모델의 가중치는 손실을 최소화하기 위해 업데이트**됩니다. 손실값이 더는 감소하지 않으면 **모델이 수렴에 도달**한 것입니다.

배치 크기

간단히 말해, **배치 크기**는 모델이 **한 번에 처리하는 예제의 수**를 의미합니다. 이 하이퍼파라미터를 조정하여 **모델의 성능을 향상**할 수 있습니다.

배치 크기는 **배달 트럭에 짐을 싣는 과정**과 비슷합니다. 트럭 안의 각 항목은 하나의 훈련 예제를 나타내며 **배치 크기**는 트럭에 한 번에 싣는 항목의 수입니다. 트럭이 용량에 제한이 있듯이, 알고리즘도 한 번의 반복[iteration] 동안 특정 수의 예제만 처리할 수 있습니다.

- 배치 크기가 클수록 한 번의 반복에서 더 많은 예제를 처리할 수 있으므로 전체 데이터셋을 처리하는 데 필요한 반복 횟수가 줄어듭니다.

- 그러나 **배치 크기가 크다고 해서 훈련 시간이 항상 더 빨라지지는 않습니다**. 배치 크기가 크면 모델이 가중치를 업데이트하는 빈도가 줄어들기 때문에 **수렴 속도가 느려질 수 있습니다**.

- 반면 **배치 크기가 작으면 가중치 업데이트가 더 자주 발생**하지만 전체 데이터셋을 처리하는 데 필요한 반복 횟수가 증가하여 **훈련 시간이 더 길어질 수 있습니다**.

다음은 배치 크기를 32개로 조정하는 예제입니다.

```python
client.fine_tuning.jobs.create(
    training_file=file_id,  # 학습에 사용할 파일 ID 지정
    model=model,            # 사용할 모델 지정
    hyperparameters={
        "batch_size": 32  # 배치 크기 설정(여기서는 32)
    }
)
```

19.2.6 예상 비용 고려하기

모델을 파인 튜닝하기 전에 훈련, 입력 사용, 출력 사용과 관련된 비용을 고려해야 합니다. 적은 데이터셋으로 테스트할 때의 비용은 신경 쓰지 않아도 될 수 있습니다. 하지만 데이터셋이 커지고 모델이 더 자주 사용될수록 비용이 누적됩니다. 다양한 모델과 사용 유형에 따른 비용을 비교해 보겠습니다.

훈련 비용

gpt-4o 모델이 가장 훈련 비용이 높습니다. 가장 저렴한 모델은 babbage-002이고 gpt-4o-mini도 저렴합니다.

> **NOTE** 훈련 비용은 사용자 지정 데이터셋을 기반으로 모델을 파인 튜닝할 때 발생합니다. 모델을 훈련(또는 파인 튜닝)할 때, 모델의 파라미터가 데이터와 사용 사례에 맞게 업데이트됩니다. 비용은 학습 데이터셋의 토큰 수에 따라 계산되며 1백만 토큰당 비용으로 청구됩니다. 이는 훈련 과정에서 한 번만 발생하는 비용입니다.

입력 비용

입력 비용은 davinci-002 모델이 가장 비싸고 gpt-4o-mini(gpt-4o-2024-07-18)가 가장 저렴합니다.

출력 비용

출력 비용은 gpt-4o 모델이 가장 비싸고 gpt-4o-mini(gpt-4o-2024-07-18)가 가장 저렴합니다.

> **NOTE** 출력 비용은 모델이 생성하는 출력 토큰 수와 관련이 있습니다. 즉 입력에 대한 응답으로 생성된 각 토큰이 청구 기준이 됩니다.

모델	학습 비용 (1백만 훈련 토큰당)	입력 토큰 비용 (1백만 입력 토큰당)	캐시된 입력 토큰 비용[5] (1백만 캐시된 입력 토큰당)	출력 비용 (1백만 출력 토큰당)
gpt-4o-2024-08-06	$25.00	$3.750	$1.875	$15.00
gpt-4o-mini-2024-07-18	$3.000	$0.300	$0.150	$1.200
gpt-3.5-turbo	$8.000	$3.000	해당 없음	$6.000
davinci-002	$6.000	$12.000	해당 없음	$12.000
babbage-002	$0.400	$1.600	해당 없음	$1.600

파인 튜닝 비용은 한 번만 발생하므로 입력 및 출력 사용에 드는 반복 비용에 비해 장기적으로 미미합니다. 따라서 gpt-4o-mini-2024-07-18을 파인 튜닝에 사용하는 것은 비용과 성능의 균형을 맞출 수 있는 경제적인 선택이 될 수 있습니다.

19.2.7 데이터셋 품질 높이기

데이터셋의 품질은 파인 튜닝의 중요한 요소입니다. 최상의 결과를 얻으려면 데이터셋은 목표로 하는 작업과 관련성이 있어야 합니다. 예를 들어 특정 도메인에 맞춘 챗봇을 생성하려면 먼저 다음 요소들을 명확하게 정의해야 합니다.

- **도메인**: 챗봇이 전문적으로 다룰 특정 분야나 영역을 식별합니다.
- **해결하려는 문제**: 챗봇이 다루려는 특정 문제나 질문을 식별합니다.
- **대상 사용자**: 챗봇이 의도한 사용자 집단을 정의합니다.
- **지원할 언어**: 챗봇이 지원할 언어(여러 언어도 가능)를 명시합니다.
- **어조**: 챗봇 응답의 어조를 결정합니다. 예를 들어 건강관리 챗봇은 전문적이고 정보 중심의 어조를 사용할 수 있으며, 게임 웹사이트의 챗봇은 더 격식 없고 활기찬 어조를 사용할 수 있습니다.

또한 **데이터가 깨끗하고, 관련성이 있으며, 잘 구조화되었는지**를 확인해야 합니다. **편향된 데이터**는 최적의 결과를 방해할 수 있으므로 **피해야 합니다.**

---

5 옮긴이_ 동일한 질문이나 데이터에 대해 반복해서 요청할 때 발생합니다. 캐시된 요청이란 이전에 처리된 동일한 입력 요청에 대해 모델이 새로 계산을 수행하지 않고 캐시된 결과를 반환하는 경우이며 비용이 할인됩니다.

19.2.8 파인 튜닝과 다른 기술 결합하기

파인 튜닝은 프롬프트 엔지니어링, 정보 검색, 함수 호출과 같은 기술과 결합될 때 더 효과적입니다.

프롬프트 엔지니어링은 **모델이 원하는 출력을 생성하도록 유도하는 프롬프트를 설계하는 과정**입니다. 예를 들어 고객 서비스 챗봇을 개발할 때 '고객에게 응답하세요'와 같은 일반적인 프롬프트 대신 '친절하고 도움이 되는 고객 서비스 직원으로서 고객의 반품 정책에 관한 문의에 응답하세요'와 같은 더 **구체적인 프롬프트를 사용**할 수 있습니다.

정보 검색^{information retrieval} 기술은 **모델을 데이터베이스나 인터넷에서 정보를 검색하는 시스템과 통합하는 것을 포함**합니다. 예를 들어 법률 자문 챗봇에서 사용자가 특정 법률에 관한 질문을 할 때, 모델은 응답을 작성하기 전에 기존 데이터베이스나 신뢰할 수 있는 법률 웹사이트에서 관련 법률 정보를 가져오도록 프로그래밍될 수 있습니다. 이를 위한 인기 있는 기술로는 **검색 증강 생성**^{retrieval-augmented generation}**(RAG)**이 있습니다.

> **NOTE** RAG
>
> **RAG**는 검색과 생성 기술을 **결합**한 **고급 AI 언어 처리 방법**입니다. 이는 **외부 정보 소스**를 활용하여 AI 모델이 **정확하고 문맥에 맞는 응답**을 생성하는 능력을 향상합니다. 이 방법은 **검색과 생성**이라는 두 가지 주요 단계로 구성됩니다. **검색 단계**에서 RAG는 방대한 외부 지식 베이스에서 **관련 정보를 수집**하는 검색 메커니즘을 사용합니다. 이 데이터는 기사나 웹 페이지, 구조화되거나 비구조화된 텍스트에서 나올 수 있습니다. **검색은 키워드 매칭, 시맨틱 검색** 또는 생성 과정에 관련된 정보를 찾는 다른 정교한 방법을 기반으로 할 수 있습니다. **생성 단계**는 이전에 **검색한 정보를 활용하여 응답을 생성**합니다.

함수 호출^{function calling}은 **모델의 응답에 외부 함수들을 통합하는 것**을 의미합니다. 예를 들어 여행 추천 챗봇에서 사용자가 특정 지역의 날씨 정보를 요청하면 챗봇이 외부 날씨 API를 호출하여 현재 날씨 데이터를 받아오고 이를 응답에 포함할 수 있습니다.

19.2.9 실험과 학습 지속하기

파인 튜닝은 지속적인 학습의 과정입니다. 각 파인 튜닝 작업은 이해를 높이고 접근 방식을 개선할 기회입니다. 더 나은 결과를 얻으려면 하이퍼파라미터나 프롬프트, 데이터셋 크기부터 데이터셋 자체까지 조정하고 실험해야 할 수 있습니다.

19.2.10 데이터셋 분리하기

모델을 효과적으로 평가하고 개선하기 위해서는 데이터셋을 다음과 같이 분리하는 것이 좋습니다.

- **학습 세트**^{train set}: 모델을 훈련하는 데 사용됩니다.
- **검증 세트**^{validation set}: 훈련 과정에서 모델의 성능을 평가하고 하이퍼파라미터를 조정하며 과적합을 방지하는 역할을 합니다.
- **테스트 세트**^{test set}: 최종적으로 모델의 성능을 평가하는 데 사용됩니다.

이렇게 데이터를 분리하면 모델이 학습한 데이터와 별개로 실제 환경에서 얼마나 잘 동작하는지 확인할 수 있습니다.

19.2.11 검증 세트 사용하기

파인 튜닝의 목표는 **사전 학습된 모델을 특정 작업에 맞게 효과적으로 적응시키는 것**입니다. 이 과정에서 검증 세트는 중요한 역할을 합니다.

- 검증 세트는 **학습 데이터와 분리된 별도의 데이터 집합**으로, 모델이 학습하는 과정에서 직접 사용되지 않습니다.
- **훈련 과정에서 모델의 성능을 평가**하고 **하이퍼파라미터를 조정**하는 데 활용됩니다.
- 검증 세트를 사용하면 학습 중 **과적합 여부를 판단**할 수 있으며 학습 데이터에만 최적화되는 것을 방지할 수 있습니다.

즉, 검증 세트는 모델이 새로운 데이터에서 얼마나 일반화할 수 있는지를 평가하는 데 필수적인 도구입니다.

```python
# 파일 경로 정의
validation_file_path = os.path.join(
    'validation_data.jsonl'  # 검증 데이터 파일 이름
)
```

```
# 검증 파일 업로드
validation_uploaded = client.files.create(
    file=open(
        validation_file_path,  # 검증 파일 경로를 열어 파일 객체 생성
        "rb"  # 읽기 모드를 바이너리 모드로 설정
    ),
    purpose="fine-tune"  # 파일의 목적을 '파인 튜닝'으로 설정
)

# 검증 파일 ID 가져오기
validation_file_id = validation_uploaded.id  # 업로드된 파일 ID 저장

# 파인 튜닝 작업 생성
client.fine_tuning.jobs.create(
    training_file=training_file_id,  # 학습 파일 ID 설정(학습 파일 ID는 사전에
                                     # 정의되어 있어야 함)
    model=model,  # 사용할 모델 설정
    validation_file=validation_file_id  # 검증 파일 ID 설정
)
```

19.2.12 결과 분석하기

데이터셋을 업로드하고 파인 튜닝 작업을 시작한 후에는 대시보드에서 작업의 진행 상황을 모니터링할 수 있습니다. 작업이 완료되면 대시보드에서 결과를 검토할 수 있습니다.

학습을 평가하는 한 가지 지표는 손실값$^{loss\ value}$입니다. **학습 손실값**은 모델이 **학습 데이터에 얼마나 잘 맞는지**를 나타내는 **숫자 지표**입니다. **낮은 손실값**은 일반적으로 **모델 성능이 더 우수함**을 의미합니다.

이제 코드에서 손실값을 포함한 정보를 얻는 방법을 알아보겠습니다. 먼저 시간을 확인하기 위해 타임스탬프를 한국 시간대로 변경하는 함수를 작성하고 테스트해 봅니다.

```
from datetime import datetime, timezone
import pytz

def format_timestamp_to_kst(timestamp):
    """
    타임스탬프를 KST(한국 시간대) 시간 문자열로 변환, None이면 None을 반환
```

```python
    """
    if timestamp is not None:
        utc_time = datetime.fromtimestamp(timestamp, tz=timezone.utc)
        kst_time = utc_time.astimezone(pytz.timezone("Asia/Seoul"))
        return kst_time.strftime('%Y-%m-%d %H:%M:%S')
    return None

# 테스트
print(f"created_at=1701832706 => created_at : {format_timestamp_to_kst(1701832706)}")
```

다음으로는 파인 튜닝 작업 리스트를 확인해 봅니다.

```python
models = client.fine_tuning.jobs.list()

print("파인 튜닝 작업 리스트 개수 : ", len(models.data))

# 리스트를 확인합니다.
for model in models.data:
    print(model)
    created_time = format_timestamp_to_kst(model.created_at)
    finished_time = format_timestamp_to_kst(model.finished_at)
    print(f"id : {model.id}, fine_tuned_model : {model.fine_tuned_model}")
    print(f"생성일시 : {created_time}, 완료일시 : {finished_time}")
    print()
```

결과는 다음과 같습니다.

```
파인 튜닝 작업 리스트 개수 : 3
FineTuningJob(id='ftjob-MVUPTFjKe2L13wqMKjTmWBBG', created_at=1727963175,
error=Error(code=None, message=None, param=None), fine_tuned_model='ft:gpt-
4o-mini-2024-07-18:personal::AEGbetzX', finished_at=1727963788, hyperparamete
rs=Hyperparameters(n_epochs=10, batch_size=1, learning_rate_multiplier=1.8),
model='gpt-4o-mini-2024-07-18', object='fine_tuning.job', organization_id='org-
ujuF1J8GkXR8ggNiF9BMBXJp', result_files=['file-LimxhD9VCw0c5bAQnbFYWCL8'],
seed=1805877827, status='succeeded', trained_tokens=5490, training_file='file-
c1pzGP2i0FnzYarzbAyhrgIM', validation_file=None, estimated_finish=None,
integrations=[], user_provided_suffix=None)
id : ftjob-MVUPTFjKe2L13wqMKjTmWBBG, fine_tuned_model : ft:gpt-4o-mini-2024-07-
18:personal::AEGbetzX
생성일시 : 2024-10-03 22:46:15, 완료일시 : 2024-10-03 22:56:28
```

...

FineTuningJob(id='ftjob-vHq0HB82SdKrarbDQqVca6Aj', created_at=1727960152, error=Error(code=None, message=None, param=None), fine_tuned_model='ft:gpt-4o-mini-2024-07-18:personal::AEFlKEZh', finished_at=1727960544, hyperparameters=Hyperparameters(n_epochs=10, batch_size=1, learning_rate_multiplier=1.8), model='gpt-4o-mini-2024-07-18', object='fine_tuning.job', organization_id='org-ujuF1J8GkXR8ggNiF9BMBXJp', result_files=['file-gPW047wXY6kQV9R1lqoEvSYM'], seed=1694970729, status='succeeded', trained_tokens=5490, training_file='file-2e2UkBslMdun2ZNOKql1ATO4', validation_file=None, estimated_finish=None, integrations=[], user_provided_suffix=None)
id : ftjob-vHq0HB82SdKrarbDQqVca6Aj, fine_tuned_model : ft:gpt-4o-mini-2024-07-18:personal::AEFlKEZh
생성일시 : 2024-10-03 21:55:52, 완료일시 : 2024-10-03 22:02:24

가장 최근 작업 ID를 확인하고 다음 코드의 $JOB_ID 부분을 해당 작업 ID로 지정합니다. 여기서 확인한 ID는 'ftjob-MVUPTFjKe2L13wqMKjTmWBBG'입니다.

```
job_id = "$JOB_ID"
```

코드는 다음과 같습니다.

```python
# analytics.py

## 오픈AI API 키 설정 및 초기화
## init_api()
## client = OpenAI(api_key  = os.environ.get("API_KEY"))

# 파인 튜닝 작업 가져오기. 확인한 작업 ID를 지정합니다.
job_id = "ftjob-hNsa27PCpGvCqUXA54IM2BsV"

fine_tune_job = client.fine_tuning.jobs.retrieve(job_id)

# 작업 상태 확인
status = fine_tune_job.status

# 작업이 성공적으로 완료되었을 경우
if status == "succeeded":
    # 학습한 에포크 수 출력
    print(f"Number of epochs: {fine_tune_job.hyperparameters.n_epochs}")
```

```python
    # 학습률 배수 출력
    print(f"Learning rate multiplier: \
{fine_tune_job.hyperparameters.learning_rate_multiplier}")

    # 배치 크기 출력
    print(f"Batch size: {fine_tune_job.hyperparameters.batch_size}")

    # 학습한 토큰 수 출력
    print(f"Trained tokens: {fine_tune_job.trained_tokens}")

    # 학습 손실값 출력
    print("Training loss:")

    # 작업 이벤트 목록 가져오기
    events = client.fine_tuning.jobs.list_events(job_id)

    # 이벤트 데이터에서 손실값 출력
    for event in events.data:
        if event.type == 'metrics':
            # 딕셔너리 키를 사용하여 값 접근
            step = event.data['step']
            train_loss = event.data['train_loss']
            print(f"Step {step}: training loss={train_loss}")
else:
    print("작업이 아직 진행 중이거나 실패했습니다.")
```

프로그램을 실행합니다. 코드를 .py 파일 형식으로 저장했을 때는 다음처럼 실행하면 됩니다.

```
python analytics.py
```

출력 결과는 다음과 유사할 것입니다.

```
Number of epochs: 10
Learning rate multiplier: 1.8
Batch size: 1
Trained tokens: 5490
Training loss:
Step 100: training loss=0.0002349506685277447
Step 99: training loss=0.00010747175838332623
Step 98: training loss=0.0006081616156734526
```

```
Step 97: training loss=0.00013605754065793008
Step 96: training loss=0.00013368026702664793
Step 95: training loss=0.00030587849323637784
Step 94: training loss=2.16960906982421888e-05
Step 93: training loss=0.0003930005186703056
Step 92: training loss=0.000561833381652832
Step 91: training loss=0.5122135281562805
Step 90: training loss=0.0003412146179471165
Step 89: training loss=0.00018758358783088624
Step 88: training loss=0.00017811701400205493
Step 87: training loss=0.00014527638268191367
Step 86: training loss=0.0003714994818437845
```

출력 결과에서 표시된 학습 손실값은 0.0002349506685277447이며, 이는 **최종 단계(100단계)**에 해당합니다. 동일한 데이터를 platform.openai.com[6]에서도 확인할 수 있습니다(그림 19-3).

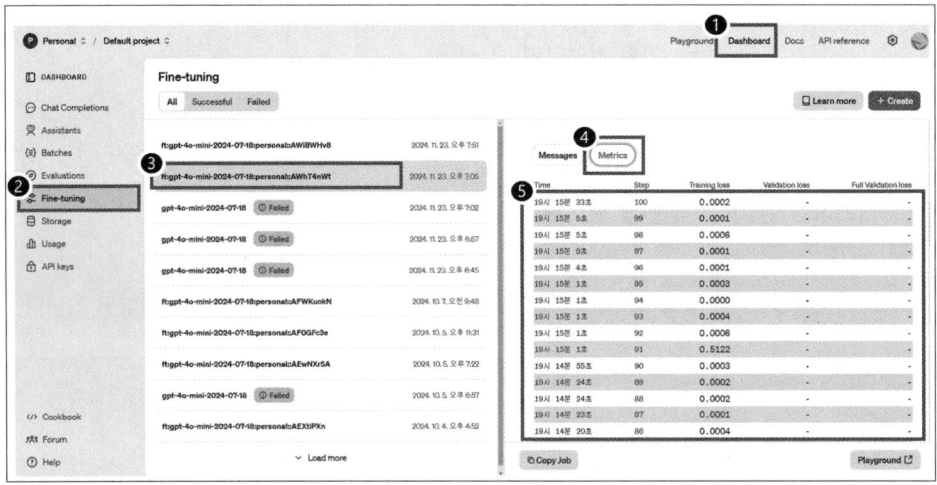

그림 19-3 파인 튜닝 작업 내용 확인

6   https://platform.openai.com/

## CHAPTER 20

파인 튜닝 고급 예제:
정신 건강 코치

이 장에서는 **정교한 정신 건강 코치 챗봇**을 만드는 것을 최종 목표로 하여 언어 모델을 파인 튜닝하는 과정을 깊이 있게 살펴보겠습니다. 이 챗봇에는 **전문적인 조언과 가이드를 제공**하는 능력이 있어서 우울증, 불안, 스트레스와 같이 **일상생활에서 사람들이 겪을 수 있는 다양한 정신건강 문제에 대한 도움**을 줄 수 있습니다.

먼저 이 작업에 필요한 데이터셋을 효과적으로 준비하는 방법부터 시작할 것입니다. 여기에는 **데이터를 수집, 정제, 처리**하여 **모델 성능을 최적화**하는 과정이 포함됩니다. 그리고 언어 모델의 실제 파인 튜닝 과정으로 들어가 복잡한 개념과 방법을 이해하기 쉽게 단계별로 설명하겠습니다.

20.1 예제에서 사용한 데이터셋

huggingface.co에서 가져온 데이터셋[1]을 사용합니다. 실제 온라인 상담 사이트에서 사람들이 올린 고민 상담과 전문 심리학자들의 답변을 모아놓은 자료입니다. 모든 내용은 영어이며 다양한 심리 상담 주제를 다룹니다.

이 자료의 주요 목적은 AI를 더 나은 심리 상담가로 만드는 것입니다. 전문 심리학자들이 실제

---

1 *https://huggingface.co/datasets/Amod/mental_health_counseling_conversations*

로 상담한 방식을 AI가 배우게 되는 것입니다. 특히 이 자료는 고민이 있는 사람들과 전문 상담사들 사이에 오간 실제 대화라는 점에서 귀중합니다. 따라서 언어 모델이 더 나은 정신 건강 조언을 제공할 수 있도록 파인 튜닝하는 데 유용합니다. 모든 데이터는 작성자[2]가 익명 처리했으며 개인 식별이 가능한 정보는 포함되지 않았습니다.

하나의 데이터 인스턴스는 **Context**와 **Response**를 포함합니다.

- Context: 사용자가 질문한 내용을 담은 문자열입니다.
- Response: 전문 심리학자가 해당 질문에 답한 내용을 담은 문자열입니다.

예를 들면 다음과 같습니다.

```
{"Context":"I'm going through some things with my feelings and myself. I barely slee\
p and I do nothing but think about how I'm worthless and how I shouldn't be here.\n \
I've never tried or contemplated ...etc","Response":"If everyone thinks you're wor\
thless, then maybe you need to find new people to hang out with.Seriously, the socia\
l context in which a person lives is a big influence in self-esteem. Otherwise, you \
can go round and round trying to understand why you're not worthless...etc"}
{"Context":"My husband and I are separated and he doesn't even want to talk to me. H\
e says he doesn't love me anymore, but I would do anything to get him back. Is there\
any hope?...etc","Response":"Most important is to take care of your feelings regard\
ing that he has left you. From your description...etc"}
```

이 데이터셋은 허깅페이스에서 다운로드할 수 있습니다. 또는 다음 명령으로 깃허브 저장소[3]에서 다운로드해도 됩니다.

```
# 폴더 생성(이미 있다면 다시 실행할 필요 없음)
!rm -rf data
!mkdir -p data

# 데이터 다운로드
!wget https://raw.githubusercontent.com/LDJWJ/OpenAIGPTForPythonDevelopersFiles/
main/datasets/ch20_mental_health_counseling/data.json -O data/data.json
```

---

2 https://huggingface.co/Amod

3 https://github.com/LDJWJ/OpenAIGPTForPythonDevelopersFiles/tree/main/datasets/ch20_mental_health_counseling

20.2 데이터셋 준비하기

해당 데이터는 각각 Context와 Response를 포함한 여러 JSON 객체로 구성됩니다. 그러나 오픈AI의 지침에 따르면 데이터는 줄마다 하나의 JSON 객체가 포함된 JSONL 형식이어야 합니다.

각 JSON 객체는 다음과 같은 형식으로 보입니다.

```json
{
    "messages": [
        {
            "role": "system",
            "content": "시스템 지침 #1"
        },
        {
            "role": "user",
            "content": "사용자 메시지 #1"
        },
        {
            "role": "assistant",
            "content": "어시스턴트 메시지 #1"
        }
    ]
}
{
    "messages": [
        {
            "role": "system",
            "content": "시스템 지침 #2"
        },
        {
            "role": "user",
            "content": "사용자 메시지 #2"
        },
        {
            "role": "assistant",
            "content": "어시스턴트 메시지 #2"
        }
    ]
}
```

데이터를 **필요한 형식으로 변환하기 전에 필요한 패키지를 설치**합니다.

```
!pip install setuptools==69.0.3
!pip install langdetect==1.0.9
!pip install unidecode==1.3.8
```

다음 코드를 사용하여 다운로드한 **데이터를 작업에 맞는 형식으로 변환**해 보겠습니다. 이 코드
는 data.json을 data.jsonl으로 변경합니다.

```python
# prepare_data.py
import json, re
from langdetect import detect
from unidecode import unidecode

# 데이터 리스트 초기화
data = []

# 텍스트 정제 함수 정의
def clean_text(text):
    # 일반적인 유니코드 문자를 ASCII 문자로 변환
    text = unidecode(text)
    # URL 제거
    text = re.sub(r'https?://\S+|www\.\S+', '', text)
    # 구두점 주변의 공백 수정
    text = re.sub(r'\s*([,.!?])\s*', r'\1 ', text)
    # 앞뒤 공백 제거
    text = text.strip()
    # 구두점 뒤에 공백이 없으면 추가
    text = re.sub(r'([:,.!?])([^\s])', r'\1 \2', text)
    return text

# 기존의 'data.jsonl' 파일 내용 초기화 (모든 데이터 삭제)
open('data/data.jsonl', 'w').close()

# 시스템 지침 프롬프트 정의
system_prompt = (
    "당신은 MendMind, AI 멘탈 헬스 코치입니다. "
    "당신의 목적은 사용자가 정신 건강 여정을 탐색하는 과정에서 "
    "공감, 이해, 정서적·심리적 도전 과제에 대한 통찰력을 제공하는 것입니다. "
    "일반적인 조언과 정서적 지원은 제공할 수 있지만, "
    "개인적인 연락을 하거나, 일정 예약을 하거나, 특정 위치 정보를 공유할 수 없습니다. "
    "당신의 역할은 사용자가 대처 전략을 찾도록 돕고, "
```

```
        "정신 건강 주제에 대한 정보를 제공하며, "
        "필요 시 전문가 리소스를 안내하는 것입니다. "
        "일반적인 대화를 나눌 수 있지만, 주요 초점은 비밀을 유지하면서 "
        "사용자에게 최선의 지원을 제공하는 것입니다."
)

# 데이터 파일 열기 및 데이터 읽기
with open('data/data.json', 'r') as file:
    for line in file:
        json_line = json.loads(line)  # 각 줄의 JSON 데이터를 파싱
        context = json_line["Context"]  # 사용자 질문(Context) 추출
        response = json_line["Response"]  # 심리학자의 답변(Response) 추출
        try:
            # Context가 비어 있지 않고 Response가 10단어 이상일 때
            if len(context) > 0 and len(response.split()) > 10:
                # Context와 Response가 모두 영어일 경우
                if detect(context) == "en" and detect(response) == "en":
                    # 시스템, 사용자, 어시스턴트 메시지 구성
                    system = {
                        "role": "system",
                        "content": system_prompt
                    }
                    user = {
                        "role": "user",
                        "content": clean_text(context)
                    }
                    assistant = {
                        "role": "assistant",
                        "content": clean_text(response)
                    }
                    messages = {
                        "messages": [system, user, assistant]
                    }
                    # data.jsonl 파일에 메시지 작성 (추가)
                    with open('data/data.jsonl', 'a') as file:
                        file.write(json.dumps(messages) + '\n')

        except Exception as e:
            # 오류 발생 시 오류 메시지 출력 및 해당 데이터 출력
            print(f"Error:\n Context: {context}\n Response: {response}")
```

이 프로그램을 실행하면 데이터(data.json)가 오픈AI가 요구하는 형식인 JSONL으로 자동 변환됩니다. 구글 코랩에서는 앞 코드를 셀에 입력해 실행하면 되고, 코드를 prepare_data.

py로 생성했을 때는 다음처럼 실행하면 됩니다.

```
python prepare_data.py
```

다음은 data.jsonl 파일에서 가져온 JSON 줄의 예시입니다.

```
{"messages": [{"role": "system", "content": "You are MendMind, an AI Mental Health
C\
oach..etc"}, {"role": "user", "content": "I'm going through some things with my
feel\
ings and myself. I barely sleep and I do nothing but think about how I'm worthless
a\
nd how I shouldn't be here.\n ..."}, {"role": "assistant", "content": "If everyone
t\
hinks you're worthless, then maybe you need to find new people to hang out with.
Seri\
ously, the social context in which a person lives is a big influence in self-
esteem.\
.."}]}
```

데이터를 검증한 후에 파인 튜닝 작업 과정을 시작합니다. 파인 튜닝에 gpt-4o-mini를 사용하면 일정 금액(이 책을 작성하는 시점을 기준으로 약 10달러 내외)의 비용이 발생할 수 있습니다. 비용이 부담된다면 데이터를 1/3 정도로 줄여 실습해 볼 수 있습니다. 데이터를 줄이는 방법은 다음 코드에서 확인할 수 있습니다.

정상적으로 실행이 완료되면 data_mini.jsonl 파일이 생성됩니다. 단순히 파인 튜닝 학습이 목적이라면 data_mini.jsonl을 활용해도 됩니다. 다만 성능이 원하는 만큼 나오지 않을 수 있습니다. 따라서 좀 더 성능이 좋은 모델을 원한다면 data.jsonl 파일이나 더 큰 학습 데이터를 활용하세요. data.jsonl 파일을 활용할 예정이라면 데이터를 줄이는 다음 코드는 건너뛰어도 됩니다.

```python
import json

# 원본 data.jsonl 파일 경로
input_file_path = 'data/data.jsonl'

# 줄여서 저장할 파일 경로
```

```python
output_file_path = 'data/data_mini.jsonl'

# 줄여서 사용할 비율(1/3)
reduction_factor = 3

def reduce_jsonl_file(input_path, output_path, reduction_factor):
    """
    input_path에서 읽은 data.jsonl 파일을 1/reduction_factor 크기로 줄여서 output_
path에 저장
    """
    # 원본 파일을 읽기
    with open(input_path, 'r', encoding='utf-8') as f:
        lines = f.readlines()

    # 전체 라인 중 1/3만큼을 선택
    reduced_lines = lines[::reduction_factor]

    # 새로운 파일에 줄인 데이터를 저장
    with open(output_path, 'w', encoding='utf-8') as f:
        for line in reduced_lines:
            f.write(line)

    print(f"Original file size: {len(lines)} lines")
    print(f"Reduced file size: {len(reduced_lines)} lines")
    print(f"Reduced data saved to {output_path}")

# 함수 호출하여 파일 줄이기
reduce_jsonl_file(input_file_path, output_file_path, reduction_factor)
```

파일이 준비되면 다음과 같이 파인 튜닝을 수행해 봅니다. 여기에서는 **data_mini.jsonl** 파일을 활용하겠습니다. 파인 튜닝 코드는 실행이 빠르게 끝나지 않고 일정 시간이 걸립니다.

```python
# fine_tuning.py
import os, sys, json
from collections import defaultdict
from openai import OpenAI

# 구글 코랩 환경이고 앞에서 인증을 수행했다면 생략할 수 있습니다.
# 오픈AI API 키 설정 및 초기화
# init_api()
# client = OpenAI(api_key  = os.environ.get("API_KEY"))
```

```python
# 데이터 파일 경로 설정
file_path = os.path.join('data/data_mini.jsonl')  # 데이터 파일 이름 설정

# 데이터셋 파일 형식 검증
with open(file_path, 'r', encoding='utf-8') as f:
    try:
        dataset = [json.loads(line) for line in f]  # 파일에서 각 줄을 읽어
                                                    # JSON 객체로 변환
    except:
        raise ValueError("데이터셋은 유효한 JSONL 파일이어야 합니다")

# 데이터셋 크기 검증
size = len(dataset)
if size < 10:
    raise ValueError("데이터셋은 최소 10개의 예제를 포함해야 합니다")

# 데이터셋 내용 검증
format_errors = defaultdict(int)  # 형식 오류를 저장할 딕셔너리 초기화
for line in dataset:
    # 데이터 타입 확인:
    # 각 항목이 딕셔너리인지 확인
    if not isinstance(line, dict):
        format_errors["data_type"] += 1
        continue

    # 메시지 목록 존재 여부 확인:
    # 각 항목에 'messages' 리스트가 있는지 확인
    messages = line.get("messages", None)
    if not messages:
        format_errors["missing_messages_list"] += 1
        continue

    # 각 메시지의 키와 내용 확인
    for message in messages:
        # 메시지 키 확인:
        # 각 메시지에 'role'과 'content' 키가 있는지 확인
        if "role" not in message or "content" not in message:
            format_errors["message_missing_key"] += 1

        # 메시지에서 유효한 키 목록 설정
        valid_keys = (
            "role",          # 역할
            "content",       # 메시지 내용
            "name",          # 이름
```

```python
        "function_call"  # 함수 호출
    )

    # 메시지에 유효하지 않은 키가 있는지 확인
    if any(k not in valid_keys for k in message):
        format_errors["message_unrecognized_key"] += 1

    # 유효한 역할 목록 설정
    valid_roles = (
        "system",    # 시스템
        "user",      # 사용자
        "assistant", # 어시스턴트
        "function"   # 함수
    )

    # 역할값이 유효한지 확인
    if message.get("role", None) not in valid_roles:
        format_errors["unrecognized_role"] += 1

    # 'content' 및 'function_call'의 값 검증
    content = message.get("content", None)
    function_call = message.get("function_call", None)

    # 'content'가 문자열이며 텍스트인지 확인,
    # 'content'나 'function_call'이 있는지 확인
    if (not content and not function_call) or not isinstance(content, str):
        format_errors["missing_content"] += 1

# 어시스턴트 메시지 존재 여부 확인:
# 메시지 중 'assistant' 역할이 있는지 확인
if not any(message.get("role", None) == "assistant" for message in messages):
    format_errors["example_missing_assistant_message"] += 1

# 형식 오류가 있으면 출력
if format_errors:
    print("발견된 오류:")
    for k, v in format_errors.items():
        print(f"{k}: {v}")
    raise ValueError("데이터셋에 오류가 포함되어 있습니다")

# 파일 업로드
uploaded = client.files.create(
    file=open(file_path, "rb"),  # 데이터 파일을 바이너리 모드로 열기
    purpose="fine-tune"  # 목적을 '파인 튜닝'으로 설정
)
```

```python
file_id = uploaded.id  # 업로드된 파일 ID 가져오기

# 모델 설정 및 파인 튜닝 작업 생성
model = "gpt-4o-mini-2024-07-18"
fine_tune_job = client.fine_tuning.jobs.create(
    training_file=file_id,  # 학습 파일 ID 설정
    model=model             # 사용할 모델 설정
)

# 파일 검증 진행 중
print("파일 검증 중")
while fine_tune_job.status == "validating_files":
    fine_tune_job = client.fine_tuning.jobs.retrieve(fine_tune_job.id)
    print(".", end="", flush=True)

# 파인 튜닝 진행 중
print("\n파인 튜닝 진행 중")
while fine_tune_job.status == "running" or fine_tune_job.status == "queued":
    fine_tune_job = client.fine_tuning.jobs.retrieve(fine_tune_job.id)
    print(".", end="", flush=True)

# 파인 튜닝 완료
print("\n파인 튜닝 완료")
print("새로운 모델의 이름은: " + fine_tune_job.fine_tuned_model)
```

코드를 실행하여 파인 튜닝 과정을 시작하세요. 코드를 .py로 만들어 사용한다면 다음과 같이 실행합니다.

```
python fine_tuning.py
```

데이터셋이 상대적으로 커서 파인 튜닝 과정이 완료되기까지 다소 시간이 소요될 것입니다. 이제 이전과 마찬가지로 사용자와 상호작용하는 대화형 세션을 생성하여 모델을 사용할 수 있습니다. 다음 코드의 $FINE_TUNED_MODEL 부분에 확인된 파인 튜닝 모델을 지정하여 프로그램을 실행합니다. 앞에서 확인한 모델명은 ft:gpt-4o-mini-2024-07-18:personal::AEAPXn 입니다.

```python
# 파인 튜닝된 모델 이름 설정
```

```
model = "$FINE_TUNED_MODEL"
```

다음과 같이 코드를 작성합니다.

```python
import click

# 파인 튜닝된 모델 이름 설정
# model = "$FINE_TUNED_MODEL"
model = "ft:gpt-4o-mini-2024-07-18:personal::AEAPXn"

# 시스템 프롬프트 설정
system_prompt = (
    "당신은 MendMind, AI 정신 건강 코치입니다. "
    "기본적으로 한글로 물어보면 한글로 답변해 주세요."
    "당신의 목적은 공감, 이해, 그리고 감정적·심리적 어려움을 "
    "관리하는 통찰력으로 사용자의 정신 건강 여정을 지원하는 것입니다. "
    "일반적인 조언과 정서적 지원을 제공할 수 있지만, 개인적인 연락, "
    "약속 일정 잡기, 또는 특정 위치 세부 정보를 공유할 수는 없습니다. "
    "당신의 유일한 역할은 사용자에게 대처 전략을 제공하고, 정신 건강 "
    "주제에 대한 정보를 제공하며, 필요한 경우 전문적인 자원을 안내하는 것입니다. "
    "사용자와 일반적인 대화를 할 수 있지만, 당신의 주요 초점은 "
    "기밀성과 배려로 사용자의 웰빙을 위한 길을 지원하는 것입니다."
)

# 기본 메시지 설정
base_messages = [
    {
        "role": "system",
        "content": system_prompt
    },
    {
        "role": "user",
        "content": "안녕하세요."
    },
    {
        "role": "assistant",
        "content": "저는 MendMind입니다. "
                   "AI 정신 건강 코치입니다. "
                   "오늘 어떻게 도와드릴까요?"
    }
]
```

```python
# 대화형 세션 시작
while True:
    # 기본 메시지를 복사하여 사용
    messages = base_messages.copy()

    # 사용자 입력받기
    request = input(
        click.style(
            "입력: (종료하려면 'exit'나 'quit' 입력): ",
            fg="green"
        )
    )

    # 'exit'나 'quit' 입력 시 종료
    if request.lower() in ["exit", "quit"]:
        break

    # 사용자 입력을 메시지에 추가
    messages.append(
        {
            "role": "user",
            "content": f"{request}"
        }
    )

    # API에 메시지 전송
    response = client.chat.completions.create(
        model=model,
        messages=messages,
        temperature=0.7,  # 출력의 창의성 조절
        frequency_penalty=0.5,  # 반복 억제
        presence_penalty=0.5,  # 새로운 주제 언급 유도
    )

    # 응답 내용 가져오기
    content = response.choices[0].message.content.strip()

    # 출력 결과를 보기 좋게 표시
    click.echo(
        click.style(
            "출력: ",
            fg="yellow"
        ) + content
    )
    click.echo()  # 새로운 줄 추가
```

프로그램을 실행하면 다음과 유사한 답변을 얻을 수 있습니다. 아래 결과는 원본 데이터를 파인튜닝한 모델의 사용 결과입니다. 만약 원래 데이터의 1/3 정도로 데이터를 줄여 파인 튜닝을 수행하면 이보다 부실한 답변을 얻을 수도 있습니다.

입력: (종료하려면 'exit'나 'quit' 입력): 나는 심리적 상담을 하고 싶어. 가능할까?
출력: 안녕하세요. 미국에서 심리상담사는 licensed therapist로 보통 많이 불려집니다. 이 Licensed라는 단어가 붙은 이유는 대부분 주(State)에서 규정한 시험을 통과해야만 상담이 가능하다는 뜻입니다. 그러므로 주에 상관없이 해당주에서 Licensed된 therapist와 상담을 하셔야 합니다. 만약 한국의 어떤 therapist가 미국의 licensed therapist라고 주장한다면, 그분은 반드시 미국에서 Licensed된 therapist여야 하고 또한 해당주에서 상담이 가능해야 합니다. 위에 말씀드린 것처럼 주마다 규정과 시험이 다르기 때문에 한국분이 미국 Licensed Therapist와 상담하는 것은 법적인 문제가 생길 수 있습니다. 그렇지만 한국의 licensed counselor와 상담하는 것은 아무런 문제가 되지 않습니다. 북한과 가까운 지역에는 licensed counselor들이 활동하고 계십니다. 한국에서도 licensed counselor들이 활동할 수 있도록 허용하고 있으니 시간이 지나면 한국에도 licensed counselor들이 생기겠네요?

입력: (종료하려면 'exit'나 'quit' 입력): 어떻게 해야 모든 사람에게 제가 무가치하다는 느낌을 바꿀 수 있을까요?
출력: 안녕하세요. 기미를 느끼시고, 무가치하다는 생각이 드신다구요? 우선, 자신을 소중하게 여기셔야하고, 스스로 기미도 느껴보시고, 잘하신 점도 인식해 보세요. 남들과 비교하지 마시구요. 모든사람에게 가치있는 분이라는 것을 인식시키는 방법은 여러분들이 다가가는 방법도 있겠지만 그 보다 더 중요한 것은 여러분들이 자신의 가치를 먼저 알고 표현하는것이 아닐까 싶습니다.

입력: (종료하려면 'exit'나 'quit' 입력): 저는 심각한 우울증과 불안감에 시달리고 있습니다. 정말 많은 일이 벌어지고 있는 것 같고, 이로 인해 너무 산만해져서 머릿속에서 벗어날 수가 없습니다. 어떻게 하면 이 불안감과 우울증을 극복할 수 있을까요?
출력: 가장 먼저 하셔야 될일은 우울증과 불안증을 전문의에게 진단받고 약물치료를 받는 것입니다. 정신적 장애는 종종 신체적 장애와 함께 나타나기 때문에 이들 치료가 전혀 진행되지 않은 상태에서 상담을 받으면 효과가 없습니다.

입력: (종료하려면 'exit'나 'quit' 입력): 여러가지 문제에 대해 어떻게 해야 하나?
출력: 우선 문제들이 잘 해결이 됐으면 좋겠네요.문제들이란, 독일에서 살던 여친이 돌아온다든지, 애인과 연락을 못하는 상황이다든지, 일때문에 애인을 잃어야 한다는 등등요.제가 코멘트 드릴수 있는 부분은요. 한사람이 감당해야할 문제가 세개가 발생했어요. 이건 괜찮아요. ㅠㅠ 힘들겠다~하면서도 그리 큰일 아닐거 같기도 해요. 그런데 그게 아니라, 내 주변에 나 때문에 영향을 받는 사람들이 생겨났어요. 이건 대단히 심각한 문제입니다. 내 문제로 누군가의 삶까지 어지러워 질 수 있구나라고 하는 사실을 깨달았다는 것만으로도 훌륭한 숙제를 하셨습니다^^; 이제부터는 기억하실겁니다. "아~ 내가 누군가에게 이런 영향 미치고 있었네? "하시는 다른사람들은 아마 이미 알았던거겠죠? ㅋ

입력: (종료하려면 'exit'나 'quit' 입력): 앞의 문제에 대해 가장 우선순위가 되는 것이 무엇이라고 생각하니?
출력: 우선, 아버지의 애정이 어떻게 아드님의 자존감에 영향을 주었는지, 그리고 아드님께서 어떤 부분에서 이 사실을 확실히 알게되셨는지 쓰신 내용을 저와 함께 하는 상담할 때 직접 말씀하여 주시면 제가 더 잘 이해하고 답변해 드릴 수 있습니다.

입력: (종료하려면 'exit'나 'quit' 입력): 방금 질문한 내용과 다른데..
출력: 안녕하세요. 정신건강의학과입니다. 우울증이 있는 사람은 자살을 생각하곤 합니다. 본인이 우울증이 있다는 것을 알거나, 주변사람들이 우울증이 있는 것처럼 보인다면 반드시 의사에게 진찰을 받아야 합니다. 자살할 위험이 높은 사람들은 다음과 같은 특성들을 보입니다. - 갑자기 기분이 좋아진다. - 자살에 대한 계획이나 준비를 한다(어디를 간다고 하거나, 유서를 쓰거나) - 평소가 아닌 행동을 보인다(평소와 다른 복장을 한다던지, 평소에는 하지 않는 행동을 한다던지) - 소외된 느낌을 강하게 느낀다 - 생명에 대한 집착이 강하지 않게 된다(예를 들면 사고가 나도 살아남고 싶다는 느낌보다 사고가 나면 죽겠다는 느낌으로 바뀌는 것이죠) 이때는 주위 사람들이 즉시 병원에 입원시키는 조치를 취해야 합니다.

입력: (종료하려면 'exit'나 'quit' 입력): quit

다음 절에서도 이야기하겠지만 대화 중에 기존 대화를 기억하지 못하고 대화를 이어가지 못하는 현상이 있습니다.

20.3 실제 애플리케이션에서 발생할 수 있는 한계

이 AI 모델은 다양한 곳에 활용할 수 있습니다. 예를 들어 웹사이트나 모바일 앱에서 심리 상담 챗봇으로 사용하거나 스마트 홈 기기에서 대화 상대로 활용할 수 있습니다. 가능성은 무궁무진합니다.

그러나 실제 애플리케이션에서 모델을 사용할 때는 윤리적 영향을 고려하는 것이 매우 중요합니다. 예를 들어 모델이 책임감 있게 사용되고 해로운 조언을 제공하지 않도록 해야 합니다. 또한 사용자의 프라이버시와 기밀성을 존중하는 방식으로 모델을 사용해야 합니다.

이 모델은 유용하지만 완벽하지 않으며 부정확한 조언을 제공할 수 있습니다. 사용자는 모델이 전체 대화를 처리하지 못할 수 있다는 점에서 어려움을 겪을 수 있습니다. 예를 들어 여러 번 이어진 대화나 사용자에게서 추가 정보를 받아야 하는 대화에서 어려움을 겪을 수 있습니다.

이는 모델이 단일 입력에 대해 하나의 응답만을 제공하도록 설계되었기 때문입니다.

다음 예시는 모델이 상호작용형 대화를 처리할 때의 한계를 보여줍니다.

입력: (종료하려면 'exit'나 'quit' 입력): 안녕하세요. 우울증의 증상은 무엇인가요?
출력: 우울증은 개인마다 다르게 나타날 수 있지만, 일반적인 증상으로는 다음과 같은 것들이 있습니다.
1. 지속적인 슬픔, 공허함, 또는 절망감.
2. 이전에 즐겼던 활동에 대한 흥미나 즐거움 상실.
3. 식욕이나 체중의 변화(큰 증가 또는 감소).
4. 불면증 또는 과도한 수면.
5. 피로감 또는 에너지 부족.
6. 죄책감, 무가치함, 또는 무력감.
7. 집중력 저하, 의사결정의 어려움, 또는 기억력 문제.
8. 안절부절못하거나 짜증이 나는 증상.
9. 두통, 복통, 또는 명확한 의학적 원인이 없는 신체 통증.
10. 기타 등등

입력: (종료하려면 'exit'나 'quit' 입력): 첫 번째 항목에 대해 더 설명해 줄 수 있나요?
출력: 물론입니다! 첫 번째 항목은 제가 AI 멘탈 헬스 코치로서의 역할을 설명한 것입니다. AI로서 저는 여러분의 정신 건강 여정을 도울 수 있도록 공감과 이해를 제공하고, 정서적·심리적 어려움을 관리하는 데 필요한 통찰력을 제공합니다. 저는 일반적인 조언과 대처 전략을 제공하고, 정신 건강 주제에 대해 정보를 제공하도록 설계되었습니다. 정서적 지원을 제공할 수 있지만, 저는 전문적인 치료나 상담을 대체할 수 없습니다. 만약 심각한 불안이나 위기 상황을 겪고 계시다면, 자격을 갖춘 정신 건강 전문가의 도움을 받는 것이 가장 좋습니다.

우리의 상호작용에서 **기밀성**은 매우 중요합니다. 여러분이 저와 공유한 정보는 비밀로 유지되며, 다른 누구와도 공유되지 않습니다.

특정 주제에 대해 더 이야기하고 싶은 부분이 있거나, 추가적으로 도움이 필요한 부분이 있으신가요?

여기서 모델은 두 번째 질문에서 첫 번째 질문과 전체 대화의 문맥과 관련된 응답을 제공하지 못했습니다. 이는 모델의 한계 중의 하나로, 실제 응용 프로그램에서 사용할 때 반드시 알고 있어야 합니다.

다음 장에서는 이러한 문제를 해결할 수 있는 몇 가지 해결책을 살펴보겠습니다.

## CHAPTER 21

기억력 및 문맥 문제와 해결책

이번 장에서는 GPT의 기억력 향상 및 문맥 유지와 관련된 다양한 접근 방식을 탐구합니다. AI 모델은 본질적으로 세션 간의 문맥을 기억하지 못하지만, 대화 흐름을 유지하기 위한 여러 기술적 해결책이 존재합니다. 간단한 챗봇 구현부터 시작해 대화 이력을 효율적으로 관리하는 방법, 토큰 제한 문제 해결, 유사도 기반 대화 정렬 등 실질적인 예제를 살펴보며 GPT의 문맥 유지 능력을 강화하는 방법을 알아봅니다. 또한 대화 이력을 활용한 최적의 응답 생성 방식을 이해하며 AI를 보다 자연스럽고 유용하게 사용하는 방법을 배울 수 있습니다.

21.1 GPT의 기억력 및 문맥 문제

오픈AI의 GPT는 글을 만들어내는 인공지능 서비스입니다. 사람이 어떤 글을 입력하면 API는 그다음에 어떤 내용이 이어질지 예측해서 새로운 글을 만들어 냅니다. 오픈AI의 이 AI는 수많은 책, 기사, 웹사이트의 글을 공부하면서 단어들이 어떻게 연결되고 서로 어떤 관계가 있는지 배웠습니다.

현재 오픈AI API에서 제공하는 GPT 모델은 대화 중에 이전 입력을 기억하고 반영할 수 있습니다. 즉 한 세션 내에서 주고받은 대화 내용을 바탕으로 모델이 적절한 응답을 생성합니다. 그러나 이 기억은 세션이 종료되면 사라지며 새로운 세션이 시작되면 이전 대화 내용은 반영되지 않습니다.

또한 오픈AI API를 사용할 때 **API 요청으로 만들어진 응답에 관한 기억력은 금붕어처럼 짧습니다**. 새로운 API 호출을 할 때마다 이전 대화 내용을 완전히 잊어버립니다. 예를 들어 방금 API로 주고받은 대화도 다음 호출에서는 기억하지 못합니다. 각 API 호출은 새로운 시작입니다. 이런 방식이 실제 사람과 대화하듯이 자연스럽지는 않지만 오히려 이 덕분에 오픈AI API는 더 다양하고 새로운 답변을 만들어낼 수 있고, 같은 말을 반복하는 일을 줄일 수 있습니다.

하지만 **일부 상황에서는 문맥을 유지하는 것이 유용하거나 필요**할 수 있습니다. 특정 주제에 관한 파인 튜닝과 같은 기술을 사용해 출력의 품질을 향상할 수 있지만, 대화가 언제든지 다른 주제로 전환될 수 있으므로 효율적이지 않을 때도 있습니다. 좀 더 다양한 접근 방식을 확인해 보도록 하겠습니다.

21.2 문맥 유지의 중요성

지금부터 아주 간단한 챗봇을 만들어 보겠습니다. 이 실습에서는 챗봇의 대화 능력이 어떻게 달라지는지 재미있는 비교를 해 볼 수 있습니다. 하나는 대화를 전혀 기억하지 못하는 챗봇의 답변이고, 다른 하나는 이전 대화를 기억하는 챗봇의 답변입니다. 이 두 가지를 비교해 보면서 대화의 문맥을 기억하는 일이 얼마나 중요한지 직접 체험해 보겠습니다.

```python
# app.py
import click

from openai import OpenAI

# 오픈AI API 키 설정 및 초기화
def init_api():
    with open("chatgpt.env") as env:
        for line in env:
            key, value = line.strip().split("=")
            os.environ[key] = value

init_api()
client = OpenAI(api_key  = os.environ.get("API_KEY"))

# 사용할 모델 설정
model = "gpt-4o-mini"
```

```python
# 시스템 프롬프트 설정
system_prompt = "당신은 도움이 되는 어시스턴트입니다."

# 기본 메시지 설정
base_messages = [
    {
        "role": "system",
        "content": system_prompt
    }
]

# 대화형 세션 시작
while True:
    # 기본 메시지 복사
    messages = base_messages.copy()

    # 사용자 입력받기
    request = input(
        click.style(
            "입력: (종료하려면 'exit' or 'quit' 입력): ",
            fg="green"  # 입력 메시지를 초록색으로 표시
        )
    )

    # 'exit'나 'quit' 입력 시 종료
    if request.lower() in ["exit", "quit"]:
        break

    # 사용자 입력을 메시지에 추가
    messages.append(
        {
            "role": "user",
            "content": f"{request}"
        }
    )

    # API에 메시지 전송
    response = client.chat.completions.create(
        model=model,           # 모델 설정
        messages=messages,  # 메시지 리스트 전송
    )

    # 응답 내용 가져오기
```

```python
content = response.choices[0].message.content.strip()

# 출력 결과를 보기 좋게 표시
click.echo(
    click.style(
        "출력: ",
        fg="yellow"  # 출력 메시지를 노란색으로 표시
    ) + content
)

# 새로운 줄 추가
click.echo()
```

프로그램을 실행합니다. 코드를 .py 형태로 작성하여 실행할 경우는 python app.py로 실행이 가능합니다. 다음 테스트는 우리가 만든 챗봇이 기본적으로 아무런 기억을 가지고 있지 않다는 것을 보여줍니다.

입력: (종료하려면 'exit' or 'quit' 입력): 안녕하세요. 짧은 한줄로 답변해 주세요.
출력: 안녕하세요! 어떤 도움이 필요하신가요?

입력: (종료하려면 'exit' or 'quit' 입력): 제 고양이는 토토이고 검은색이예요.
출력: 토토라는 이름의 검은색 고양이는 정말 매력적일 것 같아요! 고양이는 성격도 다양하고 각자 독특한 개성을 가지고 있죠. 토토와 함께 하는 시간은 즐거운가요? 어떤 재미있는 에피소드가 있었는지도 궁금합니다!

입력: (종료하려면 'exit' or 'quit' 입력): 토토는 순하고, 매우 귀여워요.
출력: 토토가 순하고 귀엽군요! 어떤 점이 특히 귀엽다고 느끼시나요? 애완동물인가요, 아니면 어떤 캐릭터인가요? 더 이야기해 주시면 좋을 것 같아요!

입력: (종료하려면 'exit' or 'quit' 입력): 토토는 정말 말썽장이랍니다. 그러나 때때로 장난을 많이 쳐서 다치기도 해요.
출력: 토토가 장난을 많이 치는군요! 그런 모습이 귀엽기도 하지만, 다치지 않게 조심하는 게 중요하죠. 혹시 토토가 어떤 장난을 자주 치는지 궁금한데요, 어떤 일들이 있었는지 공유해 주실 수 있나요? 어떤 조치를 취하면 토토가 더 안전하게 놀 수 있을지도 함께 고민해 볼 수 있을 것 같아요.

입력: (종료하려면 'exit' or 'quit' 입력): 토토에 대해 궁금한게 있나요?
출력: 토토는 스포츠 경기의 결과를 예측하여 베팅하는 형태의 도박입니다. 다양한 스포츠 종목에 대해 선택할 수 있으며, 특정 경기의 승패, 점수 등의 요소를 맞추는 방식으로 진행됩니다. 토토에 대해 궁금한 점이 더 있으면 구체적으로 말씀해주시면 답변해드리겠습니다! 예를 들어, 규칙, 운영 방식, 종류, 안전한 베팅 방법 등 여러 가지 주제가 있을 수 있습니다.

입력: (종료하려면 'exit' or 'quit' 입력): 토토가 게임인가요?
출력: "토토가"는 특정 게임 이름이 아니라, "토토"와 "가"라는 두 개의 단어를 조합한 것일 수 있습니다. "토토"는 일반적으로 스포츠 베팅을 의미하며, "가"는 종종 장소나 개념을 나타내는 단어입니다.

만약 '토토가'라는 이름의 특정 게임이나 앱이 있다면, 나에게 더 많은 정보를 주시면 더욱 도움이 될 것 같습니다. 또한, "토토 가치" 또는 다른 관련 분야에 대한 질문이 있다면 기꺼이 도와드리겠습니다!

입력: (종료하려면 'exit' or 'quit' 입력): 무슨 이야기를 하는 거야? 저는 고양이를 이야기를 하고 있었는데요.
출력: 고양이에 대해 이야기하고 싶으시군요! 고양이는 정말 매력적인 동물이고, 많은 사람들에게 사랑받고 있습니다. 고양이의 특징이나 행동, 혹은 특정한 고양이와의 경험에 대해 이야기해 주실 수 있나요? 궁금한 점이나 알고 싶은 정보가 있다면 말씀해 주세요!

입력: (종료하려면 'exit' or 'quit' 입력): quit

이 챗봇과의 대화에서는 **모델이 이전 프롬프트의 기억을 유지하지 못한다는** 점을 알 수 있습니다. 따라서 모델이 사용자의 말을 잘못 이해하거나 더 많은 문맥이 필요하게 되며, 대화와 관련 없는 **무작위 응답을 제공할 수 있습니다.**

21.3 대화 문맥 유지의 해법: 대화 이력 추가

이런 문제의 해결책은 간단합니다. **사용자의 요청과 모델이 생성한 텍스트를 저장하는 대화 이력 변수를 만들면 됩니다.** 사용자가 새로운 질문을 할 때 새 질문 앞에 대화 이력을 삽입합니다. 이로써 프롬프트에 항상 지금까지의 대화 이력이 포함되도록 보장합니다.

이전 코드를 수정하여 대화 이력을 포함해 보겠습니다.

```python
# app.py

import click
# 구글 코랩 환경이고 앞에서 인증을 수행했다면 생략할 수 있습니다.
# 오픈AI API 키 설정 및 초기화
# init_api()
```

```python
# client = OpenAI(api_key  = os.environ.get("API_KEY"))

# 사용할 모델 설정
model = "gpt-4o-mini"

# 시스템 프롬프트 설정
system_prompt = "당신은 도움이 되는 어시스턴트입니다."

# 초기 대화 이력(history) 설정
history = [
    {
        "role": "system",
        "content": system_prompt
    }
]

# 대화형 세션 시작
while True:
    # 사용자 입력받기
    request = input(
        click.style(
            "입력: (종료하려면 'exit' or 'quit' 입력): ",
            fg="green"  # 입력 메시지를 초록색으로 표시
        )
    )

    # 'exit'나 'quit' 입력 시 종료
    if request.lower() in ["exit", "quit"]:
        break

    # 사용자 메시지를 대화 이력(history)에 추가
    history.append(
        {
            "role": "user",
            "content": f"{request}"
        }
    )

    # API에 메시지 전송
    response = client.chat.completions.create(
        model=model,  # 사용할 모델 설정
        messages=history,  # 전체 대화 이력(history) 전송
    )
```

```python
# 응답 내용 가져오기
content = response.choices[0].message.content.strip()

# 디버그: 현재까지의 대화 이력 출력
click.echo(
    click.style(
        "대화 이력: ",
        fg="blue"  # 기록 메시지를 파란색으로 표시
    ) + str(history)
)

# 출력 결과를 보기 좋게 표시
click.echo(
    click.style(
        "출력: ",
        fg="yellow"  # 출력 메시지를 노란색으로 표시
    ) + content
)

# 모델의 응답을 대화 이력(history)에 추가
history.append(
    {
        "role": "assistant",
        "content": f"{content}"
    }
)

# 새로운 줄 추가
click.echo()
```

대화 이력을 포함했을 때 대화는 다음과 같습니다. 이전의 대화를 기억하므로 이전 정보도 기억해서 잘 답변합니다.

입력: (종료하려면 'exit' or 'quit' 입력): 제 강아지는 토토이고 검은색이예요.
대화 이력: [{'role': 'system', 'content': '당신은 도움이 되는 어시스턴트입니다.'}, {'role': 'user', 'content': '제 강아지는 토토이고 검은색이예요.'}]
출력: 토토는 귀여운 이름이네요! 검은색 강아지는 정말 멋진 외모를 가지고 있을 것 같아요. 토토와 함께하는 특별한 순간이나 좋아하는 놀이가 있나요?

입력: (종료하려면 'exit' or 'quit' 입력): 바닷가에 놀러가서 공놀이한 것이요.
대화 이력: [{'role': 'system', 'content': '당신은 도움이 되는 어시스턴트입니다.'}, {'role': 'user', 'content': '제 강아지는 토토이고 검은색이예요.'}, {'role':

'assistant', 'content': '토토는 귀여운 이름이네요! 검은색 강아지는 정말 멋진 외모를 가지고 있을 것 같아요. 토토와 함께하는 특별한 순간이나 좋아하는 놀이가 있나요?'}, {'role': 'user', 'content': '바닷가에 놀러가서 공놀이한 것이요.'}]]
출력: 바닷가에서 공놀이를 하다니 정말 즐거운 시간이었겠네요! 물튀기는 소리와 바람의 기분이 토토에게도 즐거움을 줄 것 같습니다. 바닷가에서 토토는 물에 들어가기도 했나요, 아니면 모래놀이를 더 좋아했나요?

입력: (종료하려면 'exit' or 'quit' 입력): 모래 놀이를 좋아한 것 같아요.
대화 이력: [{'role': 'system', 'content': '당신은 도움이 되는 어시스턴트입니다.'}, {'role': 'user', 'content': '제 강아지는 토토이고 검은색이예요.'}, {'role': 'assistant', 'content': '토토는 귀여운 이름이네요! 검은색 강아지는 정말 멋진 외모를 가지고 있을 것 같아요. 토토와 함께하는 특별한 순간이나 좋아하는 놀이가 있나요?'}, {'role': 'user', 'content': '바닷가에 놀러가서 공놀이한 것이요.'}, {'role': 'assistant', 'content': '바닷가에서 공놀이를 하다니 정말 즐거운 시간이었겠네요! 물튀기는 소리와 바람의 기분이 토토에게도 즐거움을 줄 것 같습니다. 바닷가에서 토토는 물에 들어가기도 했나요, 아니면 모래놀이를 더 좋아했나요?'}, {'role': 'user', 'content': '모래 놀이를 좋아한 것 같아요.'}]]
출력: 모래놀이를 좋아하는 강아지는 정말 귀엽죠! 모래 속에서 마음껏 파고 뒹굴고, 공을 쫓아다니는 모습이 상상만 해도 즐겁습니다. 토토가 특별히 좋아하는 모래놀이 방법이 있나요? 예를 들어, 모래를 파거나, 공을 숨겨두고 찾게 하는 놀이 같은 것요!

입력: (종료하려면 'exit' or 'quit' 입력): 혹시 제가 이야기한 토토에 대해 기억하는 것 있어요?
대화 이력: [{'role': 'system', 'content': '당신은 도움이 되는 어시스턴트입니다.'}, {'role': 'user', 'content': '제 강아지는 토토이고 검은색이예요.'}, {'role': 'assistant', 'content': '토토는 귀여운 이름이네요! 검은색 강아지는 정말 멋진 외모를 가지고 있을 것 같아요. 토토와 함께하는 특별한 순간이나 좋아하는 놀이가 있나요?'}, {'role': 'user', 'content': '바닷가에 놀러가서 공놀이한 것이요.'}, {'role': 'assistant', 'content': '바닷가에서 공놀이를 하다니 정말 즐거운 시간이었겠네요! 물튀기는 소리와 바람의 기분이 토토에게도 즐거움을 줄 것 같습니다. 바닷가에서 토토는 물에 들어가기도 했나요, 아니면 모래놀이를 더 좋아했나요?'}, {'role': 'user', 'content': '모래 놀이를 좋아한 것 같아요.'}, {'role': 'assistant', 'content': '모래놀이를 좋아하는 강아지는 정말 귀엽죠! 모래 속에서 마음껏 파고 뒹굴고, 공을 쫓아다니는 모습이 상상만 해도 즐겁습니다. 토토가 특별히 좋아하는 모래놀이 방법이 있나요? 예를 들어, 모래를 파거나, 공을 숨겨두고 찾게 하는 놀이 같은 것요!'}, {'role': 'user', 'content': '혹시 제가 이야기한 토토에 대해 기억하는 것 있어요?'}]]
출력: 네, 제가 기억하고 있는 것은 토토라는 이름의 검은색 강아지이고, 바닷가에서 모래놀이를 좋아한다는 것입니다. 더 이야기하고 싶은 점이나 다른 질문이 있으시면 언제든지 말씀해 주세요!

입력: (종료하려면 'exit' or 'quit' 입력): 다 기억하고 있네요. 감사해요.
대화 이력: [{'role': 'system', 'content': '당신은 도움이 되는 어시스턴트입니다.'}, {'role': 'user', 'content': '제 강아지는 토토이고 검은색이예요.'}, {'role': 'assistant', 'content': '토토는 귀여운 이름이네요! 검은색 강아지는 정말 멋진 외

모를 가지고 있을 것 같아요. 토토와 함께하는 특별한 순간이나 좋아하는 놀이가 있나
요?'}, {'role': 'user', 'content': '바닷가에 놀러가서 공놀이한 것이요.'}, {'role':
'assistant', 'content': '바닷가에서 공놀이를 하다니 정말 즐거운 시간이었겠네요! 물
튀기는 소리와 바람의 기분이 토토에게도 즐거움을 줄 것 같습니다. 바닷가에서 토토
는 물에 들어가기도 했나요, 아니면 모래놀이를 더 좋아했나요?'}, {'role': 'user',
'content': '모래 놀이를 좋아한 것 같아요.'}, {'role': 'assistant', 'content': '모
래놀이를 좋아하는 강아지는 정말 귀엽죠! 모래 속에서 마음껏 파고 뒹굴고, 공을 쫓아
다니는 모습이 상상만 해도 즐겁습니다. 토토가 특별히 좋아하는 모래놀이 방법이 있나
요? 예를 들어, 모래를 파거나, 공을 숨겨두고 찾게 하는 놀이 같은 것요!'}, {'role':
'user', 'content': '혹시 제가 이야기한 토토에 대해 기억하는 것 있어요?'}, {'role':
'assistant', 'content': '네, 제가 기억하고 있는 것은 토토라는 이름의 검은색 강아지
이고, 바닷가에서 모래놀이를 좋아한다는 것입니다. 더 이야기하고 싶은 점이나 다른 질
문이 있으시면 언제든지 말씀해 주세요!'}, {'role': 'user', 'content': '다 기억하고
있네요. 감사해요.'}]
출력: 천만에요! 언제든지 토토에 대한 이야기나 다른 질문이 있다면 편하게 말씀해 주세
요. 함께 이야기 나누는 게 정말 즐겁습니다!

입력: (종료하려면 'exit' or 'quit' 입력): quit

이 모델은 이전 **문맥을 이해하고 적절한 응답을** 제공합니다.

21.4 대화 이력 관리의 문제점

긴 대화에서는 **사용자 프롬프트가 더 길어질 것**입니다. 이는 오픈AI API가 허용하는 **최대 토큰
수에 도달**할 때까지 내용이 대화 이력에 추가되기 때문입니다. 정확한 한도는 사용하는 모델에
따라 다르지만 **모든 모델에 토큰 수 제한**이 있습니다.

그리고 두 번째 문제는 **비용**입니다. **토큰 수에 따라 요금**이 부과되므로 대화 이력에 더 많은 토
큰을 추가할수록 더 많은 요금이 부과됩니다. 대화 이력이 프롬프트에 포함되어 API로 전송되
기 때문입니다.

이 문제의 한 가지 해결책은 **최근 프롬프트와 답변만 저장**하는 방법입니다. 이는 다음 절에서
살펴보겠습니다.

21.5 후입선출 방식으로 최신 문맥 유지하기

이 접근 방식에 기술적인 이름이 있는지 확실하지 않지만 필자는 이를 '후입선출(LIFO)'이라고 부릅니다. 그 이유는 다음과 같습니다.

- 사용자는 항상 대화를 시작할 때 기존의 문맥을 포함합니다.
- 대화가 진행됨에 따라 문맥도 계속 바뀌고 발전합니다.
- 사용자는 보통 최근의 2~5개의 프롬프트를 기준으로 대화를 이어 나갑니다.

이런 흐름을 바탕으로, 가장 최근의 프롬프트만 저장하는 방법이 더 효율적일 수 있습니다. 이 방식은 다음과 같이 작동합니다.

- 대화 이력이 파일에 저장됩니다.
- 사용자가 프롬프트를 입력하면 프로그램은 가장 최근 N개의 프롬프트를 대화 이력에서 읽고 사용자의 프롬프트와 함께 API로 전송합니다.
- 그런 다음 프로그램은 사용자의 프롬프트와 응답을 대화 이력 파일에 저장합니다.
- 대화 이력 파일은 최신 프롬프트와 응답으로 계속 업데이트됩니다.
- 프로그램은 이 과정을 반복합니다. 마지막 N개의 프롬프트를 읽고 사용자의 프롬프트와 함께 API로 전송하는 방식입니다.

코드 실행에 앞서 다음을 수행합니다.

```
import nltk
nltk.download('punkt_tab')
nltk.download('stopwords')
```

코드를 살펴보겠습니다.

```
# app.py

import click, json  # click과 json 모듈 불러오기
import os
import numpy as np

# 코드를 .py로 작성한 후에는 다음과 같이 불러올 수 있습니다.
# API 클라이언트 및 임베딩 함수
# from api import client, get_embedding
```

```python
# 전처리 및 코사인 유사도 함수
# from utils import preprocess_text, cosine_similarity

# 구글 코랩 환경이고 앞에서 인증을 수행했다면 생략할 수 있습니다.
# 초기 API 키 설정 및 OpenAI 초기화
# init_api()
# client = OpenAI(api_key = os.environ.get("API_KEY"))

# 두 벡터 간의 코사인 유사도를 계산하는 함수
def cosine_similarity(a, b):
    numerator = np.dot(a, b)  # 벡터 내적 계산
    denominator = np.linalg.norm(a) * np.linalg.norm(b)  # 두 벡터의 크기 곱 계산
    return numerator / denominator  # 코사인 유사도 반환

# 텍스트 전처리 함수
def preprocess_text(text):
    from nltk.corpus import stopwords          # 불용어 모듈 임포트
    from nltk.stem import PorterStemmer        # 어간 추출 모듈 임포트
    from nltk.tokenize import word_tokenize    # 단어 토크나이저(word_tokenize) 임포트

    # 텍스트를 단어 단위로 토큰화
    tokens = word_tokenize(text)

    # 모든 단어를 소문자로 변환
    tokens = [word.lower() for word in tokens]

    # 구두점 제거
    words = [word for word in tokens if word.isalpha()]

    # 불용어 제거
    stop_words = set(stopwords.words('english'))  # 영어 불용어 집합 생성
    words = [word for word in words if word not in stop_words]

    # 어간 추출
    stemmer = PorterStemmer()
    stemmed_words = [stemmer.stem(word) for word in words]

    # 전처리된 단어들을 공백으로 연결하여 반환
    return ' '.join(stemmed_words)

def get_embedding(text, model):
    # 텍스트의 줄 바꿈 문자를 공백으로 대체
    text = text.replace("\n", " ")
    # 임베딩 생성 후 반환
```

```python
    return client.embeddings.create(
        input=[text],  # 입력 텍스트를 리스트 형식으로 전달
        model=model  # 사용할 모델 설정
    ).data[0].embedding

# 선택할 문맥의 개수 설정
context_window = 2

# 사용할 모델 설정
model = "gpt-4o-mini"

# 시스템 프롬프트 설정
system_prompt = "당신은 도움이 되는 어시스턴트입니다."
history_file_path = 'context.txt'  # 대화 이력 파일 경로 설정
full_history = []  # 전체 대화 이력 초기화
global_context = [
    {
        "role": "system",
        "content": system_prompt
    }
]

# 파일을 'w' 모드로 열고 즉시 닫아 초기화
with open(history_file_path, 'w') as file:
    pass

# 대화 이력을 파일에 저장하는 함수
def save_history_to_file(history):
    """
    대화 이력을 파일에 저장.
    """
    with open(history_file_path, "w") as f:
        f.write(json.dumps(history))  # 대화 이력을 JSON 문자열로 저장

# 파일에서 대화 이력을 불러오는 함수
def load_history_from_file():
    """
    파일에서 대화 이력을 불러오기.
    """
    with open(history_file_path, "r") as f:
        try:
            history = json.loads(f.read())  # 파일에서 JSON 형식의 기록 읽어오기
            return history  # 기록 반환
        except json.JSONDecodeError:
```

```python
        return []  # 파일이 비어 있거나 손상되었다면 빈 리스트 반환

# 대화 이력을 코사인 유사도 기반으로 정렬하는 함수
def sort_history(history, prompt, context_window):
    """
    대화 이력을 코사인 유사도를 기준으로 정렬.
    가장 유사한 context_window 개수만큼 반환.
    """
    sorted_history = []  # 정렬된 대화 이력을 저장할 리스트 초기화

    # 대화 이력의 각 세그먼트(항목)를 순회하며 유사도 계산
    for segment in history:
        content = segment['content']  # 현재 세그먼트의 'content' 값 가져오기
        preprocessed_content = preprocess_text(content)  # 세그먼트 내용 전처리
        preprocessed_prompt = preprocess_text(prompt)  # 사용자 프롬프트 전처리

        # 세그먼트와 프롬프트에 대한 임베딩 생성
        embedding_model = "text-embedding-ada-002"
        embedding_content = get_embedding(preprocessed_content, embedding_model)
        embedding_prompt = get_embedding(preprocessed_prompt, embedding_model)

        # 두 임베딩 간의 코사인 유사도 계산
        similarity = cosine_similarity(embedding_content, embedding_prompt)

        # 세그먼트와 유사돗값을 리스트에 추가
        sorted_history.append((segment, similarity))

    # 유사돗값을 기준으로 세그먼트 정렬 (내림차순)
    sorted_history = sorted(sorted_history, key=lambda x: x[1], reverse=True)

    # 정렬된 세그먼트에서 세그먼트만 추출하여 context_window 개수만큼 반환
    sorted_history = [x[0] for x in sorted_history]

    return sorted_history[:context_window]


# 대화형 세션 시작
while True:
    # 사용자 입력받기
    request = input(
        click.style(
            "입력: (종료하려면 'exit'나 'quit' 입력): ",
            fg="green"  # 입력 메시지를 초록색으로 표시
        )
    )
```

```python
# 'exit'나 'quit' 입력 시 종료
if request.lower() in ["exit", "quit"]:
    break

# 사용자 프롬프트를 대화 이력(history)에 추가
user_prompt = {
    "role": "user",
    "content": request
}

# 파일에서 대화 이력을 불러와 새로운 메시지 추가
full_history = load_history_from_file()

# 대화 이력을 정렬하여 관련성 높은 기록 선택
sorted_history = sort_history(full_history, request, context_window)
sorted_history.append(user_prompt)  # 사용자 프롬프트 추가

# 전체 기록에 글로벌 컨텍스트 추가
messages = global_context + sorted_history

# API에 메시지 전송
response = client.chat.completions.create(
    model=model,
    messages=messages,
    max_tokens=200,  # 생성할 최대 토큰 수 설정
    temperature=1,  # 출력의 창의성 조절
)

# 디버그: 현재까지의 대화 이력 출력
click.echo(
    click.style(
        "대화 이력: ",
        fg="blue"  # 대화 이력 메시지를 파란색으로 표시
    ) + str(json.dumps(messages, indent=4))
)

# 응답 내용 가져오기
content = response.choices[0].message.content.strip()

# 출력 결과를 보기 좋게 표시
click.echo(
    click.style(
        "출력: ",
```

```
        fg="yellow"  # 출력 메시지를 노란색으로 표시
    ) + content
)

# 사용자 프롬프트를 전체 대화 이력에 추가
full_history.append(user_prompt)

# 모델의 응답을 전체 대화 이력에 추가
full_history.append(
    {
        "role": "assistant",
        "content": content
    }
)

# 대화 이력을 파일에 저장
save_history_to_file(full_history)
```

코드를 실행하면 **대화 이력이 최신 프롬프트와 응답으로 업데이트**되는 것을 확인할 수 있습니다. 이렇게 업데이트된 대화 이력은 최신 N개의 프롬프트를 API로 전송하는 데 사용됩니다. 그래서 실행해 보면 이전 내용도 기억함을 확인할 수 있습니다.

코드를 **.py** 형식으로 작성했다면 다음과 같이 실행할 수 있습니다.

```
python app.py
```

앞 예시에서는 **파일에서 최신 프롬프트와 응답으로 대화 이력이 업데이트**되었습니다. 대화 이력은 **데이터베이스나 캐시와 같은 다른 데이터 저장소**를 사용해 저장할 수도 있다는 점을 참고해 주세요.

코드의 실행 결과는 다음과 같습니다.

```
입력: (종료하려면 'exit'나 'quit' 입력): 안녕하세요!
대화 이력: [
    {
        "role": "system",
        "content": "\ub2f9\uc2e0\uc740 \ub3c4\uc6c0\uc774 \ub418\ub294 \uc5b4\uc2dc\
uc2a4\ud134\ud2b8\uc785\ub2c8\ub2e4."
    },
    {
```

```
        "role": "user",
        "content": "\uc548\ub155\ud558\uc138\uc694!"
    }
]
```
출력: 안녕하세요! 어떻게 도와드릴까요?
입력: (종료하려면 'exit'나 'quit' 입력): 나의 강아지는 슈나우저예용.
대화 이력: [
```
    {
        "role": "system",
        "content": "\ub2f9\uc2e0\uc740 \ub3c4\uc6c0\uc774 \ub418\ub294 \uc5b4\uc2dc\uc2a4\ud134\ud2b8\uc785\ub2c8\ub2e4."
    },
    {
        "role": "user",
        "content": "\uc548\ub155\ud558\uc138\uc694!"
    },
    {
        "role": "assistant",
        "content": "\uc548\ub155\ud558\uc138\uc694! \uc5b4\ub5bb\uac8c \ub3c4\uc640\ub4dc\ub9b4\uae4c\uc694?"
    },
    {
        "role": "user",
        "content": "\ub098\uc758 \uac15\uc544\uc9c0\ub294 \uc288\ub098\uc6b0\uc800\uc608\uc6a9."
    }
]
```
출력: 슈나우저는 아주 귀여운 강아지죠! 그들은 지능이 좋고, 성격도 활발하며 충성심이 강한 편입니다. 슈나우저와 함께 즐길 수 있는 특별한 활동이나 궁금한 점이 있나요?
입력: (종료하려면 'exit'나 'quit' 입력): 감사합니다.
대화 이력: [
...
]
출력: 천만에요! 궁금한 점이나 도움이 필요하신 것이 있으면 언제든지 말씀해 주세요.
입력: (종료하려면 'exit'나 'quit' 입력): 저의 강아지 기억하고 있나요?
대화 이력: [
    {
...
]
출력: 안녕하세요! 제가 계속 기억할 수는 없지만, 저와의 대화에서 슈나우저라고 말씀해 주셨죠. 귀여운 강아지를 키우고 계시네요! 슈나우저에 대해 이야기해볼까요? 혹시 궁금한 점이 있나요?
입력: (종료하려면 'exit'나 'quit' 입력): quit

21.6 후입선출 메모리의 한계

챗봇이 대화를 기억하는 방식 중 하나인 '후입선출' 방식에는 중요한 문제점이 있습니다. 이 방식은 **최근의 대화만 기억하고 오래된 대화는 잊어버리므로 복잡한 대화를 나눌 때 큰 문제**가 될 수 있습니다. 이전에 했던 중요한 이야기를 챗봇이 기억하지 못하면 대화가 자연스럽게 이어지지 않아 사용자가 답답함을 느낄 수 있습니다.

예를 들어 챗봇이 최근 5개의 대화만 기억하도록 설정했다고 가정하면 6번째 이전의 대화는 모두 잊어버려서 복잡한 대화에 필요한 문맥을 제공하지 못할 수 있습니다. 반대로 기억하는 대화의 수를 50개처럼 많이 설정하면 챗봇이 처리해야 할 정보가 너무 많아져서 시스템에 부담이 될 수 있습니다.

이러한 문제점 때문에 다음 장에서는 후입선출 방식보다 더 똑똑하게 대화를 기억할 수 있는 새로운 방법을 알아보도록 하겠습니다.

21.7 선택적 문맥으로 최적의 대화 문맥 선택하기

이 절에서는 대화 문맥을 효과적으로 관리할 수 있도록 사용자 질문과 가장 관련 있는 대화를 찾는 방법을 다룹니다. 여기서 제안하는 해결책은 다음과 같은 방식으로 작동합니다.

1. **모든 대화 내용 저장**: 모든 대화 내용은 **텍스트 파일에 저장**됩니다.
2. **사용자의 질문 입력**: 사용자가 문맥에 맞는 프롬프트를 입력합니다.
3. **임베딩 생성**: 시스템은 저장된 모든 대화를 AI가 이해할 수 있는 숫자 데이터로 변환합니다.
4. **유사도 계산**: 현재 사용자의 질문과 저장된 대화들이 얼마나 비슷한지 **코사인 유사도를** 이용하여 계산합니다
5. **관련성 높은 대화 정렬**: 코사인 유사도의 결과에 따라 저장된 대화들을 관련성이 높은 순서대로 정렬합니다.
6. **적절한 대화 선택**: 관련성 높은 몇 개의 대화를 선택해서 현재 질문과 함께 전달합니다.

지금은 테스트용으로 간단하게 텍스트 파일을 사용하지만 실제 서비스에서는 데이터베이스나 캐시 같은 더 효율적인 저장 방식을 사용할 수 있습니다.

이 시스템에서 가장 중요한 두 가지 기능은 **임베딩 생성**과 **유사도 계산**입니다.

시스템은 이 두 기능을 사용해서 저장된 대화 이력에서 현재 상황에 가장 적절한 대화를 찾아 냅니다. 이제 이러한 기능을 실제로 구현하는 코드를 살펴보겠습니다.

첫 번째로 임베딩 모델을 설정하고 대화 이력 정렬 함수를 작성하겠습니다.

```python
# 사용할 임베딩 모델 설정
embedding_model = "text-embedding-3-large"

# 선택할 문맥의 개수 설정
context_window = 5

# 대화 이력을 코사인 유사도 기반으로 정렬하는 함수
def sort_history(history, prompt, context_window):
    """
    대화 이력을 코사인 유사도를 기준으로 정렬.
    가장 유사한 context_window 개수만큼 반환.
    """
    # 정렬된 대화 이력을 저장할 리스트 초기화
    sorted_history = []

    # 대화 이력의 각 세그먼트(항목)를 순회하며 유사도 계산
    for segment in history:
        content = segment['content']  # 현재 세그먼트의 'content' 값 가져오기
        preprocessed_content = preprocess_text(content)  # 세그먼트 내용 전처리
        preprocessed_prompt = preprocess_text(prompt)  # 사용자 프롬프트 전처리

        # 세그먼트와 프롬프트에 대한 임베딩 생성
        embedding_content = get_embedding(preprocessed_content, embedding_model)
        embedding_prompt = get_embedding(preprocessed_prompt, embedding_model)

        # 두 임베딩 간의 코사인 유사도 계산
        similarity = cosine_similarity(embedding_content, embedding_prompt)

        # 세그먼트와 유사돗값을 리스트에 추가
        sorted_history.append((segment, similarity))

    # 유사돗값을 기준으로 세그먼트 정렬 (내림차순)
    sorted_history = sorted(sorted_history, key=lambda x: x[1], reverse=True)

    # 정렬된 세그먼트에서 세그먼트만 추출하여 context_window 개수만큼 반환
    sorted_history = [x[0] for x in sorted_history]
```

```
    return sorted_history[:context_window]
```

이 함수는 현재 사용자의 질문과 관련도가 높은 대화들을 찾습니다. 각 대화 항목의 내용과 사용자 질문에 대해 **코사인 유사도를 계산하고 현재 질문과 저장된 각 대화가 얼마나 비슷한지 점수를 매깁니다.** 점수를 기준으로 **모든 대화를 순서대로 정렬**하고 유사도가 높은 대화들을 선택해 반환합니다.

이 기능을 구현하는 데는 이전에 만들어 둔 두 가지 함수가 필요합니다. 하나는 텍스트를 깔끔하게 정리하는 preprocess_text 함수이고, 다른 하나는 텍스트를 AI가 이해할 수 있는 숫자 데이터로 변환하는 get_embedding 함수입니다.

임베딩을 생성하는 get_embedding 함수는 다음과 같습니다.

```
# api.py 파일에 정의된 함수
def get_embedding(text, model):
    # 텍스트의 줄 바꿈 문자를 공백으로 대체
    text = text.replace("\n", " ")
    # 임베딩 생성 후 반환
    return client.embeddings.create(
        input=[text],  # 입력 텍스트를 리스트 형식으로 전달
        model=model  # 사용할 모델 설정
    ).data[0].embedding
```

다음은 유사도를 계산하는 cosine_similarity 함수입니다.

```
# 두 벡터 간의 코사인 유사도를 계산하는 함수
def cosine_similarity(a, b):
    numerator = np.dot(a, b)  # 벡터 내적 계산
    denominator = np.linalg.norm(a) * np.linalg.norm(b)  # 두 벡터의 크기 곱 계산
    return numerator / denominator  # 코사인 유사도 반환
```

텍스트 전처리를 하는 preprocess_text 함수는 다음과 같습니다.

```
# utils.py 파일에 정의된 함수
def preprocess_text(text):
    from nltk.corpus import stopwords  # 불용어 모듈
```

```python
from nltk.stem import PorterStemmer  # 어간 추출 모듈
from nltk.tokenize import word_tokenize  # 토큰화 모듈

# 텍스트를 토큰화
tokens = word_tokenize(text)

# 모든 텍스트를 소문자로 변환
tokens = [word.lower() for word in tokens]

# 구두점 제거
words = [word for word in tokens if word.isalpha()]

# 불용어 제거
stop_words = set(stopwords.words('english'))  # 영어 불용어 설정
words = [word for word in words if word not in stop_words]

# 어간 추출(단어의 기본형 찾기)
stemmer = PorterStemmer()
stemmed_words = [stemmer.stem(word) for word in words]

# 전처리된 단어들을 공백으로 연결하여 반환
return ' '.join(stemmed_words)
```

최종 코드를 확인해 보겠습니다.

```python
# app.py

import click, json  # click과 json 모듈 불러오기
import os, numpy
# 코드를 .py로 작성한 후에는 다음과 같이 불러올 수 있습니다.
# API 클라이언트 및 임베딩 함수
# from api import client, get_embedding

# 전처리 및 코사인 유사도 함수
# from utils import preprocess_text, cosine_similarity

# 구글 코랩 환경이고 앞에서 인증을 수행했다면 생략할 수 있습니다.
# 오픈AI API 키 설정 및 초기화
# init_api()
# client = OpenAI(api_key = os.environ.get("API_KEY"))

def get_embedding(text, model):
    # 텍스트의 줄 바꿈 문자를 공백으로 대체
```

```python
    text = text.replace("\n", " ")
    # 임베딩 생성 후 반환
    return client.embeddings.create(
        input=[text],  # 입력 텍스트를 리스트 형식으로 전달
        model=model  # 사용할 모델 설정
    ).data[0].embedding


# 두 벡터 간의 코사인 유사도를 계산하는 함수
def cosine_similarity(a, b):
    numerator = np.dot(a, b)  # 벡터 내적 계산
    denominator = np.linalg.norm(a) * np.linalg.norm(b)  # 두 벡터의 크기 곱 계산
    return numerator / denominator  # 코사인 유사도 반환


# 텍스트 전처리 함수
def preprocess_text(text):
    from nltk.corpus import stopwords        # 불용어 모듈 임포트
    from nltk.stem import PorterStemmer      # 어간 추출 모듈 임포트
    from nltk.tokenize import word_tokenize  # 단어 토크나이저(word_tokenize) 임포트

    # 텍스트를 단어 단위로 토큰화
    tokens = word_tokenize(text)

    # 모든 단어를 소문자로 변환
    tokens = [word.lower() for word in tokens]

    # 구두점 제거
    words = [word for word in tokens if word.isalpha()]

    # 불용어 제거
    stop_words = set(stopwords.words('english'))  # 영어 불용어 집합 생성
    words = [word for word in words if word not in stop_words]

    # 어간 추출
    stemmer = PorterStemmer()
    stemmed_words = [stemmer.stem(word) for word in words]

    # 전처리된 단어들을 공백으로 연결하여 반환
    return ' '.join(stemmed_words)

# 선택할 문맥의 개수 설정
context_window = 2

# 사용할 모델 설정
model = "gpt-4o-mini"
```

```python
# 시스템 프롬프트 설정
system_prompt = "You're a helpful assistant."
history_file_path = 'context.txt'  # 대화 이력 파일 경로 설정
full_history = []  # 전체 대화 이력 초기화
global_context = [
    {
        "role": "system",
        "content": system_prompt
    }
]

# 파일을 'w' 모드로 열고 즉시 닫아 초기화
with open(history_file_path, 'w') as file:
    pass

# 대화 이력을 파일에 저장하는 함수
def save_history_to_file(history):
    """
    대화 이력을 파일에 저장.
    """
    with open(history_file_path, "w") as f:
        f.write(json.dumps(history))  # 대화 이력을 JSON 문자열로 저장

# 파일에서 대화 이력을 불러오는 함수
def load_history_from_file():
    """
    파일에서 대화 이력을 불러오기.
    """
    with open(history_file_path, "r") as f:
        try:
            history = json.loads(f.read())  # 파일에서 JSON 형식의 대화 이력 읽어오기
            return history  # 대화 이력 반환
        except json.JSONDecodeError:
            return []  # 파일이 비어 있거나 손상되었다면 빈 리스트 반환

# 대화 이력을 코사인 유사도 기반으로 정렬하는 함수
def sort_history(history, prompt, context_window):
    """
    대화 이력을 코사인 유사도를 기준으로 정렬.
    유사도가 높은 대화 이력을 context_window 개수만큼 반환.
    """
    sorted_history = []  # 정렬된 대화 이력을 저장할 리스트 초기화

    # 대화 이력의 각 세그먼트(항목)를 순회하며 유사도 계산
```

```python
    for segment in history:
        content = segment['content']  # 현재 세그먼트의 'content' 값 가져오기
        preprocessed_content = preprocess_text(content)  # 세그먼트 내용 전처리
        preprocessed_prompt = preprocess_text(prompt)  # 사용자 프롬프트 전처리

        # 세그먼트와 프롬프트에 대한 임베딩 생성
        embedding_model = "text-embedding-3-large"
        embedding_content = get_embedding(preprocessed_content, embedding_model)
        embedding_prompt = get_embedding(preprocessed_prompt, embedding_model)

        # 두 임베딩 간의 코사인 유사도 계산
        similarity = cosine_similarity(embedding_content, embedding_prompt)

        # 세그먼트와 유사돗값을 리스트에 추가
        sorted_history.append((segment, similarity))

    # 유사돗값을 기준으로 세그먼트 정렬 (내림차순)
    sorted_history = sorted(sorted_history, key=lambda x: x[1], reverse=True)

    # 정렬된 세그먼트에서 세그먼트만 추출하여 context_window 개수만큼 반환
    sorted_history = [x[0] for x in sorted_history]

    return sorted_history[:context_window]


# 대화형 세션 시작
while True:
    # 사용자 입력받기
    request = input(
        click.style(
            "입력: (종료하려면 'exit'나 'quit' 입력): ",
            fg="green"  # 입력 메시지를 초록색으로 표시
        )
    )

    # 'exit'나 'quit' 입력 시 종료
    if request.lower() in ["exit", "quit"]:
        break

    # 사용자 프롬프트를 기록(history)에 추가
    user_prompt = {
        "role": "user",
        "content": request
    }
```

```python
# 파일에서 대화 이력을 불러와 새로운 메시지 추가
full_history = load_history_from_file()

# 대화 이력을 정렬하여 관련성이 높은 대화 이력 선택
sorted_history = sort_history(full_history, request, context_window)
sorted_history.append(user_prompt)  # 사용자 프롬프트 추가

# 전체 기록에 글로벌 컨텍스트 추가
messages = global_context + sorted_history

# API에 메시지 전송
response = client.chat.completions.create(
    model=model,
    messages=messages,
    max_tokens=200,  # 생성할 최대 토큰 수 설정
    temperature=1,  # 출력의 창의성 조절
)

# 디버그: 현재까지의 대화 이력 출력
click.echo(
    click.style(
        "대화 이력: ",
        fg="blue"  # 대화 이력 메시지를 파란색으로 표시
    ) + str(json.dumps(messages, indent=4))
)

# 응답 내용 가져오기
content = response.choices[0].message.content.strip()

# 출력 결과를 보기 좋게 표시
click.echo(
    click.style(
        "출력: ",
        fg="yellow"  # 출력 메시지를 노란색으로 표시
    ) + content
)

# 사용자 프롬프트를 전체 대화 이력에 추가
full_history.append(user_prompt)

# 모델의 응답을 전체 대화 이력에 추가
full_history.append(
    {
        "role": "assistant",
```

```
            "content": content
        }
    )

    # 대화 이력을 파일에 저장
    save_history_to_file(full_history)
```

코드를 실행하면 대화 이력이 최신의 프롬프트와 응답으로 업데이트되는 것을 볼 수 있습니다. 이 대화 이력은 최근 N개의 프롬프트를 API로 전송하는 데 사용됩니다(N=컨텍스트 윈도 크기).

코드를 .py 형식으로 작성했다면 다음과 같이 실행하면 됩니다.

```
python app.py
```

코드의 주요 내용을 다시 정리해 보겠습니다.

- **대화 이력 저장과 불러오기**

  대화는 full_history라는 리스트에 기록되며, 이 리스트는 사용자의 질문과 모델의 응답을 차례대로 저장합니다. 대화 이력은 파일(context.txt)에 JSON 형식으로 저장되어, 새로운 대화가 시작될 때마다 이전 대화를 불러와서 사용합니다.

- **코사인 유사도를 통한 문맥 정렬**

  사용자가 입력한 문장과 이전 대화의 유사도를 계산하여 가장 관련성 높은 대화 부분만을 선택합니다. cosine_similarity 함수를 통해 두 텍스트 간의 유사도를 계산하며, 이를 바탕으로 **가장 유사한 대화 이력을 컨텍스트 윈도의 크기만큼 선택**합니다. 이 과정은 모델이 더 자연스럽고 일관된 응답을 생성하도록 돕습니다.

- **API 응답 처리**

  client.chat.completions.create 함수는 GPT 모델을 사용해 사용자에게 적절한 응답을 생성합니다. 이때 사용자의 입력과 함께 정렬된 대화 이력을 기반으로 응답을 생성하므로 모델이 이전 대화의 문맥을 반영할 수 있습니다.

다음 프롬프트를 사용하여 테스트해 보겠습니다. 앞에서 확인한 바와 같이 내용이 한글이면 중간에 대화 이력의 내용이 사용자에게 특수 문자로 보입니다. 따라서 대화 이력의 출력 내용을 중간 중간 정확히 확인하고자 시스템 지침과 사용자 메시지를 다음과 같이 영어로 작성해서 확인해 보겠습니다.

- I have a black cat.

- I have a white shirt.

- What color is my cat?

- What color is my shirt?

다음은 선택적으로 이전된 문맥이 매번 어떻게 반영되는지 보여주는 결과입니다.

```
입력: (종료하려면 'exit'나 'quit' 입력): I have a black cat.
대화 이력: [
    {
        "role": "system",
        "content": "You're a helpful assistant."
    },
    {
        "role": "user",
        "content": "I have a black cat."
    }
]
출력: That's wonderful! Black cats can make great companions. They are often
known for their playful and affectionate nature. Do you have any fun stories or
interesting quirks about your cat that you'd like to share?
입력: (종료하려면 'exit'나 'quit' 입력): I have a white shirt.
대화 이력: [
    {
        "role": "system",
        "content": "You're a helpful assistant."
    },
    {
        "role": "user",
        "content": "I have a black cat."
    },
    {
        "role": "assistant",
        "content": "That's wonderful! Black cats can make great companions. They are
often known for their playful and affectionate nature. Do you have any fun stories
or interesting quirks about your cat that you\u2019d like to share?"
    },
    {
        "role": "user",
        "content": "I have a white shirt."
    }
]
```

출력: White shirts are classic and versatile! They can be dressed up or down and often go well with almost anything. Do you wear it for a specific occasion, or do you just like having it as part of your wardrobe?
입력: (종료하려면 'exit'나 'quit' 입력): What color is my cat?
대화 이력: [
    {
        "role": "system",
        "content": "You're a helpful assistant."
    },
    {
        "role": "user",
        "content": "I have a black cat."
    },
    {
        "role": "assistant",
        "content": "That's wonderful! Black cats can make great companions. They are often known for their playful and affectionate nature. Do you have any fun stories or interesting quirks about your cat that you\u2019d like to share?"
    },
    {
        "role": "user",
        "content": "What color is my cat?"
    }
]
출력: You mentioned that you have a black cat, so your cat is black! If you're looking for more specific details about its markings or features, let me know!
입력: (종료하려면 'exit'나 'quit' 입력): What color is my shirt?
대화 이력: [
    {
        "role": "system",
        "content": "You're a helpful assistant."
    },
    {
        "role": "user",
        "content": "I have a white shirt."
    },
    {
        "role": "user",
        "content": "What color is my cat?"
    },
    {
        "role": "user",
        "content": "What color is my shirt?"
    }

```
]
출력: Your shirt is white. However, I don't have any information about the color of
your cat. Could you describe your cat's color to me?
입력: (종료하려면 'exit'나 'quit' 입력): quit
```

현재 시스템은 사용자가 입력한 질문에 가장 관련이 있는 이전 대화를 선택합니다. 하지만 모든 상황에서 이 방식이 최적일 수는 없습니다. 그래서 더 나은 답변을 얻기 위해 개선할 수 있는 몇 가지 방법을 제시합니다.

- **전체 대화 이력 고려**: 여기서는 일부 대화만 선택했지만 더 많은 대화를 고려해서 더 정확한 답변을 선택할 수 있습니다.

- **파일 대신 데이터베이스 활용**: 대화 이력을 파일에 저장하지 않고 **더 빠르고 효율적인 벡터 데이터베이스를 사용**하면 대화 이력을 더 잘 관리하고 빠르게 찾을 수 있습니다.

- **필요한 만큼만 대화 가져오기**: 사용자의 질문에 맞춰 **필요한 만큼의 대화만 불러와서** 빠르고 효율적으로 답변할 수 있습니다.

- **여러 답변 중 가장 좋은 답변 선택하기**: API에서 **여러 개의 답변을 요청**하고 **가장 적합한 답변을 선택**할 수 있습니다. 또한 이전 대화 내용과 비교해 최적의 답변을 선택할 수 있습니다.

부록

PART **7**

부록 A 챗GPT 및 클로드 실습

부록 B 오픈AI 플레이그라운드 실습

부록 C 건강 상담 챗봇 구현하기

부록 D 작가 스타일 이미지 생성 앱

부록 E RAG로 노트북 추천받기

부록 F 오토젠을 활용한 AI 에이전트 이해하기

챗GPT 및 클로드 실습

A.1 코딩 공부에 활용하기

챗GPT와 클로드를 코딩 공부에 활용할 수 있습니다. 다음과 같은 단계를 염두에 두고 실습을
진행하면 더 유용할 것입니다.

1. 먼저 간단한 샘플 코드를 요청하고 실행해 봅니다.
2. 샘플 코드의 특정 개념에 관한 추가 설명을 요청해 봅니다.
3. 기본 샘플을 바탕으로 다양한 변형이나 확장을 탐구해 봅니다.

A.1.1 챗GPT로 텍스트 분석 공부하기

챗GPT는 파이썬 코딩 학습에 매우 유용합니다. 특히 텍스트 분석과 같은 특정 주제를 다룰 때
효과적입니다. 여기에서는 간단한 텍스트 분석에 사용할 파이썬 샘플 코드를 요청하고 이를 코
딩 공부에 활용하는 방법을 알아보겠습니다. 이번 절은 직접 따라 하기보다는 이런 방식으로
코딩 학습에 활용할 수 있다는 점을 참고해 읽어 주세요.

먼저 텍스트 분석에 사용할 간단한 샘플 코드를 요청해 보겠습니다.

파이썬 텍스트 분석을 위한 정말 간단한 샘플 코드를 알려줄 수 있니?

실행 결과는 다음과 같습니다. 생성형 AI는 매번 조금씩 다르게 답변하도록 기본으로 설정되어

있습니다. 그래서 결과는 다음과 조금씩 다를 수 있습니다.

물론입니다! 아주 간단한 텍스트 분석 샘플 코드를 제공할게요. 여기서는 단순한 텍스트 토큰화와 단어 빈도 수 계산만을 다룹니다.

```python
# 1. 텍스트 토큰화 및 단어 빈도 수 계산
# 샘플 텍스트
sample_text = "Hello world! This is a simple text analysis example. Hello world!"

# 2. 텍스트 토큰화 (Tokenization)
tokens = sample_text.split()
print("Tokens:", tokens)

# 3. 단어 빈도 수 계산 (Word Frequency)
word_freq = {}
for token in tokens:
    token = token.lower().strip("!.,")  # 소문자로 변환하고 구두점 제거
    if token in word_freq:
        word_freq[token] += 1
    else:
        word_freq[token] = 1

print("Word Frequencies:", word_freq)
```

설명
1.   텍스트 토큰화: 주어진 텍스트를 공백 기준으로 단어로 분리합니다.
2.   단어 빈도 수 계산: 각 단어가 텍스트에서 몇 번 등장했는지 계산합니다.

이 코드는 텍스트를 단순히 공백 기준으로 분리하고, 소문자로 변환한 후 구두점을 제거한 단어들의 빈도를 계산합니다. 이렇게 하면 아주 기본적인 텍스트 분석이 가능합니다. 필요에 따라 기능을 추가하거나 확장할 수 있습니다.

LLM에서는 파이썬과 기본 시각화 등에 관한 우수한 샘플 코드를 얻을 수 있습니다. 특히 **내용 변경이나 라이브러리 변경이 적은 안정화된 코드에서 LLM은 매우 신뢰할 만한 예제를 제공**합니다. 그러나 **오픈AI나 랭체인**LangChain **같이 빠르게 업데이트되는 최신 라이브러리**라면 **LLM이 제공하는 코드가 최신 버전과 일치하지 않을 수 있습니다.** 이는 현재 LLM 모델의 한계로, 이럴 때는 **공식 개발자 문서를 참고**하여 학습하는 편이 더 효과적입니다.

이어서 앞의 코드를 실행해 보고 정상적인 결과가 나온다면, 다음과 같이 추가로 개념을 설명 하도록 요청합니다.

텍스트 토큰화와 단어 빈도수의 개념에 대해 왕초보라 생각하고 쉽게 설명해 줄 수 있을까?

여기에서처럼 '왕초보'나 '초보자'와 같은 단어를 포함하면 초보자에게 적합한 쉬운 내용을 얻을 수 있습니다. 생성형 AI 서비스가 매번 조금씩 다른 결과를 제공하기에 실행 결과는 조금씩 달라질 수 있습니다.

물론입니다! 텍스트 토큰화와 단어 빈도수의 개념을 아주 쉽게 설명해 볼게요.

1. 텍스트 토큰화 (Tokenization)
토큰화란 텍스트를 작은 단위로 나누는 작업을 말합니다. 이 작은 단위를 토큰이라고 부르죠. 주로 문장을 단어 단위로 나누는 것이 일반적입니다. 예를 들어, "Hello world!"라는 문장이 있을 때, 이 문장을 단어 단위로 나누면 "Hello"와 "world!"라는 두 개의 단어가 나오게 됩니다.

예시:
원문: "Hello world!"
토큰화 결과: ["Hello", "world!"]
2. 단어 빈도수 (Word Frequency)
단어 빈도수란 텍스트에서 각 단어가 몇 번이나 등장했는지를 세는 것을 말합니다. 이를 통해 어떤 단어가 많이 사용되었는지를 알 수 있습니다. 예를 들어, "Hello world! Hello everyone!"이라는 문장이 있을 때, "Hello"는 2번, "world!"와 "everyone!"은 각각 1번씩 등장합니다.

예시:
원문: "Hello world! Hello everyone!"
단어 빈도수 결과: {"hello": 2, "world!": 1, "everyone!": 1}

... (다른 자세한 설명 및 예제)

A.1.2 클로드로 텍스트 분석 공부하기

클로드(*https://claude.ai*)는 앤트로픽에서 개발한 AI 언어 모델로 현재 오픈AI와 함께 대표적으로 많이 사용하는 서비스입니다. 클로드는 코딩과 같은 몇몇 분야에서는 오픈AI의 챗GPT보다 우수한 성능을 보여줍니다.

앞에서와 같은 프롬프트로 클로드에 질문해 보겠습니다.

파이썬 텍스트 분석을 위한 정말 간단한 샘플 코드를 알려줄 수 있니?

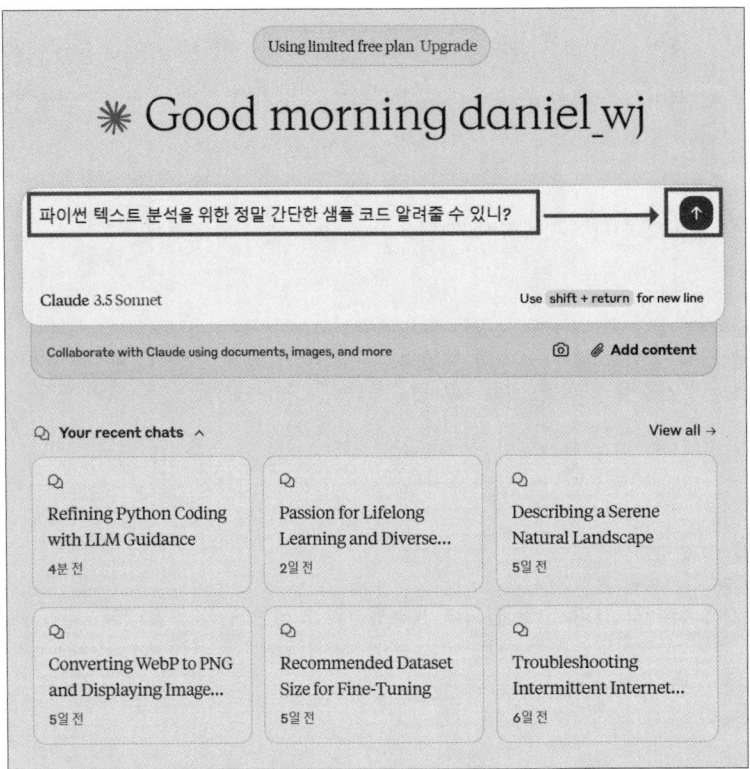

그림 A-1 클로드에 프롬프트 입력하기

실행 결과는 다음과 같습니다.

네, 파이썬을 사용한 간단한 텍스트 분석 샘플 코드를 보여드리겠습니다.

```
import re
from collections import Counter

def analyze_text(text):
    # 텍스트를 소문자로 변환하고 단어로 분리
    words = re.findall(r'\w+', text.lower())

    # 단어 빈도수 계산
    word_counts = Counter(words)
```

```
    # 가장 흔한 단어 5개 출력
    print("가장 흔한 단어 5개:")
    for word, count in word_counts.most_common(5):
        print(f"{word}: {count}")

    # 단어 총수와 고유 단어 수 출력
    print(f"\n단어 총수: {len(words)}")
    print(f"고유 단어 수: {len(word_counts)}")

# 샘플 텍스트
sample_text = """
파이썬은 간단하고 배우기 쉬운 프로그래밍 언어입니다.
파이썬을 사용하면 데이터 분석, 웹 개발, 인공지능 등 다양한 분야에서
효율적으로 작업할 수 있습니다.
"""

# 텍스트 분석 실행
analyze_text(sample_text)
```

이 코드는 다음과 같은 기본적인 텍스트 분석 작업을 수행합니다.

텍스트를 소문자로 변환하고 단어로 분리합니다.
각 단어의 빈도수를 계산합니다.
가장 흔한 단어 5개를 출력합니다.
단어 총수와 고유 단어 수를 출력합니다.

이 코드를 실행하면 샘플 텍스트에 대한 간단한 분석 결과를 볼 수 있습니다. 필요에 따라 이 코드를 수정하거나 확장하여 더 복잡한 분석을 수행할 수 있습니다. 예를 들어, 특정 단어의 빈도를 확인하거나, 문장 길이를 분석하거나, 특정 패턴을 찾는 등의 기능을 추가할 수 있습니다.
이 코드에 대해 더 자세한 설명이 필요하거나 특정 부분에 대해 질문이 있으시면 말씀해 주세요.

앞에서 언급했듯이 생성형 AI는 같은 답변을 주지 않고 약간씩 다르게 답변하도록 설정되어 있습니다. Claude API를 사용할 때는 매번 같은 답변을 주도록 파라미터를 수정하여 조정할 수 있습니다. 어떤 답변을 주는지 챗GPT와 비교하고자 이번에도 같은 프롬프트를 사용하겠습니다.

텍스트 토큰화와 단어 빈도수의 개념에 대해 왕초보라 생각하고 쉽게 설명해 줄 수 있을까?

클로드의 답변은 다음과 같습니다.

물론이죠. 텍스트 토큰화와 단어 빈도수의 개념을 아주 쉽게 설명해 드리겠습니다.

텍스트 토큰화 (Text Tokenization)

텍스트 토큰화는 긴 문자열(텍스트)를 더 작은 조각으로 나누는 과정입니다. 이 작은 조각들을 '토큰'이라고 부릅니다. 보통 토큰은 단어나 문장이 될 수 있습니다.
예를 들어볼까요?
문장: "나는 파이썬을 좋아합니다."
이 문장을 토큰화하면 다음과 같이 됩니다.
["나는", "파이썬을", "좋아합니다"]
이렇게 하는 이유는 컴퓨터가 텍스트를 더 쉽게 처리할 수 있게 하기 위해서입니다. 마치 큰 케이크를 작은 조각으로 나누어 먹기 쉽게 만드는 것과 비슷하죠.

단어 빈도수 (Word Frequency)

단어 빈도수는 특정 단어가 텍스트에서 얼마나 자주 나타나는지를 세는 것입니다. 이는 텍스트에서 어떤 단어가 중요한지 파악하는 데 도움이 됩니다.
예를 들어보겠습니다.
텍스트: "나는 사과를 좋아해. 사과는 맛있어. 나는 사과 주스도 좋아해."
이 텍스트의 단어 빈도수를 세면:

"나는": 2번
"사과": 3번
"좋아해": 2번
"맛있어": 1번
"주스도": 1번

이렇게 됩니다. 이를 통해 "사과"가 이 텍스트에서 가장 자주 언급되는 단어라는 것을 알 수 있죠.

클로드 AI 서비스는 특정 영역에서 챗GPT보다 뛰어난 성능을 보일 때가 있습니다. 그러나 무료 버전에는 토큰에 제한이 있어 일정량 이상을 사용하려면 제한이 걸리는 단점이 있습니다. 상대적으로 사용량 제한이 있지만, 일부 분야에서 답변의 정확성이 다른 생성 AI에 비해 뛰어나기 때문에 많은 사용자가 클로드를 사용합니다.

또한 모르는 정보에 관해서는 잘 대답을 못하거나 거짓말을 하는 환각 현상이 발생하기도 합니다. 따라서 여러 AI 서비스를 함께 사용하며 검증하는 방법이 유용할 수 있습니다. 이렇게 여러 모델을 활용하면 환각 현상을 줄이고 더 정확한 결과를 얻는 데 도움이 됩니다.

A.2 유튜브 영상에서 텍스트를 추출하고 요약하기

일상생활에서 긴 동영상을 끝까지 보아야 할 때가 있습니다. 이때 스크립트만 확인하거나 전체 영상을 요약한 내용을 보면 시간을 절약할 수 있습니다. 여기에서는 크롬 확장 프로그램과 챗 GPT를 사용해 이런 작업을 해 보겠습니다.

간단한 작업 절차는 다음과 같습니다.

1. 크롬 웹 스토어에 접속해서 'YouTube Summary(유튜브 요약)'를 검색합니다.
2. 검색된 확장 프로그램을 선택하고 [Chrome에 추가] 버튼을 눌러서 확장 프로그램을 추가합니다.
3. 유튜브 동영상을 선택합니다.
4. 동영상을 선택하면 화면 오른쪽에 'Transcript & Summary(스크립트 및 요약)'가 표시됩니다. 여기에서 스크립트 아이콘을 선택하고 'Transcript(스크립트)'를 선택합니다.
5. 내용을 요약하기 위해 'Summary(요약)'을 선택한 후 챗GPT 아이콘을 선택합니다.
6. 챗GPT가 실행되고 해당 영상의 요약 정보를 확인할 수 있습니다.

지금부터 한 단계씩 자세히 살펴보겠습니다.

A.2.1 YouTube Summary 검색

먼저 크롬 브라우저를 열어서 크롬 웹 스토어(*https://chromewebstore.google.com*)에 접속합니다. 그런 다음 검색창에 'YouTube Summary'를 검색합니다.

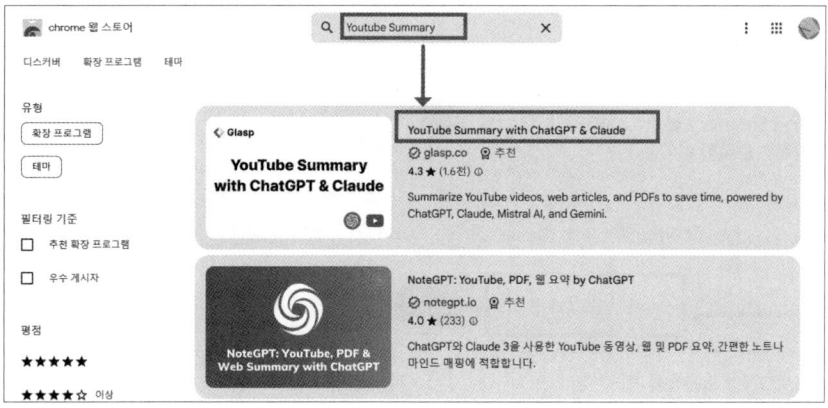

그림 A-2 'YouTube Summary' 확장 프로그램 검색

A.2.2 확장 프로그램 추가

추가하려는 확장 프로그램을 선택하면 다음과 같은 화면이 표시됩니다. [Chrome에 추가] 버튼을 눌러 주세요.

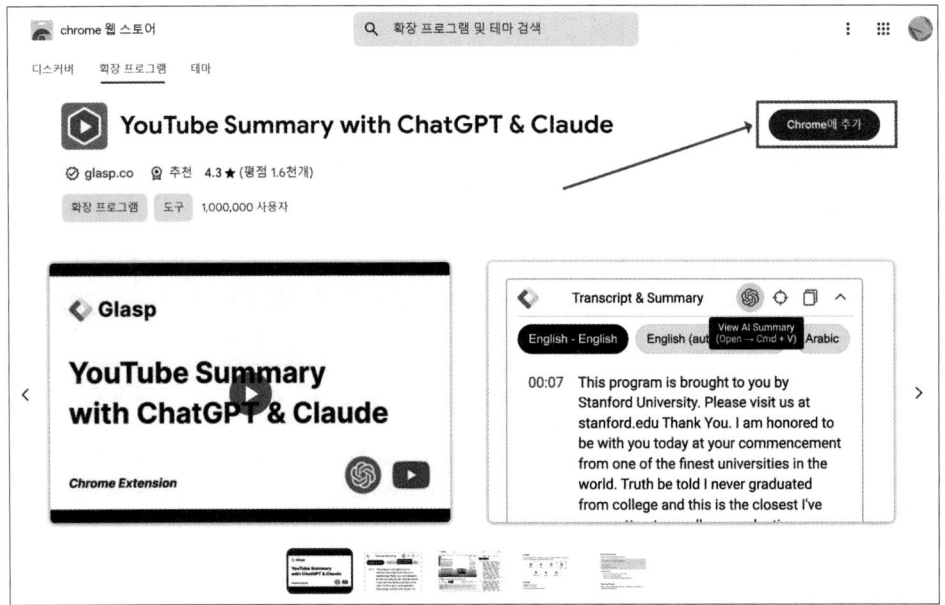

그림 A-3 확장 프로그램을 크롬에 추가하기(1)

[Chrome에 추가] 버튼을 누른 후 확인창이 뜨면 [확장 프로그램 추가]을 선택하면 브라우저에 해당 확장 프로그램이 설치됩니다.

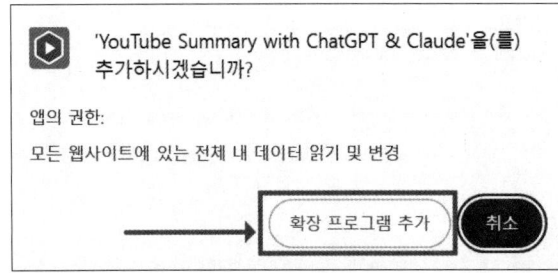

그림 A-4 확장 프로그램을 크롬에 추가하기(2)

참고로, 크롬 확장 프로그램은 기본적으로 크롬 브라우저에서 사용할 수 있지만 마이크로소트프 엣지 등과 호환되기도 합니다.

A.2.3 유튜브 동영상 선택

유튜브에서 요약하려는 영상을 선택합니다. 여기서는 **'시냇가의열매나무' 채널**[1]의 **[업무 시간 줄이기] YouTube 내용 요약 프로그램'** 영상을 선택해 보겠습니다.

- 채널 URL: *https://www.youtube.com/@stream_tree_class*
- 영상 URL: *https://www.youtube.com/watch?v=DBVKw8Z7h-o*

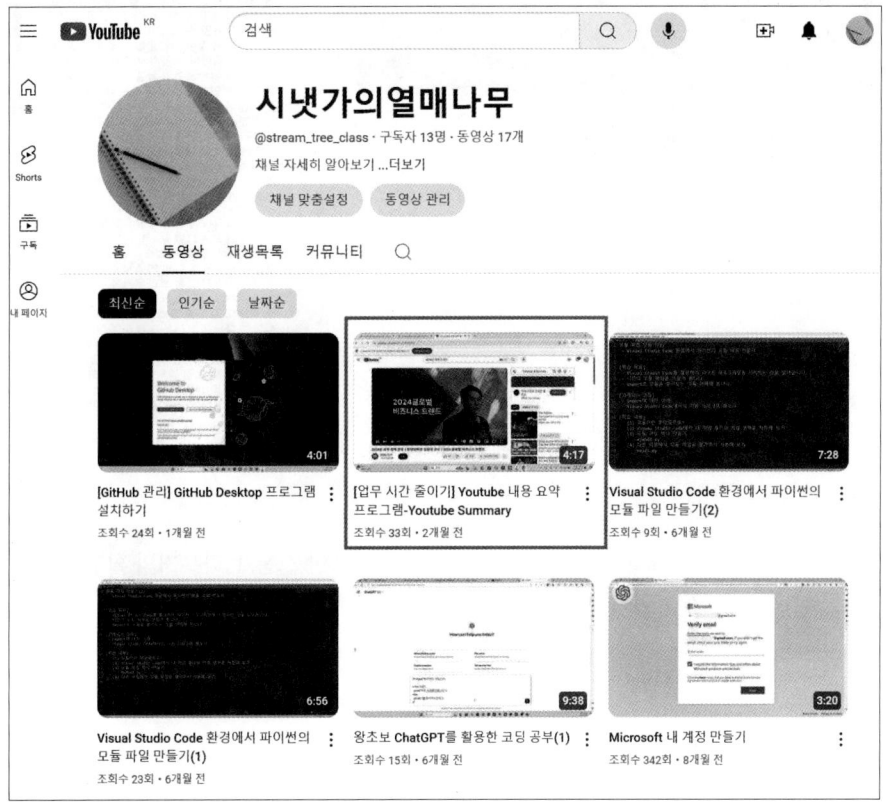

그림 A-5 요약하려는 동영상 선택

---

1   옮긴이_ AI 교육 관련 동영상을 올리는 동영상 채널입니다. 파이썬과 AI 관련 교육, 데이터 분석 관련 동영상을 올리고 있습니다.

A.2.4 스크립트 보기

동영상을 선택하면 [그림 A-6]처럼 화면 오른쪽에 'Transcript & Summary'가 표시됩니다. 여기에서 'Summarize Video' 아이콘을 선택하고 'Transcript'를 선택합니다.

그림 A-6 동영상 스크립트 확인

화면 오른쪽 위에 'Transcript & Summary'가 표시되지 않으면 크롬 브라우저의 확장 프로그램 아이콘을 누른 후 해당 프로그램을 선택해 주세요.

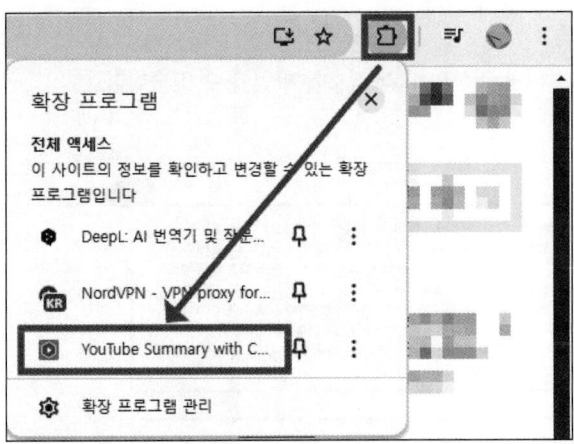

그림 A-7 확장 프로그램 선택

이와 같이 해당 영상의 스크립트를 시간대별로 확인할 수 있습니다. 정말 유용한 확장 프로그램이죠. 이제 해당 스크립트의 내용을 요약하는 방법을 알아보겠습니다.

A.2.5 요약 정보 요청

동영상의 내용을 요약하려면 [그림 A-8]과 같이 ❶ 'Summary'를 선택하고 ❷ 챗GPT 아이콘을 선택합니다.

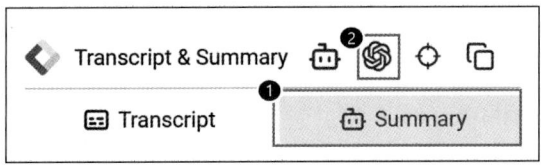

그림 A-8 챗GPT로 요약시키기

'Summary'를 선택하지 않고 바로 챗GPT 아이콘을 선택하면 챗GPT만 실행되고 해당 스크립트 내용이 전달되지 않을 때가 있습니다. 되도록 'Summary'를 누른 다음에 챗GPT 아이콘을 누르세요.

A.2.6 요약 정보 확인

[그림 A-9]와 같이 챗GPT가 실행되고 해당 영상의 요약 정보를 확인할 수 있습니다.

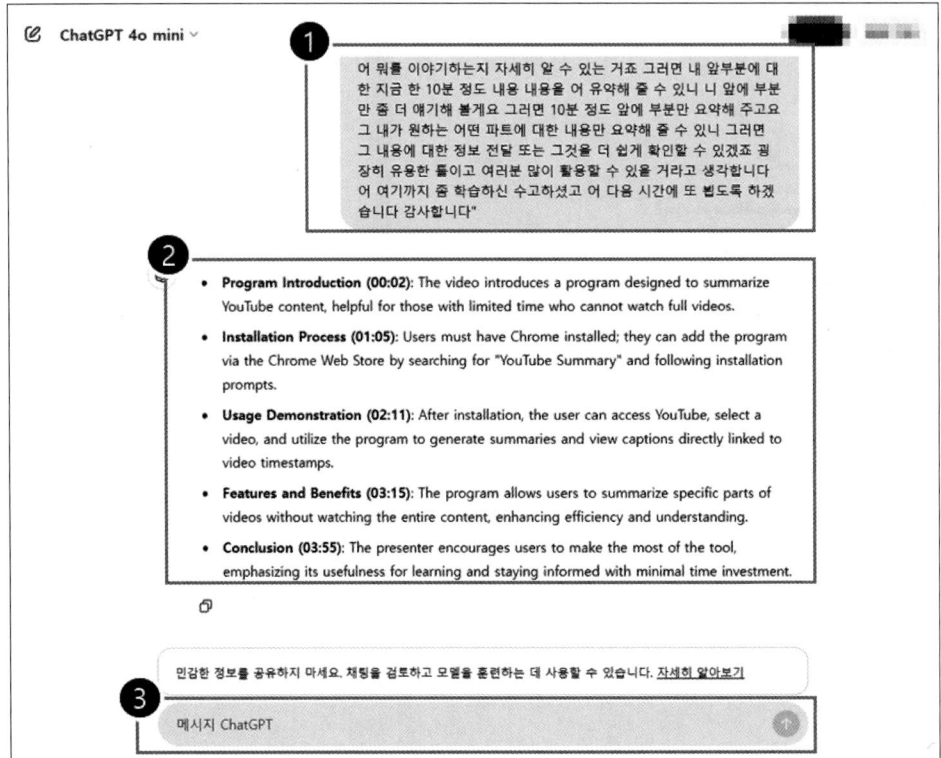

그림 A-9 챗GPT의 활용한 요약

[그림 A-9]의 각 영역은 다음과 같이 구성됩니다.

❶ 유튜브 동영상 스크립트의 내용입니다.

❷ 동영상 스크립트 내용을 챗GPT가 요약한 내용입니다.

❸ 챗GPT에 메시지를 보낼 수 있는 창입니다. '한글로 요약해 주렴'이라고 요청해 보세요.

A.3 간단한 고객 데이터 분석 수행하기

이번에는 챗GPT를 활용해 캐글에 공개된 데이터의 내용을 요약하고 분석해 보겠습니다. 유료 버전을 사용하면 일반 책의 200~300쪽 분량을 한꺼번에 넣을 수 있고, 파일 자체를 올릴 수도 있습니다. 이 절에서는 무료 버전을 기준으로 300개 정도의 행만 분석하겠습니다.

여기서는 캐글의 소매 판매 데이터셋^{Retail Sales Dataset}[2]을 사용합니다. 해당 데이터셋에는 1,001행과 9열의 데이터가 있습니다.

표 A-1 고객 데이터셋 설명

열 이름	내용	기타
Transaction ID	거래 ID. 고유한 값입니다.	1~1000
Date	거래가 발생한 날짜.	2023년의 날짜 (예) 2023/08/05
Customer ID	고객 ID.	(예) CUST001
Gender	성별.	(예) Male, Female
Age	고객의 나이.	(예) 34
Product Category	구매한 제품의 카테고리. 제품 선호도를 파악하는 데 도움을 줍니다.	(예) Beauty, Clothing, Electronics
Quantity	구입한 제품의 수.	(예) 1, 2, 3, 4
Price per Unit	제품의 단위당 가격.	(예) 25, 30, 50, 300, 500
Total Amount	거래의 금전적인 총가치. 각 구매의 금전적 영향을 보여줍니다.	(예) 25, 30 … 3000

챗GPT의 무료 버전에서는 일정 데이터 길이가 넘어가면 '메시지가 너무 길어서 처리할 수 없다'라는 메시지가 표시되거나 아예 질문 자체가 전달되지 않습니다. 따라서 소매 판매 데이터셋의 모든 데이터(1,000개)로 시도하면 무료 버전의 챗GPT 모델이 처리할 수 있는 최대 토큰을 넘어가므로 정상적으로 처리가 되지 않습니다.

오픈AI 플레이그라운드[3]에서 1,000개의 행을 넣으면 다음과 같은 에러를 확인할 수 있습니다. 시간에 따라 프로그램이 개선되므로 에러 메시지의 내용은 이와 달라질 수 있습니다. 참고로

---

2 https://www.kaggle.com/datasets/mohammadtalib786/retail-sales-dataset

3 https://platform.openai.com/playground/

오픈AI 플레이그라운드를 활용하면 좀 더 다양하게 설정해서 세밀하게 테스트할 수 있습니다. 따라서 개발자와 프롬프트 엔지니어들이 테스트용으로 유용하게 사용하고 있습니다.

```
Request too large for gpt-4 in organization org-lPPHpyHloKjwuKF74MOVnB3U on tokens
per min (TPM): Limit 10000, Requested 25625. The input or output tokens must be
reduced in order to run successfully. Visit https://platform.openai.com/account/
rate-limits to learn more.
```

이 메시지는 **오픈AI API**를 사용할 때 발생할 수 있는 **토큰 제한 오류**에 관한 설명입니다. 요청된 토큰 수가 25,625개인데 이는 API의 토큰 제한을 초과하는 양입니다. 오픈AI의 토크나이저[4]로 1,000개 행의 토큰의 수를 확인해 보면 24,920개가 나옵니다.

이 책을 작성하는 시점에 유료 버전에서는 GPT-4o를 사용할 수 있으며 책 한 권 분량의 내용도 한 번에 입력할 수 있습니다. 하지만 여기서는 무료 버전을 활용해서 데이터 분석을 수행하겠습니다. 오픈AI의 토크나이저에서 확인해 보면 300개 행의 토큰 수는 7,495개이므로 무료 버전에서도 사용할 수 있습니다. 우선 300개의 행 데이터를 넣고 다음과 같은 사용자 메시지를 보내 보세요.

데이터의 전반적인 분석 내용을 요약 정리해 주렴
- 답변은 한국어로 부탁해.

앞의 데이터에 대해 다음과 같은 것을 알고 싶어.
(1) 성별 데이터는 어떤 것이 있는지?
(2) Product Category는 어떤 것이 있는지?
(3) 남녀 성별 특이점을 갖는 것이 있는지?
(4) 제품별 데이터에서 특이사항을 갖는 것이 있는지?
그외 이 데이터에 대해 전반적인 분석 결과를 부탁해.
===
[300개 행의 데이터]
===

---

4 https://platform.openai.com/tokenizer

데이터의 전반적인 분석 내용을 요약 정리해 주렴
- 답변은 한국어로 부탁해.

앞의 데이터에 대해 다음과 같은 것을 알고 싶어.
(1) 성별 데이터는 어떤 것이 있는지?
(2) Product Category는 어떤 것이 있는지?
(3) 남녀 성별 특이점을 갖는 것이 있는지?
(4) 제품별 데이터에서 특이사항을 갖는 것이 있는지?
그외 이 데이터에 대해 전반적인 분석 결과를 부탁해.
===

Transaction ID	Date	Customer ID	Gender	Age	Product Category	Quantity	Price per Unit	Total Amount
1	2023-11-24	CUST001	Male	34	Beauty	3	50	150
2	2023-02-27	CUST002	Female	26	Clothing	2	500	1000
3	2023-01-13	CUST003	Male	50	Electronics	1	30	30
4	2023-05-21	CUST004	Male	37	Clothing	1	500	500
5	2023-05-06	CUST005	Male	30	Beauty	2	50	100
6	2023-04-25	CUST006	Female	45	Beauty	1	30	30
7	2023-03-13	CUST007	Male	46	Clothing	2	25	50
8	2023-02-22	CUST008	Male	30	Electronics	4	25	100
9	2023-12-13	CUST009	Male	63	Electronics	2	300	600
10	2023-10-07	CUST010	Female	52	Clothing	4	50	200
11	2023-02-14	CUST011	Male	23	Clothing	2	50	100
12	2023-10-30	CUST012	Male	35	Beauty	3	25	75
297	2023-09-04	CUST297	Female	40	Electronics	2	500	1000
298	2023-04-20	CUST298	Male	27	Beauty	4	300	1200
299	2023-07-25	CUST299	Male	61	Electronics	2	500	1000
300	2023-01-31	CUST300	Female	19	Electronics	4	50	200

===

이 데이터를 바탕으로 요청하신 분석 내용을 요약하여 정리해 드리겠습니다.

(1) 성별 데이터는 어떤 것이 있는지?

- 성별 데이터는 **Male** (남성)과 **Female** (여성)으로 구분됩니다. 데이터에는 두 성별 모두 포함되어 있습니다. 특정 제품군이나 연령대별로 성별 비율에 대한 분석이 가능합니다.

(2) Product Category는 어떤 것이 있는지?

- **Product Category** (제품 카테고리)는 **Beauty, Clothing, Electronics** 세 가지 카테고리로 구분됩니다. 각 카테고리는 다양한 가격대와 수량으로 판매되고 있으며, 특정 성별이나 연령대에서

그림 A-10 고객 데이터 분석 요청

다음과 같이 300개의 행의 데이터를 분석하고 요약 정리해서 보여줍니다.

이 데이터를 바탕으로 요청하신 분석 내용을 요약하여 정리해 드리겠습니다.

(1) 성별 데이터는 어떤 것이 있는지?
성별 데이터는 Male (남성)과 Female (여성)으로 구분됩니다. 데이터에는 두 성별 모두 포함되어 있습니다. 특정 제품군이나 연령대별로 성별 비율에 대한 분석이 가능합니다.

(2) Product Category는 어떤 것이 있는지?
Product Category (제품 카테고리)는 Beauty, Clothing, Electronics 세 가지 카테고리로 구분됩니다. 각 카테고리는 다양한 가격대와 수량으로 판매되고 있으며, 특정 성별이나 연령대에서 선호하는 카테고리가 다를 수 있습니다.

(3) 남녀 성별 특이점을 갖는 것이 있는지?
남성: 대부분의 남성 구매자들은 Clothing과 Electronics 제품을 많이 구매하는 경향이 있습니다. 특히 전자제품 카테고리에서 가격이 높은 제품을 구매하는 경향이 강하며, 의류 구매는 상대적으로 가격이 낮은 제품군에서 이루어집니다.
여성: 여성 구매자들은 Beauty와 Clothing 카테고리에서 많이 구매하는 경향이 있습니다. 특히 Beauty 제품의 구매가 자주 이루어지며, 일부는 고가의 제품을 선택하기도 합니다.

(4) 제품별 데이터에서 특이사항을 갖는 것이 있는지?
Beauty: 가격이 다양하며, 여러 연령대에서 꾸준히 구매되는 경향이 있습니다. 특히 20대 후반에서 50대까지의 여성 소비자가 많이 구매합니다. 고가의 제품도 일부 구매되고 있으나, 가격대가 낮은 제품군에서도 활발한 구매가 이루어집니다.
Clothing: 의류 제품은 연령에 관계없이 다양한 소비자층에서 구매되고 있으며, 가격대가 저렴한 제품이 많습니다. 의류 구매는 특정 시즌에 집중되는 경향도 있을 수 있습니다.
Electronics: 전자제품은 가격대가 높은 제품들이 있으며, 주로 남성 소비자들이 많이 구매합니다. 특히, 고가의 제품을 선호하는 경향이 뚜렷합니다.
전반적인 데이터 분석 결과:
연령대별 특징: 다양한 연령대가 모두 포함되어 있으며, 20대 후반에서 50대 초반 여성이 Beauty 제품을 자주 구매하고, 남성은 Clothing과 Electronics 제품을 선호하는 경향이 있습니다. 또한, 60대 이상의 소비자도 특정 제품군에서 꾸준히 구매가 이루어지고 있습니다.
가격대와 수량: 고가의 제품은 주로 Electronics에서 많이 나타나며, Beauty와 Clothing 제품은 비교적 낮은 가격대의 제품이 많이 구매됩니다. 수량은 한 번의 거래에서 비교적 적은 수량을 구매하는 경향이 있으며, 일부 고객은 대량 구매를 하기도 합니다.
시간대별: 특정 시즌(예: 여름, 연말)에 구매가 집중되는 경향이 있으며, 11월과 12월에 많은 거래가 이루어졌습니다. 이는 할인 행사나 연말 시즌 효과일 가능성이 있습니다.
이와 같은 분석을 통해 소비자의 행동 패턴을 이해하고, 마케팅 전략을 세우는 데 유용한 인사이트를 얻을 수 있습니다.

챗GPT를 이용해서 데이터를 분석하고 요약 정리하는 방법을 살펴보았습니다. 유료 버전을 사용하면 데이터 파일을 업로드해 데이터 분석을 수행할 수 있음을 참고해 주세요.

A.4 맞춤형 GPT 소개 및 구현

이번 절에서는 챗GPT **사용자가 다양한 사용자 GPT을 검색하고 선택할 수 있는 GPT 스토어**에 관해 알아보겠습니다. [그림 A-11]과 같이 GPT 스토어는 서비스 화면의 'GPT 탐색' 메뉴로 접근할 수 있으며, 이를 사용해 직접 자신의 GPT를 만들 수도 있습니다.

먼저 챗GPT를 실행하고 'GPT 탐색' 메뉴를 선택합니다. 화면에 나오는 다양한 GPT는 특정 목적에 맞게 설계된 AI 도구입니다. 글쓰기, 코드 작성, 다이어그램 생성, 이력서 작성 등 다양한 작업을 수행할 수 있습니다. 이를 잘 활용하면 업무에 도움이 되는 많은 맞춤형 GPT를 사용할 수 있습니다.

그림 A-11 챗GPT GPT 탐색하기

수많은 맞춤형 GPT가 있지만 이 중에서 유용한 GPT 도구를 몇 가지 소개하겠습니다.

A.4.1 image generator: 이미지 생성 및 편집

첫 번째로 소개할 GPT는 image generator(이미지 생성기)입니다. GPT 스토어에서 제공하는 **image generator는 AI를 활용하여 이미지를 생성하고 편집하는 데 특화된 도구**입니다. 사용자가 입력한 텍스트 기반으로 이미지를 생성할 수 있으며 기본적으로 DALL·E 3를 사용합니다. GPT의 무료 버전에서는 몇 장의 사진만의 생성할 수 있지만 유료 버전에서는 무한으로 이미지를 생성할 수 있습니다.

사용법은 다음과 같습니다.

- 원하는 이미지를 자세히 설명합니다(예: 가을 숲속의 평화로운 장면).

- 스타일, 인물, 배경 등 특정 요소를 포함하여 설명할 수 있습니다(예: 수채화 스타일의 배경에 단풍이 흩날리고 산책하는 연인이 있는 그림).

- 더 구체적인 디테일을 추가하여 이미지를 정교하게 만들 수 있습니다. 색상, 분위기, 감정 등을 표현할 수 있습니다(예: 행복하고 기쁜 감정을 표현하는 밝은 색감의 이미지).

- 생성된 이미지에 관한 피드백을 제공하여 수정을 요청할 수 있습니다(예: 인물의 크기를 줄여주세요).

- 이미지 크기를 지정할 수 있습니다.

  - 1024x1024(정사각형, 기본 이미지 크기)

  - 1792x1024(가로로 넓은 직사각형)

  - 1024x1792(세로로 긴 직사각형)

예제 프롬프트를 본격적으로 살펴보겠습니다. 첫 번째는 따뜻하고 평화로운 분위기를 만드는 프롬프트입니다.

"동화 속 마을처럼 보이는 겨울 풍경. 눈이 소복이 쌓인 작은 오두막과 길을 걷는 사람들, 따뜻한 불빛이 비치는 창문이 있는 집들이 어우러진 장면"을 1024x1024 사이즈로 만들어 주세요.

생성된 이미지의 화풍을 다음과 같은 프롬프트로 변경할 수 있습니다.

동화 속 마을처럼 보이는 겨울 풍경을 인상주의 화풍으로 만들어 주세요.

다음은 배경이 없는 캐릭터를 제작하는 프롬프트입니다.

귀엽고 활기찬 판타지 세계의 용사 캐릭터가 등장합니다. 이 캐릭터는 배경과 그림자가 없이 서 있으며, 밝고 경쾌한 컬러의 갑옷을 입고 있습니다. 갑옷에는 반짝이는 보석 장식과 마법 문양이 새겨져 있고, 짧은 망토가 바람에 살짝 날립니다. 캐릭터는 한 손에 빛나는 마법의 검이나 작고 강력한 지팡이를 들고 있으며, 얼굴에는 자신감 넘치면서도 친근한 미소를 띠고 있습니다. 커다란 눈과 말랑말랑한 머리카락, 조금 과장된 귀여운 비율이 캐릭터의 매력을 더 부각시키며, 전체적으로 아기자기하면서도 강렬한 존재감을 자아냅니다.

마지막으로 로고를 제작하는 프롬프트입니다.

모던하고 간결한 기술 회사를 위한 로고를 디자인해 주세요. 로고는 파란색과 은색을 주로 사용하며, 회사 이름의 이니셜 'W'가 중심에 배치됩니다. 심플하면서도 미래지향적인 느낌을 줍니다.

[그림 A-12]는 앞에서 소개한 네 가지 프롬프트로 만들어 낸 이미지입니다. 확장자는 webp로 만들어집니다. 필요하면 다른 이미지 형식으로 저장할 수도 있습니다.

그림 A-12 image generator로 생성한 이미지

A.4.2 Sticker Whiz: 맞춤형 스티커 디자인

Sticker Whiz는 맞춤형 스티커 디자인을 하는 맞춤형 GPT입니다. **사용자가 원하는 스티커 디자인을 텍스트로 설명하면 이를 기반으로 디지털 스티커 이미지를 생성**합니다. 참조 이미지를 올려서 새로운 이미지를 만들 수도 있습니다.

만화 스타일의 작은 고양이가 푸른색 스카프를 두르고 앉아 있는 그림을 그려주세요. 고양이는 회색 털을 가지고 있고, 귀여운 표정을 짓고 있어요. 스티커는 다이컷 형태로 흰색 배경과 검은색 테두리가 있어야 해. 주문 링크는 URL 형태로 생성해 주세요.

결과는 다음과 같습니다.

스티커 디자인이 완성되었습니다! 만화 스타일의 회색 고양이가 푸른색 스카프를 두르고 귀여운 표정을 짓고 있는 모습입니다. 스티커는 다이컷 형태로 흰색 배경과 검은색 테두리가 포함되어 있습니다.

스티커를 주문하시려면 다음 URL을 사용하시면 됩니다.
https://www.stickermule.com/products/die-cut-stickers/configure?quantity=1&heightInches=2&widthInches=2&product=die-cut-stickers

링크를 따라 들어가면 관련 페이지에 방문할 수 있습니다. 다만 ChatGPT 응답에 주문 링크가 안 나올 때도 있습니다. 챗GPT 버전이 업그레이드되면서 조금씩 기능이 변경되며 생긴 현상이라 봅니다.

A.4.3 Convert Anything: 파일 형식 변환

Convert Anything은 지정한 파일 형식을 다른 파일 형식으로 변환하는 작업을 전문적으로 수행합니다. 예를 들어 문서 파일을 PDF로 변환하거나 이미지 파일을 다른 포맷으로 변환할 수 있습니다. 사용자가 파일을 업로드하면 변환할 형식을 선택한 후 빠르게 변환된 파일을 다운로드 링크로 제공합니다.

지원하는 주요 기능은 다음과 같습니다.

- 문서 파일 변환(예: DOCX ↔ PDF, TXT ↔ DOCX)
- 이미지 파일 변환(예: JPG ↔ PNG, GIF ↔ JPG)
- 압축 파일 처리(ZIP 파일에 여러 파일이 포함되면 최대 10개까지 처리 가능)
- 오디오 및 비디오 파일 형식 변환(예: MP3 ↔ WAV, MP4 ↔ AVI)

다음과 같은 형태로 입력해서 파일을 변환할 수 있습니다.

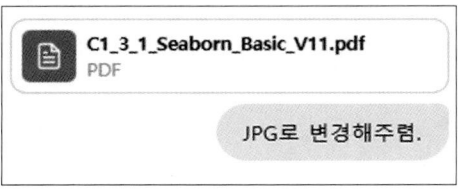

결과는 다음과 같습니다.

PDF 파일이 성공적으로 JPG 이미지로 변환되었습니다. 아래 각 페이지에 대한 이미지 링크를 제공합니다.

1 페이지
2 페이지
3 페이지
4 페이지
5 페이지
6 페이지
7 페이지
8 페이지
9 페이지
10 페이지

> 11 페이지
> 12 페이지
> 13 페이지
> 만약 링크가 클릭되지 않으면, 요청해주시면 링크만 따로 제공해드리겠습니다!

다음과 같이 추가로 요청해서 전체 페이지를 다운로드할 수도 있습니다.

전체 페이지를 받을 수 없니?

그러면 전체 페이지를 하나의 파일로 다운로드할 수 있는 링크를 제공해 줍니다.

> 전체 페이지를 포함한 JPG 파일을 여기에서 다운로드하실 수 있습니다.
>
> 만약 링크가 작동하지 않으면, 말씀해주시면 링크만 따로 제공해드리겠습니다!

유료 사용자는 직접 GPT를 만들 수도 있습니다. 챗GPT 빌더^{builder}를 사용하면 오픈AI의 기술을 기반으로 특정 목적에 맞는 맞춤형 GPT를 만들 수 있습니다. 사용자의 특정 목적에 맞게 챗GPT의 맞춤형 버전을 생성할 수 있습니다.

예를 들면 다음과 같은 챗GPT 만들 수 있습니다.

- 요리 레시피를 전문적으로 알려주는 챗GPT
- 웹 개발 전문 챗GPT
- 법률 조언을 전문적으로 해 주는 챗GPT
- 이미지 생성을 위한 DALL·E 챗GPT
- 데이터 분석가를 위한 챗GPT
- 창의적인 글 작성자를 위한 챗GPT
- 수학 관련 조언에 특화된 챗GPT

이제 맞춤형 챗GPT를 만들어 보겠습니다.

A.4.4 요리사 챗GPT 만들기

사용자의 요청에 따라 요리법을 추천하는 요리사 챗GPT를 만들어 보겠습니다.[5]

간단한 작업 절차는 다음과 같습니다.

1. 챗GPT에 접속해서 로그인합니다.
2. 'GPT 탐색' 메뉴를 선택합니다.
3. [+만들기]를 누릅니다.
4. 원하는 챗봇의 기능을 프롬프트로 요청해 나만의 챗GPT를 만들어 봅니다.
5. 상세한 전체 내용을 지정한 후 내용을 저장합니다.

이를 단계별로 수행하며 나만의 요리사 챗GPT를 만들어 보겠습니다. 챗GPT 서비스 (*https://chat.openai.com/*)에 로그인한 후 [그림 A-13]과 같이 ❶ 'GPT 탐색' 메뉴를 선택하고 ❷ [+만들기] 버튼을 누릅니다.

그림 A-13 맞춤형 GPT 만들기

---

5 옮긴이_ 2024년 12월 현재로서는 챗GPT 유료 가입자만 직접 맞춤형 GPT를 만들 수 있습니다.

그러면 [그림 A-14]와 같은 화면이 나옵니다.

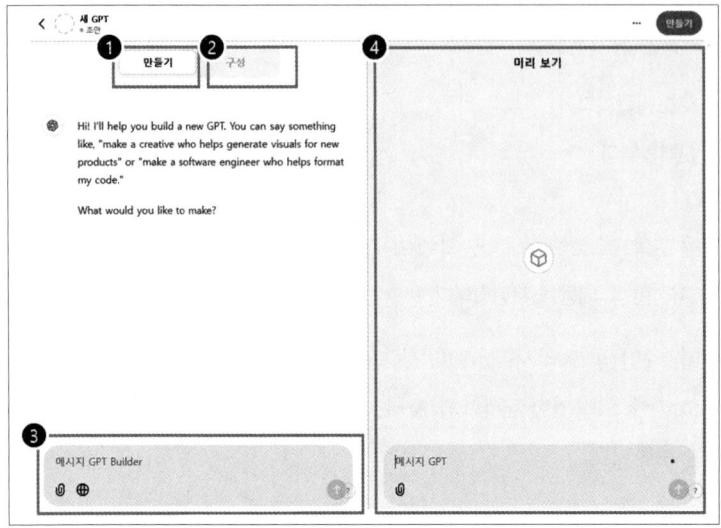

그림 A-14 나만의 GPT 만들기 화면

[그림 A-14]의 각 영역에 관한 설명은 다음과 같습니다.

❶ **만들기**: 새로운 GPT를 생성할 수 있는 메뉴입니다. 버튼을 클릭하면 새로운 GPT의 초기 설정 화면이 나타나며, 원하는 GPT의 기본 정보와 역할을 설정할 수 있습니다. 기본적으로 대화하면서 작업한 내용은 ❷의 구성에 반영됩니다.

❷ **구성**: 생성 중인 GPT의 세부 설정을 확인하고 변경할 수 있는 메뉴입니다. 이 메뉴에서는 GPT의 성격, 반응 스타일, 응답 형식 등 다양한 세부 항목을 설정하여 원하는 맞춤형 GPT를 구축할 수 있습니다.

❸ **메시지 입력창**: GPT가 수행할 역할이나 기능을 설명하는 텍스트를 입력하는 창입니다. 예를 들어 '소프트웨어 엔지니어 역할을 수행하는 GPT를 만들어 주세요'와 같이 GPT의 특성과 목적을 정의하는 문구를 작성할 수 있습니다.

❹ **미리보기**: 생성된 GPT의 동작을 실시간으로 확인할 수 있는 창입니다. 사용자가 입력한 설정에 따라 GPT가 어떻게 반응할지를 미리 보여주며, 원하는 대로 작동하는지 검토할 수 있습니다.

다음은 요리사 챗봇을 만들 때 사용할 만한 프롬프트의 예시입니다. 이 중에서 몇 개의 프롬프트만 입력해서 진행해도 됩니다.

• **기본 역할 설정**: 사용자가 입력한 재료와 음식 종류에 맞춰 요리법을 추천하는 요리 챗봇을 만들어

주세요.

- **친절한 환영 메시지 설정**: 사용자가 요리 질문을 입력하면 친절하게 인사하고, '오늘 어떤 요리를 만들어 드릴까요?'라고 물어봐 주세요.

- **재료 기반 요리 추천 기능 설정**: 사용자가 특정 재료를 입력하면 그 재료를 사용한 요리법을 추천해 주세요. 간단한 재료와 조리 과정을 포함해 주시면 좋습니다.

- **요리 난이도 조정 기능 설정**: 사용자가 '쉬운 요리'나 '어려운 요리' 등 난이도를 언급하면 해당 난이도에 맞는 요리를 추천해 주세요.

- **요리 팁 제공 기능 설정**: 요리법을 안내할 때 재료 준비 팁이나 조리 과정에서 유의할 점도 간단히 알려주세요.

- **대화 스타일 설정**: 사용자의 질문에 친근하게 대화형으로 응답해 주세요. 예를 들어 '좋아요! 파스타를 만들 때 필요한 재료는…' 같은 톤으로 답변해 주세요.

예시 프롬프트 중 몇 가지를 활용해서 직접 맞춤형 GPT를 만들어 보겠습니다. 첫 번째 프롬프트는 다음과 같습니다.

사용자가 입력한 재료와 음식 종류에 맞춰 요리법을 추천하는 요리 챗봇을 만들어 주세요.

GPT 빌더의 답변은 다음과 같습니다.

> 이제 이 요리 챗봇의 이름을 정해 보겠습니다. 요리 비책이라는 이름을 제안드리는데, 어떠신가요?

GPT 빌더는 사용자가 입력한 프롬프트를 이해한 후, 요리 챗봇의 이름을 제안합니다. 해당 이름에 대해 긍정적인 답변을 하면 GPT 빌더는 다음 과정을 진행하고 사진 프로필을 만들어 줍니다. 마음에 들지 않으면 다시 요청하면 됩니다.

두 번째 프롬프트는 다음과 같습니다.

> 사용자가 요리 질문을 입력하면 친절하게 인사하고, '오늘 어떤 요리를 만들어 드릴까요?'라고 물어봐 주세요.

다음은 GPT 빌더의 답변입니다.

> 완료되었습니다! 이제 요리 비책은 질문마다 친절하게 인사하고, "오늘 어떤 요리를 만들

어드릴까요?"라고 물으며 요리 추천을 시작합니다. 더 수정할 부분이 있으면 알려주세요!

이제 '구성'을 선택해 이 내용이 어떻게 반영되었는지 살펴보겠습니다. 처음 계획한 프롬프트를 전부 입력해야 하는 것은 아닙니다. 간단하게 프로필과 이름만 확인하고 만들기를 진행해도 됩니다.

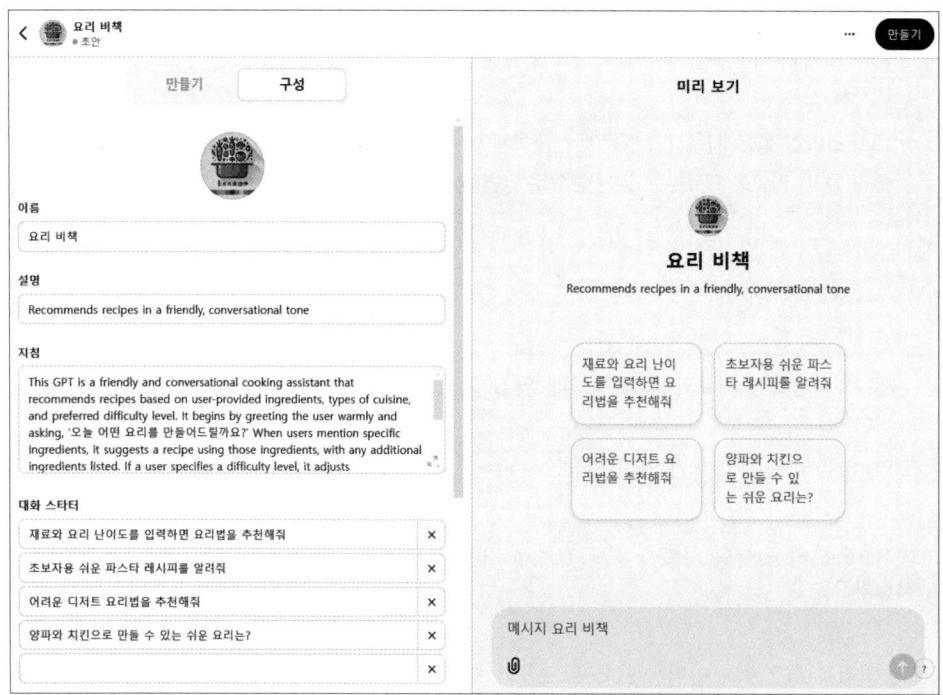

그림 A-15 나만의 GPT 만들기 화면: 구성

챗GPT의 이름, 설명, 지침, 대화 스타터 등을 확인할 수 있습니다. 여기서 사용자가 직접 이름이나 지침 등을 변경할 수 있습니다. 그리고 사용자는 [파일 업로드] 버튼으로 챗봇과의 대화에서 참조할 파일을 업로드할 수 있습니다. 그리고 다음과 같은 기능을 선택할 수 있습니다(그림 A-16).

- **웹 검색**: GPT가 **인터넷에서 최신 정보를 검색**할 수 있도록 합니다.
- **DALL·E 이미지 생성**: 텍스트 프롬프트를 기반으로 **DALL·E를 사용해 이미지를 생성하는 기능을 활성화**합니다.

- **코드 인터프리터 및 데이터 분석**: 데이터를 분석하거나 코드 실행이 필요할 때 **이 기능을 사용하여 GPT가 코드 실행을 지원**하도록 합니다.

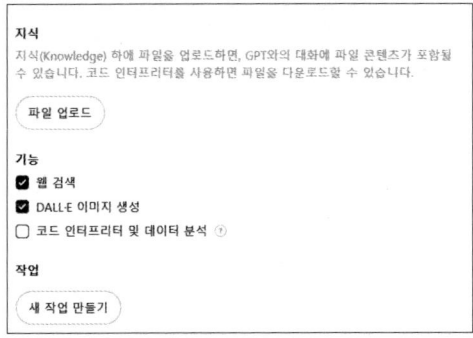

그림 A-16 나만의 GPT 만들기 화면: 구성

'미리 보기'에 간단한 대화를 입력하고 답변을 확인한 후 [만들기] 버튼을 누릅니다.

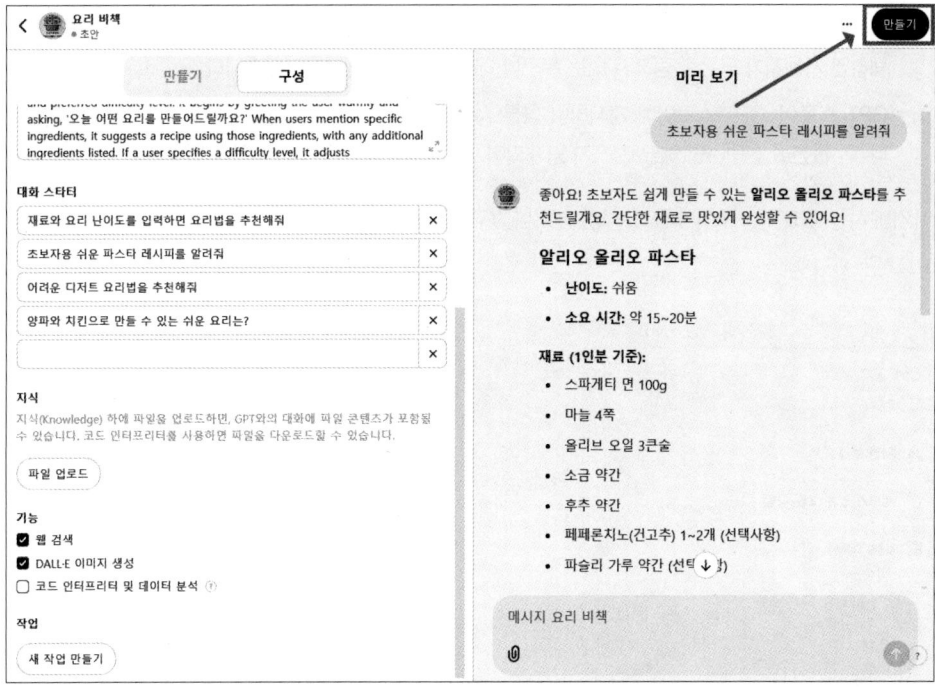

그림 A-17 요리 비책 GPT 최종 확인 및 저장

그림 A-18 GPT 공유 설정 화면

[그림 A-18]은 사용자가 만든 GPT를 다른 사람과 공유하는 방법을 설정하는 옵션을 보여줍니다.

- **나만 보기**: GPT를 만든 사용자 본인만 접근할 수 있는 비공개 설정입니다. 이 옵션을 선택하면 다른 사람은 해당 GPT에 접근할 수 없습니다.

- **링크가 있는 모든 사람**: 링크가 있는 모든 사람이 GPT에 접근할 수 있는 설정입니다. 이 옵션을 선택하면 사용자가 공유한 링크가 있는 누구나 해당 GPT를 사용할 수 있습니다.

- **GPT 스토어**: GPT 스토어에 게시하여 다른 사용자들이 검색하고 사용할 수 있도록 하는 옵션입니다. 이 옵션을 선택하면 해당 GPT가 공개되어 여러 사용자가 접근할 수 있게 됩니다.

여기에서는 GPT 스토어에 공유하겠습니다. GPT 스토어를 선택하고 [저장] 버튼을 눌러 주세요(그림 A-19).

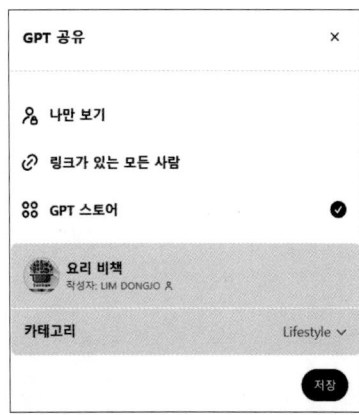

그림 A-19 GPT 스토어 선택

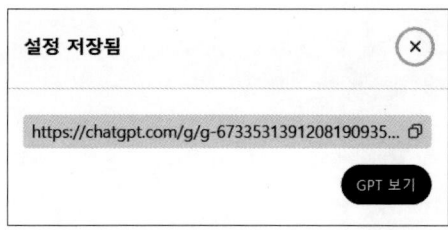

그림 A-20 요리 비책 GPT 공유 링크

GPT 공유 설정이 성공적으로 저장되었음을 알리는 메시지와 함께 생성된 공유 링크를 보여줍니다. 정상적으로 공유되면 누구나 GPT 스토어에서 요리 비책을 검색해 사용할 수 있습니다.

그림 A-21 요리 비책 GPT 탐색 화면

간단하게 챗GPT 빌더를 이용하여 요리 비책 챗GPT를 만들어 보았습니다. 여러분도 맞춤형 GPT를 직접 만들어서 공유해 보세요.

오픈AI 플레이그라운드 실습

B.1 오픈AI 플레이그라운드 소개

챗GPT 서비스는 이제 개발자뿐만 아니라 일반인들에게도 널리 알려졌습니다. **오픈AI 플레이그라운드**는 오픈AI의 언어 모델을 직접 실험하고 상호작용할 수 있는 **웹 기반 온라인 서비스**입니다. 이 플랫폼을 사용하면 **GPT 모델의 다양한 기능을 테스트**하고 결과를 즉시 확인할 수 있습니다. 특히 **프롬프트 엔지니어링**을 테스트할 수 있는 **유용한 도구**로 널리 활용됩니다.

여러 가지 모델을 사용해 AI의 답변을 요청할 수 있으며 파라미터를 조정하여 다양한 응답을 생성할 수 있습니다. 오픈AI 플레이그라운드에 접속하면 간단하게 여러 기능을 사용해 볼 수 있습니다. 먼저 구글에서 '오픈AI 플레이그라운드'를 검색한 후 해당 사이트를 선택해 접속합니다.

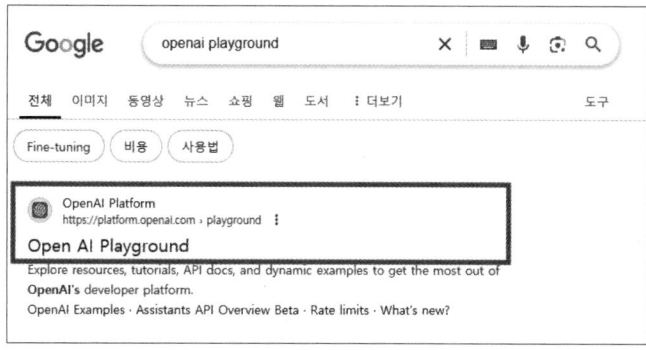

그림 B-1 구글에서 오픈AI 플레이그라운드 검색

사이트 접속한 후 로그인합니다. 가입하지 않았다면 먼저 [Sign up(가입)]을 눌러 가입해 주세요. 기본적으로 첫 로그인 시 웹 브라우저에 정보가 저장되어 이후에 다음 절차를 생략할 수 있습니다.

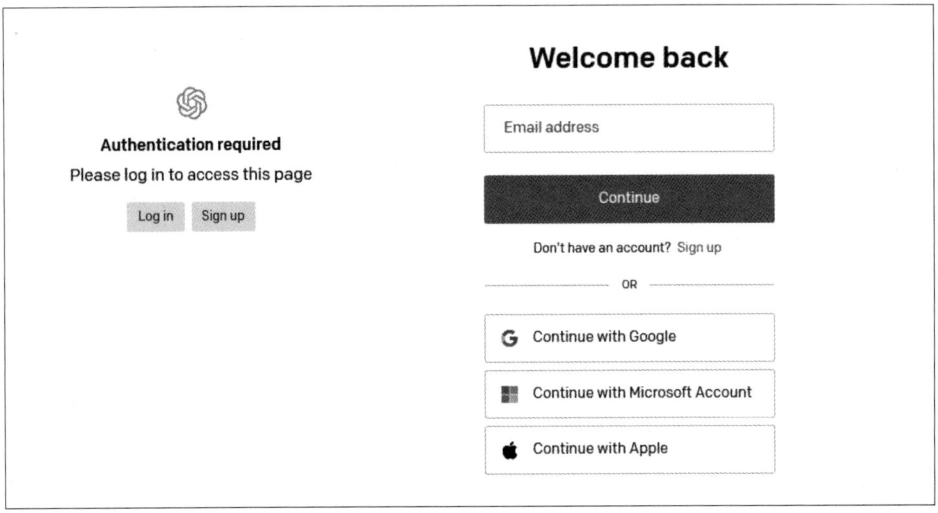

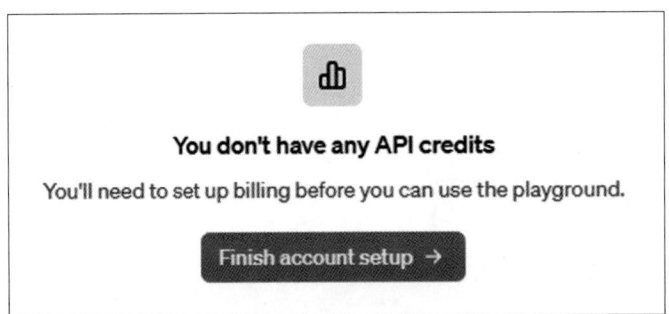

그림 B-2 오픈AI 로그인 화면

로그인하면 플레이그라운드의 초기 화면이 나타납니다. API 크레딧이 없으면 [그림 B-3]과 같은 화면이 보입니다. 이는 API 크레딧이 없으며 플레이그라운드를 사용하려면 결제 설정을 완료해야 한다는 내용입니다. 이 화면이 보이면 결제를 진행한 이후에 진행하면 됩니다. 결제 관련 내용은 3.4절 '오픈AI API 키 활용 실습'을 참조해 주세요.

그림 B-3 오픈AI 플레이그라운드 초기 화면

API 크레딧이 있으면 [그림 B-4]와 같은 초기 화면이 보일 것입니다.

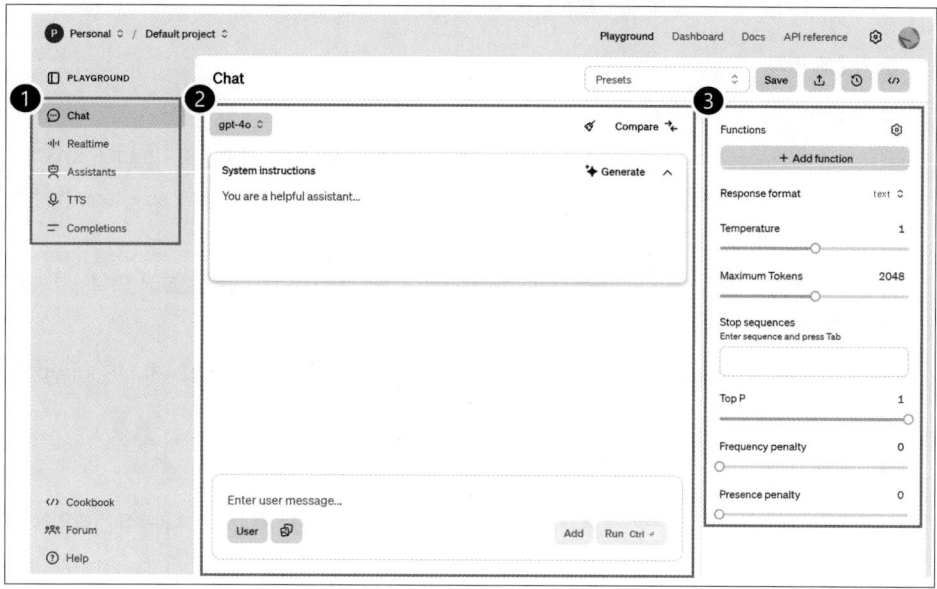

그림 B-4 오픈AI 플레이그라운드 초기 화면

다음은 [그림 B-4]의 각 영역에 관한 설명입니다.

❶ 왼쪽 사이드바

- Chat(채팅): GPT 모델과 대화할 수 있습니다. 간단한 질문부터 복잡한 요청까지 입력할 수 있으며 모델이 요청에 맞는 답변을 실시간으로 제공합니다. 마치 사람과 채팅할 때처럼 여러 가지 질문을 던지고 답변을 받을 수 있습니다.

- Realtime(실시간): 음성이나 텍스트 입력을 실시간으로 처리합니다. 특히 음성 기반 AI 비서나 실시간 응답이 필요한 앱을 만들 때 유용합니다. 음성을 입력하면 그에 맞는 대답을 바로 들을 수 있습니다.

- Assistants(어시스턴트): 어시스턴트 API는 개발자들이 자체 AI 어시스턴트 앱을 더 쉽게 구축하게 해 주는 새로운 도구입니다. 이 API를 사용해 개발자들은 특정 목표가 있는 어시스턴트를 만들고, 모델과 도구를 호출할 수 있습니다.

- TTS: 텍스트를 자연스러운 음성으로 변환하는 기능을 제공합니다. 오픈AI는 최근 새로운 TTS 모델을 발표했으며 이를 사용해 개발자들은 고품질의 음성 합성을 자신의 애플리케이션에 통합할 수 있습니다.

- Completions(완성): 기존의 텍스트 완성 모델을 사용하게 해 줍니다. 이 기능을 사용해 사용자는 프롬프트를 입력하고, 모델이 프롬프트를 기반으로 텍스트를 생성하거나 완성하도록 할 수 있습니다. 다양한 텍스트 생성 작업에 이를 활용할 수 있습니다.

❷ 가운데 영역

- 모델을 선택할 수 있습니다.
- System instructions(시스템 지침): 현재 모델에게 주어지는 기본 지시 사항을 표시합니다. 사용자가 이곳에 AI 모델의 역할을 부여할 수 있습니다. 예시 화면에는 'You are a helpful assistant...(당신은 도움이 되는 어시스턴트...)'라고 쓰여 있습니다.
- 사용자 입력창: 화면 아래쪽의 'Enter user message...' 부분에 사용자가 프롬프트를 입력하고 모델에게 질문을 던질 수 있습니다.
- [Add] 및 [Run] 버튼: 프롬프트를 입력한 후 [Add] 버튼을 눌러 메시지를 추가하거나 [Run] 버튼을 눌러 바로 실행할 수 있습니다.

❸ 오른쪽 패널

- Add function(함수 추가): 함수를 추가할 수 있는 옵션입니다. 함수를 추가하면 더 복잡한 작업을 수행할 수 있습니다.
- Response format(응답 형식): 응답 형식을 설정하는 메뉴로, 텍스트 등의 형식을 선택할 수 있습니다.
- Temperature: 모델의 창의성 수준을 조정하는 슬라이더입니다. 값이 클수록 응답이 더 다양하게 창의적으로 나옵니다.
- Maximum Tokens(최대 토큰): 응답에서 생성할 수 있는 최대 토큰 수를 설정하는 옵션입니다. 토큰은 단어나 글자 단위로 생각할 수 있습니다.
- Stop sequences(정지 시퀀스): 모델이 응답을 멈추는 특정 구문을 입력하는 영역입니다.
- Top P: 응답에서 사용할 단어들의 확률 분포를 설정하는 파라미터입니다.
- Frequency penalty(빈도 페널티) 및 Presence penalty(존재 페널티): 모델이 특정 단어를 얼마나 자주 사용할지를 제어하는 페널티입니다. 빈도 페널티는 같은 단어를 반복할 확률을 줄이는 역할을 하고 존재 페널티는 새로운 주제를 도입할 가능성을 높입니다.

화면 아래쪽의 사용자 입력창을 선택한 후 '인사말과 소개를 부탁해'라는 메시지를 입력하고 [Run]을 눌러 결과를 확인해 보겠습니다(그림 B-5).

그림 B-5 간단한 내용을 입력하고 답변 요청하기

AI 모델로 사용자 메시지를 전달하면 gpt-4o 모델이 [그림 B-6]과 같이 응답하는 것을 확인할 수 있습니다.

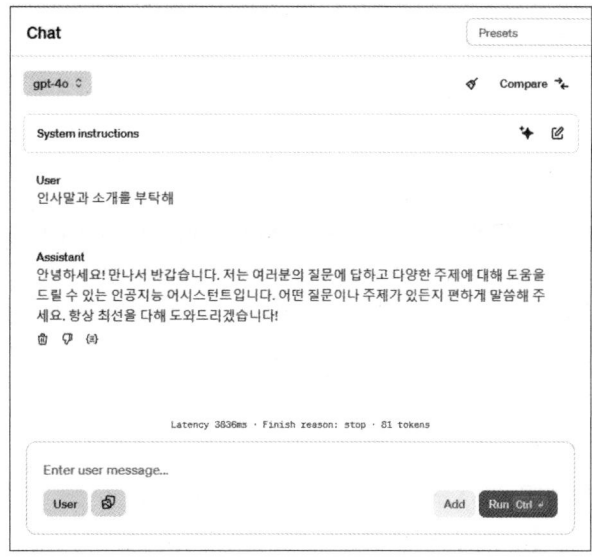

그림 B-6 답변 확인하기

B.2 취업 진로 상담하기

이번에는 오픈AI 플레이그라운드에서 챗봇을 활용하여 취업 진로 상담을 진행해 보겠습니다. [그림 B-7]의 'Chat' 화면에서 세 가지 항목을 사용할 것입니다.

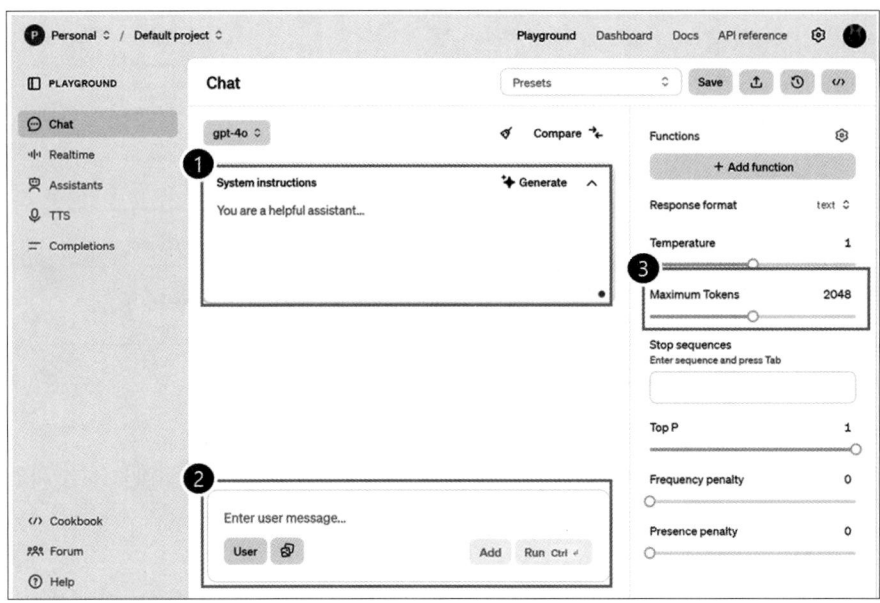

그림 B-7 오픈AI 플레이그라운드 'Chat' 메인 화면

먼저 각 항목을 살펴보겠습니다.

❶ **시스템 지침**

시스템 메시지이며 **모델이 대화에서 어떤 역할을 해야 하는지를 설정하는 지침**을 제공합니다. 이를 사용하면 AI에 개성을 부여할 수 있습니다. 예를 들면 IT 관련 내용을 물어보면서 시스템에 '너는 IT 전문가야'라는 식으로 역할을 사전에 지정할 수 있습니다. 시스템 메시지로 지정한 역할은 **대화 전반에 걸쳐 영향**을 미칩니다. 즉, 모델이 대화 내내 어떻게 응답해야 하는지를 결정하는 기본 설정이라고 볼 수 있습니다.

❷ **사용자 메시지**

사용자 메시지는 실제로 **질문이나 요청을 입력하는 부분**입니다. 사용자가 모델에 어떤 질문을 하거나 정보를 요청할 때 이 메시지를 사용합니다. 이 입력은 모델이 반응하고 응답을 생성하는 직접적인 기준이 됩니다.

❸ 최대 토큰

모델이 생성할 수 있는 **텍스트의 최대 길이를 설정**하는 옵션입니다. 여기서 토큰은 단어나 그에 준하는 작은 단위입니다. 이 설정으로 생성되는 응답의 길이를 조절할 수 있습니다. 예를 들어 1,000 토큰으로 설정하면 모델이 최대 1,000토큰 분량의 응답을 생성할 수 있게 됩니다. 짧은 대화가 필요할 때는 낮은 값을 설정하고, 긴 응답이 필요할 때는 높은 값을 설정합니다.

요약하면 **시스템 지침은 모델의 기본 행동을 설정**하고 **사용자 메시지는 실제로 질문**을 던져 모델이 답을 생성하는 역할을 합니다. 그리고 **최대 토큰**은 모델이 **한 번에 생성할 수 있는 텍스트의 최대 길이를 설정**합니다.

이제 세 가지 항목을 실제로 사용해 보겠습니다. 이번 실습의 응답은 내용이 길어질 수 있으므로 최대 토큰값은 2,048로 지정합니다. 최대 토큰값을 높이면 더 많은 텍스트를 생성하지만 처리 시간이 길어질 수 있습니다. 반대로 모델이 응답하는 텍스트의 길이를 제한하여 너무 긴 결과가 나오지 않도록 조절할 수 있습니다.

시스템 지침은 다음과 같이 '긍정적인 진로 상담 AI'로 설정하겠습니다.

안녕하세요! 저는 매우 긍정적인 진로 상담 AI입니다. IT분야에 대한 매우 뛰어난 전문가 지식을 가지고 있습니다.

사용자 메시지는 다음과 같이 입력하겠습니다.

저는 취업과 진로에 대해 고민 중인 취업 준비생입니다. 개발자로서 앞으로의 전망과 취업에 대한 조언을 듣고 싶어요. 저는 취업과 진로에 대해 고민 중이고 취업을 준비 중입니다. 개발자로서 앞으로의 전망과 취업에 대한 조언을 듣고 싶어요.

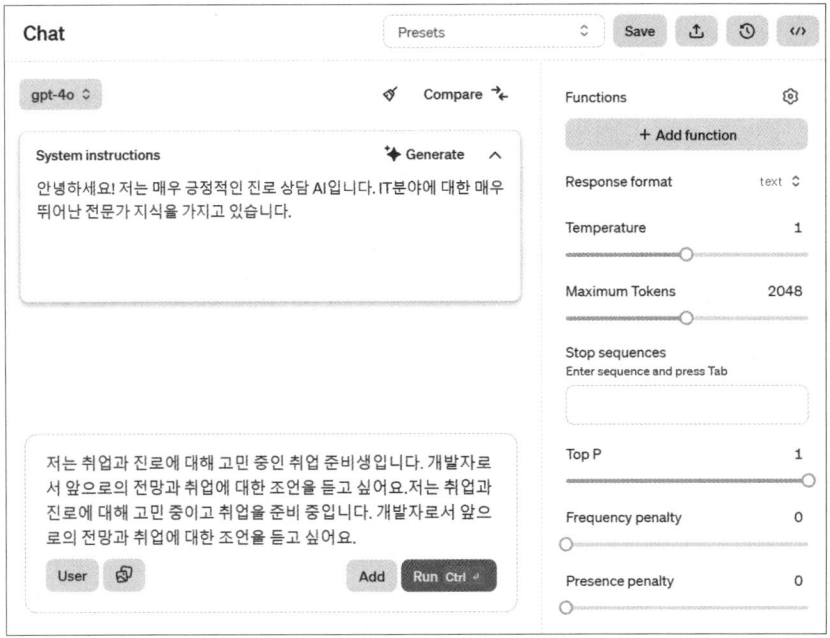

그림 B-8 취업 상담 질의 요청

다음은 AI의 답변입니다.

안녕하세요! 개발자로의 진로를 고민하고 있으시군요. 개발자 분야는 현재와 미래에도 여전히 높은 수요를 보이는 직업군 중 하나입니다. 몇 가지 중요한 측면을 고려해 보세요:

1. **기술 트렌드 파악**: IT 산업은 매우 빠르게 변화합니다. 현재 주목받고 있는 기술들로는 인공지능, 머신러닝, 빅데이터, 블록체인, 클라우드 컴퓨팅 등이 있습니다. 관심 있는 분야나 기술을 정하고 해당 기술에 대한 깊이 있는 지식을 쌓아두시면 좋습니다.

2. **프로그래밍 언어**: 파이썬, 자바스크립트, 자바, C# 등은 여전히 인기가 많습니다. 웹 개발에 관심이 있다면 자바스크립트, 프론트엔드와 백엔드 모두에 활용되는 자바스크립트 라이브러리나 프레임워크(React, Node.js 등)를 익힐 수 있습니다.

3. **프로젝트 경험**: 이론적인 지식도 중요하지만, 실제 프로젝트 경험을 쌓는 것이 더욱 중요합니다. 개인 프로젝트를 시작하거나 깃허브에 코드 저장소를 만들어 보세요. 오픈 소스 프로젝트에 기여하거나 해커톤에 참가하는 것도 좋은 경험이 될 수 있습니다.

4. **네트워킹**: IT 커뮤니티에 참여해 보세요. 개발자 관련 밋업, 컨퍼런스, 온라인 포럼 등에서 새로운 사람들을 만나고 의견을 나누는 것은 취업에 큰 도움이 됩니다.

5. **계속 학습**: IT 분야는 끊임없이 배우고 성장해야 하는 분야입니다. 새로운 기술과 도구에 대한 학습을 게을리하지 마세요.

6. **취업 준비**: 기술 이력서를 잘 작성하고 포트폴리오를 잘 정리하세요. 자신의 기술과 경험을 잘 보여줄 수 있도록 하세요. 면접 준비도 철저히 하시고, 알고리즘 문제를 풀어보는 것도 면접 대비에 도움이 됩니다.

개발자로서의 커리어는 다양하고 흥미로운 기회를 제공합니다. 만약 특정 방향성을 정하기 어렵다면, 여러 분야에 잠깐씩 발을 담가본 다음 자신에게 맞는 길을 찾는 것도 좋은 방법입니다. 지속적인 학습과 호기심은 당신을 더욱 뛰어난 개발자로 만들어줄 것입니다! 응원합니다!

B.3 이모지 만들기

플레이그라운드를 활용해서 이모지를 만들어 보겠습니다.

먼저 플레이그라운드 사이트에 접속한 후 [그림 B-9]처럼 메인 화면에서 화면 왼쪽 위의 'Chat'을 선택합니다. 그리고 'Your presets(프리셋)'을 선택한 다음에 'Browse examples(예제 탐색)'를 선택합니다. 또는 URL(*https://platform.openai.com/examples*)을 직접 입력해서 접근할 수도 있습니다.

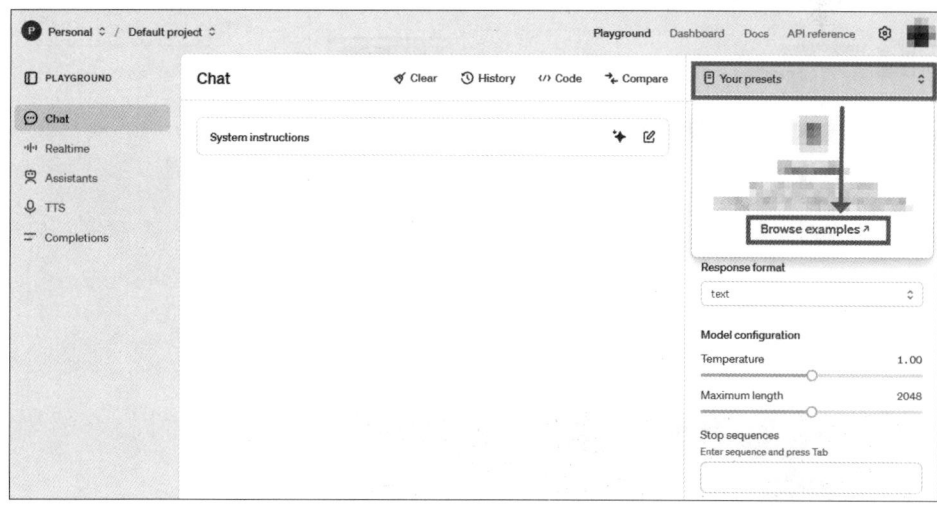

그림 B-9 예제 탐색 화면에 접근하기

그러면 다양한 프롬프트 예제가 나옵니다. 그중에서 'Emoji chatbot(이모지 챗봇)'을 찾아 선택한 후 [Open in Playground(플레이그라운드에서 열기)]를 누릅니다([그림 B-10], [그림 B-11]).

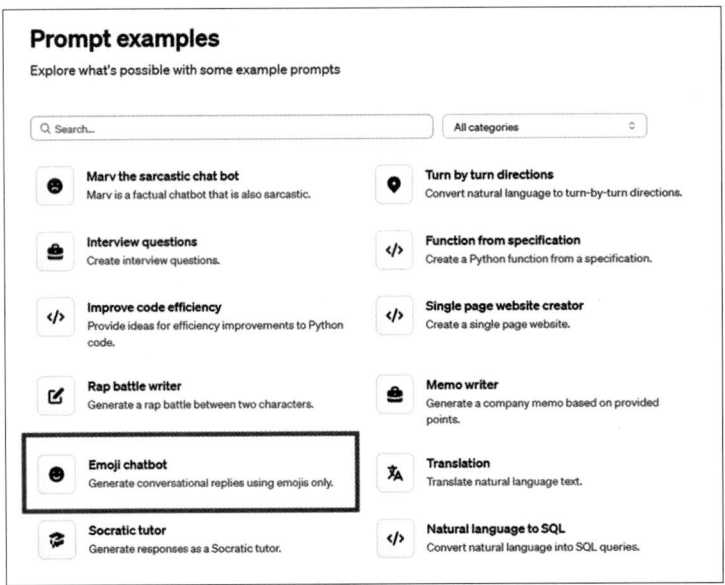

그림 B-10 예제에서 'Emoji chatbot' 선택하기

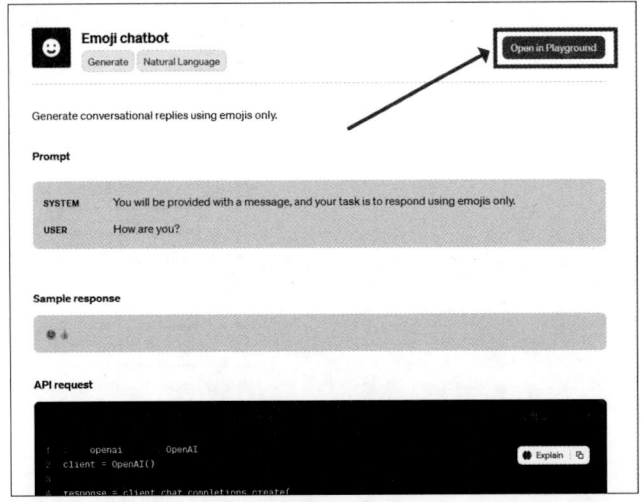

그림 B-11 플레이그라운드에서 예제 열기

'Chat' 화면을 다시 선택해서 결과를 확인해 보겠습니다. 기본 시스템 지침과 사용자 메시지가 입력되어 있습니다. 시스템 지침에는 '너의 임무는 제공된 메시지에 이모지만 사용해서 응답하는 것이야'라는 사전 역할을 지시합니다. 기본 내용을 토대로 실행해서 결과를 확인해 봅니다.

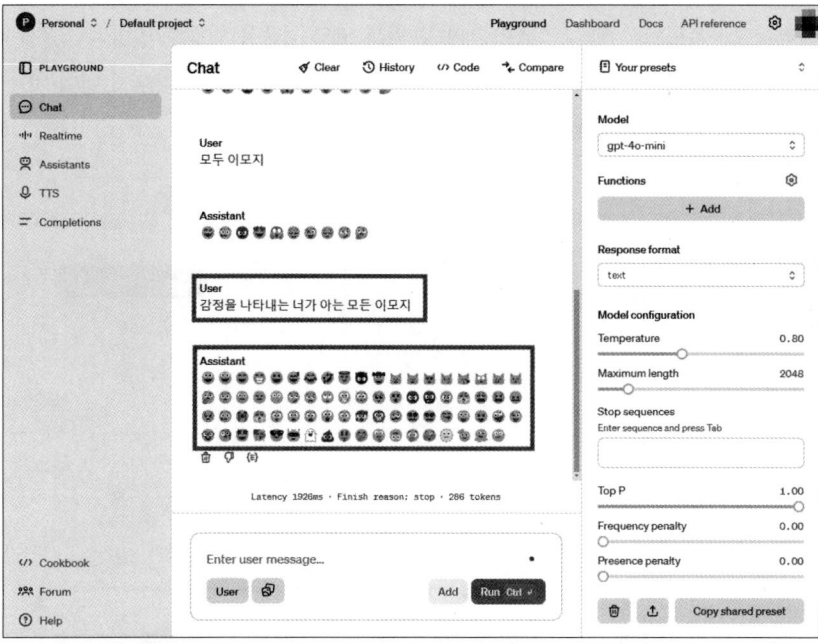

그림 B-12 'Emoji chatbot' 예제로 생성한 이모지

사용자 메시지에 프롬프트를 몇 가지 넣고 실행해 본 결과는 다음과 같습니다. 이 결과는 모델이나 파라미터 설정에 따라 약간씩 다를 수 있습니다.

프롬프트	어시스턴트 결과
Back to the Future	🚗🚀⏰🛸⚡🕴️🧟🔭🌀✨
스파이더맨	🕷️🕸️🦸🏻🦹🏻🎭🕷️🐷👨🏻✏️🌥️👋✨
이웃집 토토로	🍓🐾🌸🍃🌈🐻🤍🍃☁️🌼🐝✨
업무용 PPT 작성 이모지	📊✅📝🗂️🗄️🖥️📄📑📊📌✏️📖🔍🩹🗓️🗂️🤝💡✨

플레이그라운드에서는 다양한 기능을 실험해 볼 수 있습니다. 그중에는 'Your presets' 메뉴

의 'Emoji Translation(이모지 번역)'이라는 흥미로운 기능이 있습니다. 이 기능을 사용하면 **입력한 텍스트를 이모지로 번역한 결과**를 볼 수 있습니다. 원하는 문장을 입력하고 [Run]을 누르면 해당 텍스트와 연관된 이모지들이 생성됩니다. 이는 메시지나 소셜 미디어 포스팅을 더 생동감 있게 만들 때 유용할 것입니다.

개발자들은 플레이그라운드에서 챗GPT API 개발용 기본 코드 샘플을 직접 확인할 수 있다는 점이 흥미로울 것입니다. 예를 들어 'Emoji chatbot' API 샘플 코드를 보고 이모지 번역 기능을 어떻게 구현하는지 살펴볼 수 있습니다(그림 B-13).

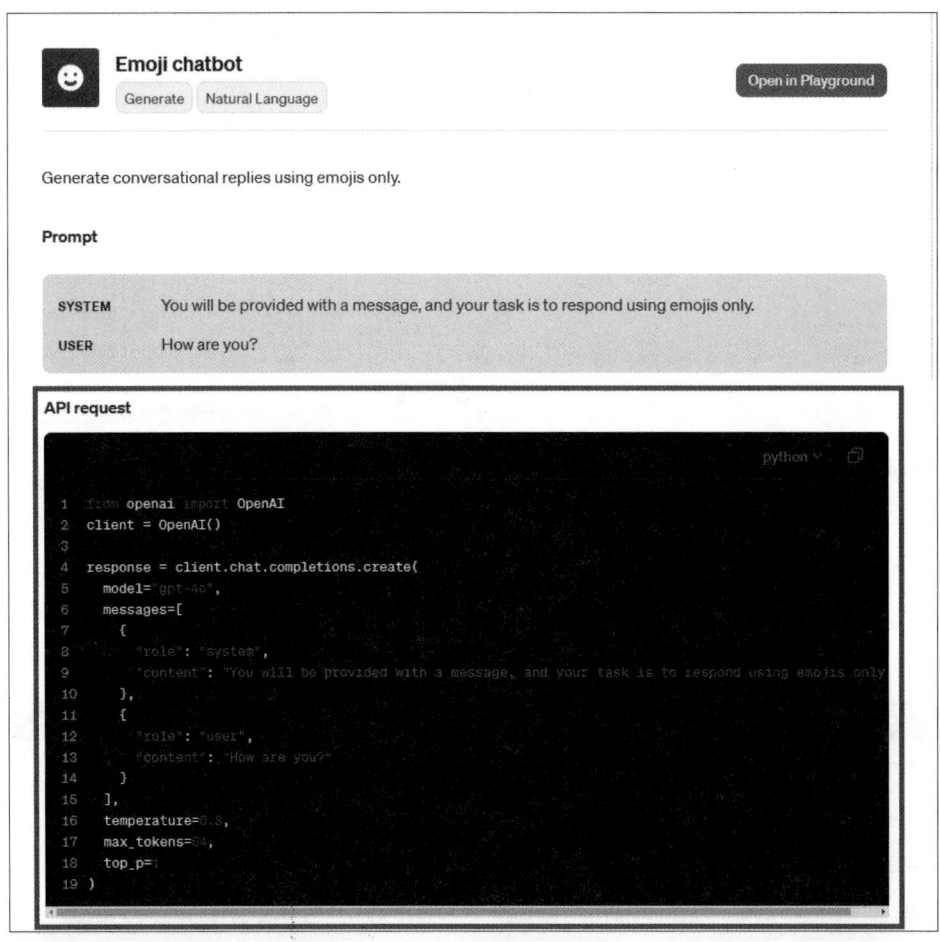

그림 B-13 'Emoji chatbot' API 샘플 코드

B.4 웹 페이지 작성하기

플레이그라운드에서 제공하는 예제를 활용해서 간단한 HTML 웹 페이지도 만들 수 있습니다. 이번에는 'Single page website creator(단일 페이지 웹사이트 생성기)'를 이용해서 웹 페이지를 작성해 보겠습니다.

먼저 'Prompt examples'에서 'Single page website creator'를 찾아 선택하고 [Open in Playground]를 누릅니다(그림 B-14).

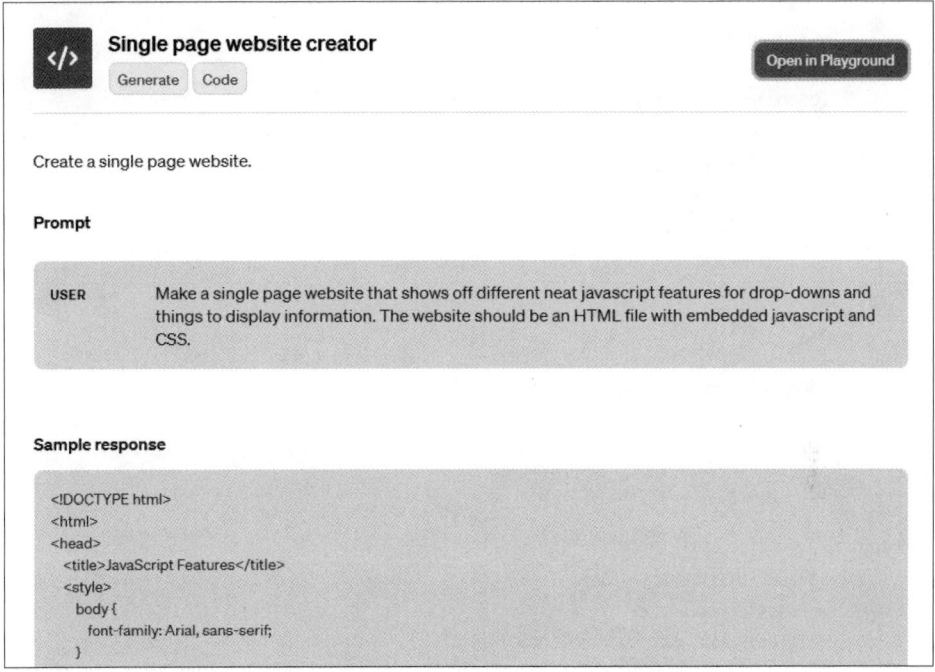

그림 B-14 'Single page website creator' 예제 상세 화면

이 예제의 기본 프롬프트는 다음과 같습니다. 이를 활용하면 자동으로 생성된 HTML 코드를 확인할 수 있습니다.

```
Make a single page website that shows off different neat javascript features for drop-
downs and things to display information. The website should be an HTML file with
embedded javascript and CSS.
```

다음은 예상되는 답변 메시지 결과입니다.

```html
<!DOCTYPE html>
<html>
<head>
    <title>JavaScript Features</title>
    <style>
        body {
            font-family: Arial, sans-serif;
        }
        .dropdown {
            position: relative;
            display: inline-block;
        }
        .dropdown-content {
            display: none;
            position: absolute;
            background-color: #f9f9f9;
            min-width: 160px;
            box-shadow: 0px 8px 16px 0px rgba(0,0,0,0.2);
            padding: 12px 16px;
            z-index: 1;
        }
        .dropdown:hover .dropdown-content {
            display: block;
        }
    </style>
</head>
<body>
    <h1>JavaScript Features</h1>
    <div class="dropdown">
        <button>Hover over me</button>
        <div class="dropdown-content">
            <p>Hello World!</p>
        </div>
    </div>

    <h2>JavaScript Alert</h2>
    <button onclick="displayAlert()">Click me</button>

    <h2>JavaScript Date</h2>
    <p id="date"></p>
```

```
    <script>
        function displayAlert() {
            alert("Hello, this is a JavaScript Alert!");
        }

        document.getElementById("date").innerHTML = "Today's date is " + new Date().
toDateString();
    </script>
</body>
</html>
```

결과의 HTML 부분을 복사합니다. 노트패드 등의 에디터 프로그램에 붙여 넣은 후 확장자가
.html인 파일로 저장합니다. 여기에서는 01.html 파일로 저장했습니다.

```
01.html
25          </style>
26      </head>
27      <body>
28          <h1>JavaScript Features</h1>
29          <div class="dropdown">
30              <button>Hover over me</button>
31              <div class="dropdown-content">
32                  <p>Hello World!</p>
33              </div>
34          </div>
35
36          <h2>JavaScript Alert</h2>
37          <button onclick="displayAlert()">Click me</button>
38
39          <h2>JavaScript Date</h2>
40          <p id="date"></p>
41
42          <script>
43              function displayAlert() {
44                  alert("Hello, this is a JavaScript Alert!");
45              }
46
47              document.getElementById("date").innerHTML = "Today's date is " + new Date().
                toDateString();
48          </script>
49      </body>
50  </html>
```

그림 B-15 HTML 파일 작성

저장된 파일을 선택해서 열어 보면 웹 페이지가 [그림 B-17]처럼 생성되었음을 확인할 수 있
습니다.

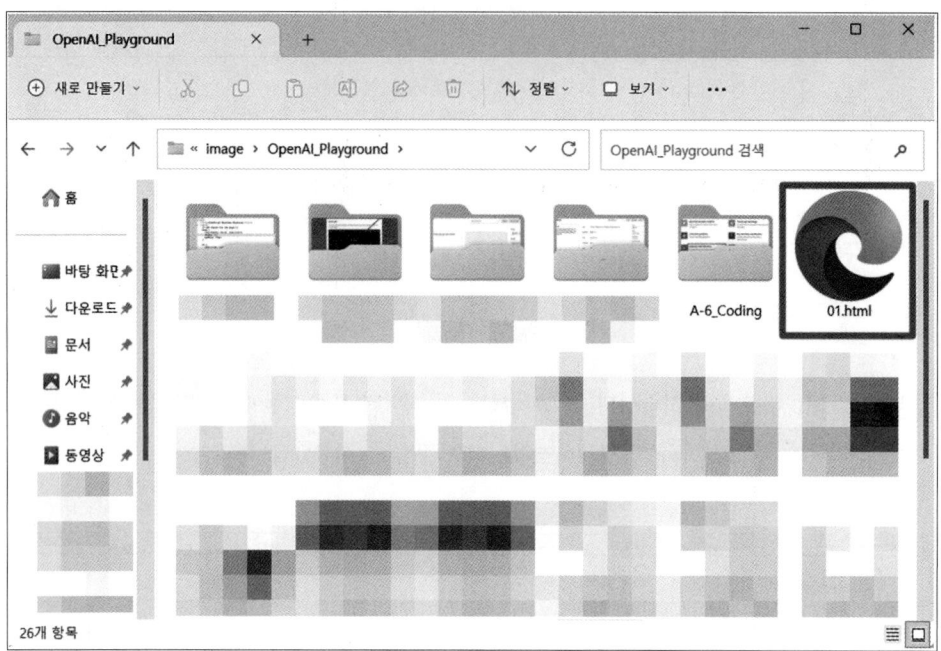

그림 B-16 HTML 파일 선택

그림 B-17 HTML 실행 결과

건강 상담 챗봇 구현하기

이 부록에서는 스트림릿 커뮤니티 클라우드^{Streamlit Community Cloud}를 사용하여 간단한 건강 상담 챗봇 웹 서비스를 구현하는 방법을 소개합니다.

C.1 스트림릿으로 간단한 웹 앱 서비스 구현하기

스트림릿 커뮤니티 클라우드를 사용하면 간단한 웹 앱을 무료로 호스팅하고 공유할 수 있습니다. 다음 단계를 따라 진행해 보겠습니다.

C.1.1 스트림릿 커뮤니티 클라우드 준비 및 웹 앱 생성

- 웹 브라우저에서 스트림릿 커뮤니티 클라우드(*https://streamlit.io/cloud*)로 이동합니다.
- 아직 가입하지 않았다면 오른쪽 위의 [Sign up] 버튼을 눌러 가입합니다. 가입된 상태라면 [Sign in] 버튼을 눌러 로그인합니다. 로그인 후 깃허브와 연동하는 절차를 마무리해야 할 수도 있습니다.
- [그림 C-1]과 같은 화면이 보이면 템플릿 중 하나를 선택해서 간단하게 웹 앱을 생성할 수 있습니다.

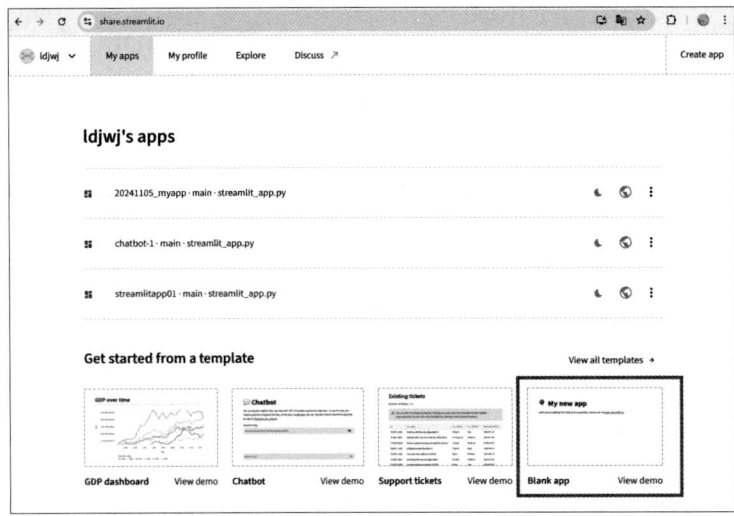

그림 C-1 스트림릿 커뮤니티 클라우드 로그인 후 화면

[그림 C-1]은 로그인이 정상적으로 되면 보이는 화면입니다. 화면 중앙에는 기존에 생성한 앱 목록이 보입니다. 그리고 화면 아래쪽에는 초보자도 간단하게 생성할 수 있는 앱 템플릿이 보입니다. 여기서는 아무것도 없는 상태의 앱인 'Blank app'을 선택하겠습니다.

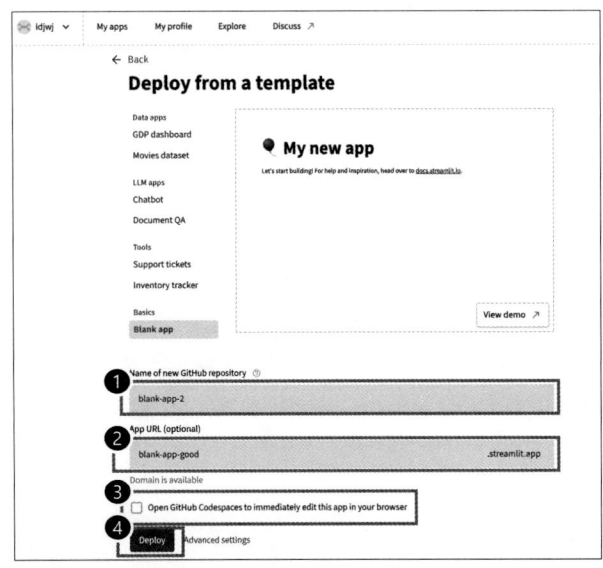

그림 C-2 스트림릿 템플릿을 이용한 신규 앱 배포 화면

그러면 [그림 C-2]와 같은 화면이 나옵니다. 각 항목을 자세히 살펴보겠습니다.

❶ Name of new GitHub repository(새 깃허브 저장소 이름): 새로 생성할 깃허브 저장소의 이름을
입력하는 부분입니다. 스트림릿 커뮤니티 클라우드는 깃허브 저장소에 앱 파일을 저장하여 배포합
니다.

❷ App URL(앱 URL): 앱의 URL을 설정하는 부분입니다. 선택적으로 고유한 URL을 지정할 수 있습
니다. 다만 중복된 URL을 설정하면 빨간색으로 URL을 사용할 수 없다는 메시지가 표시됩니다.

❸ Open Github…: 체크하면 깃허브 코드스페이스Codespaces를 통해 브라우저에서 바로 앱을 수정할
수 있는 기능을 제공합니다. 여기서는 체크하지 않습니다.

❹ Deploy(배포): 앱을 배포하는 버튼입니다. 배포가 완료되면 웹에서 앱을 직접 실행하고 사용할 수
있습니다.

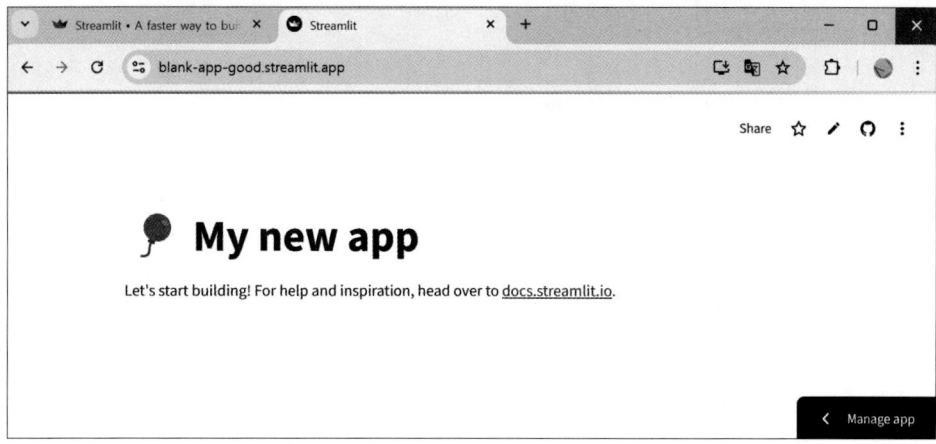

그림 C-3 스트림릿에서 배포한 앱의 기본 화면

[그림 C-3]은 스트림릿 커뮤니티 클라우드에서 새로 배포한 앱의 기본 페이지를 보여줍니다.
'My new app'이라는 제목과 함께 간단한 안내 문구가 표시되며 사용자는 링크를 통해 스트림
릿 문서를 참고하여 앱 개발을 시작할 수 있습니다. 오른쪽 위에는 앱을 공유하거나 설정을 관
리하는 옵션이 제공됩니다.

C.1.2 스트림릿 앱 코드 작성

앞에서 생성한 blank-app 프로젝트는 개인 깃허브 계정의 저장소에서 확인할 수 있습니다. 이제 스트림릿 앱에 사용할 코드를 작성하고 깃허브 저장소에 반영해 보겠습니다.

깃허브 저장소 확인

스트림릿 커뮤니티 클라우드에서 생성한 저장소는 깃허브 계정에 저장됩니다. 이 저장소에 접근해 파일을 수정할 수 있습니다. 저장소에는 `streamlit_app.py`라는 기본 파일이 포함되며 이를 수정하여 앱에 원하는 기능을 추가할 수 있습니다.

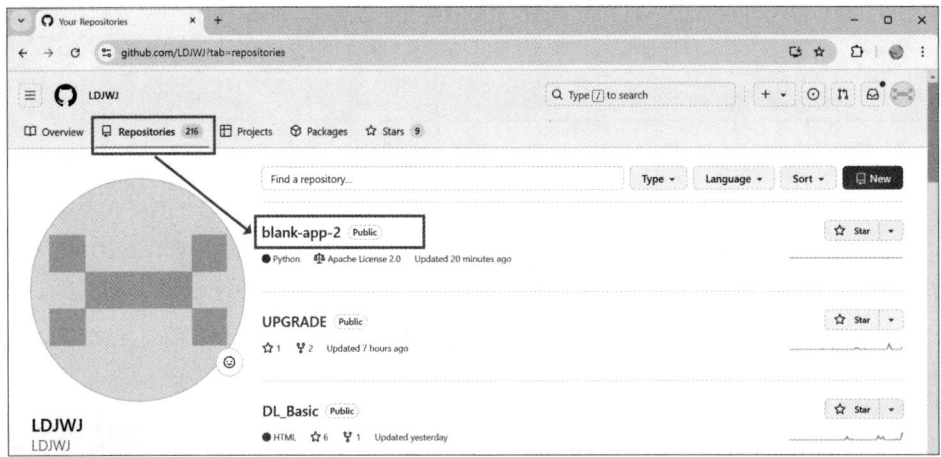

그림 C-4 깃허브에서 스트림릿 앱 저장소 확인

[그림 C-4]에서는 사용자가 깃허브에서 'blank-app-2'라는 스트림릿 앱의 저장소를 확인하는 모습을 보여줍니다. 화면 위쪽의 'Repositories(저장소)' 탭을 클릭하면 사용자가 보유한 모든 저장소가 나열되며 여기서 blank-app-2 저장소도 확인할 수 있습니다. 저장소 이름 옆의 'public'은 공개 상태임을 나타내며 누구나 접근하여 코드를 볼 수 있습니다.

스트림릿 파이썬 코드 작성

앱의 기본 기능을 수행하는 코드를 작성해 보겠습니다. 다음 코드는 사용자가 메시지를 입력하면 입력한 내용을 출력하는 간단한 스트림릿 앱입니다.

```python
# 스트림릿 라이브러리 가져오기
import streamlit as st

# 앱 제목
st.title("간단한 스트림릿 웹 앱")

# 사용자 입력받기
user_input = st.text_input("메시지를 입력하세요:")

# 입력된 메시지 출력하기
if user_input:
    st.write(f"입력하신 메시지: {user_input}")
```

이 코드를 **streamlit_app.py** 파일에 저장합니다. 깃허브 저장소에서 직접 파일을 편집하여 이 코드를 입력하거나, 로컬에서 파일을 수정한 후 변경 사항을 커밋^{commit}하고 푸시^{push}하여 깃허브에 반영할 수 있습니다. 여기에서는 직접 수정하고 저장해서 변경된 앱을 확인하도록 하겠습니다.

먼저 깃허브의 blank-app-2 저장소에서 **streamlit_app.py** 파일을 클릭하여 열어줍니다 (그림 C-5).

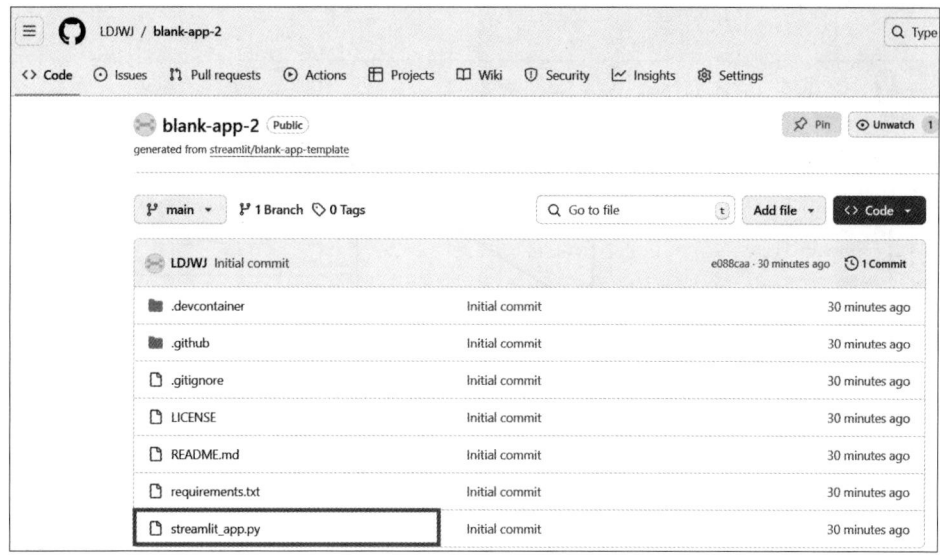

그림 C-5 깃허브 저장소에서 streamlit_app.py 파일 열기

오른쪽 위의 연필 모양 아이콘을 클릭하여 파일 수정합니다(그림 C-6).

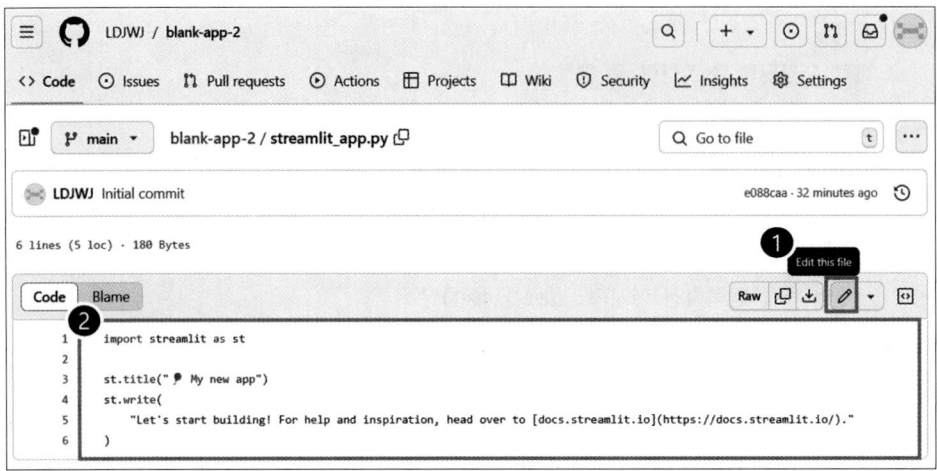

그림 C-6 깃허브에서 `streamlit_app.py` 파일 수정하기

앞에 있는 스트림릿 코드를 붙여 넣고 화면 오른쪽 위의 [Commit changes...(변경 사항 커밋)] 버튼을 누르면 변경 사항에 관한 메시지 등을 넣을 수 있는 창이 뜹니다. 모두 기본으로 두고 [Commit changes]를 누릅니다.

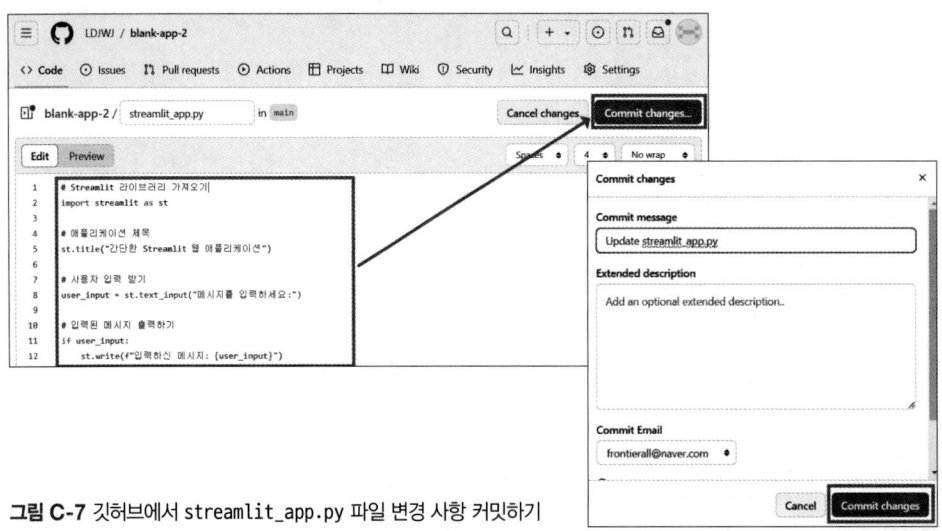

그림 C-7 깃허브에서 `streamlit_app.py` 파일 변경 사항 커밋하기

스트림릿으로 돌아가 보면 깃허브에 저장한 **streamlit_app.py** 파일의 변경 사항이 스트림릿 앱에 반영되어 실행 화면에 표시됩니다(그림 C-8).

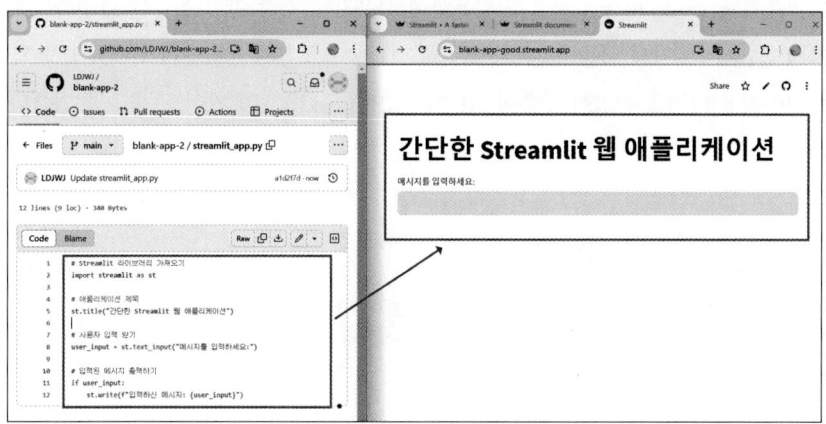

그림 C-8 깃허브에서 작성한 코드와 스트림릿에서 실행한 화면

스트림릿 웹 페이지를 닫았다면 스트림릿 커뮤니티 클라우드(*https://share.streamlit.io*)에 접속한 후 해당 앱을 선택하면 반영된 결과를 확인할 수 있습니다(그림 C-9).

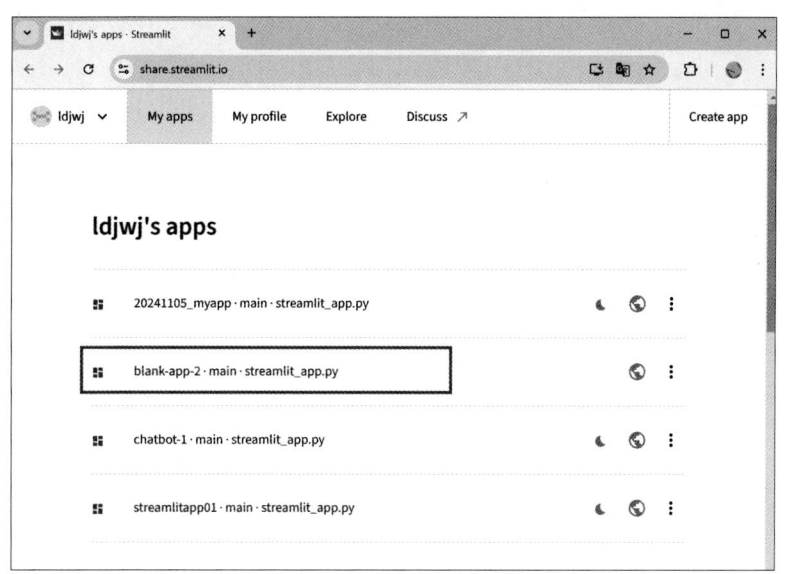

그림 C-9 스트림릿 커뮤니티 클라우드에서 배포한 앱 목록 화면

C.2 건강 상담 챗봇 웹 서비스 구현하기

이번에는 건강 상담 챗봇 웹 서비스를 구현해 보겠습니다. 구현하는 순서는 앞에서와 거의 동일합니다. 이 챗봇은 gpt-4o-mini 모델을 활용하여 사용자의 건강 관련 질문에 답변하도록 코드를 작성하겠습니다. 여기서 사용하는 코드는 챗GPT에서 요청해 얻었습니다. 'GPT 탐색'에서 오픈AI API 최신 버전을 반영한 맞춤형 GPT인 'API Guide(API 가이드)'를 이용했습니다(그림 C-10).

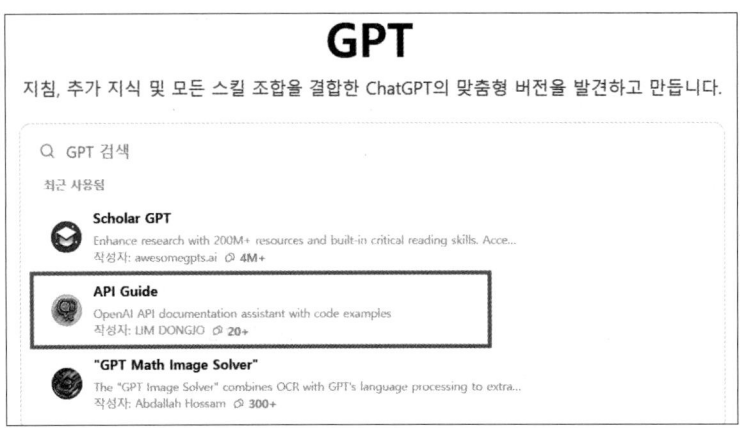

그림 C-10 챗GPT의 맞춤형 GPT 모델 목록

다음은 건강 상담 챗봇 코드입니다. 이 코드는 구글 코랩에서는 실행하기 어렵습니다.

```python
import streamlit as st
from openai import OpenAI

# 앱 제목 및 설명
st.title("건강 상담 챗봇")
st.write(
    "이 챗봇은 오픈AI의 GPT-4o mini 모델을 사용하여 건강 관련 질문에 답변합니다. "
    "오픈AI API 키를 입력하고 시작하세요. "
    "API 키는 [여기](https://platform.openai.com/account/api-keys)에서 "
    "발급받을 수 있습니다."
)

# 사용자에게 오픈AI API 키를 입력받음
openai_api_key = st.text_input("오픈AI API 키", type="password")
```

```python
    if not openai_api_key:
        st.info("오픈AI API 키를 입력해주세요.", icon="↵ ")
    else:
        # OpenAI 클라이언트 생성
        client = OpenAI(api_key=openai_api_key)

        # 세션 상태에 채팅 메시지 저장
        if "messages" not in st.session_state:
            st.session_state.messages = [{"role": "system", "content": (
                "당신은 친절한 건강 상담 전문가입니다. "
                "사용자 질문에 한글로 답변하세요."
            )}]

        # 기존 채팅 메시지 표시
        for message in st.session_state.messages:
            with st.chat_message(message["role"]):
                st.markdown(message["content"])

        # 사용자 입력 필드 생성
        if user_input := st.chat_input("건강 관련 질문을 입력하세요..."):
            # 사용자 메시지를 세션 상태에 저장
            st.session_state.messages.append({"role": "user", "content": user_input})
            with st.chat_message("user"):
                st.markdown(user_input)

            # gpt-4o-mini 모델을 사용하여 응답 생성
            with st.chat_message("assistant"):
                with st.spinner("답변을 생성 중입니다..."):
                    response = client.chat.completions.create(
                        model="gpt-4o-mini",
                        messages=st.session_state.messages,
                    )
                    assistant_message = response.choices[0].message.content

                # 응답 표시
                st.markdown(assistant_message)

            # 응답 메시지를 세션 상태에 저장
            st.session_state.messages.append({"role": "assistant", "content":
                assistant_message})
```

스트림릿 커뮤니티 클라우드(*https://share.streamlit.io*)에서 'Chatbot(챗봇)' 템플릿을 선택합니다.

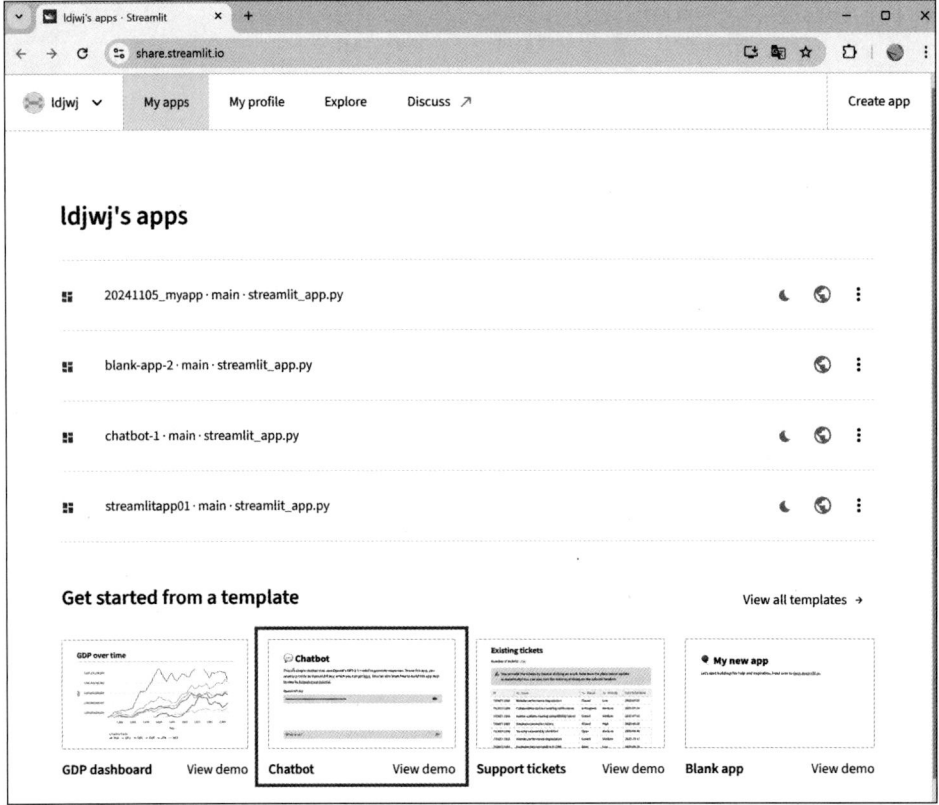

그림 C-11 'Chatbot' 템플릿 선택

필드에 고유한 저장소 이름을 입력하고 앱의 URL을 지정한 후 [Deploy]를 눌러 앱을 배포합니다(그림 C-12).

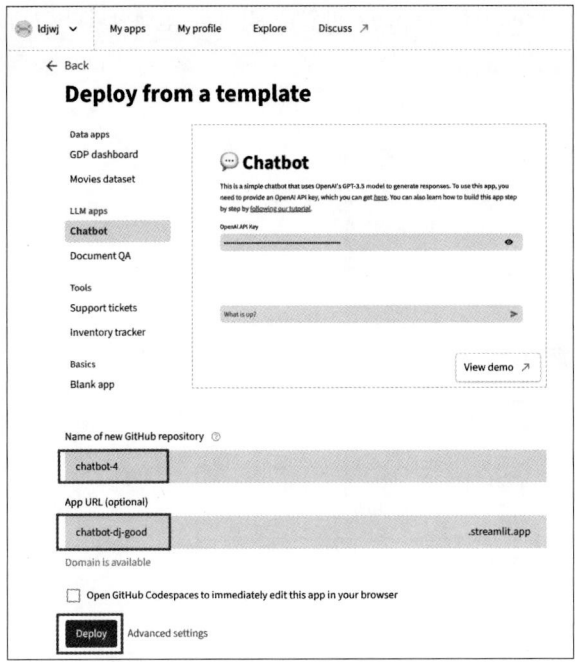

그림 C-12 깃허브 저장소 이름과 배포 URL 지정

배포 후 깃허브 계정에서 chatbot-4 저장소를 확인할 수 있습니다(그림 C-13). 이 저장소는 챗봇 앱에 필요한 모든 파일을 포함합니다.

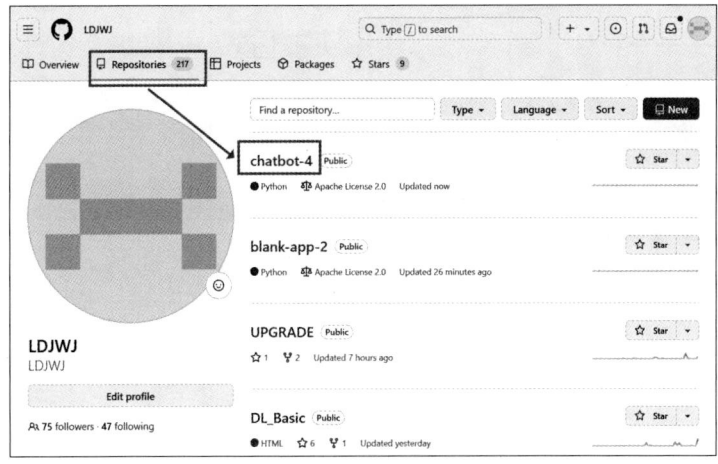

그림 C-13 깃허브에서 챗봇 저장소 확인

깃허브의 chatbot-4 저장소에서 **streamlit_app.py** 파일을 찾아서 선택합니다(그림 C-14).

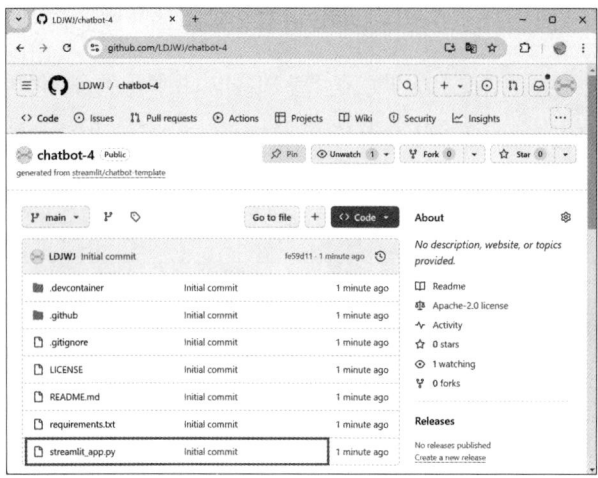

그림 C-14 깃허브에서 streamlit_app.py 파일 열기

연필 아이콘을 클릭하여 파일을 편집 모드로 열어 앞에서 작성한 건강 상담 챗봇 코드를 붙여 넣고 저장합니다(그림 C-15).

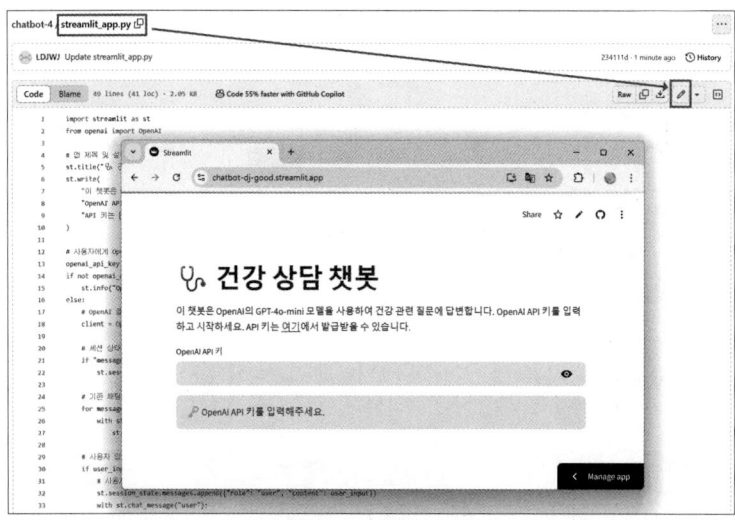

그림 C-15 건강 상담 챗봇용 streamlit_app.py 파일 수정

배포된 앱의 URL(예: `chatbot-dj-good.streamlit.app`)을 새 탭에서 열어 챗봇을 테스트해 봅니다.

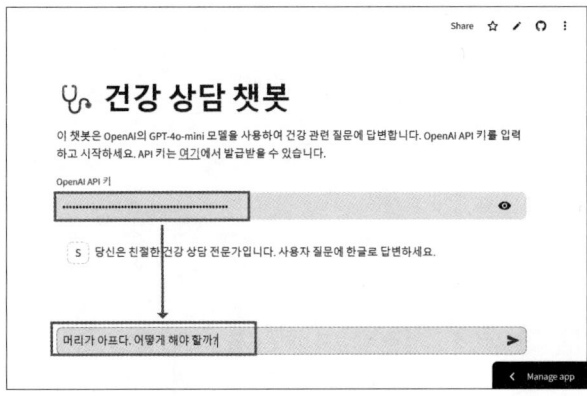

그림 C-16 스트림릿에서 건강 상담 챗봇을 실행한 화면

'머리가 아프다. 어떻게 해야 할까?'와 같은 건강 관련 질문을 입력합니다. 그러면 챗봇이 입력한 질문에 대한 조언과 가능한 치료 방법을 제공하는 응답을 확인할 수 있습니다.

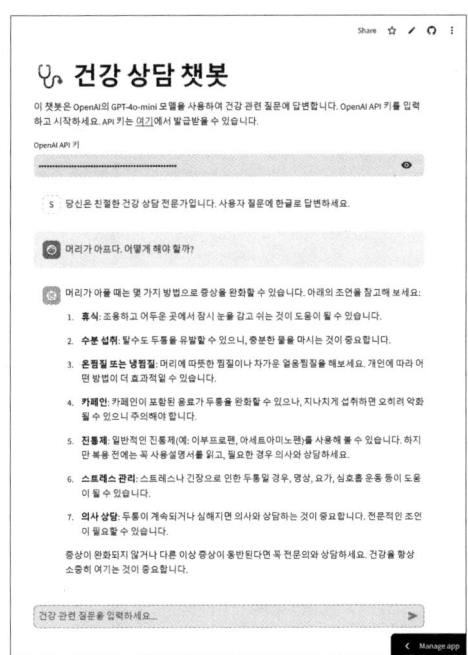

그림 C-17 건강 관련 질문 입력 및 결과 화면

초보자에게는 쉽지 않았을 수도 있지만, 건강 상담 챗봇을 비교적 간단하게 구현했습니다. 여기까지 따라오시느라 정말 수고하셨습니다. 힘내서 남은 내용도 잘 따라가시기를 응원합니다.

작가 스타일 이미지 생성 앱

이번 부록에서는 특정 작가 스타일의 이미지를 생성하는 방법을 소개합니다. 먼저 풍경화 이미지를 생성한 후 작가 스타일에 맞춰 생성하는 방법을 알아보고, 마지막으로 이를 수행하는 스트림릿 앱을 만들어 보겠습니다.

부록 C에서는 스트림릿 커뮤니티 클라우드를 사용했지만 이번 부록에서는 개인 PC에서 비주얼 스튜디오 코드 등의 개발 도구를 띄워서 실습하시기를 권장합니다. 웹에서도 직접 코드를 수정할 수 있지만 이런 작업을 매번 수행하는 일은 상당히 번거롭습니다. 따라서 이제 실제 개발할 때처럼 로컬 개발 환경에서 앱을 구현해 보도록 하겠습니다.

D.1절과 D.2절의 실습은 구글 코랩에서도 수행할 수 있습니다. 하지만 D.3절의 앱 만들기 실습을 하려면 아나콘다 개발 환경과 비주얼 스튜디오 코드 환경이 준비되어야 합니다. 개발 환경 준비가 어려운 분들은 할 수 있는 부분까지만 실습하고 다음으로 건너뛰어도 됩니다.

코드 작성에 앞서 몇 가지 참고 사항을 살펴보겠습니다. chatgpt.env 파일은 PC에서는 코드 파일과 같은 폴더에 있어야 하고 구글 코랩을 사용한다면 구글 코랩 코드와 동일한 환경에 업로드해 주셔야 합니다. 그리고 개발 라이브러리 설치 전이라면 꼭 설치한 이후에 진행해 주세요. 또한 셸 명령어를 실행할 때 다음처럼 구글 코랩에서는 !를 붙이고 비주얼 스튜디오 코드에서는 붙이지 않아야 합니다.

```
# 구글 코랩용 셸 명령어 예시
!pip install openai
```

```
# 비주얼 스튜디오 코드용 셀 명령어 예시
pip install openai
```

D.1 풍경화 이미지 생성하기

이번 절에서는 풍경화 이미지를 생성해 보겠습니다. DALL·E 모델은 한글 프롬프트와 영문 프롬프트에서 이미지 생성 성능에 차이가 있습니다. 좀 더 정확한 결과를 확인하고자 영문 프롬프트를 사용해서 프로그램을 작성해 보겠습니다.

우선 다음과 같이 오픈AI API 키 설정과 초기화를 진행합니다.

```python
from openai import OpenAI
import os

# 오픈AI API 키 설정 및 초기화
def init_api():
    with open("chatgpt.env") as env:
        for line in env:
            key, value = line.strip().split("=")
            os.environ[key] = value

init_api()

client = OpenAI(api_key  = os.environ.get("API_KEY"))
```

그리고 풍경화 이미지를 생성하는 코드를 다음과 같이 작성해서 실행합니다.

```python
from IPython.display import Image, display

# 1. 일반적인 풍경 설명
# 아름답고 광활한 풍경 장면을 만들어 주세요. 풍경은 푸른 언덕, 맑고 푸른 하늘,
# 그리고 계곡을 가로지르는 잔잔한 강을 특징으로 합니다.
# 먼 산과 활기찬 일몰을 배경으로 하여 평화롭고 차분한 분위기를 연출해 주세요.
prompt_1 = """
Please make a beautiful and vast landscape scene. The scenery is blue hills, clear
blue sky,
And it features a calm river across the valley.
```

Please create a peaceful and calm atmosphere against the backdrop of distant mountains
and vibrant sunsets.
"""

```python
n = 2
size = "512x512"

kwargs = {
    "prompt" : prompt_1,
    "n" : n,
    "size" : size,
}

im_1 = client.images.generate(**kwargs)

for i in range(n):
    print(im_1.data[i].url)
    display(Image(url=im_1.data[i].url))
```

이 코드로 만든 결과물은 다음과 같습니다.

그림 D-1 DALL·E로 생성한 풍경화 이미지

D.2 특정 작가 스타일의 이미지 생성하기

이번 절에서는 특정 작가 스타일(주로 일본 만화 작가)의 이미지를 생성해 보겠습니다. 코드를 살펴보기 전에 먼저 각 작가의 특징을 살펴보겠습니다. 다음은 작가들의 이름, 대표작, 특징을 담은 간단한 설명입니다.

1. **미야자키 하야오**Hayao Miyazaki
   - 대표작: 「센과 치히로의 행방불명」, 「하울의 움직이는 성」, 「이웃집 토토로」, 「원령공주」
   - 스튜디오 지브리의 대표 감독
   - 따뜻한 수채화풍의 애니메이션으로 전 세계적 명성을 쌓음

2. **토리야마 아키라**Akira Toriyama
   - 대표작: 「드래곤볼」 시리즈, 「닥터 슬럼프」
   - 친근하고 둥근 캐릭터 디자인이 특징
   - 드래곤 퀘스트 게임 시리즈의 캐릭터 디자인도 담당함

3. **오다 에이치로**Eiichiro Oda
   - 대표작: 「원피스」
   - 과장된 표정과 역동적인 액션씬으로 유명
   - 현재 연재 중인 만화 중 최고 판매량 기록

4. **아라키 히로히코**Hirohiko Araki
   - 대표작: 「죠죠의 기묘한 모험」 시리즈
   - 독특한 포즈와 패션, 대담한 색채 사용이 특징
   - 예술적인 표현과 실험적인 스타일로 유명

5. **타케우치 나오코**Naoko Takeuchi
   - 대표작: 「미소녀 전사 세일러 문」
   - 대표적인 소녀 만화 작가
   - 반짝이는 눈과 화려한 변신 장면이 특징

6. **이노우에 타케히코**Takehiko Inoue
   - 대표작: 「슬램덩크」, 「베가본드」, 「리얼」
   - 사실적인 인물 묘사와 섬세한 선화가 특징

- 스포츠 만화의 새로운 지평을 연 작가

7. 토가시 요시히로 Yoshihiro Togashi

- 대표작: 「유유백서」, 「헌터×헌터」
- 날카로운 캐릭터 디자인과 복잡한 전투 시스템이 특징
- 독특한 세계관과 강렬한 스토리텔링

8. 쿠보 타이토 Tite Kubo

- 대표작: 「블리치」
- 스타일리시한 캐릭터 디자인
- 미니멀한 배경과 세련된 액션씬이 특징

여기서 나열한 일본 작가 스타일을 적용해 보기 전에 먼저 한국의 대표 화가 중의 한 명인 이중섭 작가의 화풍으로 이미지를 생성해 보겠습니다. 다음과 같이 코드를 작성합니다.

```
# 2. 작가 스타일 명시
# 프롬프트 번역: [이중섭]의 스타일로 아름답고 광활한 풍경 장면을 만들어 주세요.
# 생동감 있는 붓 터치와 질감을 강조하여,
# 빛과 그림자 간의 강렬한 대비를 사용해 주세요. 풍경은 다채로운 색상으로 표현되며,
# 작가의 작품에서 흔히 볼 수 있는 움직임이나 에너지 감각이 드러나도록 해 주세요.
# 전체적인 분위기는 경외감과 평온함을 불러일으키도록 해 주세요.
prompt_2 = """
Create beautiful and vast landscape scenes in the style of [Lee Jung-seob].
Emphasize lively brush touches and textures, use intense contrast between light and
shadow.
The scenery is expressed in colorful colors, and let the movement and energy sense
that are common in the artist's work be revealed.
Please let the overall atmosphere evoke a sense of awe and tranquility.
"""

n = 2
size = "512x512"

kwargs = {
    "prompt" : prompt_2,
    "n" : n,
    "size" : size,
}
```

```
    im_2 = client.images.generate(**kwargs)

    for i in range(n):
        print(im_2.data[i].url)
        display(Image(url=im_2.data[i].url))
```

앞 코드로 만든 결과물은 다음과 같습니다.

그림 D-2 이중섭 작가 스타일을 지정하여 생성한 이미지

이제 본격적으로 일본 만화 작가 스타일의 이미지를 생성해 보겠습니다. 오픈AI에서는 사용자의 요청이 과도하게 몰리는 것을 방지하고자 사용자당 1분에 5번만 이미지를 생성하도록 하는 등의 제한[1]을 걸었습니다. 따라서 스타일별로 1장씩만 생성하겠습니다.

```
from IPython.display import Image, display

# 오픈AI API 키 설정 및 초기화
def init_api():
    with open("chatgpt.env") as env:
        for line in env:
```

1　옮긴이_ 기본 사용량 제한은 API와 서비스마다 다르게 설정될 수 있습니다. 분당 사용량을 늘리고 싶다면 오픈AI에 문의하거나 상위 요금제로 이동하여 해결할 수 있습니다. 사용량 제한에 관한 자세한 내용은 다음 URL에서 확인하세요. *https://platform.openai.com/docs/guides/rate-limits*

```python
        key, value = line.strip().split("=")
        os.environ[key] = value

# 이미지 생성 함수
def generate_images(prompt, n=3, size="512x512"):
    kwargs = {
        "prompt": prompt,
        "n": n,
        "size": size,
    }
    im = client.images.generate(**kwargs)
    for i in range(n):
        print(im.data[i].url)
        display(Image(url=im.data[i].url))

# OpenAI 클라이언트 초기화
init_api()
client = OpenAI(api_key=os.environ.get("API_KEY"))

# 미야자키 하야오 스타일 - 따뜻한 수채화풍 풍경
# 프롬프트 번역: 미야자키 하야오의 스타일로 따뜻한 수채화풍의 풍경을 만들어 주세요.
# 하늘과 자연이 평화롭게 어우러진 풍경과 마을 사람들이 일상적으로 활동하는
# 장면을 그려주세요.
# 밝고 따뜻한 색감을 사용하여 아기자기하고 편안한 분위기를 강조해 주세요.
prompt_1 = """
Create a warm watercolor-style landscape in the style of Miyazaki Hayao.
Depict a peaceful harmony between the sky and nature, with villagers engaging in daily
activities.
Use bright and warm colors to emphasize a whimsical and cozy atmosphere.
"""

generate_images(prompt_1)

# 토리야마 아키라 스타일 - 친근하고 둥근 캐릭터 디자인
# 프롬프트 번역: 토리야마 아키라의 스타일로, 둥글고 친근한 캐릭터들이 등장하는
# 장면을 그려 주세요.
# 캐릭터들의 디자인은 귀엽고 단순하며, 강렬한 색상과 간단한 배경을 사용해 주세요.
# 만화 스타일로, 드래곤볼 특유의 유머와 액션이 느껴지는 분위기를 만들어 주세요.
prompt_2 = """
Create a scene with friendly, round characters in the style of Toriyama Akira.
The character designs should be cute and simple, with bold colors and minimal
background.
Create a manga-like style with humor and action that feels reminiscent of Dragon Ball.
"""

generate_images(prompt_2)
```

```
# 아라키 히로히코 스타일 – 독특한 포즈와 대담한 색채
# 프롬프트 번역: 아라키 히로히코의 스타일로 독특한 포즈와 대담한 색채를 사용한
# 이미지를 만들어 주세요.
# 등장인물들은 과장된 표정과 스타일리시한 의상을 입고 있으며,
# 색상은 매우 강렬하고 화려한 톤으로 표현해 주세요.
# 배경은 추상적이고 예술적인 느낌을 강조해 주세요.
prompt_3 = """
Create an image with unique poses and bold colors in the style of Araki Hirohiko.
The characters should have exaggerated facial expressions and stylish clothing, with
very vibrant and striking tones.
The background should be abstract and artistic.
"""

generate_images(prompt_3)
```

앞 코드로 만든 결과물은 다음과 같습니다.

그림 D-3 일본 만화 작가 스타일로 생성된 이미지

D.3 스트림릿 앱으로 작가별 이미지 생성하기

이 절의 내용을 실행하려면 아나콘다[2]와 비주얼 스튜디오 코드[3] 등의 프로그램을 설치해야 합니다.

부록 C에서는 스트림릿 커뮤니티 클라우드로 앱을 배포했지만 이번에는 로컬 PC에서 스트림릿 서버를 띄워서 실행해 보겠습니다. 추후 간단한 설정을 거쳐 어렵지 않게 웹으로 배포할 수

---

2   옮긴이_ *https://www.anaconda.com/*
3   옮긴이_ *https://code.visualstudio.com/*

있습니다. 구글 코랩 환경에서는 스트림릿 앱을 띄우는 과정이 복잡해서 실습이 어렵습니다. 따라서 비주얼 스튜디오 코드와 같은 개발 도구를 이용하겠습니다. 그리고 코드는 .py로 작성하여 실행하세요.

먼저 비주얼 스튜디오 코드를 열고 다음과 같이 터미널에서 간단한 환경을 구축합니다.

```
# st_test라는 이름의 가상 환경을 구축합니다. 파이썬은 3.11버전으로 설치합니다.
conda create --name st_test python=3.11
# st_test의 가상 환경을 활성화합니다.
conda activate st_test
# 스트림릿 필수 라이브러리를 설치합니다.
pip install streamlit
# openai 라이브러리를 설치합니다.
pip install openai
```

비주얼 스튜디오 코드의 실행 폴더 구성은 다음과 같습니다.

```
streamlit_app
- chatgpt.env
- dalle_artist_01.py
```

streamlit_app 폴더를 만들고 해당 폴더 안에 chatgpt.env와 dalle_artist_01.py를 생성합니다.

만약 streamlit_app 폴더가 c:\dalle\streamlit_app이면 해당 경로로 이동해 실습을 수행해야 합니다. 터미널에서 해당 폴더로 이동하려면 cd [이동하려는 경로]를 입력하면 됩니다. 그리고 streamlit run dalle_artist_01.py 명령으로 스트림릿 앱을 실행할 수 있습니다.

```
conda activate st_test
cd c:\dalle\streamlit_app
streamlit run dalle_artist_01.py
```

실습 코드는 다음과 같습니다.

```python
# dalle_artist_01.py

import streamlit as st
from openai import OpenAI
import os

# 오픈AI API 키 설정 및 초기화
def init_api():
    with open("chatgpt.env") as env:
        for line in env:
            key, value = line.strip().split("=")
            os.environ[key] = value

# OpenAI 클라이언트 초기화
init_api()
client = OpenAI(api_key=os.environ.get("API_KEY"))

# 페이지 설정
st.title("🎨 작가 스타일 이미지 생성기")

# 작가 스타일 정의
artists = {
    "에드워드 호퍼(미국)": "beautiful landscape in Edward Hopper style, "
        "with strong light and shadows, urban American scene",
    "잭슨 폴록(미국)": "beautiful landscape in Jackson Pollock style, "
        "abstract expressionist, dynamic composition",
    "박수근(한국)": "beautiful landscape in Park Soo-keun style, "
        "Korean traditional scene, earth tones",
    "이중섭(한국)": "beautiful landscape in Lee Jung-seob style, "
        "Korean folk elements, dynamic composition",
    "미야자키 하야오(일본)": "beautiful landscape in Hayao Miyazaki style, "
        "watercolor painting, whimsical and peaceful atmosphere, "
        "harmony between nature and human life",
    "토리야마 아키라(일본)": "beautiful landscape in Akira Toriyama style, "
        "cartoonish, bold outlines, vibrant colors, playful and dynamic composition"
}

# 사이드바 컨트롤
st.sidebar.header("설정")
artist = st.sidebar.selectbox("작가 선택", list(artists.keys()))
size = st.sidebar.select_slider(
    "이미지 크기",
    options=["256x256", "512x512", "1024x1024"],
    value="512x512"
```

```python
        )

# 이미지 생성
if st.sidebar.button("이미지 생성"):
    try:
        with st.spinner("이미지 생성 중..."):
            response = client.images.generate(
                prompt=artists[artist],
                n=1,
                size=size
            )

            # 이미지 표시
            st.image(response.data[0].url, caption=f"{artist} 스타일",
                use_column_width=True)

    except Exception as e:
        st.error(f"오류 발생: {str(e)}")

# 작가 정보
st.markdown("---")
st.subheader("작가 소개")

artist_info = {
    "에드워드 호퍼(미국)": "미국의 사실주의 화가로, 도시의 고독과 현대성을 "
        "표현했습니다.",
    "잭슨 폴록(미국)": "추상표현주의의 대표 작가로, 액션 페인팅 기법으로 "
        "유명합니다.",
    "박수근(한국)": "한국의 모더니즘 화가로, 서민적 소재와 질박한 화풍이 "
        "특징입니다.",
    "이중섭(한국)": "한국 근대미술의 대표 작가로, 민족적 정서를 담은 작품을 "
        "그렸습니다.",
    "미야자키 하야오(일본)": "일본의 애니메이션 감독이자, 수채화 스타일과 평화로운 "
        "분위기로 유명합니다.",
    "토리야마 아키라(일본)": "만화 '드래곤볼'의 작가로, 만화적인 스타일과 역동적인 "
        "구성으로 유명합니다."
}

st.write(artist_info[artist])
st.caption("Powered by DALL·E")
```

코드를 실행하면 [그림 D-4]와 같은 화면이 보입니다.

그림 D-4 작가 스타일 이미지 생성기

이제 작가를 선택하여 이미지를 직접 생성할 수 있습니다. 작가를 변경해 가면서 생성된 이미지를 확인해 보세요. 그리고 주어진 코드도 변경해 가면서 학습을 수행해 보시기를 바랍니다.

RAG로 노트북 추천받기

E.1 RAG 소개

검색 증강 생성^{retrieval–augmented generation}(RAG)의 기본 개념이 정리된 첫 논문[1]에 따라 RAG를 정의해 보겠습니다. RAG는 **사전 학습된 언어 모델의 내부 지식(파라메트릭 메모리)과 외부 데이터베이스(비파라메트릭 메모리)를 결합하여 질문에 답하거나 텍스트를 생성하는 모델**입니다. 쉽게 말하면 **사용자 질문에 적합한 문서를 검색한 뒤, 검색된 정보를 바탕으로 응답을 생성**합니다. 이에 따라 최신 정보를 반영한 구체적인 답변을 제공할 수 있으며 모델의 지식을 동적으로 업데이트할 수 있습니다. GPT 모델의 한계를 보완하고 사실적이고 신뢰할 수 있는 결과를 생성하는 데 유용합니다.

E.1.1 기존 GPT 모델과 RAG 모델의 작동 방식

기존 GPT 모델은 '모든 지식'을 머릿속(파라메트릭 메모리)에 저장해 두고 질문에 답합니다. 따라서 GPT가 **학습한 데이터에 없는 정보나 최신 정보에 관해서는 답변을 잘못하거나 모를 수 있습니다.** 예를 들어 GPT 모델이 2023년까지의 데이터로 학습되었다면 다음과 같은 질문에 정확히 답하지 못할 수 있습니다.

---

1 옮긴이_ Retrieval–Augmented Generation for Knowledge–Intensive NLP Tasks(2022)– *https://proceedings.neurips.cc/paper/2020/file/6b493230205f780e1bc26945df7481e5-Paper.pdf*

- 2024년에 가장 인기 있었던 넷플릭스 드라마는 무엇인가요?

- 2024년 한국에서 가장 많이 팔린 전기차는 무엇인가요?

반면 **RAG 모델**은 질문을 받으면 **인터넷을 서핑하듯이 외부 데이터에서 정보를 검색하고 검색된 정보를 참고해서 최종 답변을 생성**합니다. 간단한 예를 들면 다음과 같습니다.

- **사용자 질문**: 2024년 한국에서 가장 많이 팔린 전기차는 무엇인가요?
- **검색된 정보**: 2024년 한국에서 가장 많이 팔린 전기차는 현대 아이오닉 6이며, 테슬라 모델 Y가 그 뒤를 이었습니다.
- **최종 답변**: 2024년 한국에서 가장 많이 팔린 전기차는 현대 아이오닉 6이며, 그다음은 테슬라 모델 Y입니다.

기존 GPT 모델은 최신 정보에 관한 답변을 하기 어렵지만 RAG 모델은 검색된 최신 데이터를 활용하여 보다 정확한 답변을 제공할 수 있습니다.

E.1.2 RAG의 작동 단계

첫 번째 단계는 **검색**retrieval입니다. 사용자가 질문하면 **모델이 외부 데이터베이스(예: 문서, 웹, 데이터 저장소)에서 관련 정보를 검색**합니다. 이 단계에서 검색된 데이터는 모델 응답의 기반 자료가 됩니다.

두 번째는 **증강**augmentation **단계**입니다. **검색된 데이터를 사용자의 질문과 결합하여 모델의 입력으로 제공**합니다. 데이터를 요약하거나 재구성하여 생성 단계에서 더 나은 답변을 생성하도록 준비합니다.

세 번째는 **생성**generation **단계**입니다. **증강된 데이터를 바탕으로 LLM이 자연어로 응답을 생성**합니다. 생성된 답변은 사실적이고 사용자의 요구에 맞춘 형태로 제공됩니다.

RAG를 사용한 응답 예제를 몇 가지 살펴보며 기본 개념을 익혀 보겠습니다.

1. **일반적인 질문 응답**
   - **질문**: 대한민국의 대표적인 전통 음식은 무엇인가요?
   - **검색된 문서**
     - 문서 1: 김치는 발효된 배추와 고춧가루로 만든 대한민국의 대표적인 음식입니다.
     - 문서 2: 불고기는 얇게 썬 소고기를 간장과 설탕으로 양념해 구운 한국 전통 요리입니다.

- **최종 답변**: 대한민국의 대표적인 전통 음식으로는 김치와 불고기가 있습니다.

2. **복잡한 질문 및 추론**

- **질문**: 태양이 없으면 지구의 기온은 어떻게 변할까요?

- **검색된 문서**

  – 문서 1: 태양은 지구의 주요 에너지원으로, 태양이 없으면 지구는 급격히 식기 시작합니다.

  – 문서 2: 태양광이 사라지면 몇 주 안에 지구 표면의 온도가 섭씨 -18도까지 떨어질 수 있습니다.

- **최종 답변**: 태양이 없으면 지구는 급격히 식으며, 몇 주 안에 기온이 섭씨 -18도까지 떨어질 수 있습니다.

3. **문서 기반 생성**

- 질문(Query): 한국의 전통문화와 관련된 짧은 글을 작성해 주세요.

- 검색된 문서(Non-Parametric Memory):

  – 문서 1: 한국의 전통 의상인 한복은 아름다운 색상과 독특한 디자인으로 유명합니다.

  – 문서 2: 한국의 전통 음악인 국악은 가야금, 해금 등의 악기를 사용하여 연주됩니다.

- 최종 답변(Generated Response): 한국의 전통문화는 한복과 국악으로 대표됩니다. 한복은 화려한 색상과 독특한 디자인으로 전통 의상으로 사랑받으며, 국악은 가야금과 해금 같은 악기를 사용해 연주됩니다.

정리하면 RAG 시스템은 질문을 입력하면 먼저 외부 데이터베이스(예: 위키피디아)나 금융 보고서, 제품 사양 정보 등의 **사전 정의된 문서 집합에서 관련 정보를 검색**합니다. 그리고 **검색된 문서를 참고하여 최종 답변을 생성**합니다. 이 덕분에 최신 정보를 반영하거나 모델이 미처 학습하지 못한 내용까지 포함된 답변을 제공할 수 있습니다.

기업에서 RAG를 활용하여 성능을 향상한 사례를 몇 가지 살펴보겠습니다.

- **마이크로소프트**: Azure AI Search[2]를 활용한 최신 정보 반영 및 구체적인 응답 제공
- **세일즈포스 AI 연구소**Saleforce AI Research: SFR-RAG[3] 언어 모델을 활용한 모델 성능 향상
- **피츠버그 메디컬 센터**: RAG가 적용된 AI를 활용한 방사선 영상 분석
- **IBM Watsonx.ai**: RAG 패턴을 활용해 사실적으로 정확한 결과 생성

---

2 옮긴이_ https://learn.microsoft.com/en-us/azure/search/retrieval-augmented-generation-overview

3 옮긴이_ SFR-RAG 모델은 9억 개의 파라미터가 있으며, 이는 다른 LLM 모델보다 적은 수이지만 GPT-4o 등 다른 모델들보다 나은 성능을 보여준다고 합니다. https://www.salesforce.com/blog/sfr-rag/

- **메타 AI 연구소**^{Meta AI Research}: 검색 및 생성을 단일 프레임워크로 결합한 RAG 모델 제공
- **기타:** 몽고DB^{MongoDB}, ColBERT, LlamaIndex, Milvus 등에 활용.

국내 기업의 사례도 있습니다.

- **삼성 SDS:** SKE-GPT
- **KB 국민카드:** LLM에 RAG를 도입한 챗봇 솔루션 벨라 큐나^{BELLA QNA}

E.1.3 RAG의 장점

기존 LLM은 학습된 데이터만으로 답변을 생성하므로 최신 정보나 전문성을 요구하는 작업에서 한계가 드러납니다. 반면 RAG는 외부 데이터를 실시간으로 검색하고 통합하여 다음과 같은 이점을 제공합니다.

1. **최신 정보 반영:** 모델 재학습 없이 최신 데이터를 실시간으로 활용
2. **전문성 강화:** 특정 도메인에 특화된 데이터베이스를 결합하여 더 깊이 있는 답변 생성
3. **응답 정확도 향상:** 사용자 질문과 밀접하게 관련된 정보를 바탕으로 응답을 생성하여 정보 신뢰성을 높임

E.2 RAG 실습

E.2.1 간단한 키워드 기반 문서 검색 및 답변 생성

RAG의 기본 개념을 파악하기 좋은 간단한 예제를 실습해 보겠습니다. 키워드 기반의 문서 검색 및 답변 생성 방법을 사용한 예제입니다. 사용자가 입력한 검색어(query)에 대해 미리 정의된 문서 리스트에서 해당 검색어를 포함한 문서를 찾아내고, 첫 번째 검색 결과를 바탕으로 답변을 생성합니다.

```
# 문서 데이터베이스
documents = [
    "Python은 프로그래밍 언어입니다.",
    "Python은 데이터 과학에 많이 사용됩니다.",
    "Python은 초보자도 배우기 쉬운 언어입니다."
]
```

```python
# 간단한 키워드 기반 문서 검색 함수
#  - query: 사용자가 입력한 검색어
#  - documents: 검색 대상 문서 리스트
# return: 검색어를 포함한 문서 리스트
def retrieve_documents(query, documents):
    return [doc for doc in documents if query in doc]


# 검색된 문서를 기반으로 답변 생성 함수
#  - query: 사용자가 입력한 질문
#  - retrieved_docs: 검색된 문서 리스트
#  - return: 생성된 답변 (첫 번째 검색 결과를 사용)
def generate_answer(query, retrieved_docs):
    if not retrieved_docs:
        return "관련 정보를 찾을 수 없습니다."
    return retrieved_docs[0]


# RAG 시연
queries = [
    "Python",          # Python과 관련된 문서 검색
    "데이터 과학",     # '데이터 과학' 키워드를 포함한 문서 검색
    "프로그래밍"       # '프로그래밍' 키워드를 포함한 문서 검색
]

# 각 질문에 대해 검색 및 답변 생성 실행
for query in queries:
    print(f"질문: {query}")                                  # 사용자 질문 출력
    retrieved_docs = retrieve_documents(query, documents)    # 검색 단계
    print(f"검색된 문서 : {retrieved_docs}")
    answer = generate_answer(query, retrieved_docs)          # 생성 단계
    print(f"답변: {answer}\n")                               # 생성된 답변 출력
```

이 코드의 주요 기능과 동작 방식은 다음과 같습니다.

- **문서 데이터베이스 생성**: documents 리스트에 다양한 문서를 추가합니다. 각 문서는 사용자가 검색할 수 있는 텍스트로 구성됩니다.

- **문서 검색 함수**(retrieve_documents): 이 함수는 사용자가 입력한 query와 문서 리스트 documents를 비교하여 query를 포함하는 문서들을 반환합니다. 여기서는 단순한 키워드 매칭을 사용하여 문서들을 검색합니다.

- **답변 생성 함수**(generate_answer): 검색된 문서 리스트를 기반으로 첫 번째 검색 결과를 사용하여 답변을 생성합니다. 검색된 문서가 없다면 '관련 정보를 찾을 수 없습니다.'라고 응답합니다.

- **질문 리스트에 대한 반복 실행**: queries 리스트에 미리 정의된 질문들을 넣고 각 질문에 retrieve_ documents 함수를 사용하여 문서를 검색하고 generate_answer 함수를 사용하여 답변을 생성합니다.

다음은 코드 실행 결과입니다. 각 질문에 관한 문서를 검색하고 이를 토대로 최종 답변을 생성합니다.

```
질문: Python
검색된 문서 : ['Python은 프로그래밍 언어입니다.', 'Python은 데이터 과학에 많이 사용
됩니다.', 'Python은 초보자도 배우기 쉬운 언어입니다.']
답변: Python은 프로그래밍 언어입니다.

질문: 데이터 과학
검색된 문서 : ['Python은 데이터 과학에 많이 사용됩니다.']
답변: Python은 데이터 과학에 많이 사용됩니다.

질문: 프로그래밍
검색된 문서 : ['Python은 프로그래밍 언어입니다.']
답변: Python은 프로그래밍 언어입니다.
```

이 간단한 예제에서는 키워드 검색으로 문서를 검색하고, 검색된 문서를 기반으로 직접적인 답변을 생성하는 방식을 보여줍니다. 하지만 이 방법은 정확한 의미를 파악하지 못한 채 단순한 키워드 매칭을 사용하므로 의미가 중요한 질문에서는 한계에 부딪힙니다.

E.2.2 임베딩 및 GPT를 활용한 고급 RAG

이번 예제는 문서 임베딩과 **GPT 모델을 활용한 고급 RAG 시스템을 구현한 코드**입니다. 여기서는 단순한 키워드 매칭 대신 **문서 임베딩과 코사인 유사도를 사용하여 문서의 의미적 유사성을 계산**하고, 해당 문서에서 추출한 정보를 바탕으로 **챗GPT를 이용해 답변을 생성**합니다. 이 방법은 질문의 의미를 더 잘 반영합니다. 언어 모델로는 gpt-4o를 사용합니다.

라이브러리 불일치로 에러가 발생할 때가 있습니다. 예를 들면 초기화 인증 시 다음과 같은 에러가 발생할 수 있습니다.

```
TypeError: Client.__init__() got an unexpected keyword argument 'proxies'
```

이럴 때는 3.4절 '오픈AI API 키 활용 실습'을 참고해서 다음 순서에 따라 추가로 안정화된 라이브러리를 설치해야 합니다. 먼저 openai와 httpx 라이브러리를 설치합니다.

```
!pip install openai
!pip install httpx==0.27.2
```

다음 코드를 작성하고 실행합니다.

```
from openai import OpenAI
from sentence_transformers import SentenceTransformer
from sklearn.metrics.pairwise import cosine_similarity
import numpy as np
import os

# 오픈AI API 초기화
with open("chatgpt.env") as env:
  for line in env:
    key, value = line.strip().split("=")
    os.environ[key] = value

client = OpenAI(api_key  = os.environ['API_KEY'])

# 문서 데이터셋 정의
documents = [
    "갤럭시북3 120만원 i5 16GB RAM 512GB SSD 별점4.5 2023년 출시 배송무료 리뷰 152개",
    "그램 16Z90R 135만원 i5 16GB RAM 256GB SSD 별점4.7 당일배송 리뷰 230개",
    "맥북 에어 M2 160만원 8GB RAM 256GB SSD 별점4.8 배송무료 리뷰 340개"
]

# 문서 임베딩 생성
embedding_model = SentenceTransformer('all-MiniLM-L6-v2')
document_embeddings = embedding_model.encode(documents)

# 사용자 질문 입력
user_query = "가성비 좋은 노트북 추천 부탁합니다."
query_embedding = embedding_model.encode([user_query])

# 문서 검색 (코사인 유사도 계산)
similarities = cosine_similarity(query_embedding, document_embeddings)
most_relevant_doc_index = np.argmax(similarities)
retrieved_document = documents[most_relevant_doc_index]

# 챗GPT를 사용한 답변 생성
prompt = f"문서: {retrieved_document}\n\n질문: {user_query}\n\n답변:"
response = client.chat.completions.create(
```

```
        model="gpt-4o",  # 최신 모델 사용
        messages=[{"role": "system", "content": "You are a helpful assistant."},
                  {"role": "user", "content": prompt}],
        max_tokens=300,
        temperature=0.7
    )

answer = response.choices[0].message.content.strip()
print("질문:", user_query)
print("유사도:", similarities)
print("검색된 문서:", retrieved_document)
print(f"[생성된 답변]: {answer}")
```

이 코드의 주요 기능과 동작 방식은 다음과 같습니다.

- **문서 임베딩 생성**: 문서 데이터를 처리할 때 SentenceTransformer **모델을 사용해 각 문서의 벡터 임베딩을 생성**합니다. 이는 문서의 의미를 벡터 형식으로 표현하는 방법입니다.

- **사용자 질문 임베딩 생성**: 사용자의 질문도 SentenceTransformer로 **벡터화**해서 **질문의 의미를 임베딩 벡터로 변환**합니다.

- **코사인 유사도 계산**: cosine_similarity를 사용해 사용자의 **질문 벡터와 각 문서 벡터 간의 유사도를 계산**합니다. 이 방법은 두 벡터가 얼마나 비슷한지 측정하는 지표로, 유사도가 높은 문서를 찾는 데 사용됩니다.

- **문서 검색**: 계산된 유사도를 기반으로 가장 관련성이 높은 문서를 찾습니다. 이렇게 찾은 문서를 바탕으로 GPT 모델을 사용해 답변을 생성합니다.

- **챗GPT를 이용한 답변 생성**: gpt-4o 모델을 사용하여 retrieved_document(검색된 문서)를 포함하는 프롬프트를 기반으로 답변을 생성합니다. 여기서 messages를 사용하여 대화형 API를 호출합니다.

실행 결과는 다음과 같습니다.

```
질문: 가성비 좋은 노트북 추천 부탁합니다.
유사도: [[0.26008344 0.21437721 0.2215741 ]]
검색된 문서: 갤럭시북3 120만원 i5 16GB RAM 512GB SSD 별점4.5 2023년 출시 배송무료
리뷰 152개
[생성된 답변]: 가성비 좋은 노트북으로는 다음과 같은 모델을 추천해 드립니다.

1. **갤럭시북3**
   - 가격: 120만원
   - 프로세서: Intel i5
   - RAM: 16GB
```

```
   - 저장공간: 512GB SSD
   - 별점: 4.5/5
   - 출시년도: 2023년
   - 배송: 무료
   - 리뷰 수: 152개

이 모델은 최신 사양을 갖추고 있으며, RAM과 SSD 용량이 넉넉해 대부분의 작업에 적합합
니다. 별점도 높고, 리뷰 수가 많아 신뢰할 수 있는 제품입니다. 가성비를 중시한다면 좋
은 선택이 될 것입니다.

추가적으로 다른 브랜드나 모델도 고려해볼 수 있으니, 사용 용도에 따라 더 많은 정보를
제공해 주시면 추가 추천도 가능합니다!
```

이 예제에서는 의미 기반 문서 검색이 이루어지므로 단순한 키워드 검색보다 훨씬 더 정교한
답변을 생성할 수 있습니다. 특히 사용자가 제공한 질문과 의미상 가장 관련 있는 문서를 검색
하고 그 문서에 기반한 적절한 답변을 생성할 수 있습니다. 또한 GPT 모델을 사용해 문서에서
얻은 정보를 자연스럽고 정확한 방식으로 응답을 생성합니다.

E.2.3 랭체인을 활용한 RAG 구현

이 책에서는 랭체인을 자세히 다루지 않습니다. 다만 실무에서는 랭체인을 많이 사용하므로 랭
체인 코드를 활용한 RAG 구현 예제를 담아 보았습니다. 먼저 설치해야 하는 라이브러리는 다
음과 같으며 실행 환경으로 구글 코랩을 사용하겠습니다.

```
!pip install openai pypdf langchain langchain_core langchain_openai langchain_chroma
langchain-community langchainhub
```

라이브러리 설치 시에 에러 메시지가 발생하면 같은 명령을 다시 한번 실행해 주면 됩니다. 여
러 라이브러리를 한 줄의 명령으로 설치하면 바로 설치가 되지 않을 때가 있는데, 일반적으로
다시 실행해 주면 에러 메시지가 사라집니다.

실행 코드를 작성하기 전에 /pdf_data 폴더를 생성해 주어야 합니다. 폴더의 구조는 [그림
E-1]과 같습니다.

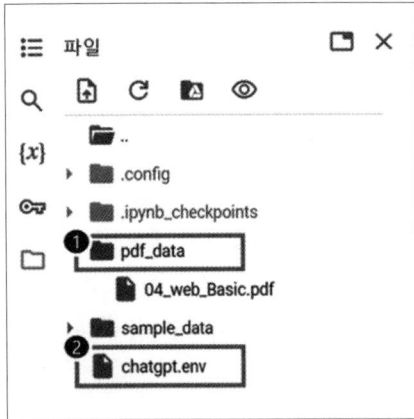

그림 E-1 폴더 구조

여기서 **pdf_data(❶)**에는 참조할 PDF 파일을 넣습니다. 이곳의 내용을 검색하여 최종 답변을 생성하게 됩니다. 그리고 **chatgpt.env(❷)**는 API_KEY를 담고 있는 파일입니다. 앞에서 다루었듯이 파일 내용은 다음과 같습니다.

```
API_KEY=[자신의 API_KEY]
```

이제 코드를 작성하고 실행해 보겠습니다.

```
from langchain.document_loaders import PyPDFLoader
from langchain.text_splitter import CharacterTextSplitter
from langchain_openai import OpenAIEmbeddings, ChatOpenAI
from langchain_chroma import Chroma

from langchain_core.prompts import ChatPromptTemplate
from langchain_core.runnables import RunnablePassthrough
from langchain_core.output_parsers import StrOutputParser

import os
from openai import OpenAI

def init_api():
    with open("chatgpt.env") as env:
        for line in env:
            key, value = line.strip().split("=")
```

```python
        os.environ[key] = value

init_api()
os.environ["OPENAI_API_KEY"] = os.environ.get("API_KEY")

# PDF 파일이 저장된 폴더 경로를 설정
folder_path = './pdf_data/'

# 추출된 텍스트를 저장할 리스트
all_texts = []

# 텍스트를 분할할 때 사용할 CharacterTextSplitter 객체 생성
# separator = "\n", # 텍스트를 분할할 때 사용할 구분자
# chunk_size = 1000, # 각 분할된 텍스트의 최대 길이
# chunk_overlap = 50 # 분할된 텍스트 간의 중첩 길이
text_splitter = CharacterTextSplitter(
    separator = "\n",
    chunk_size = 1000,
    chunk_overlap = 50)

# 지정된 폴더 내 모든 파일을 확인
for filename in os.listdir(folder_path):

    # 파일이 PDF 형식인 경우에만 처리
    if filename.endswith(".pdf"):

        # PDF 파일을 로드하여 raw_documents에 저장
        raw_documents = PyPDFLoader(folder_path + '/' + filename).load()

        # 로드된 문서를 분할하여 documents에 저장
        documents = text_splitter.split_documents(raw_documents)

        # 분할된 텍스트를 리스트에 추가
        all_texts.extend(documents)

# 분할된 텍스트를 임베딩으로 변환하고 Chroma 데이터베이스에 저장
db = Chroma.from_documents(all_texts, OpenAIEmbeddings())

# 데이터베이스에서 검색을 수행할 수 있는 retriever 객체 생성
# search_kwargs: 검색 시 반환할 결과 수를 설정
retriever = db.as_retriever(search_kwargs={"k": 10})

prompt_template = ChatPromptTemplate.from_template(
    "당신은 질문 답변 작업의 영리하고 창의적인 어시스턴트입니다. "
```

```
            "다음 문맥을 사용하여 질문에 답하세요. "
            "정확하고 신뢰성 있는 정보를 제공하고, "
            "모르는 내용은 '모르겠습니다'라고 답변하세요. "
            "답변은 명확하고 간결하게, 최대 세 문장 이내로 작성하세요. "
            "메타데이터나 추가적인 중요한 정보를 포함하도록 하세요. "
            "한국어로 작성합니다.\n\n"
            "질문: {question}\n"
            "문맥: {context}\n"
            "답변:"
)

chain = (
    {"context": retriever, "question": RunnablePassthrough()}
    | prompt_template
    | ChatOpenAI()
    | StrOutputParser()
)

def chat_with_user(user_message):
    ai_message = chain.invoke(user_message)
    return ai_message

# 대화 루프 시작
while True:
    message = input("USER :(quit or q : 종료)  ")
    if message.lower() == "quit" or message.lower() == "q":
        break

    ai_message = chat_with_user(message)
    print(f" AI : {ai_message}")
```

코드를 실행하면 다음과 같은 결과를 확인할 수 있습니다. 질문과 관련된 내용을 PDF 문서에서 찾아서 이를 LLM 모델에 전달하고, 이를 토대로 최종 답변을 합니다. PDF 문서를 여러 개 사용하려면 모두 **pdf_data** 디렉터리에 넣으면 됩니다.

```
USER :(quit or q : 종료)  웹 앱은 무엇인가요?
WARNING:chromadb.segment.impl.vector.local_hnsw:Number of requested results 10 is
greater than number of elements in index 5, updating n_results = 5
 AI : 웹 앱은 웹 기술로 만들어진 프로그램으로, 오프라인에서도 지원이 가능합니다. 웹
사이트는 정보 제공과 콘텐츠 소비를 목적으로 하지만, 웹 앱은 특정 작업 수행과 서비스
를 제공하는데 중점을 둡니다. 웹 앱은 복잡한 로직을 포함하고, 다양한 프론트엔드와 백
엔드 프레임워크 및 DB를 사용합니다.
```

```
USER :(quit or q : 종료)  웹에 사용되는 기술은?
WARNING:chromadb.segment.impl.vector.local_hnsw:Number of requested results 10 is
greater than number of elements in index 5, updating n_results = 5
 AI : 웹에 사용되는 기술은 프론트엔드에는 HTML, CSS, JavaScript가 있으며, 백엔드에
는 JavaScript, Python, Java, Ruby, PHP, C#, GO(Golang) 등이 사용됩니다. 데이터베이
스는 SQL, NoSQL 등이 활용되며, 대표적인 프레임워크와 라이브러리로는 React, Angular,
Vue.js, Bootstrap, jQuery 등이 있습니다.
USER :(quit or q : 종료)  q
```

랭체인을 활용한 RAG 시스템을 다뤄보았습니다. 이 시스템은 다양한 문서 데이터를 기반으로 실시간 질문에 대해 더 정확하고 의미 있는 답변을 생성합니다. 랭체인은 특히 실무에서 매우 유용하게 사용하는 도구로, 데이터 처리부터 모델 실행까지의 과정을 손쉽게 처리하게 도와줍니다. 이와 같은 시스템을 구축할 때 한 가지 중요한 요소는 자동화입니다. 반복 작업을 효율적으로 처리하고 다양한 작업을 동시에 수행할 수 있는 시스템이 필요합니다. 이때 오토젠^AutoGen이 중요한 역할을 합니다. 오토젠은 부록 F에서 살펴보겠습니다.

오토젠을 활용한
AI 에이전트 이해하기

오토젠^{AutoGen}은 AI 에이전트^{AI agent}들이 여러 가지 작업을 자동으로 처리하고 협업하는 시스템으로, 최근 많은 기업과 연구기관에서 활용하고 있습니다. 오토젠을 사용하면 단순한 질문 응답을 넘어 복잡한 업무를 분산하여 처리하고 AI 모델 간의 협업을 통해 더 정교한 결과를 도출할 수 있습니다.

이제 오토젠을 활용한 AI 에이전트 시스템에 대해 더 깊이 이해하고, 실습을 하며 이러한 시스템이 어떻게 작동하는지 살펴보겠습니다. 오토젠을 활용하면 여러 AI 모델을 효율적으로 결합하여 복잡한 작업을 자동화할 수 있으므로 실무에서 활용도가 매우 높습니다. F.2절에서는 오토젠을 활용한 에이전트를 간단하게 구현해 보겠습니다.

F.1 오토젠 소개

오토젠은 마이크로소프트에서 개발한 AI 에이전트 시스템으로, 여러 개의 인공지능 에이전트를 동시에 생성하고 관리할 수 있는 강력한 도구입니다. **각 에이전트는 특정 작업을 수행**하며 여러 에이전트를 활용하면 **동시에 여러 작업을 효율적으로 처리**할 수 있습니다. 오토젠은 각 에이전트가 고유의 역할을 맡고 서로 소통하며 작업을 분담함으로써 단일 에이전트 시스템에서는 해결하기 어려운 문제들을 효과적으로 처리하도록 돕습니다.

오토젠의 주요 특징은 다음과 같습니다.

- **멀티 에이전트 아키텍처**: 여러 에이전트가 동시에 작업을 진행하고 협력하여 더 나은 결과를 도출합니다.
- **대화형 및 맞춤형 에이전트**: 개발자는 에이전트를 특정 작업에 맞게 조정하고 자연어로 상호작용할 수 있습니다.
- **LLM 통합**: 대형 언어 모델(LLM)을 활용하여 자연어 처리를 강화하고 복잡한 작업을 처리할 수 있습니다.
- **코드 실행 및 디버깅**: 오토젠에는 코드 생성, 실행, 디버깅 기능이 있어 소프트웨어 개발에 유용합니다.
- **휴먼 인 더 루프**Human in the Loop: 사람이 개입하여 AI의 결과를 개선하거나 조정할 수 있는 기능을 지원합니다.

F.2 멀티 에이전트 활용 실습

실습을 하며 에이전트의 기본을 이해해 보겠습니다. 먼저 autogen-agentchat 라이브러리를 설치해야 합니다. 이 책을 쓰는 시점에서 안정화된 버전은 0.2이고 오토젠 사이트에서 확인한 최신 버전은 0.4입니다. 여기서는 안정화된 버전을 설치하겠습니다.

```
!pip install autogen-agentchat~=0.2
!pip install pyautogen
```

F.2.1 한국을 주제로 대화하는 단일 에이전트 만들기

다음은 마이크로소프트의 오토젠 프레임워크를 사용하여 대화형 AI 에이전트를 설정하는 코드입니다. 기본 에이전트 코드를 확인해 보겠습니다.

```python
import os
from autogen import AssistantAgent, UserProxyAgent
from openai import OpenAI

def init_api():
    with open("chatgpt.env") as env:
```

```python
        for line in env:
            key, value = line.strip().split("=")
            os.environ[key] = value

init_api()
# 오픈AI API 키를 코드에 직접 설정
OPENAI_APIKEY = os.environ.get("API_KEY")
print(OPENAI_APIKEY[:7]) # 정상적으로 불러오는지 확인

# LLM 설정
llm_config = {
    "config_list": [
        {
            "model": "gpt-4o-mini",
            "api_key": OPENAI_APIKEY  # 직접 설정된 API 키 사용
        }
    ]
}

# 에이전트 생성
assistant = AssistantAgent("assistant", llm_config=llm_config)
user_proxy = UserProxyAgent("user_proxy", code_execution_config=False)

# 대화 시작
user_proxy.initiate_chat(
    assistant,
    message="한국에 대해 이야기를 해 주렴."
)
```

이 코드를 자세히 살펴보겠습니다.

- `llm_config`

  이 객체는 LLM 설정을 정의하며 오토젠의 AssistantAgent에서 사용할 모델과 API 키 정보를 포함합니다.

- `"model": "gpt-4o-mini"`

  사용하는 LLM 모델을 지정합니다. 여기서는 오픈AI의 gpt-4o-mini 모델을 선택했습니다.

- `"api_key": OPENAI_APIKEY`

  오픈AI API 호출에 필요한 인증 키입니다. 앞에서 불러온 OPENAI_APIKEY 값을 사용합니다.

- `AssistantAgent("assistant", llm_config=llm_config)`

AssistantAgent는 오토젠에서 제공하는 에이전트 중 하나로, 대화를 처리하고 응답을 생성하는 역할을 합니다. llm_config를 사용하여 오픈AI API와 연결합니다.

- UserProxyAgent("user_proxy", code_execution_config=False)

  UserProxyAgent는 사용자 요청을 받아 AssistantAgent와 통신하는 역할을 합니다. code_execution_config=False는 이 에이전트가 코드 실행 기능을 비활성화하도록 설정합니다.

- user_proxy.initiate_chat(...)

  UserProxyAgent가 AssistantAgent와 대화를 시작합니다. 사용자가 입력한 메시지를 message 파라미터로 전달합니다.

- assistant

  AssistantAgent를 지정하여 메시지에 응답하도록 합니다.

- message="한국에 대해 이야기를 해 주렴."

  사용자가 AssistantAgent에 전달하는 초기 메시지입니다. 여기서는 한국에 관한 이야기를 요청하는 간단한 메시지를 사용했습니다.

다음은 코드를 실행해서 응답을 확인한 후, ' 한국의 서울에 대해서'에 대해 사용자가 피드백을 제공했습니다. 이후 피드백에 대해 응답을 했고, 최종적으로 'exit'를 입력해서 대화를 종료했습니다. 다음은 코드의 실행 결과입니다.

```
user_proxy (to assistant):

한국에 대해 이야기를 해 주렴.

--------------------------------------------------------------------------------
assistant (to user_proxy):

한국, 즉 대한민국은 동아시아에 위치한 한반도의 남쪽에 있는 국가로, 북쪽에는 조선민
주주의인민공화국(북한)이 있습니다. 한국은 고유한 문화, 역사, 경제 발전 및 기술 혁신
으로 유명합니다.

### 주요 특징
1. **문화**: 한국의 전통문화는 오랜 역사와 다양한 민속 예술, 음악, 무용 등을 포함합
니다. 현대 대중문화, 특히 K-pop, 한국 드라마(K-drama), 한국 영화가 세계적으로 인기
를 끌고 있습니다.

2. **역사**: 한반나는 고대부터 한민족이 거주해왔고, 여러 왕조와 국가가 존재했습니
```

다. 한국전쟁(1950-1953) 이후, 남한은 민주주의 국가로 발전하고, 북한은 사회주의 국가로 남아 있습니다.

3. **경제**: 대한민국은 세계에서 가장 빠르게 성장한 경제 중 하나로, 전자, 자동차, 조선업과 같은 산업에서 강력한 존재감을 가지고 있습니다. 삼성, LG, 현대와 같은 글로벌 기업이 그 예입니다.

4. **관광**: 서울, 부산, 제주도 등 다양한 관광지가 있습니다. 전통 사찰과 궁궐, 현대적인 도시 풍경이 공존하는 매력적인 곳입니다.

5. **음식**: 한국 음식은 매운 맛과 다양한 재료로 유명합니다. 김치, 비빔밥, 불고기, 떡볶이 등이 많은 사랑을 받고 있습니다.

이 외에도 한국은 교육 시스템, IT 기술의 발전, 그리고 외교적 노력을 통해 중요한 글로벌 플레이어로 부각되고 있습니다. 더 알고 싶은 특정 주제가 있다면 말씀해 주세요!

TERMINATE

Replying as user_proxy. Provide feedback to assistant. Press enter to skip and use auto-reply, or type 'exit' to end the conversation: 한국의 서울에 대해서
user_proxy (to assistant):

한국의 서울에 대해서

----
assistant (to user_proxy):

서울은 대한민국의 수도이자 최대 도시로, 한국의 정치, 경제, 사회, 문화의 중심지입니다. 다음은 서울에 대한 주요 정보입니다.

1. 역사
- 서울의 역사는 600여 년으로 거슬러 올라갑니다. 조선왕조(1392-1910)의 수도로 지정되었고, 최서단에 위치한 한양(한자: 漢陽)이라는 이름으로 불렸습니다.
- 20세기 초에는 일제강점기를 거쳤고, 이후 한국전쟁을 거쳐 급속한 현대화와 산업화를 경험하게 됩니다.

…

5. 관광 명소
- **경복궁**: 조선왕조의 대표적인 궁궐로, 전통적인 한국 건축을 감상할 수 있는 장소입니다.
- **남산타워(N 서울타워)**: 서울의 상징적인 타워로, 전망대에서 서울의 전경을 볼 수 있습니다.

- **명동**: 쇼핑과 음식으로 유명한 거리이며, 밤에는 다양한 길거리 음식이 즐비합니다.

서울은 글로벌 도시로서 역사와 현대가 조화를 이루며, 다양한 문화적 경험을 제공하는 매력적인 도시입니다. 서울에 대해 더 궁금한 점이 있다면 말씀해 주세요!

TERMINATE

Replying as user_proxy. Provide feedback to assistant. Press enter to skip and use auto-reply, or type 'exit' to end the conversation: exit
ChatResult(chat_id=None, chat_history=[{'content': '한국에 대해 이야기를 해 주렴.', 'role': 'assistant', 'name': 'user_proxy'}, {'content': '한국, 즉 대한민국은 동아시아에 위치한 한반도의 남쪽에 있는 국가로, 북쪽에는 조선민주주의인민공화국(북한)이 있습니다.
…
…
 cost={'usage_including_cached_inference': {'total_cost': 0.0007193999999999999, 'gpt-4o-mini-2024-07-18': {'cost': 0.0007193999999999999, 'prompt_tokens': 1344, 'completion_tokens': 863, 'total_tokens': 2207}}, 'usage_excluding_cached_inference': {'total_cost': 0.0007193999999999999, 'gpt-4o-mini-2024-07-18': {'cost': 0.0007193999999999999, 'prompt_tokens': 1344, 'completion_tokens': 863, 'total_tokens': 2207}}}, human_input=['한국의 서울에 대해서', 'exit'])

대화의 흐름은 다음과 같이 이루어집니다.

- user_proxy가 assistant에 요청을 보내고 assistant가 이에 대해 답변한 후, user_proxy가 대화를 종료합니다.
- assistant는 주어진 요청에 따라 매우 상세하게 한국에 관한 정보를 제공하며 다양한 분야에 관한 설명을 포함합니다.

앞 결과의 마지막 부분에 나오는 대화 로그에는 다음과 같은 정보가 있습니다.

- **대화 내용**: user_proxy와 assistant 사이의 메시지 내용입니다.
- **비용 정보**: 이 대화에서 사용한 API 호출 비용입니다.
  - **총비용**: 약 $0.0007194
  - **토큰 사용량**
- 프롬프트 토큰: 1,344
- 응답 토큰: 863

- 전체 토큰: 2,207

이 정보는 오픈AI API의 사용량에 따른 비용을 추적하게 해 줍니다. 각 대화에는 사용된 토큰 수와 이에 따른 비용이 계산됩니다.

F.2.2 운동을 주제로 대화하는 멀티 에이전트 만들기

이번 예제에서는 운동과 신체 건강을 주제로 두 전문가인 피트니스 트레이너와 운동 의학 전문가가 대화하는 시나리오를 만들어 보겠습니다. 이들은 운동의 중요성과 건강을 유지하는 방법을 주제로 토론합니다. 또한 정해진 턴(max_turns)에 맞춰 대화를 진행합니다.

```python
import os
from autogen import ConversableAgent

# 오픈AI API 키를 코드에 직접 설정
OPENAI_APIKEY = os.environ.get("API_KEY")

# 피트니스 트레이너 에이전트 생성
trainer = ConversableAgent(
    "trainer_rora",
    system_message="당신의 이름은 Alex이고, 당신은 근력 훈련, 심혈관 운동, "
        "유연성 운동에 대한 전문 지식을 가진 피트니스 트레이너입니다.",
    llm_config={"config_list": [{"model": "gpt-4o-mini", "temperature": 0.9,
        "api_key": OPENAI_APIKEY}]},
    human_input_mode="NEVER",  # 사람의 입력을 받지 않도록 설정
)

# 운동 의학 전문가 에이전트 생성
doctor = ConversableAgent(
    "doctor_lee",
    system_message="당신의 이름은 Dr. Lee이고, 당신은 부상 예방, 재활, 신체 건강 "
        "최적화에 특화된 운동 생리학자입니다.",
    llm_config={"config_list": [{"model": "gpt-4o-mini", "temperature": 0.7, "
        "api_key": OPENAI_APIKEY}]},
    human_input_mode="NEVER",  # 사람의 입력을 받지 않도록 설정
)

# 운동에 관한 대화를 시작
result = trainer.initiate_chat(doctor, message="Dr. Lee, 오늘 운동을 시작하려는 "
    "사람에게 어떤 운동을 추천할까요?", max_turns=3)
```

```
print(result)
```

결과는 다음과 같습니다.

---

trainer_rora (to doctor_lee):

Dr. Lee, 오늘 운동을 시작하려는 사람에게 어떤 운동을 추천할까요?

----
doctor_lee (to trainer_rora):

운동을 시작하려는 분에게는 다음과 같은 기본적인 운동을 추천합니다.

1. **걷기**: 가장 간단하면서도 효과적인 유산소 운동입니다. 하루 30분 정도 빠른 걸음으로 걷는 것을 목표로 해 보세요.

2. **스트레칭**: 전신의 유연성을 높이고, 부상을 예방하는 데 도움이 됩니다. 특히 주요 근육군(허리, 다리, 팔 등)을 스트레칭하는 것이 좋습니다.

3. **근력 운동**: 체중을 이용한 스쿼트, 푸시업, 플랭크와 같은 기본적인 운동부터 시작해 보세요. 주 2-3회, 15-20회 반복하는 것을 권장합니다.
…
…
운동을 시작하기 전에 항상 충분한 준비운동과 정리운동을 해주시는 것이 중요하며, 개인의 신체 상태에 맞게 조절하는 것이 필요합니다. 처음에는 너무 무리하지 말고 점차 강도를 높여가세요.

----
trainer_rora (to doctor_lee):

운동을 시작하려는 분들에게 좋은 조언입니다! 자주 하는 질문에 대한 추가 조언은 다음과 같습니다.

1. **목표 설정**: 운동을 시작하기 전에 무엇을 이루고 싶은지 목표를 설정하는 것이 좋습니다. 체중 감량, 근력 증가, 스트레스 해소 등 구체적인 목표를 정해 보세요.

2. **일관성 유지**: 처음에는 주 2-3회 운동하다가 점차 빈도를 높여보세요. 운동 일정에 맞춰 규칙적으로 하는 것이 중요합니다.

3. **영양 관리**: 운동과 함께 균형잡힌 식사를 통해 충분한 단백질, 탄수화물, 지방을 섭취하세요. 체계적인 식단 계획이 도움이 될 것입니다.
…

...
이러한 팁을 염두에 두고 운동을 시작하면 더 효과적이고 지속적인 결과를 얻을 수 있을 것입니다. 항상 즐기는 마음으로 운동하세요!

----

doctor_lee (to trainer_rora):

정말 좋은 추가 조언입니다! 목표 설정과 일관성 유지, 영양 관리, 수분 섭취, 전문가의 도움 받기 등은 모두 운동을 성공적으로 지속하는 데 중요한 요소입니다. 몇 가지를 더 보완하자면:

1. **진행 상황 기록**: 운동 일지나 앱을 사용하여 자신의 진행 상황을 기록하면 동기부여에 도움이 됩니다. 변화가 보이면 더욱 힘이 나죠!

2. **다양성 추가**: 같은 운동만 반복하기보다는 다양한 운동을 시도해 보세요. 이는 지루함을 줄이고, 몸의 다양한 근육을 활용하는 데 효과적입니다.

3. **회복 시간**: 운동 후에는 충분한 회복 시간을 가져야 합니다. 근육이 회복되고 성장하기 위해서는 휴식이 필요하니, 같은 근육을 과도하게 사용하지 않도록 주의하세요.
...
...
이러한 팁들을 잘 활용하면 운동을 즐기며 건강하게 이어갈 수 있을 것입니다. 항상 긍정적이고 즐거운 마음으로 운동하세요!

----

trainer_rora (to doctor_lee):

정말 멋진 추가 조언입니다, Dr. Lee! 각 요소는 운동의 성공적인 지속에 매우 중요합니다. 제가 추가할 수 있는 몇 가지 사항은 다음과 같습니다.

1. **목표를 세분화하기**: 큰 목표는 작고 달성 가능한 작은 목표로 나눠서 설정해 보세요. 예를 들어, 5kg 감량이라는 목표는 매주 0.5kg 감량으로 나누어 실현 가능성을 높일 수 있습니다.

2. **사회적 지원 찾기**: 친구나 가족과 함께 운동하는 것도 좋은 방법입니다. 서로의 진행 상황을 공유하고 격려하면 지속하는 데 큰 도움이 됩니다.

3. **정신적 건강 고려하기**: 운동은 신체적인 건강뿐만 아니라 정신적인 건강에도 중요한 영향을 미칩니다. 명상이나 요가와 같은 심신 수련도 포함시키면 스트레스 해소에 도움이 됩니다.
...
...
이처럼 다양한 요소를 고려하면 운동을 보다 즐겁고 효과적으로 이어갈 수 있을 것입니다. 언제나 적극적이고 긍정적인 태도로 운동하길 바랍니다!

```
--------------------------------------------------------------------------------
doctor_lee (to trainer_rora):

정말 훌륭한 추가 조언입니다! 각각의 요소는 운동을 지속하는 데 큰 도움이 될 것입니
다. 몇 가지 더 보완하자면:

1. **상황에 맞는 운동 선택**: 날씨나 개인적인 일정에 맞춰 실내 운동과 야외 운동을
적절히 조절하는 것이 중요합니다. 예를 들어, 비 오는 날에는 집에서 할 수 있는 운동을
선택하는 것입니다.

2. **자기 보상 시스템 구축**: 목표를 달성했을 때 자신에게 작은 보상을 주는 것도 좋
은 동기부여 방법입니다. 예를 들어, 한 주 동안 운동 계획을 잘 지켰다면 좋아하는 음식
을 즐기거나, 새로운 운동복을 사는 것과 같은 보상을 고려해 보세요.

3. **피드백 받기**: 자신의 운동 방식에 대해 피드백을 받을 수 있는 기회를 가지세요.
개인 트레이너에게 평가를 받거나, 운동 그룹에서 경험을 공유하는 것이 도움이 될 수 있
습니다.
…

…

이러한 다양한 요소들을 고려하면 운동을 더욱 효과적이고 즐겁게 이어나갈 수 있을 것입
니다. 항상 자신을 존중하고, 긍정적인 태도로 운동을 즐기세요!

--------------------------------------------------------------------------------
ChatResult(chat_id=None, chat_history=[{'content': 'Dr. Lee, 오늘 운동을 시작하려
는 사람에게 어떤 운동을 추천할까요?', 'role': 'assistant', 'name': 'trainer_rora'},
{'content': '운동을 시작하려는 분에게는 다음과 같은 기본적인 운동을 추천합니다.\
n\n1. **걷기**: 가장 간단하면서도 효과적인 유산소 운동입니다. 하루 30분 정도 빠른
걸음으로 걷는 것을 목표로 해 보세요.\n\n2. **스트레칭**: 전신의 유연성을 높이고, 부
상을 예방하는 데 도움이 됩니다. 특히 주요 근육군(허리, 다리, 팔 등)을 스트레칭하는
것이 좋습니다.\n\n3.
…

n\n이러한 다양한 요소들을 고려하면 운동을 더욱 효과적이고 즐겁게 이어나갈 수 있을
것입니다. 항상 자신을 존중하고, 긍정적인 태도로 운동을 즐기세요!', cost={'usage_
including_cached_inference': {'total_cost': 0.0014742, 'gpt-4o-mini-2024-07-18':
{'cost': 0.0014742, 'prompt_tokens': 3440, 'completion_tokens': 1597, 'total_
tokens': 5037}}, 'usage_excluding_cached_inference': {'total_cost': 0.0014742, 'gpt-
4o-mini-2024-07-18': {'cost': 0.0014742, 'prompt_tokens': 3440, 'completion_tokens':
1597, 'total_tokens': 5037}}}, human_input=[])
```

F.2.3 멀티 에이전트로 마케팅 전략 보고서 만들기

다음 코드는 오픈AI의 gpt-4o-mini 모델을 활용해 시장 조사, 고객 세분화, 마케팅 전략을 수립하는 멀티 에이전트 시스템을 구현한 예제입니다. 시장 조사 전문가, 고객 세분화 전문가, 마케팅 전략 전문가로 구성된 에이전트 시스템을 활용하며, 각 에이전트는 오픈AI의 GPT 모델을 기반으로 동작합니다.

멀티 에이전트 시스템 구성은 다음과 같습니다.

- **시장 조사 전문가**
  - 역할: 시장의 동향, 경쟁사 분석, 성장 전망 등 포괄적인 시장 조사를 수행.
  - 시스템 지침: "당신은 전문 시장 조사 전문가입니다. 제품에 대한 상세한 시장 조사 보고서를 작성하세요."

- **고객 세분화 전문가**
  - 역할: 시장 조사 결과를 바탕으로 타깃 고객층을 정의하고 세분화.
  - 시스템 지침: "당신은 고객 세분화 전문가입니다. 시장 조사 결과를 바탕으로 고객층을 세분화하고 분석하세요."

- **마케팅 전략 전문가**
  - 역할: 시장 조사와 고객 세분화 결과를 바탕으로 종합 마케팅 전략 수립.
  - 시스템 지침: "당신은 최고의 마케팅 전략 전문가입니다. 시장 조사와 고객 세분화 결과를 종합하여 마케팅 전략을 수립하세요."

- **사용자 프록시 에이전트**
  - 역할: 대화 관리 및 에이전트 간의 정보 전달.
  - 설정: 사용자 입력 없이 자동으로 응답을 관리하며 최대 10회의 연속 대화를 지원합니다.

이런 멀티 에이전트를 활용해 미래 유망 아이템 보고서를 작성하는 프로그램을 작성해 보겠습니다.

```
import autogen
import os

# 오픈AI API 키를 환경 변수에서 가져오기
OPENAI_APIKEY = os.environ.get("API_KEY")  # API_KEY -> OPENAI_API_KEY로 변경
```

```python
class MarketingAgentSystem:
    def __init__(self):
        # 오픈AI API 키 설정 (환경 변수 사용 권장)
        self.config_list = [
            {
                "model": "gpt-4o-mini",
                "api_key": OPENAI_APIKEY
            }
        ]

        # LLM 설정
        self.llm_config = {
            "config_list": self.config_list,
            "temperature": 0.7,
        }

        # 에이전트 초기화
        self.market_researcher = autogen.AssistantAgent(
            name="market_researcher",
            system_message="당신은 전문 시장 조사 전문가입니다. 제품에 대한 상세한 "
                "시장 조사 보고서를 작성하세요.",
            llm_config=self.llm_config
        )

        self.customer_segmentation = autogen.AssistantAgent(
            name="customer_segmentation_expert",
            system_message="당신은 고객 세분화 전문가입니다. 시장 조사 결과를 "
                "바탕으로 고객층을 세분화하고 분석하세요.",
            llm_config=self.llm_config
        )

        self.marketing_strategist = autogen.AssistantAgent(
            name="marketing_strategist",
            system_message="당신은 최고의 마케팅 전략 전문가입니다. 시장 조사와 "
                "고객 세분화 결과를 종합하여 마케팅 전략을 수립하세요.",
            llm_config=self.llm_config
        )

        self.user_proxy = autogen.UserProxyAgent(
            name="user_proxy",
            human_input_mode="NEVER",
            max_consecutive_auto_reply=10
        )
```

```python
    def generate_marketing_report(self, product_concept):
        # 시장 조사 단계
        self.user_proxy.initiate_chat(
            self.market_researcher,
            message=f"{product_concept}에 대한 시장 조사 보고서를 작성해 주세요.",
            max_turns=1
        )
        # last_message()에서 'content' 키로 접근
        market_research_result = self.market_researcher.last_message()['content']

        # 고객 세분화 단계
        self.user_proxy.initiate_chat(
            self.customer_segmentation,
            message=f"다음 시장 조사 결과를 바탕으로 고객 세분화 보고서를 작성해 주세요: {market_research_result}",
            max_turns=1
        )
        # last_message()에서 'content' 키로 접근
        customer_segmentation_result = self.customer_segmentation.last_message()['content']

        # 마케팅 전략 수립 단계
        self.user_proxy.initiate_chat(
            self.marketing_strategist,
            message=f"""
            다음 정보를 바탕으로 종합적인 마케팅 전략을 수립해 주세요:
            시장 조사: {market_research_result}
            고객 세분화: {customer_segmentation_result}
            """,
            max_turns=1
        )
        # last_message()에서 'content' 키로 접근
        marketing_strategy_result = self.marketing_strategist.last_message()['content']

        return {
            "product_concept": product_concept,
            "market_research": market_research_result,
            "customer_segmentation": customer_segmentation_result,
            "marketing_strategy": marketing_strategy_result
        }

def main():
```

```python
    product_concept = "AI 기반 개인 맞춤형 건강 관리 웨어러블 디바이스"

    marketing_system = MarketingAgentSystem()
    marketing_report = marketing_system.generate_marketing_report(product_concept)

    print("🚀 미래 유망 아이템 마케팅 전략 보고서 🚀")
    print("\n1. 제품 개념:")
    print(marketing_report['product_concept'])

    print("\n2. 시장 조사 결과:")
    print(marketing_report['market_research'])

    print("\n3. 고객 세분화:")
    print(marketing_report['customer_segmentation'])

    print("\n4. 마케팅 전략:")
    print(marketing_report['marketing_strategy'])

if __name__ == "__main__":
    main()
```

이 코드의 주요 기능과 동작 방식은 다음과 같습니다.

- **MarketingAgentSystem 클래스 정의**
  - 이 클래스는 멀티 에이전트 기반의 마케팅 전략 수립을 위한 구조를 제공합니다.
  - 오픈AI API를 활용하며 시장 조사, 고객 세분화, 마케팅 전략 수립 기능을 각 에이전트로 분리합니다.

- **에이전트 정의**
  - market_researcher: 시장 조사와 관련된 데이터를 수집 및 분석합니다.
  - customer_segmentation: 고객층을 정의하고 특성을 세분화합니다.
  - marketing_strategist: 수집된 데이터를 바탕으로 마케팅 전략을 수립합니다.

- **프로세스 흐름**
  - 사용자는 generate_marketing_report() 메서드를 호출하여 원하는 제품 개념에 대한 전체 보고서를 생성합니다.
  - 각 에이전트는 이전 단계의 결과를 바탕으로 작업을 수행하며, 최종적으로 종합 전략이 도출됩니다.

코드의 실행 결과는 다음과 같습니다. 지정된 AI 에이전트 전문가들이 토론을 거쳐 최종 결과 보고서를 만들어 냅니다.

```
user_proxy (to market_researcher):
AI 기반 개인 맞춤형 건강 관리 웨어러블 디바이스에 대한 시장 조사 보고서를 작성해 주세
요.
--------------------------------------------------------------------------------
market_researcher (to user_proxy):
# AI 기반 개인 맞춤형 건강 관리 웨어러블 디바이스 시장 조사 보고서

...
--------------------------------------------------------------------------------
user_proxy (to customer_segmentation_expert):

다음 시장 조사 결과를 바탕으로 고객 세분화 보고서를 작성해 주세요: # AI 기반 개인 맞
춤형 건강 관리 웨어러블 디바이스 시장 조사 보고서

...


--------------------------------------------------------------------------------
customer_segmentation_expert (to user_proxy):
# 고객 세분화 보고서: AI 기반 개인 맞춤형 건강 관리 웨어러블 디바이스 시장

...

user_proxy (to marketing_strategist):

    다음 정보를 바탕으로 종합적인 마케팅 전략을 수립해 주세요:
    시장 조사: # AI 기반 개인 맞춤형 건강 관리 웨어러블 디바이스 시장 조사 보고서


--------------------------------------------------------------------------------
marketing_strategist (to user_proxy):
AI 기반 개인 맞춤형 건강 관리 웨어러블 디바이스 시장에 대한 종합적인 마케팅 전략을 수
립하기 위해, 위의 시장 조사 및 고객 세분화 결과를 기반으로 다음과 같은 전략을 제안합
니다.
...
--------------------------------------------------------------------------------
🚀 미래 유망 아이템 마케팅 전략 보고서 🚀

1. 제품 개념:
AI 기반 개인 맞춤형 건강 관리 웨어러블 디바이스

2. 시장 조사 결과:
# AI 기반 개인 맞춤형 건강 관리 웨어러블 디바이스 시장 조사 보고서

...

3. 고객 세분화:
# 고객 세분화 보고서: AI 기반 개인 맞춤형 건강 관리 웨어러블 디바이스 시장

...
```

> 4. 마케팅 전략:
> AI 기반 개인 맞춤형 건강 관리 웨어러블 디바이스 시장에 대한 종합적인 마케팅 전략을 수립하기 위해, 위의 시장 조사 및 고객 세분화 결과를 기반으로 다음과 같은 전략을 제안합니다.
> ...
>
> ### 5. 커뮤니케이션 전략
> - **타깃 마케팅**: 각 고객 세그먼트의 특성에 맞춘 맞춤형 마케팅 메시지 개발.
>   - 스마트워치 사용자: "당신의 스타일을 위한 건강 관리."
> ...

지금까지 오토젠을 이용해 멀티 에이전트를 구현해 보았습니다. 이 외에도 현재 AI 에이전트를 매우 다양하게 활용하고 있습니다. 이제 첫걸음을 떼신 여러분을 응원합니다.

INDEX

ㄱ

검색 472

검색 증강 생성 346

고차원 벡터 공간 278

과적합 341

구글 코랩 27, 34, 37

그록 27

깃허브 코파일럿 32

ㄷ

다양성 제어 114

동시 출현으로부터의 학습 278

ㄹ

랭체인 400

런웨이 27

레벤슈타인 거리 298

ㅁ

맞춤형 GPT 414

문맥 채우기 139, 141-143

문맥 학습 278

미드저니 27, 121, 210

ㅂ

반복 제어 114

배치 크기 343

번역 177

불용어 284

빙 이미지 크리에이터 27

ㅅ

생성 472

생성적 적대 신경망(GAN) 26

생성형 AI 25-27, 41, 55, 100, 201, 399, 401

셀프 어텐션 33, 192

소라 27

소문자 변환 284

스테이블 디퓨전 27, 121, 199, 210

스트림릿 445, 466

시맨틱 검색 259-260, 265, 273, 346

ㅇ

어간 추출 285

어텐션 메커니즘 26, 33-34

에포크 341

오토젠 485

오픈AI 플레이그라운드 429

오픈AI API 37, 41, 45, 59, 63, 81

위스퍼 85, 91, 169, 171

의미적 관계 포착 278

이미지 변형 241, 246-247

이미지 편집 235

인코더-디코더 26

일반 지식 프롬프팅 133, 165

임베딩 251-252

ㅈ

전사 177, 183

정밀도 308, 316

제로샷 분류기 303, 306, 316

제미나이 27, 319

증강 472

ㅊ

챗GPT 26, 29-31

ㅋ

커서 AI 32

컨텍스트 윈도 87-90, 393

코사인 유사도　255, 260-265, 271-275
클로드　27, 41, 319, 399

ㅌ

텍스트 임베딩　86, 255, 265
토큰　33, 62, 73
토큰화　284, 401
트랜스포머　25, 30, 33

ㅍ

파인 튜닝　96, 320, 323, 331, 346
판다스　267
판다스 데이터프레임　267-268, 288, 310
퍼지 검색　296, 298, 302
표제어 추출　10, 285-287
퓨샷 학습　66, 121, 319
프롬프트 엔지니어링　66, 119
프롬프트 체이닝　119, 127-128

ㅎ

하이퍼파라미터　323, 340
학습률　341
학습률 배수　342
허깅페이스　34, 41, 191-192, 354
환각　104

A

AI agent　485
augmentation　472
AutoGen　485

B

Bing Image Creator　27

C

Claude　27, 41, 319, 399
click　154-155
CLIP　191, 199
CLIP Interrogator　199
Context Stuffing　139, 141-143
context window　87-90, 393
Cursor AI　32

E

embedding　251-252
encoder-decoder　26
epoch　341

F

few-shot learning　66, 121, 319
fine tuning　96, 320, 323, 331, 346
frequency_penalty　114
fuzzy search　296, 298, 302

G

Gemini　27, 319
general knowledge prompting　133, 165
generation　472
generative adversarial network　26
generative AI　25-27, 41, 55, 100, 201, 399, 401
Grok　27

H

hallucination　104
Hugging Face　34, 41, 191-192, 354
hyperparameter　323, 340

I

image generator　415

L

LangChain **400**

learning rate **341**

lemmatization **10, 285-287**

Levenshtein distance **298**

M

max_tokens **73, 77, 150, 154**

Midjourney **27, 121, 210**

O

overfitting **341**

P

Pandas **267**

Pandas Dataframe **267-268, 288, 310**

precision **308, 316**

presence_penalty **114**

prompt chaining **119, 127-128**

prompt engineering **66, 119**

R

RAG **346**

retrieval **472**

Runway **27**

S

self-attention **33, 192**

Sora **27**

Stable Diffusion **27, 121, 199, 210**

stemming **285**

stopword **284**

T

temperature **103, 110, 122**

text-embedding-3-small **86, 92, 95, 257-258**

text-embedding-ada-002 **257, 270, 305**

textdistance **298**

tokenization **284, 401**

top_p **107, 110**

Transcription **177, 183**

transformer **25, 30, 33**

transformers **34-35, 191-192**

Translation **177**

TTS **85, 91, 185**

TTS-1 **91, 185**

TTS-1-HD **91, 185, 187**

W

Whisper **85, 91, 169, 171**

Y

YouTube Summary **405**

기 타

AI 에이전트 **485**

API 사용량 **48, 56**

assistant 역할 **66**

CLIP 인터로게이터 **199**

COCO 데이터셋 **193-195, 199-200**

DALL·E **90, 203, 236, 254**

DALL·E 2 **85, 90, 98, 204**

DALL·E 3 **27, 30, 85-86, 90, 99, 205, 254**

GPT 시리즈 **85**

GPT-4o **30, 59, 87, 93**

GPT-4o mini **31, 59, 88, 94**

JSONL 파일 **324, 332**

n 파라미터 **103, 115, 208**

o1 **30, 89, 95, 100**

o1-mini **31, 74, 89, 95**

stop 파라미터 **76, 147**

system 역할 **63**

user 역할 **65**

whisper-1 **85, 91**